Bill Gates

Digitales Business
Wettbewerb im Informationszeitalter

W0012432

in Zusammenarbeit mit Collins Hemingway

Aus dem Amerikanischen
von Raymond Hinrichs und Andreas Model

WILHELM HEYNE VERLAG
MÜNCHEN

HEYNE SACHBUCH
19/716

Titel der amerikanischen Originalausgabe:
BUSINESS @ THE SPEED OF THOUGHT
Erschienen bei Warner Books, Inc. New York

Für meine Frau Melinda und meine Tochter Jennifer

Umwelthinweis:
Dieses Buch wurde auf
chlor- und säurefreiem Papier gedruckt.

Taschenbucherstausgabe 5/2000
Copyright © 1999 by Wiliam H. Gates, III
Copyright © 1999 der deutschsprachigen Ausgabe
by Wilhelm Heyne Verlag GmbH & Co. KG, München
http://www.heyne.de
Printed in Germany 2000
Umschlagillustration: Michael O'Neill Photography
Umschlaggestaltung: Hauptmann und Kampa Werbeagentur, CH-Zug
Satz: Gramma GmbH, München
Druck und Verarbeitung: Ebner Ulm

ISBN 3-453-17253-1

Inhalt

Danksagung

Zunächst möchte ich mich bei meinem Mitarbeiter Collins Hemingway für seine Hilfe bei der Zusammenstellung des Materials und für seine grundlegende Unterstützung bei der Durchführung dieses Projektes bedanken.

Ich bedanke mich auch bei drei Vorstandsvorsitzenden, die einen späten Entwurf des Manuskriptes gelesen und mir wertvolle Anregungen gegeben haben: Ivan Seidenberg von der Bell Atlantic Corporation, Tony Nicely von GEICO Insurance und Ralph Larsen von Johnson & Johnson.

Details über die Verwendung der Technologie in der Geschäftswelt erbrachten die weltweiten Reisen und die Forschungen von Collins Hemingway und von Jane Glasser. Barbara Leavitt, Evelyn Vasen und Ken Linarelli recherchierten für einige Kapitel. Das Buch gewann durch das sorgfältige Lektorat von Erin O'Connor während der Entstehung des Manuskriptes. Anne Schott half bei den Recherchen und bei der Koordination des Projektes.

An dieser Stelle möchte ich mich auch bei Bob Kruger und Tren Griffin bedanken, die mir mit nachdenklichen Kommentaren bei vielen Kapiteln zur Seite standen. Und bei Steve Ballmer, Bob Herbold und Jeff Raikes für ihre Gedanken über die Gliederung und Zielrichtung des Buches. David Vaskevitch, Rich Tong, Gary Voth und Mike Murray halfen bei der Entwicklung wichtiger Ideen. Für ihre Anmerkungen bedanke ich mich auch bei Mich Mathews und John Pinette.

Zudem danke ich auch Larry Kirshbaum, dem Vorstandsvorsitzenden von Time Warner Trade Publishing und Rick Horgan, dem Vizepräsidenten und Cheflektor von Warner Books für ihr eindringliches Feedback. Ebenfalls bedanke ich mich bei Kelli Jerome, die das weltweite Marketing meiner beiden Bücher auf ruhige und professionelle Weise betreibt, und bei Lee Anne Staller für ihre Unterstützung beim Verkauf.

Bei Warner gilt mein Dank auch Harvey-Jane Kowal, Bob Castillo und Sona Vogel für ihre redaktionelle Hilfe.

Die Rechercheure in der Microsoft-Bibliothek waren dank der durch die moderne Technologie vorhandenen Suchmöglichkeiten eine unschätzbare Hilfe: Laura Bain, Kathy Brost, Jill Burger, Lynne Busby, Peggy Crowley, Erin Fields, April Hill, Susan Hoxie, Jock McDonald, Tammy Pearson, K.C. Rich, Deborah Robinson, Christine Shannon, Mary Taylor, Dawn Zeh und Brenda Zurbi. Für ihre allgemeine Unterstützung gilt mein Dank Christine Turner und Gordon Lingley.

Diese Arbeit profitierte ganz erheblich von der Hilfe vieler Mitarbeiter bei Microsoft und anderer eng mit uns verbundener Unternehmen. Es gibt noch so viele Leute, die hier zu erwähnen wären. Ich danke ihnen allen für ihre Hilfe und Unterstützung.

Schließlich war das Buch *Digitales Business* nur möglich, weil zahlreiche Kunden und Partner von Microsoft viel Zeit und Energie investiert haben. Wir waren über die Bereitschaft der Kunden, offen über ihre Erfolge, Herausforderungen, Arbeitsprozesse und technischen Fragen zu sprechen, erstaunt und wurden dadurch zusätzlich ermutigt. Diese Kunden werden am Ende des Buches aufgeführt.

Einführung

Die Businesswelt wird sich in den nächsten zehn Jahren stärker verändern als dies in den letzten 50 Jahren der Fall war.

Als ich meine Rede für unser erstes Treffen mit Vorstandsvorsitzenden aus aller Welt im Frühjahr 1997 vorbereitete, dachte ich darüber nach, auf welche Weise sich die Geschäfte im digitalen Zeitalter grundlegend umgestalten werden. Ich wollte über die gewaltigen Fortschritte der modernen Informationstechnologie sprechen und mich den Fragen widmen, mit denen Manager heutzutage ständig ringen. Wie kann die Informationstechnologie dazu beitragen, höhere Gewinne zu machen? Auf welche Weise wird sie die Wirtschaft verändern? Wie kann sie dabei helfen, die Unternehmen in den nächsten fünf oder zehn Jahren zum Erfolg zu bringen?

So wie in den 80er Jahren die Qualität und in den 90er Jahren die Umstrukturierung im Mittelpunkt standen, wird es im nächsten Jahrhundert vor allem um die Geschwindigkeit von Arbeitsprozessen gehen. Wie lange wird es dauern, bis sich das Geschäftsleben grundlegend verändert hat und wie schnell werden künftig Transaktionen abgewickelt? Welche Auswirkungen wird der schnelle Zugang zu Informationen auf den Lebensstil des Verbrauchers und auf seine Erwartungen an die Arbeitswelt haben? Qualitätssteigerungen und Verbesserungen innerbetrieblicher Abläufe werden dafür sorgen, dass sich die Geschwindigkeit im Geschäftsleben immer mehr steigert. Das wird sich auch auf die Art der Arbeit auswirken. Hersteller oder Einzelhändler, die binnen weniger Stunden und nicht erst nach Wochen auf Veränderungen reagieren, sind im Grunde nicht länger produzierende Unternehmen, sondern Dienstleister, die ein Produkt anbieten.

Der Grund für all diese Veränderungen wird der ständige Zufluss digitaler Informationen sein. Wir leben zwar seit über dreißig Jahren im Informationszeitalter, aber weil noch immer die meisten Nachrichten und Mitteilungen ihren Empfänger in Papierform erreichen, haben sich die Abläufe zwischen Käufern und Verkäufern nicht wesentlich verändert. Alle größeren Unternehmen benutzen heute computergestützte Methoden, um grundlegende Arbeitsvorgänge durchzuführen: Steuerung von Produktionssystemen, Erstellung von Kundenrechnungen, Buchhaltung, Steuererklärungen. Aber alle diese Anwendungen automatisieren lediglich alte Verfahren.

Nur sehr wenige Betriebe nutzen die digitale Technologie, um neue Verfahren zu entwickeln, mit denen sie wirklich fundamentale Verbesserungen erreichen. Diese aber sind notwendig, damit ihre Mitarbeiter die raschen und umfassenden Antworten erhalten, die sie in einer sich rasend schnell verändernden Wirtschaft benötigen. Erst dann können die Unternehmen den vollen Nutzen aus ihren Fähigkeiten ziehen. Sehr viele Betriebe erkennen nicht, dass die Mittel, diese Veränderungen vorzunehmen, bereits heute für jeden zur Verfügung stehen. Obwohl es sich im Grunde bei den meisten geschäftlichen Problemen um Informationsprobleme handelt, schöpft fast niemand die Möglichkeiten des Informationszeitalters richtig aus.

Dies wird in der Regel vom Management einfach als gegeben hingenommen. Die Menschen haben solange ohne die Möglichkeit gelebt, Informationen auf Knopfdruck zu erhalten, dass sie gar nicht wissen, was ihnen fehlt. Genau auf diesen Punkt wollte ich in meiner Rede hinweisen. Die Zuhörer sollten in aller Deutlichkeit erkennen, wie wenig nutzbare Daten sie trotz all ihrer Investitionen im Bereich der Informationstechnologie bekommen. Ich wollte die Vorstandsvorsitzenden ermuntern, in ihren jeweiligen Bereichen einen Informationsfluss zu verlangen, der ihnen schnelle und handfeste Kenntnis über die wahren Bedürfnisse ihrer Kunden verschaffen würde.

Sogar Unternehmen, die ganz erheblich in die Informationstechnologie investiert haben, erhalten nicht die entsprechenden Ergebnisse. Das liegt nicht an einem zu geringen Etat. Denn fast jede Firma verfügt über die wichtigen Grundbausteine: Personal Computer mit entsprechenden Anwendungsprogrammen, Netzwerke und E-Mail für die Kommunikation. Ein durchschnittliches Unternehmen hat 80 Prozent der für einen vernünftigen Informationsfluss nötigen Investitionen in die entsprechende Technologie getätigt, erhält dafür aber nur 20 Prozent des heute möglichen Nutzens. Es besteht also eine deutliche Lücke zwischen dem, was die Betriebe ausgeben, und dem, was sie dafür bekommen. Das Potenzial der modernen Informationstechnologie ist nicht annähernd ausgeschöpft. Immer noch herrscht viel zu wenig Verständnis dafür, was tatsächlich möglich wäre, um wichtige Informationen schnell jedem Mitarbeiter zugänglich zu machen.

Technologiewandel und Erwartungen

Die Art, wie die meisten Unternehmen heute mit Informationen umgehen, war noch vor wenigen Jahren völlig ausreichend. Denn wertvolle Daten mussten teuer bezahlt werden, und die Mittel, sie zu analysieren und weiterzuleiten, standen in den 80er Jahren und selbst zu Beginn der 90er Jahre noch nicht zur Verfügung. Doch heute, an der Schwelle zum 21. Jahrhundert, bieten uns die Produkte der modernen Informationstechnologie und ihre Vernetzbarkeit einen einfachen Weg, Informationen zu erhalten und auszutauschen.

Zum ersten Mal können alle Arten von Informationen – Zahlen, Texte, Töne, Bilder – in eine digitale Form gebracht und von jedem Computer gespeichert, verarbeitet und weitergeleitet werden. Zum ersten Mal hat standardisierte Hardware in Verbindung mit standardisierten Betriebssystemen zu Kostenersparnissen geführt, die wirksame EDV-Lösungen für Unternehmen jeder Größe preiswert verfügbar machen. Und das »persönlich« in dem Begriff »Personal Computer« bedeutet, dass jedem einzelnen Benutzer ein intelligentes Werkzeug zur Verfügung steht, mit dem er die erhaltenen Informationen analysieren und für die tägliche Arbeit aufbereiten kann. Die Mikroprozessor-Revolution hat nicht nur zu einer exponentiellen Leistungszunahme der Personal Computer geführt, sondern sie ist auch verantwortlich für das Entstehen einer neuen Generation intelligenter digitaler Endgeräte wie Handhelds, Auto-PCs, Smart Cards und andere sich abzeichnende Entwicklungen, die die Einsatzmöglichkeiten digitaler Informationen noch mehr erweitern werden. Ein entscheidender Schlüssel für diese Erweiterung ist die Verbesserung der Internet-Technologie, die zur Grundlage weltweiter Verbindungen geworden ist.

Im Web-Zeitalter ist mit »Connectivity« mehr gemeint, als zwei oder mehr Menschen einfach nur zusammenzubringen. Das Internet schafft einen neuen universalen Raum für den Austausch von Informationen, Zusammenarbeit und Handel. Mit dem Internet steht uns ein neues Medium zur Verfügung, das die Unmittelbarkeit und Spontaneität von Technologien wie Fernsehen und Telefon aufnimmt und sie mit der Tiefe und Gründlichkeit verbindet, die papiergebundenen Medien innewohnt. Zudem ist es mit Hilfe des Internets auf völlig neue Weise möglich geworden, an Informationen zu gelangen und Menschen mit gleichen Interessen zu finden.

Diese sich neu entwickelnde Hardware und Software sowie die neuen Kommunikationsstandards werden sowohl das geschäftliche wie auch das private Leben umgestalten. Innerhalb eines Jahrzehntes werden die meisten Menschen regelmäßig Personal Computer bei ihrer Arbeit und Zuhause benutzen, E-Mails verschicken, sich ins Internet einwählen und ihre persönlichen Daten mit tragbaren Computern verwalten. Es wird neue Endgeräte für den Verbraucher geben, sodass beinahe jede Form von Daten – Texte, Zahlen, Stimmen, Fotos, Videos – digital gespeichert werden können. Ich möchte in diesem Zusammenhang die Begriffe »Web Workstyle« und »Web Lifestyle« benutzen, um die Auswirkungen dieser Entwicklung auf die Arbeitswelt und auf den privaten Bereich deutlich zu machen. Heute sind wir üblicherweise von unserem Schreibtisch aus über eine physikalische Leitung mit dem Internet verbunden. In Zukunft werden wir auch durch eine große Anzahl ständig miteinander in Kontakt stehender tragbarer Endgeräte drahtlos mit anderen Systemen und anderen Menschen verbunden sein. Ebenso werden Gebrauchsgegenstände des Alltags wie Wasser- und Stromzähler, Sicherheitssysteme und Fahrzeuge miteinander verbunden sein und jederzeit Statusabfragen ermöglichen. Jede dieser Anwendungen digitaler Informationen nähert sich einem Kulminationspunkt, jenseits dessen die Veränderung plötzlich und mit aller Deutlichkeit hervortritt. Zusammen werden sie den privaten Lebensstil und die Arbeitswelt radikal umgestalten.

Schon heute verändert der Web Workstyle die Abläufe bei Microsoft und in anderen Unternehmen. Das Ersetzen papiergebundener Arbeitsabläufe durch digitale Prozesse hat zu beträchtlichen Einsparungen bei Budgets und bei innerbetrieblichen Abläufen geführt. Ein Team von Mitarbeitern verwendet elektronische Werkzeuge und kann damit fast so schnell wie eine einzelne Person handeln, verfügt aber über das Wissen des gesamten Teams, das jederzeit auf die Überlegungen des einzelnen zurückgreifen kann. Durch den schnelleren Zugang zu Informationen über unsere Verkaufszahlen, die Aktivitäten unserer Partner und – am wichtigsten – über unsere Kunden, sind wir in der Lage, rascher auf Probleme und günstige Gelegenheiten zu reagieren. Einige andere wegbereitende Unternehmen, die ebenfalls auf die Digitalisierung setzen, erzielen ähnliche Erfolge.

Wir haben unser Unternehmen mit einer elektronisch basierten Intelligenz ausgestattet. Ich spreche hier nicht über etwas Metaphysisches oder über irgendeine seltsame Episode aus *Raumschiff Enterprise*. Gleichwohl handelt es sich um etwas Neues und Bedeutsames. Um als Unternehmen im digitalen Zeitalter zu funktionieren, haben wir eine neue digitale Infrastruktur entwickelt, die dem menschlichen Nervensystem ähnelt. Das biologische Nervensystem löst Reflexe aus, sodass man schnell auf Gefahren oder Bedürfnisse reagieren kann. Es vermittelt die Informationen, die notwendig sind, um über Probleme nachzudenken und Entscheidungen zu treffen. Es macht auf die wichtigsten Dinge aufmerksam und filtert unwichtige Informationen heraus. Unternehmen benötigen ein vergleichbares Nervensystem – die Fähigkeit, reibungslos und effizient zu funktionieren, schnell auf Krisensituationen und günstige Gelegenheiten zu reagieren, umgehend wertvolle Informationen an die Mitarbeiter im Betrieb zu leiten, die sie benötigen, und das Vermögen, schnelle Entscheidungen zu treffen und auf die Bedürfnisse der Kunden zu antworten.

Als ich über diese Fragen nachdachte und die letzten Änderungen an meiner Rede für das Treffen mit den Vorstandsvorsitzenden vornahm, fiel mir schlagartig der Begriff für dieses neue Konzept ein: Das digitale Nervensystem – das unternehmerische, digitale Äquivalent zum menschlichen Nervensystems, das für einen einheitlichen Informationsfluss zur richtigen Zeit an die richtige Stelle innerhalb der Organisation sorgt. Es besteht aus den digitalen Prozessen, die es einem Unternehmen ermöglichen, die jeweiligen Gegebenheiten zu erkennen und entsprechend darauf zu reagieren, Herausforderungen durch Konkurrenten frühzeitig wahrzunehmen und den Bedürfnissen der Kunden rechtzeitig nachzukommen. Ein digitales Nervensystem erfordert eine Kombination von Hardware und Software; es unterscheidet sich von einem reinen Computernetzwerk dadurch, dass es seinen Benutzern unmittelbar genaue und vielfältige Informationen liefert. Dadurch erhalten die Mitarbeiter Einblick in die Zusammenhänge und sind auf eine Weise zur Zusammenarbeit fähig, die ohne diese Informationen nicht möglich wäre.

Ich machte das digitale Nervensystem zum Schwerpunkt meiner Rede. Meine Zuhörer sollten sich für das Potenzial der modernen Informationstechnologie begeistern, die ihnen helfen würde, ihre Unternehmen besser zu führen. Ich wollte ihnen klarmachen, dass, wenn sie in diesem Bereich gute Arbeit leisteten, die jeweiligen Lösungen wie von selbst kämen. Und weil ein digitales Nervensystem jeder Abteilung und jedem Mitarbeiter Nutzen bringt, sollten sie verstehen, dass nur sie die dafür nötigen Veränderungen anregen und bewirken konnten. Althergebrachte Ansichten und Auffassungen über die Unternehmenskultur müssen neu interpretiert werden, um das Vorgehen einer Organisation im Hinblick auf den Zufluss digitaler Informationen und den Web Workstyle neu zu strukturieren. Eine solche Entscheidung zu treffen bedeutet auch, sich mit der digitalen Technologie soweit vertraut zu machen, bis man versteht, auf welche Weise in Zukunft Geschäftsabläufe fundamental verändert werden können.

Nach dem Treffen baten mich viele der Vorstandsvorsitzenden um weitere Informationen. Während ich meine Ideen näher erläuterte, kamen viele andere Manager und Fachleute und fragten nach Details. Jedes Jahr kommen Tausende von Kunden auf unseren Campus, um sich unsere innerbetrieblichen Geschäftslösungen anzusehen. Sie fragen, warum und wie wir unser digitales Nervensystem konstruiert haben und wie sie das Gleiche tun können. Das vorliegende Buch soll dazu dienen, all diese Fragen zu beantworten. Ich habe es für Führungskräfte und Manager auf allen Ebenen geschrieben. Es soll erläutern, wie ein digitales Nervensystem die Arbeitswelt und die Abläufe in öffentlichen Einrichtungen verändern kann, indem es die drei wichtigsten Elemente jeder geschäftlichen Tätigkeit stärkt: die Beziehungen zu Kunden oder Partnern, die eigenen Mitarbeiter sowie die internen und externen Arbeitsabläufe. Ich habe das Buch auf die drei Unternehmensfunktionen aufgebaut, die diesen Elementen entsprechen: *Handel, Wissensmanagement und Geschäftsoperationen.* Ich beginne mit dem Handel, weil der Web Lifestyle dort zu einschneidenden Veränderungen führen wird. Und diese Wandlungen bringen die Unternehmen dazu, ihr Wissensmanagement und ihre Arbeitsabläufe umzustukturieren, um mit der Entwicklung Schritt zu halten. Weitere Abschnitte behandeln spezielle Lösungen einzelner Firmen, die auf andere Organisationen übertragbar sind. Das Ziel eines digitalen Nervensystems besteht auch darin, die Mitarbeiter zu gemeinsamen Anstrengungen zu bringen, damit eine neue Geschäftsstrategie entwickelt und umgesetzt werden kann. An mehreren Stellen des Buches wird deshalb davon die Rede sein, dass eine straffe digitale Rückmeldung ein Unternehmen in die Lage versetzt, sich schnell und konstant allen Veränderungen anzupassen. Dies ist ein entscheidender Nutzen für jede Firma, die sich den Web Workstyle zu Eigen macht.

Digitales Business ist kein Fachbuch. Es erklärt die Gründe und die praktischen Anwendungsmöglichkeiten digitaler Prozesse zur Lösung von geschäftlichen Problemen. Ein Vorstandsvorsitzender, der einen späten Entwurf des Manuskriptes las, meinte dazu, dass ihm die Beispiele als Schablone dienten, um ein digitales Nervensystem in seinem Unternehmen einzurichten. Er sagte: »Ich habe Ihnen eine Liste von Kommentaren erstellt und eine weitere Liste von Maßnahmen, die für die Durchführung in meiner Firma nötig sind«. Ich hoffe, dass andere Führungskräfte den gleichen Weg für sich entdecken können. Für die mehr technisch Interessierten liefert eine begleitende Internetseite unter *www.Speed-of-Thought.com* weitere Hintergrundinformationen. Neben einigen Beispielen finden sich hier auch Techniken zur Beurteilung der Leistungsfähigkeit vorhandener Informationssysteme. Des Weiteren werden architektonische Verfahren und Entwicklungsmethoden für den Aufbau eines digitalen Nervensystems vorgestellt. Ebenso wird auf Links zu anderen Internetseiten verwiesen.

Um den digitalen Informationsfluss zu einem wesentlichen Bestandteil eines Unternehmens zu machen, sind zwölf entscheidende Schritte erforderlich:

Im Bereich *Wissensmanagement:*

1. Die Kommunikation innerhalb des Unternehmens muss durch E-Mails erfolgen, damit mit höchstmöglicher Geschwindigkeit auf Nachrichten reagiert werden kann.
2. Die Verkaufszahlen sollten online zugänglich sein. Auf diese Weise ist es einfacher, Kundenprofile zu ermitteln und entsprechende Informationen auszutauschen. Damit wird der persönliche Kontakt zum Kunden erleichtert.
3. Benutzen Sie für Ihre Geschäftsanalysen Personal Computer, mit denen Ihre Angestellten über Produkte, Dienstleistungen und Rentabilität nachdenken und sie vorantreiben können.
4. Verwenden Sie digitale Methoden, um virtuelle Teams aus verschiedenen Abteilungen zu bilden, die ihr Wissen teilen und zusammen gemeinsame Ideen in Echtzeit weltweit verwirklichen.
   Verwenden Sie digitale Systeme, damit jeder Mitarbeiter auf die Erfahrungen des Unternehmens zurückgreifen kann.

5. Jeder Papierprozess sollte in einen digitalen Prozess umgewandelt werden. Entfernen Sie alle administrativen Hindernisse, und setzen Sie Ihre Experten für wichtigere Aufgaben ein.

Im Bereich *Geschäftsoperationen:*

6. Verwenden Sie digitale Methoden, um Einzeltätigkeiten zu beseitigen, oder wandeln Sie diese in Tätigkeiten um, bei denen die Fachkenntnisse der Mitarbeiter besser genutzt werden.
7. Schaffen Sie eine digitale Rückmeldeschleife, um damit sowohl die Effizienz der Abläufe als auch die Qualität der Produkte und Dienstleistungen zu verbessern. Jeder Mitarbeiter sollte in der Lage sein, alle entscheidenden Kriterien ohne großen Aufwand nachzuverfolgen.
8. Setzen Sie digitale Systeme ein, um Reklamationen sofort an die Personen weiterzuleiten, die ein Produkt oder eine Dienstleistung verbessern können.
9. Schaffen Sie digitale Kommunikationsmittel, um die Geschäftsziele und -bereiche Ihres Unternehmens neu zu definieren. Entweder Sie vergrößern Ihr Unternehmen und weiten Ihre Geschäftstätigkeit aus, oder Sie verkleinern es und machen sich mehr und mehr mit der Situation einzelner Kunden vertraut.

Im Bereich *Handel:*

10. Sorgen Sie dafür, dass Sie alle Informationen rechtzeitig bekommen. Kommunizieren Sie auf digitalem Weg mit Ihren Partnern und Lieferanten, und verändern Sie alle Geschäftsabläufe derart, dass Sie stets just-in-time liefern können.
11. Nutzen Sie digitale Systeme, um Produkte und Dienstleistungen direkt zu liefern, und schalten Sie auf diese Weise den Zwischenhändler aus. Wenn Sie selbst Zwischenhändler sind, verwenden Sie digitale Technologien, um zusätzliche Leistungen anbieten zu können.
12. Verwenden Sie digitale Mittel, um Ihren Kunden dabei zu helfen, ihre Probleme selber zu lösen. Ihre Mitarbeiter sollten den persön-

lichen Kundenkontakt auf die wirklich schwierigen und komplexen Bedürfnisse beschränken.

Jedes Kapitel behandelt einen oder mehrere dieser Punkte. Ein guter Informationsfluss wird es Ihnen ermöglichen, einiges direkt umzusetzen. Das Zusammenspiel der genannten unterschiedlichen Systeme – *Handel, Wissensmanagement und Geschäftsoperationen* – ist dabei für ein digitales Nervensystem von entscheidender Bedeutung.

Besonders im Bereich von Geschäftsoperationen zielen mehrere Beispiele besonders auf Microsoft. Dafür gibt es zwei Gründe: Zum einen möchten die Kunden wissen, wie Microsoft, ein Vorreiter der modernen Informationstechnologie, diese neuen digitalen Mittel verwendet. Sie wollen sehen, ob wir auch das tun, was wir predigen. Zum anderen kann ich ausführlich über die logischen Grundlagen für die Anwendung digitaler Systeme bei operativen Problemen reden, vor denen mein Unternehmen gegenwärtig steht. Ich habe Dutzende von wegbereitenden Firmen besucht, um die besten Anwendungsformen in der Industrie zu finden. Ich will die breite Nutzbarkeit eines digitalen Nervensystems zeigen. Und ich habe festgestellt, dass in einigen Bereichen andere Organisationen noch weiter gegangen sind als wir.

Die erfolgreichen Unternehmen des nächsten Jahrzehntes werden jene sein, die durch den Einsatz digitaler Mittel die Art und Weise ihrer Tätigkeit neu definieren. Diese Firmen treffen schnelle Entscheidungen, agieren effizient und erreichen ihre Kunden in optimaler Weise. Ich hoffe, dass auch Sie sich für die Möglichkeiten begeistern werden, die die moderne Informationstechnologie in den nächsten zehn Jahren bieten wird. Die konsequente Anwendung digitaler Methoden wird Sie auf den Kamm einer Welle katapultieren, die den alten Weg, Geschäfte zu machen, unter sich begraben wird. Mit Hilfe eines digitalen Nervensystems werden Sie gedankenschnell agieren und reagieren. Das ist der Schlüssel zum Erfolg im 21. Jahrhundert.

Teil I

Informationen sind das Lebenselixier jedes Unternehmens

▲ 1
Meistern Sie die Fakten

Die große Aufgabe bei der Beurteilung von Geschäftsprozessen ist es, alle Gegebenheiten und Umstände, die den Markt, die Technologie und andere sich dauernd verändernde Bereiche betreffen, zu erkennen. Die Schnelligkeit der Veränderungen im Bereich der modernen Technologie macht die Suche nach den Fakten zu einer ständigen Herausforderung.

Alfred P. Sloan, jr.,
MY YEARS WITH GENERAL MOTORS

Ich vertrete eine einfache, aber entschiedene Überzeugung. Die sinnvollste Art für ein Unternehmen, sich von der Konkurrenz zu unterscheiden, der beste Weg, sich von der Masse abzuheben, ist es, herausragende Arbeit im Bereich der Informationstechnologie zu leisten. *Wie man Informationen sammelt, verwaltet und verwendet, wird darüber entscheiden, ob man zu den Gewinnern oder Verlierern gehört.* Jedes Unternehmen hat viele Konkurrenten. Und es gibt über sie und über den Markt, der heute ein globaler Markt ist, viele verfügbare Informationen. Die Gewinner werden all jene sein, die ein exzellentes digitales Nervensystem entwickeln, das für einen unkomplizierten Informationsfluss und damit für einen konstanten und maximalen Nutzen sorgt.

Sicherlich gibt es Einwände gegen das eben Gesagte. Aber es beruht alles auf wirkungsvollen Verfahren und auf Qualität. Ein digitales Nervensystem fördert das Wiedererkennen von Markenprodukten und steigert Marktanteile und Kundennähe. Der Erfolg eines Unternehmens hängt maßgeblich von all diesen Dingen ab. Niemand kann Ihnen helfen, wenn es Fehler in Arbeitsabläufen gibt, wenn die Qualität nicht aufmerksam beachtet oder nicht hart genug gearbeitet wird, um eine Marke einzuführen. Mit einem unzureichenden Kundendienst kann man ebenso scheitern wie mit einer schlechten Strategie, unabhängig davon, wie gut die Informationen sind. Und eine unentschlossene

Durchführung setzt die beste Strategie matt. Je häufiger man diese Dinge falsch angeht, desto größer ist die Gefahr, dass die Firma auf der Strecke bleibt.

Aber ungeachtet aller bereits vorhandenen möglichen Pluspunkte – intelligente Mitarbeiter, exzellente Produkte, Kundenakzeptanz, Eigenkapital – ist ein schneller Fluss der wichtigen Informationen notwendig, damit es zu Rationalisierungseffekten und zu Verbesserungen inner- und außerbetrieblicher Abläufe kommt. Die meisten Betriebe verfügen über gute Mitarbeiter und wollen es ihren Kunden recht machen. Auch geeignete Daten existieren irgendwo innerhalb der Organisation. Aber der Informationsfluss ist das Lebenselixier eines Unternehmens. Er ermöglicht es, die Mitarbeiter optimal einzusetzen und von den Kunden zu lernen. Prüfen Sie selbst, ob Sie die nötigen Informationen haben, um folgende Fragen zu beantworten:

> Was denken die Kunden über Ihre Produkte? Welche Probleme sollten Sie in Ordnung bringen? Welche Verbesserungen werden gewünscht?
> Auf welche Probleme treffen Ihre Vertriebspartner oder Einzelhändler, wenn sie Ihre Produkte verkaufen oder mit Ihnen zusammenarbeiten?
> In welchen Bereichen liegen Ihre Konkurrenten vor Ihnen und warum ist das so?
> Führen veränderte Kundenwünsche bei Ihnen zu entsprechenden Innovationen?
> Auf welchen neuen Märkten sollten Sie tätig werden?

Ein digitales Nervensystem garantiert nicht automatisch die richtigen Antworten. Aber es wird Berge von Papier ersetzen, sodass Sie die Zeit haben werden, sich mit diesen Fragen zu beschäftigen. Es gibt Ihnen Daten, um von diesem Punkt aus nachzudenken und versorgt Sie mit Informationen, die Ihnen dabei helfen, kommende Entwicklungen rechtzeitig zu erkennen. Schließlich ermöglicht es ein digitales Nervensystem, dass Fakten, Vorschläge, Ideen schnell an die Oberfläche gebracht werden, und zwar von den Mitarbeitern, die Informationen über diese Fragen haben – und wahrscheinlich auch viele der Antworten. Am wichtigsten aber ist, dass alle diese Dinge sehr schnell durchgeführt werden können.

Antworten auf schwierige Fragen

Viele Unternehmen haben ihren Tätigkeitsbereich in fundamentaler Weise ausgeweitet und verändert. Aus dem erfolglosen Hersteller von Japans erstem elektrischem Reiskocher wurde Sony Corporation, ein Weltunternehmen im Elektronikbereich und in der Musik- und Filmindustrie. Eine Firma, die mit der Herstellung von Schweißmaschinen, Bowlingbahnsensoren und Geräten zur Gewichtsreduzierung begann, wandte sich dann Oszilloskopen und Computern zu, und daraus wurde das Unternehmen Hewlett Packard, so wie wir es heute kennen. Diese Unternehmen folgten dem Markt und erzielten damit einen phänomenalen Erfolg. Die meisten Firmen sind aber nicht in der Lage, ebenso zu handeln.

Auch wenn man genau hinsieht, ist es nicht immer eindeutig, wo die nächsten Wachstumschancen liegen. In der hektischen Welt der Schnellimbisse hat McDonald's den bekanntesten Markennamen, den größten Marktanteil und einen guten Ruf hinsichtlich der Qualität seiner Produkte. Dennoch machte ein Marktanalytiker vor Kurzem den Vorschlag, dass McDonald's sein Geschäft verändern sollte. Dabei bezog er sich auf den gelegentlichen Verkauf von Produkten aktueller Kinofilme und schlug vor, dass McDonald's seine Hamburger, die eine niedrige Gewinnspanne haben, nutzen sollte, um eine Reihe von Spielzeugen mit hoher Gewinnspanne zu verkaufen, statt es andersherum zu versuchen. Ein derartig einschneidender Wandel der Unternehmenspolitik ist zwar zur Zeit unwahrscheinlich, aber in der heutigen schnelllebigen Wirtschaftswelt nicht undenkbar.

Wichtig ist, dass ein Unternehmen seine Position im Markt niemals als unveränderlich ansehen darf. Es muss sich immer wieder prüfen. Ob man einen großen Durchbruch in einem anderen Geschäftsbereich erzielt oder am Altbewährten festhält, entscheidend ist, dass die Manager einer Firma über alle wichtigen Informationen verfügen, um ihre Wettbewerbsfähigkeit einzuschätzen und die nächsten bedeutenden Marktchancen zu erkennen.

Dieses Buch wird Ihnen dabei helfen, die Informationstechnologie in einer Weise zu nutzen, dass sie Ihnen die Daten für einen umfassenden Einblick in Ihr Geschäft liefert. Sie hilft Ihnen bei der Beantwortung der schwierigen Fragen, was zu tun ist, und wie es zu tun ist. Sie werden in der Lage sein, schnell zu handeln und Lösungen für geschäftliche Probleme bekommen, die nie zuvor so einfach zu erhalten waren. Informationstechnologie und Unternehmenspolitik sind heute untrennbar miteinander verwoben. Ich glaube nicht, dass jemand kompetent über das eine sprechen kann, ohne das andere zu berücksichtigen.

Die Fakten objektiv erkennen

Der erste Schritt bei der Beantwortung jeder schwierigen geschäftlichen Frage liegt darin, die Fakten objektiv zu erkennen. Dieses Prinzip, leichter gesagt als getan, wird anschaulich in dem Buch von Alfred P. Sloan, jr., *My Years With General Motors,*[1] dargestellt, das zu meinen bevorzugten Businessbüchern zählt. Wenn Sie nur ein einziges dieser Bücher lesen wollen, dann nehmen Sie das von Sloan (ohne dabei aber das Ihnen gerade vorliegende zur Seite zu legen). Es ist inspirierend, wenn man in Sloans Buch über seine eigene Karriere liest, wie man mit positiver, rationaler und informationsorientierter Führung zu außerordentlichen Erfolgen kommen kann.

Sloan leitete die General Motors Corporation von 1923 bis 1956. Während dieser Zeit wurde General Motors (GM) zu einem der ersten wirklich komplexen Konzerne in den Vereinigten Staaten. Sloan war sich darüber im Klaren, dass ein Unternehmen ohne Berücksichtigung aller Fakten und Kenntnisse der Beschäftigten keine umfassende Strategie verwirklichen konnte. Durch die enge persönliche Zusammenarbeit mit seinen technischen und kaufmännischen Mitarbeitern und durch regelmäßige Besuche der technischen Abteilungen entwickelte er sein ureigenes unternehmerisches Verständnis. Doch sein größter Erfolg als Manager lag in der Art und Weise, wie er funktionierende Beziehungen zu den Händlern von General Motors im ganzen Land schuf. Ständig sammelte er ihre Informationen und pflegte enge und produktive Kontakte zu ihnen.

Aus diesen Geschäftsreisen gewann Sloan viele wichtige Erkenntnisse. Er ließ einen privaten Eisenbahnwaggon als Büro ausstatten und reiste damit durch das ganze Land. Auf diese Weise besuchte er oftmals fünf bis zehn Händler an einem einzigen Tag. Ihn interessierte nicht nur, was General Motors seinen Vertriebspartnern verkaufte, sondern auch, was diese weiterverkauften. In den späten zwanziger Jahren halfen ihm die Geschäftsreisen dabei zu erkennen, dass sich die Autobranche veränderte. So würden Gebrauchtwagen eine immer größere Rolle spielen und gleichzeitig Käufer mit mittleren Einkommen mit Hilfe von Inzahlungsnahmen und Ratenplänen höherwertige Neuwagen erwerben. Sloan erkannte, dass dieser Umschwung auch einen fundamentalen Wandel in den Beziehungen zwischen GM und seinen Händlern mit sich bringen musste, und dass sich das Autogeschäft vom reinen Verkauf zum Handel entwickeln würde. Der Hersteller und der Händler mussten eine Partnerschaft eingehen. Sloan richtete einen Händlerbeirat ein, der sich regelmäßig mit den Verantwortlichen von General Motors in der Zentrale traf. Außerdem schuf er ein Gremium für die Beziehungen mit den Vertriebspartnern, das sich mit deren Beschwerden befasste. Daneben zog er ökonomische Studien heran, um die besten Stützpunkte für neue Händler festzulegen, und half fähigen Interessenten, die nicht über das nötige Eigenkapital verfügten, sich trotzdem als GM-Händler niederzulassen.[2]

Dennoch waren genaue Verkaufsinformationen weiterhin schwer zu erhalten. Die Verkaufszahlen von General Motors waren überholt und unvollständig: »Wenn die Erträge eines Händlers abnahmen, hatten wir keine Möglichkeit, festzustellen, ob dies an Problemen mit den Neuwagen, den Gebrauchtwagen, dem Service, den Ersatzteilen oder an etwas ganz anderem lag. Ohne diese Fakten war es unmöglich, eine vernünftige Vertriebspolitik durchzuführen«, stellte Sloan fest. Er sei bereit, »eine enorme Summe« dafür zu zahlen, wenn jeder Händler »die Fakten über sein Geschäft erfahren und so mit den vielen Details (…) auf intelligente Weise umgehen könnte«. Ihnen dabei zu helfen, diese Informationen zu gewinnen, wäre, so Sloan, »die beste Investition in der Geschichte von General Motors«.[3]

Um dieses Ziel zu erreichen, richtete Sloan ein standardisiertes Abrechnungssystem für die gesamte Organisation von General Motors und alle Verkaufsniederlassungen ein. Das Schlüsselwort dabei ist *standardisiert*. Jeder Händler und jeder Mitarbeiter auf jeder Ebene des Unternehmens kategorisierte Zahlen in ganz genau derselben Weise. So war es Mitte der dreißiger Jahre für alle Händler, die Niederlassungen und die Zentrale von General Motors möglich, auf der Basis gleicher Zahlen detaillierte Finanzanalysen zu erstellen. Auf diese Weise konnte ein Verkäufer zum Beispiel nicht nur seine eigene Leistung isoliert bewerten, sondern sie auch im Verhältnis zur durchschnittlichen Leistung einschätzen.

Die Bedeutung einer Infrastruktur, die genaue Informationen zur Verfügung stellt, wurde von einem Unternehmen wie General Motors erkannt. Anderen Autoherstellern gelang das jahrzehntelang nicht. Diese Infrastruktur, die ich als Nervensystem eines Unternehmens bezeichnen möchte, verhalf dem Automobilkonzern in der Zeit von Sloans Karriere zu einer marktbeherrschenden Stellung. Das Nervensystems war zwar noch nicht »digital«, aber äußerst wertvoll. Niemand hatte so genaue Kenntnisse über die Bestände der Händler wie General Motors. Die richtige Verwendung dieser Informationen, die sich weit über GM hinaus erstreckte, führte zu einem gewaltigen Wettbewerbsvorteil.

General Motors benutzte manuelle Informationsysteme, um das erste »Extranet« zu entwickeln – ein funktionierendes Netzwerk für den Konzern, seine Lieferanten und seine Händler.

Natürlich erhielten sie dabei auch nicht annähernd so viele Informationen wie das heutzutage Ihrem Unternehmen möglich wäre. Es hätte zu viele Telefongespräche erfordert, zu viele Mitarbeiter hätten Papier hin- und herbewegen und die Aufzeichnungen studieren müssen, um die Daten zu analysieren und Muster daraus zu entwickeln. Es wäre extrem aufwendig und teuer gewesen. Wenn man heute ein Weltunternehmen führen will, muss man viel weiter gehen und alles erheblich schneller tun. Um die Fakten zu meistern – eines von Sloans Grundanliegen –, benötigt man die moderne Informationstechnologie. Was Unternehmen leisten können, was dabei sinnvoll zu tun ist, und was ihnen einen Wettbewerbsvorteil verschafft, hat sich dramatisch verändert.

Die Schwierigkeiten einer weltweiten Standardisierung

Das internationale Geschäft von Microsoft expandierte erst dann in großem Umfang, als es weltweit betrieben wurde. Wir trafen die Entscheidung, uns so früh wie möglich auf den internationalen Märkten zu präsentieren, und unsere Tochtergesellschaften bewiesen dabei eine Menge unternehmerischer Energie. Ihnen die Freiheit zu geben, ihre Geschäfte dem jeweiligen Land anzupassen, war gut für die Kunden und profitabel für uns. Unser internationales Geschäft schoss von 41 Prozent im Jahr 1986 auf einen Wert von 55 Prozent im Jahr 1989.

Die Unabhängigkeit unserer Tochtergesellschaften erstreckte sich bis zu ihren Finanzberichten. Diese erreichten uns in unterschiedlichen Formaten und waren abhängig von den jeweiligen Geschäftsvereinbarungen und Steuervorschriften. Einige Tochtergesellschaften rechneten die Produkte auf Basis der Kosten unserer Produktionsfirma in Irland aus; andere verwendeten einen Prozentsatz des Endpreises. Sie brachten die aktuellen Verkaufszahlen und Gewinne auf unterschiedliche Weise in Einklang. Einige unserer Tochtergesellschaften bekamen eine Kommission auf die direkten Verkäufe an Kunden, so wie Hersteller, die Personal Computer verkaufen. Andere vereinbarten direkte Verkäufe von der Muttergesellschaft und bekamen eine Provision und eine Kostenerstattung. Dieses halbe Dutzend unterschiedlicher Finanzierungsmodelle bereitete uns eine Menge Kopfschmerzen.

Das Studium dieser Zahlen machte dem damaligen Vertriebsvorstand Steve Ballmer und mir einige Mühe. Wir betrachteten eine der Bilanzen und Mike Brown, unser früherer Finanzchef, sagte: »Das ist Methode sechs, mit Kostenerstattung und Provision für dies oder das«, womit er darauf hinwies, dass es sich um eines der sechs unterschiedlichen Abrechnungs- und Finanzierungsmodelle handelte. So waren wir gezwungen, die Zahlen für diese Tochtergesellschaft im Kopf so schnell wie möglich neu zu berechnen, um sie mit den anderen Zahlen vergleichen zu können.

»Ich weiß nicht, wie es sonst gehen soll«, sagte Mike oft, aber schließlich machte er sich mit Jon Anderson, unserem Controller, den Umstand zunutze, dass beinahe jeder Mitarbeiter schon PC-Formblätter für andere Formen der Analyse benutzte. Sie entwarfen eine Gewinn- und Verlust-Rechnung, die von innerbetrieblichen Preiserhöhungen oder Provisionen der einzelnen Tochtergesellschaften unabhängig war. Mike und Jon verbreiteten die neue Gewinn- und Verlustrechnung via E-Mail und sehr schnell wurde sie von unseren Tochtergesellschaften übernommen. Wenn wir danach die jeweiligen Finanzberechnungen betrachteten, war es für uns viel leichter, einen Überblick zu bekommen, insbesondere weil wir die Daten aus verschiedenen Blickwinkeln betrachten konnten. Man kann die Fähigkeit, alle diese Zahlen online zu vergleichen, gar nicht hoch genug würdigen. So werden Schätzungen über Wechselkurse kontrolliert und Ergebnisse unabhängig von ihnen betrachtet.

Als wir uns später daran machten, unsere Verkaufstransaktionen für alle unsere Standorte zu zentralisieren, hatten wir bereits einige unserer Hausaufgaben erledigt. Viele Unternehmen, die ihr Verkaufssystem zentralisieren, verlieren Zeit mit der Entscheidung darüber, wie ihre Abrechnungssysteme organisiert werden sollen. Weil dies alles bei uns schon geschehen war, konnten wir unsere Verkaufsdaten schneller und billiger als viele andere zentralisieren.

Heute nutzt General Motors Computertechnologien und Internet-Standards, um mit seinen Händlern und Kunden zu kommunizieren. Das Programm »GM Access« nutzt ein weltweites satellitengestütztes Intranet für die Interaktion zwischen der Zentrale, den Fabriken und den

9000 Händlern von General Motors. Die Verkaufsniederlasssungen verfügen über Online-Tools für das Finanzmanagement und die Betriebsplanung, wozu auch ein umfassendes Bestellsystem sowie Programme zur Verkaufsanalyse und für Marktprognosen gehören. Ein interaktives Verkaufs-Tool verbindet Produktmerkmale, Spezifikationen, Preise und weitere Informationen miteinander. Die Service-Techniker haben sofortigen Zugang zu den aktuell angebotenen Produkten und Informationen über die Ersatzteile (elektronische Service-Anleitungen, technische Bulletins). Die elektronische Post verbindet die Händler mit der Zentrale von General Motors, mit den einzelnen Fabriken und sorgt auch für die Verbindung untereinander. Diese private Händlerlösung ist integriert in die öffentliche Internetseite von General Motors, die den Verbrauchern detaillierte Produktinformationen bietet. Die Internet-Technologien schaffen die Grundlage für einen fundamentalen Wandel in der Art und Weise, wie die Verbraucher Fahrzeuge erwerben. Damit positionieren sie General Motors im elektronischen Handel. Das Unternehmen hat in der Öffentlichkeit erklärt, dass es Kosten reduzieren und die Beziehungen zu seinen Mitarbeitern verbessern will. Auch bei diesen Anstrengungen hilft der Fluss digitaler Informationen.

Grenzen Sie Ihr Unternehmen von anderen ab

Wenn das Informationsmanagement und die entsprechende organisatorische Aufgeschlossenheit schon vor 70 Jahren und in einem traditionellen Industriezweig für eine derart entscheidende Veränderung sorgte, wie groß wird die Veränderung dann sein, wenn dies alles noch durch die moderne Technolgie vorangetrieben wird? Ein moderner Automobilhersteller mag heute einen eingeführten Markennamen haben und bekannt für seine Qualität sein, dennoch ist er einem immer größeren weltweiten Wettbewerb ausgesetzt. Alle Fahrzeughersteller nutzen den gleichen Stahl, sie haben die gleichen Werkzeugmaschinen, ähnliche Produktionsprozesse und vergleichbare Kosten für den Transport. Die Hersteller werden sich nur dadurch voneinander unterscheiden, wie gut sie ihre Produkte gestalten, wie intelligent sie das Feedback der Kunden zur Verbesserung ihrer Produkte und Dienstleistungen nutzen, wie schnell sie ihren Produktionsprozess verbessern, wie eindeutig sie ihr Produkt am Markt platzieren und wie effizient sie ihren Vertrieb organisieren können. Jeder dieser informationsreichen Prozesse profitiert vom digitalen Ansatz.

Der Wert einer Digitalisierung zeigt sich besonders deutlich bei informationstechnologisch orientierten Branchen wie Banken und Versicherungen. Die Banken zeigten sich schon immer an der Informationstechnolgie interessiert. Daten über die Kunden und die Kreditanalyse bilden den Kern ihres Geschäftes. Dennoch stellt sich die Frage, wie sich im Zeitalter des Internets und der zunehmenden Deregulierung der Finanzmärkte ein Geldinstitut von dem anderen unterscheiden kann. Es kommt auf die Intelligenz der Kreditanalyse und des Risikomanagements sowie auf die Verantwortung in den Beziehungen zu den Kunden an. Es ist der *Grips*, der die eine oder andere Bank an die Spitze bringt. Ich meine damit nicht nur die individuellen Fähigkeiten der Bankmitarbeiter. Ich meine vor allem die allgemeine Fähigkeit des Geldinstitutes, den größten Nutzen aus den geistigen Fähigkeiten all ihrer Angestellten zu ziehen.

Heute haben Informationssysteme für Banken wichtigere Aufgaben als nur das Verwalten riesiger Mengen von Finanzdaten. Die Finanzstrategen und Anlageexperten benötigen mehr Wissen über ihre Kunden, um sie kompetent beraten zu können. Und die Kunden ihrerseits müssen in die Lage versetzt werden, sich auf sicherem Wege Informationen online zu beschaffen. Wenn beispielsweise viele Klienten das Online-Banking nutzen, können sich die Experten der Bank noch stärker auf die eigentliche Beratungstätigkeit konzentrieren. Informationssysteme sind heutzutage nicht länger nur Rechenmaschinen, sondern sie liefern Informationen, die zum Nutzen des Verbrauchers verarbeitet werden können.

Die Crestar Bank von Richmond, Virginia, liefert allgemeine Bankensoftware, Hypothekenanwendungen und Programme für den Zahlungsverkehr über das Internet. Mitarbeiter des Geldinstitutes in weit entfernten Standorten wie Supermärkten oder Kaufhäusern können Konten eröffnen und Darlehensanträge für Kunden bearbeiten, weil sie über den digitalen Informationsfluss mit dem Mutterhaus verbunden sind.

Kürzlich sprach ich auf einem Bankentreffen mit Vertretern großer Banken in Kanada. Dabei ging es um Fragen des Engagements der großen Geldinstitute im Internet. Diese verfügen schon heute über Datenbanksysteme, die Geschäftsinformationen verwalten, über Anwendungen für Mitarbeiter, die am Telefon oder am Schalter Kunden betreuen und über spezielle Programme für Zweigstellen. Nun sind sie auf der Suche nach weiteren neuen Systemen, um die Kunden über das Internet mit Informationen zu versorgen. Sie sagten: »Wir wollen weder zusätzliche Kosten noch weitere komplizierte Schnittstellen.« Ich antwortete ihnen, dass die Lösung heute ganz einfach wäre: Sie sollten für die Kunden eine große Schnittstelle zum Internet aufbauen und dann die gleiche Schnittstelle nutzen, um die Daten intern zu verarbeiten. Auf diese Weise würden ihre Bankangestellten einige zusätzliche Daten zu sehen bekommen, nämlich Kundendaten und Hintergrundinformationen über die jüngsten Kundenkontakte, aber die Schnittstelle wäre dieselbe. Wenn sie alles auf ein standardisiertes Betriebssystem umstellen, können sie sämtliche bisherigen Wege der Informationsverarbeitung ersetzen. Im Laufe der Zeit, wenn es das Geschäft erfordert, wird ihre Datenbank an die neue Technologie angepasst, aber schon jetzt wird die Schnittstelle zum Internet ihr Leben vereinfachen und nicht weiter komplizieren. Die neue Schnittstelle »wird« zur Bank, sowohl nach außen als auch nach innen.

Wege der Informationsverarbeitung

Nach der während des Zweiten Weltkrieges erfolgten Einführung von ENIAC, des ersten Computers für nichtmilitärische Zwecke, bewiesen Computer schon bald, dass sie in vielen Bereichen schneller und genauer als Menschen sind – sie konnten Kundendaten der größten Institutionen verwalten und beinahe jeden mechanischen Prozess automatisieren, der in kleine, sich wiederholende Schritte zerlegbar war. Dennoch funktionierten diese Computer noch nicht auf einem hohen Niveau. Sie halfen den Menschen, aber nicht auf intelligente Weise. Man benötigt Verstand, um Physik zu begreifen und die Flugkurven von Artilleriegranaten oder ballistischen Raketen zu berechnen, man benötigt einen gelehrten Idioten – den Computer – um die Berechnungen in Sekundenschnelle durchzuführen.

Die Geschäftswelt braucht eine ganz andere Form des Einsatzes von Computern, die Michael Dertouzos, Direktor des Labors für Computerwissenschaften am Massachusetts Institute of Technology (MIT) und Autor des Buches »What Will Be«,[4] als »Informationsarbeit« bezeichnet hat. Gewöhnlich betrachten wir Information – eine Notiz, ein Bild oder

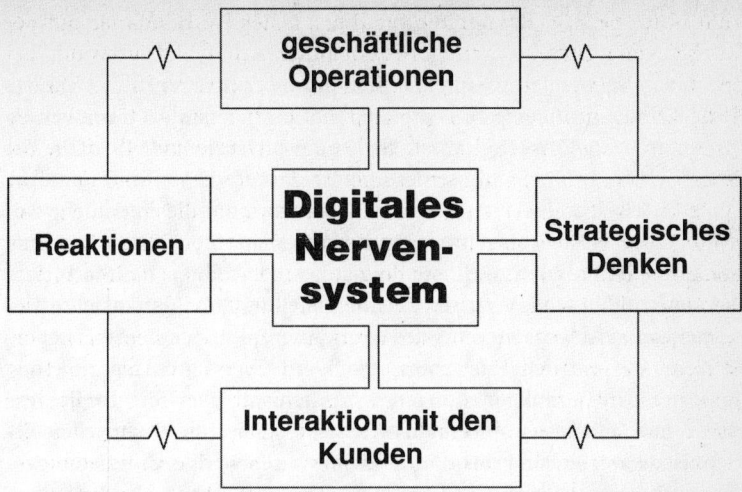

```
                    geschäftliche
                     Operationen


  Reaktionen         Digitales          Strategisches
                     Nerven-              Denken
                     system


                  Interaktion mit den
                       Kunden
```

Ein digitales Nervensystem verbindet durch digitale Prozesse beinahe sämtliche Planungen und Aktionen eines Unternehmens. Informationen aus den grundlegenden Bereichen wie z. B. Finanzwesen und Produktion, sowie Rückmeldungen der Kunden sind für alle Mitarbeiter einer Firma, die über die notwendigen digitalen Werkzeuge verfügen, in kürzester Zeit elektronisch abrufbar. Entsprechend rasch sind sie dann in der Lage, sich neuen Sachverhalten anzupassen und zu reagieren. Diese unmittelbare Verfügbarkeit genauer Informationen verändert das gesamte strategische Denken eines Unternehmens. Aus einem abgesonderten Nischendasein wird ein fortlaufender Prozess, der in die normalen Geschäftsaktivitäten integriert ist.

einen Finanzbericht – als etwas Statisches. Aber Dertouzos argumentiert überzeugend, dass es auf eine ganz andere Form der Information ankommt – und dass ein »Verb« an die Stelle des statischen Substantivs treten sollte. Informationsarbeit ist »die Umwandlung von Informationen durch menschliche Gehirne oder Computerprogramme«. Diese Tätigkeit – das Entwerfen eines Gebäudes, das Aushandeln eines Geschäftes, die Abgabe einer Steuererklärung – beinhaltet die meisten der Informationen, mit denen wir täglich umgehen und den größten Teil der anfallenden Arbeiten in entwickelten Volkswirtschaften. »Informationen müssen als aktive Tätigkeiten verstanden werden«, meint Dertouzos.[5] Nach seiner Einschätzung trägt die Informationsarbeit mit 50 bis 60 Prozent zum Bruttosozialprodukt eines industrialisierten Landes bei.

Dertouzos Einschätzung, Informationen als aktive Handlung anzusehen, ist von großer Bedeutung. Als Computer nicht mehr nur zum »Zahlenkauen« verwendet wurden und man begann, mit ihrer Hilfe wirkliche Unternehmensprobleme zu bearbeiten, hatten sie erstmals einen echten Anteil an der Informationsarbeit. Selbst das produzierende Gewerbe hat immer einen größeren Teil seiner Energie darauf verwandt, Daten über seine Geschäftstätigkeit zu bekommen, statt sich auf die eigentliche Geschäftstätigkeit zu konzentrieren: Informationen über Design und Entwicklung der Produkte, die Erstellung von Arbeitsplänen, das Marketing, Verkaufszahlen und Vertrieb, Rechnungstellung und Finanzierungen, gemeinsame Aktivitäten mit Wiederverkäufern, Kundendienst.

Wenn ich mit den Programmentwicklern über Produktspezifikationen, mit den Produktabteilungen von Microsoft über ihre Dreijahrespläne oder mit unseren Verkaufsabteilungen über die finanziellen Ergebnisse spreche, sind das häufig ziemlich schwierige Unterredungen. Wir diskutieren über Details von Kommissionsgeschäften, Marketingausgaben im Verhältnis zu erzielten Umsatzzahlen, Anzahl der Mitarbeiter und erzielter Gewinn usw. Mit menschlicher Intelligenz und durch gemeinsame Arbeit verwandeln wir statische Verkaufs-, Kunden- oder demographische Daten in das Design eines Produktes oder eines Programmes. *Informationsarbeit ist Denkarbeit.* Und wenn das Denken und die Zusammenarbeit auf signifikante Weise durch moderne Computertechnologie unterstützt wird, dann kann man von einem digitalen Nervensystem sprechen. Es besteht aus einem fortschrittlichen digitalen Prozess, den Experten nutzen, um bessere Entscheidungen treffen zu können. Denken, handeln, reagieren und anwenden. Dertouzos sagt, dass der künftige »Informationsmarktplatz« »eine große Menge maßgeschneiderter Software und verwickelter, ineinander greifender Verbindungen von menschlichen und computergestützen Prozessen« enthalten wird – eine exzellente Beschreibung für ein funktionierendes digitales Nervensystem.[6]

Der einfache Zugang zu den Daten

Für die Informationsarbeit müssen die Mitarbeiter eines Unternehmens einen schnellen und direkten Zugang zu den Informationen haben. Dennoch waren wir bis vor Kurzem der Auffassung, dass »die Zahlen«

nur der höheren Führungsebene vorbehalten werden sollten. Einige wenige Führungskräfte mögen aus Gründen der Vertraulichkeit Informationen verschlossen gehalten haben, aber der Zugang zu den meisten Daten war deswegen beschränkt, weil es so schwer war, sie zu bekommen. Es erforderte Zeit, Anstrengungen und Investitionen, um Informationen zu erhalten und weiterzugeben. Es ist, als ob wir selbst heute noch wie in jenen Tagen denken, als es große Verzögerungen bei der Arbeit gab, weil jedes Mal ein Programm umgeschrieben werden musste, wenn man die Zahlen auf eine andere Weise darstellen wollte. Es war so teuer, Daten aus einem Großrechner herauszuziehen, und es nahm so viel Arbeit in Anspruch, sie zueinander in Beziehung zu setzen, dass man zumindest zur Geschäftsführung gehören musste, um diese Arbeit anzuordnen. Und selbst dann waren diese Informationen manchmal so unvollständig oder überholt, dass Vertreter von anderen Abteilungen bei hochrangigen Treffen abweichende Daten präsentierten. Der einzige Weg für Ralph Larsen, Vorstandsvorsitzender von Johnson & Johnson, Daten über irgendeine Tochtergesellschaft in den 80er Jahren zu bekommen, lag zum Beispiel darin, der Finanzabteilung den Auftrag zu geben, einen speziellen Bericht anzufertigen. Wie wir in Kapitel 16 sehen werden, liegen die Dinge bei Johnson & Johnson heute ganz anders.

Die Entwicklung von praktischen Informationssystemen

Ein erster Versuch, den Informationsfluss zumindest für die Führungskräfte zu verbessern war das Executive Information System (EIS). Seit den frühen 80er Jahren gab das EIS den Verantwortlichen die Möglichkeit, an Verkaufsinformationen oder andere Daten zu gelangen, ohne Monate auf einen speziellen Bericht zu warten. EIS war ein richtiger Ansatz, aber es war auf die Führungskräfte beschränkt und nicht mit den anderen Informationssystemen der Unternehmen verbunden. EIS tendierte dazu, bloß ein weiteres unter vielen Informationssystemen zu sein, die nur einer bestimmten Benutzergruppe zugänglich waren. Ein großes amerikanisches Stahlunternehmen fand heraus, dass die durch dieses neue Hilfsmittel bereitgestellten Informationen die Führungskräfte dazu veranlasste, ihren Mitarbeitern noch mehr Fragen zu stellen, diese aber nicht über die notwendigen Daten verfügten, um darauf antworten zu können.

Auf der Grundlage der für die Personal Computer entwickelten Hardware wurden schnelle Anwendungen und verbesserte grafische Schnittstellen entwickelt, die aus dem Executive Information System ein Enterprise Information System, das auch als »Leistungs-Messinstrument« bezeichnet wurde, machten. Die neuen EIS-Systeme sorgen dafür, dass die Informationen einem größeren Teil der Mitarbeiter eines Unternehmens zur Verfügung stehen.

Als sich die Anbieter der EIS-Systeme den standardisierten Plattformen und Anwendungen zuwandten, veränderte sich ihre Rolle. Der wirkliche Nutzen, den sie bieten, liegt nicht in der Einrichtung der Anwendung selbst, sondern darin, dass sie den Unternehmen helfen, herauszufinden, was sie damit tun können. Die Ansichten der Kunden sind oft von der Vorstellung geprägt, dass Informationen schwer zu bekommen sind. Sie wissen deshalb häufig nicht, was sie vernünftigerweise von ihren Informationssystemen erwarten können. Ein führender Anbieter von EIS-Systemen, Comshare Incorporation aus Ann Arbor, Michigan, beginnt stets mit grundlegenden Fragen an den Interessenten: »Was erwarten Sie von dem System?« und »Welche Ergebnisse wollen Sie erhalten?« Comshares Software für die Verkaufsanalyse beinhaltet neunzig spezifische Fragen über die Art der Daten, die ein Unternehmen erhalten will.

Comshare, das eine Kombination von Systemen mit Standard-Desktop-Anwendungen und Internet-Browsern auf seiner Kundenseite offeriert, unterstützt den Kunden bei der Analyse und dem richtigen Problemansatz und zieht Berater hinzu, um bei der Umstrukturierung von geschäftlichen Problemen zu helfen. Erst nach der Analyse und der Reorganisation von Arbeitsabläufen liefert Comshare die Technologie aus.

In heutigen Computernetzwerken kann man Daten einfach und preiswert auffinden und präsentieren. Man kann sie sich bis ins kleinste Detail ansehen und aus verschiedenen Perspektiven betrachten. Durch regen Informationsaustausch kann man die Ideen und Arbeiten verschiedener Menschen oder Teams zusammenführen und zu einem gut durchdachten und koordinierten Ergebnis gelangen. Wir müssen erkennen, dass der Erhalt und die Verbreitung von Informationen weder schwierig noch teuer ist. Der gesunde Menschenverstand reicht aus, alle Daten eines Unternehmens zu erhalten – von den letzten Verkaufszahlen bis zu den Einzelheiten von Plan 401(k) – und sie durch ein paar Knopfdrücke jedem zugänglich zu machen, der sie benötigt.

Nicht nur die höchste Führungsebene, sondern auch das mittlere Management und die einfachen Angestellten müssen Einblick in die Unternehmensdaten haben. Es ist für mich als Firmenchef wichtig zu verstehen, wie das Unternehmen in verschiedenen Gebieten, mit bestimmten Produktlinien oder in speziellen Kundenkreisen abschneidet und ich bin stolz darauf, bei diesen Dingen stets bestens informiert zu sein. Dennoch muss gerade das mittlere Management in jedem Unternehmen verstehen, wo die Gewinne und wo die Verluste liegen, welche Marketingprogramme funktionieren und welche nicht, und welche Ausgaben im Rahmen liegen oder ihn überschritten haben. Gerade die Mitarbeiter der mittleren Führungsebene benötigen genaue und sichere Daten, denn schließlich sind sie es auch, die danach handeln sollen. Sie brauchen deshalb einen unmittelbaren, ständigen und vielfältigen Zustrom der richtigen Informationen und sollten nicht darauf warten müssen, solche Daten vom höheren Management zu erhalten. Überhaupt sollten die Unternehmen weniger Zeit darauf verwenden, die Finanzdaten zu verbergen und mehr Zeit, ihre Mitarbeiter zu schulen, damit diese die Daten analysieren und entsprechend handeln können.

Natürlich muss jede Organisation den Zugang zu einigen Informationen begrenzen. So werden beispielsweise Daten über Löhne und Gehälter vertraulich behandelt. Dennoch glaube ich an eine sehr offene Informationspolitik. Es liegt ein unschätzbarer Nutzen darin, wenn jeder Beteiligte an der Herstellung eines Produktes, selbst das jüngste Mitglied des Teams, die Entwicklung, die Preisgestaltung und die Vertriebspolitik versteht. Die Vorzüge, die sich bieten, wenn jeder das komplette Bild vor Augen hat, überragen bei weitem jedes mögliche Risiko.

In vielen Unternehmen wird die mittlere Führungsebene von den täglichen Problemen völlig in Anspruch genommen und verfügt nicht über die Informationen, sie zu bewältigen. Selbst riesige Mengen von Daten – buchstäblich ganze Papierberge – die schwierig zu bewerten und mit den Daten aus anderen Berichten in Einklang zu bringen sind, helfen ihnen dabei nur wenig. Dagegen kennzeichnet es ein gutes digitales Nervensystem, wenn es die mittlere Führungsebene durch den Fluss spezifischer Informationen zu zusätzlichen Leistungen befähigt. Sie sollten Einblick in ihre Verkaufszahlen, Ausgabenveränderungen, Verkaufs- und Lieferantenkosten haben und den Status wichtiger Projekte kennen – und dies alles online und in einer Form, die zur Analyse und zur Koordination mit anderen Angestellten geradezu auffordert. Abhängig von festgelegten Kriterien sollten die Informationssysteme über ungewöhnliche Entwicklungen benachrichtigen, so zum Beispiel, wenn ein Ausgabenposten den vorgesehenen Rahmen sprengt. Auf diese Weise müssen sie nicht die sonst üblichen Kostenüberwachungen vornehmen. Dies alles ist seit langem für einige Unternehmen verfügbar, aber ich bin noch immer überrascht, wie wenige Firmen Informationstechnologien verwenden, um ihre Mitarbeiter umfassend zu informieren und die üblichen Routineprüfungen zu vermeiden.

Mich verblüffen die verschlungenen Wege, die entscheidende Informationen selbst in den Unternehmen nehmen, die zur Weltspitze gehören. Ich dagegen bin es gewohnt, eine Übersicht der jüngsten Zahlen per E-Mail an die verantwortlichen Manager zu schicken und sie von ihnen verarbeiten zu lassen. Bis vor Kurzem mussten bei McDonald's Verkaufszahlen mehrfach manuell »abgezeichnet« werden, bevor sie den Weg zu denen fanden, die sie benötigten. Heute ist McDonald's dagegen auf einem guten Weg, ein neues Informationssystem zu installieren, das PC- und Internet-Technologien verwendet, um Verkaufszahlen in Echtzeit aus all seinen Restaurants zu verbuchen. Sobald Sie zwei Happy Meals bestellen, ist bereits ein Marketing Manager von McDonald's darüber informiert. Anstatt oberflächlicher oder anekdotischer Daten stehen nun harte, verlässliche Fakten für die Marktanalysen zur Verfügung.

Wie man an der Reaktion von Microsoft auf das Internet sehen kann, ist ein gutes digitales Nervensystem auch an der Anzahl der guten Vorschläge, die von den Mitarbeitern und Experten vorgebracht werden, zu erkennen. Wenn die Mitarbeiter konkrete Daten analysieren, können Sie auch Ideen entwickeln, um manche Dinge besser zu machen – und sie bekommen außerdem mehr Spaß an ihrer Arbeit.

Die meisten Mitarbeiter eines Unternehmens möchten nicht nur wissen, dass die Arbeit, die sie tun, funktioniert, sondern sie möchten das auch dem Management zeigen. Sie schätzen den Gebrauch von Technologien, die sie dazu ermutigen, verschiedene Theorien über das Geschehen auf den Märkten zu beurteilen. Dadurch bekommen sie neue Anstöße und einen beträchtlichen Motivationsschub.

Ein letztes Merkmal eines effizienten digitalen Nervensystems ist, wie zielorientiert Besprechungen verlaufen und ob sie Ausgangspunkt für konkretes Handeln sind. Piloten sagen, dass eine gute Landung das Ergebnis eines guten Landeanflugs ist. Eine gute Sitzung ist das Ergebnis guter Vorbereitung. Sitzungen sollten nicht in erster Linie dazu genutzt werden, um Informationen zu präsentieren. Es ist weitaus effizienter, E-Mails zu verwenden, sodass die Mitarbeiter die Daten schon zuvor analysieren und dann vorbereitet an einer Sitzung teilnehmen können, um Vorschläge zu unterbreiten und sich an einer wichtigen Debatte zu beteiligen. In den meisten Firmen gibt es zu viele unproduktive Sitzungen und zuviel Papier, obwohl es nicht an Energie oder dem nötigen Verstand mangelt. Die benötigten Informationen existieren auch in irgendeiner Form irgendwo im Unternehmen, aber man ist einfach nicht in der Lage auf Daten aus verschiedenen Quellen auf einfache Weise zuzugreifen, damit man sie aus vielen Perspektiven analysieren kann.

Alfred Sloan von General Motors meinte, dass es unmöglich sei, ohne Kenntnis der Tatsachen eine solide Geschäftspolitik durchzuführen. Ich bin optimistisch genug zu glauben, dass das Wissen von soliden Fakten die Firmen in die Lage versetzt, auch eine solide Geschäftspolitik zu betreiben. Sloan tat es vor vielen, vielen Jahren. Bei der heutigen Geschwindigkeit, mit der sich die Geschäftswelt verändert, ist die Notwendigkeit um so größer, die Macht der Fakten zu meistern.

Was ich hier beschreibe, stellt eine neue Ebene der Informationsanalyse dar, mit deren Hilfe die Experten dazu befähigt werden, passive Daten in aktive Informationen umzuwandeln – was Michael Dertouzos als »Informationen wie ein Verb behandeln« bezeichnet hat. Ein digitales Nervensystem ermöglicht es einem Unternehmen, die Informationsarbeit mit weitaus mehr Effizienz, Gründlichkeit und Kreativität zu verrichten.

Schlüsselinformationen

▲ Der Informationsfluss ist der entscheidende Differenzierungsfaktor im digitalen Zeitalter.

▲ Die meiste Arbeit bei jeder Geschäftstätigkeit ist »Informationsarbeit«, eine von Michael Dertouzos geprägte Bezeichnung, um zu beschreiben, wie menschliche Geistesfähigkeiten, auf Daten angewendet, ein Problem lösen.

▲ Die Manager der mittleren Führungsebene benötigen genauso viele Unternehmensdaten wie die obersten Führungskräfte, aber häufig erhalten sie weniger.

▲ Unproduktive Sitzungen oder Besprechungen, die weitestgehend nur über den Status Quo berichten, sind Anzeichen für einen spärlichen Informationsfluss.

Prüfen Sie Ihr digitales Nervensystem

▲   Können Sie mit Hilfe des Informationsflusses folgende schwierige Fragen beantworten: Wie beurteilen Ihre Kunden und Partner Ihre Produkte und Dienstleistungen? Welche Märkte gehen verloren und warum? Worin liegt Ihr entscheidender Wettbewerbsvorteil?

▲   Zählen Ihre Informationsysteme einfach nur Zahlen zusammen oder helfen sie Ihnen direkt bei der Lösung geschäftlicher Probleme?

2

Was leistet Ihr digitales Nervensystem?

Der Intelligenzquotient eines Unternehmens wird durch das Ausmaß bestimmt, mit dem die Infrastruktur der Informationstechnologie Informationen zusammenfügt, austauscht und strukuriert. Isolierte Anwendungen und Daten, wie eindrucksvoll sie auch immer sein mögen, produzieren gelehrte Idioten, aber kein hoch effizientes Unternehmensgefüge.

Steve H. Haeckel und Richard L. Nolan,
MANAGING BY WIRE: USING IT TO
TRANSFORM A BUSINESS

So wie jedes menschliches Wesen, verfügt auch jedes Unternehmen über einen internen Kommunikationsmechanismus, ein »Nervensystem«, das seine Handlungen koordiniert. Alle Geschäfte zielen auf wenige grundlegende Bestandteile: Kunden, Produkte und Dienstleistungen, Einnahmen, Kosten, Konkurrenten, Vertrieb und Mitarbeiter. Eine Firma muss die Arbeitsabläufe in jedem dieser Bereiche effizient durchführen und sorgfältig kontrollieren. Ein besonderes Augenmerk ist dabei auf Aktivitäten zu richten, die Abteilungsgrenzen überschreiten. Die Verkaufsabteilung muss rasch herausfinden, ob das Unternehmen über die für die Durchführung eines Großauftrages nötigen Bestände verfügt oder sie schnell beschaffen kann. Die Produktionsabteilung muss wissen, welches Produkt sich so hervorragend verkauft, dass es Produktionsprioritäten umstellen kann. Die Manager überall im Unternehmen müssen beides und eine Menge mehr wissen.

Das Nervensystem einer Organisation besitzt Parallelen mit unserem menschlichen Nervensystem. Jedes Geschäft, ungeachtet welcher Branche, verfügt über »autonome« Systeme, Operationsprozesse, die unbedingt laufen müssen, wenn es überleben will. Jeder Betrieb hat ein

Kerngeschäft, das Herz der Firma, ob das nun die Entwicklung und Herstellung von Produkten oder die Bereitstellung von Dienstleistungen ist. Jedes Unternehmen muss seine Einnahmen und Ausgaben regeln können. Und jedes Unternehmen hat eine vielfältige Zahl administrativer Verfahren, wie zum Beispiel das Rechnungswesen, durchzuführen. Kein Betrieb wird lange Zeit am Markt bestehen können, wenn die Produkte nicht zum Endkunden gelangen oder wenn die Rechnungen und die Mitarbeiter nicht bezahlt werden.

Die Notwendigkeit von Effizienz und Solidität hat den Antrieb gegeben, viele grundlegende Operationen zu automatisieren. Da Manager alle verfügbaren Lösungen nutzen, war das Ergebnis lange Zeit eine starke Verbreitung inkompatibler Systeme. Jedes unabhängige System mag für sich gesehen ganz gut laufen, aber die Daten sind immer isoliert, und es ist schwierig, sie in andere Systeme zu integrieren. Was fehlte, waren Verknüpfungen zwischen den Informationen, die den Neuronenbahnen im Gehirn ähneln. Die Daten aus den einzelnen operativen Prozessen herauszuziehen und sie in einer wirksamen Form zu verwenden war eines der kompliziertesten Probleme in der Geschäftswelt. Obwohl die Automation wertvoll gewesen ist, kann erst die heutige Technologie grundlegende Operationen zum Eckstein einer breiter angelegten, firmenweiten Intelligenz machen.

Ebenso benötigt ein Unternehmen gute Reflexe, um in einer Krise seine Kräfte ordnen zu können oder auf ein unerwartetes Ereignis angemessen zu antworten. So müssen Sie sich vielleicht mit einem Anruf ihres besten Kunden auseinander setzen, der Ihnen mitteilt, dass er jetzt bei Ihrem größten Konkurrenten kaufen wird, weil der ein ganz neues Produkt anbietet. Oder Sie müssen auf fehlerhafte Erzeugnisse oder gar einen Produktionszusammenbruch reagieren. Unerwartete Ereignisse, die eine taktische Antwort erfordern, können auch positive Auswirkungen haben. So erhalten Sie vielleicht gerade dadurch die unerwartete Gelegenheit, eine wichtige Aktion gemeinsam mit einem Partner durchzuführen oder eine günstige Anschaffung zu tätigen.

Schließlich gibt es das bewusste Zusammenspiel der »Muskeln« Ihres Unternehmens, ob Sie nun Teams für die Entwicklung neuer Produkte bilden, neue Zweigstellen eröffnen oder Ihren Außendienst auf die Suche nach neuen Kunden schicken. Um sie effektiv auszuführen, benötigen all diese Vorhaben gründliche Überlegungen, strategische Analysen, exakte Durchführung und eine objektive Bewertung. Sie müssen über die fundamentalen Geschäftsbereiche Ihrer Firma nachdenken und eine langfristige Strategie entwickeln, um Probleme zu lösen und die sich aus den Analysen ergebenen Vorteile zu nutzen. Danach sollten Sie Ihr Vorhaben und die dahinter stehenden Pläne für ihre Durchführung an jede Person im Unternehmen, an Ihre Partner und andere wichtige Personen außerhalb der Organisation übermitteln.

Darüber hinaus muss ein Unternehmen mit seinen Kunden kommunizieren und aus den gewonnenen Erfahrungen Schlussfolgerungen für das künftige Handeln ableiten. Diese vorrangige Erfordernis umfasst alle Fähigkeiten einer Firma: operative Effizienz und das Sammeln von Daten, ihre Koordination sowie die strategische Planung und Durchführung. Über die Notwendigkeit der effektiven Kommunikation mit Ihren Kunden werde ich immer wieder in diesem Buch sprechen. Ich werde Ihnen zeigen, wie ein digitales Nervensystem bei erfolgreichen Unternehmen alle betriebsinternen Abläufe zusammenführen kann, um dieses wichtigste Ziel aller wirtschaftlich tätigen Organisationen erfüllen zu können.

Ein digitales Nervensystem dient zwei vorrangigen Zielen: Es erweitert die individuellen analytischen Fähigkeiten in der gleichen Art wie Maschinen physische Fähigkeiten erweitern und es verbindet die individuelle Kraft, um eine institutionelle Intelligenz und die gemeinsame Fähigkeit zum Handeln zu schaffen. Zusammenfassend lässt sich sagen: Ein digitales Nervensystem versucht zugunsten des Kunden aus den individuellen Vorzügen korporative Vorzüge zu schaffen.

Die Daten müssen immer verfügbar sein

Mit Hilfe eines digitalen Nervensystems ist man in der Lage, den eigenen Mitarbeitern dieselben Daten für den täglichen Gebrauch zu geben, die man einem externen Berater für ein spezielles Projekt zukommen lässt. Nach jahrelangen Erfahrungen in der Industrie und dem dabei gewonnenen Expertenwissen bei der Analyse von Geschäftsabläufen bringen diese Berater oft frische Ideen und neue Ansätze ein. Nachdem sie sich intensiv mit den demographischen Daten und Verkaufszahlen beschäftigt haben, überraschen Experten die Führung eines Unternehmens immer wieder mit ihren Rentabilitätsanalysen, mit ihren Vergleichen zu Mitbewerbern und ihrem Wissen über Möglichkeiten, die

Geschäftsabläufe zu verbessern. Doch im Grunde ist es widersinnig, dass jemand außerhalb Ihres Unternehmens mehr Informationen erhält, als Sie selber nutzen. Zu oft werden wichtige Kunden- und Verkaufsinformationen nur bei einer einzigen Gelegenheit zusammengetragen, nämlich wenn die Experten eintreffen. Sie sollten diese Daten aber ständig für das normale Personal verfügbar haben.

Wenn Berater mehr Erkenntnisse über Ihr System erlangen als Sie selber, dann sollte dies nur an deren besonderen Fähigkeiten liegen, nicht an Informationen, die besonders für sie vorbereitet worden sind und die Ihrem eigenen Personal ansonsten nicht zur Verfügung stehen. Wenn ein Berater Trends in Ihren Daten entdeckt, die Sie selber nicht entdecken können, dann stimmt etwas mit Ihrem Informationsfluss nicht. Nicht alle Ihre Manager werden die Fachkenntnisse oder das Know-how haben, das ein Berater Ihrem Geschäft geben kann, aber Ihre Manager sollten Zugang zu Daten gleicher Qualität haben. Sie sollten in der Lage sein, jeden Tag die neuesten Informationen sehen und sie auf vielfältige Weise analysieren zu können. Wie wir an dem folgenden Beispiel sehen werden, führen solche umfassenden Kenntnisse der wichtigen Unternehmensdaten zu besonders guten Ergebnissen.

Informieren Sie die strategische Planung

Da uns unsere Direktverkäufer nur über große Firmen und wichtige Partner informierten, war unser heutiger Vertriebsvorstand, Jeff Raikes, jedes Jahr mit dem Problem konfrontiert, die Effizienz unseres Marketings bei kleinen oder mittelgroßen Kunden zu verbessern. Normalerweise erreichten wir diese Kunden durch Seminare, gemeinsame Marketingaktivitäten mit unseren Partnern und ähnlich breit angelegte Programme. Jeff Raikes hatte zahlreiche Versuche unternommen, unsere kleineren Kunden direkt anzusprechen. Sollten wir mehr Marketingaktionen in den größeren Städten durchführen, da dort mehr kleinere und mittelgroße Kunden konzentriert waren? Oder sollten wir unsere Aktivitäten auf die nächstgrößeren Städte in jedem Bereich abhängig von der Bevölkerungsgröße ausdehnen? Welches wäre das beste Vorgehen bei beschränkten Ressourcen?

In der »Kultur der Zahlen«, die Microsoft pflegt, muss man gute verlässliche Daten haben, um andere von geschäftlichen Vorschlägen überzeugen zu können, aber niemand hatte überzeugende Belege für die beste Vorgehensweise. Dann erinnerte sich jemand an eine Analyse von Pat Hayes, dem Manager für die Zentralregion der USA bei Microsoft. Pat Hayes hatte die Reisebudgets zwischen den Bezirken untersucht, bei denen die meisten Kunden in Großstädten leben und jenen, bei denen die Käufer über verschiedene Bundesstaaten verstreut waren. Bei dieser Studie war er auf einige kleine abgelegene Städte mit einer hohen Konzentration von Personal Computern gestoßen. Waren diese Orte die beste bisher ungenutzte Quelle für neue Einnahmen?

Pat und ein kleines Team wurden beauftragt, die besten zusätzlichen Marketingchancen für ein großes Gebiet (18 Bundesstaaten der Vereinigten Staaten und Kanada) herauszufinden. Was dann in der Zeit zwischen November 1996 und Januar 1997 geschah, zeigt, wie die typischen digitalen Methoden, über die bereits viele Benutzer verfügen, mit Finanzsystemen verbunden werden können, um Unternehmen zu helfen, ihre Verkaufszahlen zu steigern.

Wie kann man vorgehen, um jene Städte mit dem besten Verkaufspotenzial unter Hunderten von anderen Orten vergleichbarer Größe herauszufinden? Was sind die richtigen Maßstäbe? Wie kann man ein Marketingprogramm entwickeln, für das man nicht Dutzende von Menschen anheuern und Millionen Dollar ausgeben muss? Man beginnt mit dem Zusammentragen der nötigen Informationen.

Pat Hayes und eine Reihe weiterer Personen begannen mit der Auswahl von Daten aus MS Sales, unserem entscheidenden Messinstrument im Hinblick auf Einnahmen und Support. Dieses Verkaufssystem auf PC-Basis enthält Informationen über die Verkäufe jeder Version unserer Produkte von jedem unserer Wiederverkäufer weltweit. Mehr als 4000 Mitarbeiter nutzen MS Sales regelmäßig als Entscheidungshilfe, zur Bereitstellung für das Management der Filialbetriebe, zur Berechnung der Vergütungen des Verkaufspersonals, zur Erstellung des monatlichen Abschlusses, der Budgetkalkulation, der Rentablitätsplanung und der Analyse der Marktanteile.

Aus dem Internet besorgte sich das Team Erhebungsdaten der Vereinigten Staaten, welche die durchschnittliche Anzahl von Angestellten eines Unternehmens pro Stadt zeigten. Von einer externen Beratungsfirma bekamen sie Informationen über die Anzahl der Personal Computer pro Stadt. Von den Marketingmanagern in der Region erhielt das Team manuell gesammelte Informationen über Seminare und andere

Marketingmaßnahmen in jeder Stadt. Zuletzt baute das Team eine Liste der Anzahl aller Microsoft-Partner in jeder Stadt ein. An dieser Recherche, die von zwei Personen begonnen wurde, und bei der E-Mails, Intranet und Telefon für die Kommunikation benutzt wurden, waren schließlich Dutzende von Menschen im ganzen Land beteiligt.

Nach dem Sammeln und Sortieren aller Informationen begannen Pat Hayes und sein Team, sie auf verschiedene Arten zu analysieren. Ob unabhängig voneinander oder gemeinsam, doch immer mit Hilfe ihrer elektronischen Werkzeuge versuchten sie, einen Zusammenhang zwischen den Verkaufszahlen und den Marketingaktivitäten in Städten unterschiedlicher Größe zu entdecken. Dabei stellte MS Sales zwei verschiedene Datensätze zur Verfügung, die sich als entscheidend erwiesen: die Daten vom letzten Jahr, die es ihnen ermöglichten, das Wachstum zu ermitteln und die Einnahmen in den jeweiligen Postleitzahlgebieten, deren Kenntnis eine erste grobe Analyse der Situation in den großstädtischen Gebieten ermöglichte. Mit Hilfe der Erhebungsdaten und der mit dem Personal Computer gewonnenen Daten konnten sie zwei weitere wichtige Parameter schaffen: die erzielten Einkünfte pro Computer und die durchschnittlichen Einkünfte jedes Beschäftigten.

Anfang Januar, nachdem sie 80 Städte als mögliche Kandidaten für eine neue Marketingkampagne herausgesucht hatten, trafen sich Pat Hayes und sein Team mit Jeff Raikes. Dieser machte den Vorschlag, für jeden Ort einen Index der Performance und einen Index der Aktivitäten zu entwickeln. Diese Kennziffern würden für den allgemein gültigen Maßstab sorgen, den sie gesucht hatten, um den Zusammenhang zwischen Einnahmen, PC-Dichte und Marketingmaßnahmen zu verstehen. Der Performance-Index wäre der Prozentsatz der erzielten Einnahmen geteilt durch den Prozentsatz der Anzahl der Personal Computer in der Region. Der Aktivitäten-Index wäre der Prozentsatz aller Anwesenden aus der Region bei einer Veranstaltung von Microsoft geteilt durch den Prozentsatz der Anzahl der Personal Computer in der Region. Eine Zahl größer als eins bedeutete eine Stadt über dem Durchschnitt, eine Zahl unter eins würde auf einen Ort weisen, der unter dem Durchschnitt lag.

Mit einem einheitlichen Satz von Parametern musste die kleine Gruppe nicht darüber philosophieren, ob eine Stadt nun im Sonnengürtel oder in einer alten Industrieregion lag, oder ob die wirtschaftliche Entwicklung in diesem Gebiet generell gut war, sodass dort unsere Verkaufszahlen nach oben weisen müssten. Statt dessen ging es bei dem Gespräch nur um Mathematik. So konnte das Team einen Zusammenhang zwischen der Performance eines Ortes zu jedem anderen und zu dem Vorhandensein oder Fehlen von Marketingaktivitäten herstellen. Am wichtigsten war dabei, dass sie damit eine Methode gefunden hatten, aus der sie potenzielle Verkäufe für jene Städte ableiten konnten, in denen wir überhaupt keine Marketingmaßnahmen durchführten. Für eine Reihe kleiner Orte sah dies sehr vielversprechend aus.

Ich hörte zum ersten Mal von diesem Projekt bei der Vorstandssitzung Ende Januar 1997, als Jeff Raikes die Daten präsentierte. Wir waren alle fasziniert und gaben ihm grünes Licht. Er sollte einen Test durchführen und eine Marketingstrategie für einige dieser kleineren Städte entwickeln. Bevor wir größere Mittel investierten, wollten wir in einem kleineren Rahmen herausfinden, ob die Idee funktionieren würde. Jeff Raikes schickte eine E-Mail an Pat Hayes und teilte ihm mit, dass er eine Reihe abschließender Empfehlungen für ein Pilotprogramm entwerfen sollte und dass sie sich nach zwei Wochen gemeinsam die Ergebnisse ansehen würden.

Am Tag vor dieser Besprechung arbeiteten Pat Hayes und ein Mitarbeiter an den abschließenden Richtlinien. Mit Hilfe seiner Liste der Microsoft-Partner in jeder Stadt, hatte Pat Hayes einen neuen Index für Partner geschaffen, um das mögliche Potenzial von begleitenden Marketingmaßnahmen in jedem Ort zu berücksichtigen. Ohne zu wissen, zu welchem Ergebnis sie gelangen würden, entschieden Hayes und sein Mitarbeiter, die Orte in verschiedene Kategorien einzuteilen und eine Empfehlung für jede dieser Kategorien abzugeben. Auf der einen Seite standen die Städte, in der viele Marketingaktionen liefen und die hinsichtlich ihrer Performance über dem Durchschnitt lagen. Hier konnte ihre Empfehlung nur lauten, die Aktivitäten vorerst herunterzufahren und abzuwarten, ob dadurch auch die Resultate schlechter würden. Blieben sie unverändert, könnte das Unternehmen bei geringerem Aufwand die gleichen Ergebnisse erzielen. Wo auf der anderen Seite die Marketingaktivitäten auf einem hohen Level und die Ergebnisse unbefriedigend waren, würden sie empfehlen, diese Maßnahmen zu verändern oder zu prüfen, ob wir uns auf das richtige Produkt konzentrierten. Wenn sowohl Marketingaktivitäten als auch die Ergebnisse schlecht waren, musste der Partner-Index überprüft werden, um festzustellen, ob wir in dieser Stadt überhaupt genügend Partner hatten, durch die eine Ausweitung unserer Verkaufsaktionen gerechtfertigt wäre. Schließlich wandten sie sich der letzten Kategorie zu, den Orten mit einem Aktivitäten-Index von Null, was bedeutete, dass dort überhaupt kein Marketing stattfand.

Ingesamt lagen die durchschnittlichen regionalen Erträge für kleinere Unternehmen bei 2,90 Dollar pro Kunde und Beschäftigten, aber die tatsächlichen Einnahmen für jeden Angestellten einer kleinen Firma variierten enorm. In einer Großstadt wie Dallas, wo wir eine Bezirksvertretung hatten und Marketingprogramme durchführten, lag der Durchschnitt bei 8,43 Dollar. In einer kleineren Stadt wie San Antonio, wo wir keine Vertretung hatten, aber zusätzliche Aktionen zur Förderung unserer Produkte durchführten, kamen wir auf 3,44 Dollar pro Angestellten. Und in den 80 Orten ohne Vertretung, in denen auch keine Marketingaktivitäten durchgeführt wurden (der Index der »Null-Aktivität«) lag der Durchschnittsertrag bei 0,89 Dollar.

Plötzlich hatten sie die Antwort. Neue Aktionen in Bezirken, in denen bereits Marketingaktionen stattfanden, würden uns zwar zusätzliche Einnahmen verschaffen, aber wenn neue Verkaufsmaßnahmen nur die Hälfte der 80 Städte mit Null-Aktivität auf unseren regionalen Durchschnittswert von 2,90 Dollar bringen würden, könnten wir unsere Erträge in diesen Städten binnen eines Jahres von 30 Millionen Dollar auf 60 Millionen Dollar steigern.

Pat Hayes, der niemals zuvor so eng mit Jeff Raikes zusammengearbeitet hatte, wusste nicht, dass er solche Untersuchungen niemals auf eine formale Weise behandelte. Jeff hat die Eigenart, Darstellungen schnell durchzublättern, um jene Punkte zu finden, die mögliche Handlungsweisen beschreiben. Er kann schneller lesen als die meisten Leute reden können, und seine Methode, die Dinge zu überfliegen, lässt ihn schnell zum Kern eines Problems kommen »Wir kamen nie über die Folie eins hinaus«, meint Pat Hayes. Sie analysierten die Arbeitsblätter und standen Jeff Raikes volle zwei Stunden lang Rede und Antwort. Als dieser das Potenzial der Städte mit Null-Aktivität sah, gab er ihnen den Auftrag, sich darum zu kümmern.

Jeff Raikes machte abschließend den Vorschlag, die 80 Orte mit Null-Aktivität noch einmal herauszusortieren und sie im Hinblick auf eine Rentabilitätsrate von 8:1 zu betrachten, dem Minimum für die Durchführung eines Marketingprogramms. Das Setzen der 8:1-Grenze würde ihnen ermöglichen, jene Städte herauszunehmen, in denen die

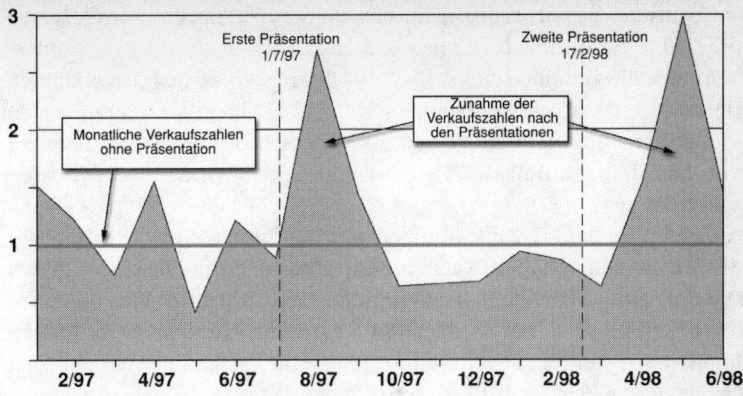

Das digitale Nervensystem von Microsoft ermöglicht es den Verkaufsleitern, genau jene Städte zu lokalisieren, in denen neue Marketing-Programme zu wachsenden Verkaufszahlen führen können. Die digitale Analyse ergab ein Programm, das die Verkaufszahlen um 57 Prozent, mehr als das Dreieinhalbfache, steigerte. Die Marketingexperten können die Wirksamkeit jeder Maßnahme innerhalb weniger Tage feststellen und, wie die Ergebnisse einer Präsentations-Show in Texas belegen, ermitteln, wie oft die Veranstaltungen wiederholt werden müssten, damit die Verkaufszahlen nicht abnehmen. Die digitalen Daten zeigen auch, welche Produkte in der nächsten Zeit ausgeliefert werden sollten.

Erträge zwar prozentual hoch, die absoluten Zahlen in Dollar aber gering waren. Das Verhältnis von 8:1 repräsentiert unsere typischen Marketingausgaben im Verhältnis zu den Einnahmen aus dem Internet. »Mach dir diese Zusammenhänge klar, dann sag mir, was du brauchst«, sagte Jeff Raikes. In einer späteren E-Mail fügte er hinzu: »Sieh zu, dass dir die Personalkosten und das Marketingbudget nicht in die Quere kommen.«

Eine Woche danach schickte Pat Hayes eine E-Mail an Jeff Raikes mit dem abschließenden Vorschlag, sich auf 45 Orte (später 38) zu konzentrieren. Die Vorgehensweise war letztlich simpel: Es sollten in jeder ausgewählten Stadt, in der wir bisher noch keine Marketingaktionen durchgeführt hatten, pro Jahr zwei »Big Days«, ganztägige Veranstaltungen, stattfinden. Jeder dieser »Big Days« würde einen Überblick über die Strategie von Microsoft geben und unsere Produktlinie vorstellen. Zusammen mit unseren Partnern wollten wir verschiedene Eröffnungsangebote präsentieren. Durch logistische Unterstützung von dritter Seite und die

Hilfe unserer Vertriebspartner für die »Big Day«-Veranstaltungen, waren für die Durchführung des Plans lediglich zwei neue Mitarbeiter erforderlich, und die Gesamtkosten beliefen sich auf gerade mal 1,5 Millionen Dollar. Die maximale Rentabilitätsrate lag bei einem atemberaubenden Verhältnis von 20:1: Erträge von 30 Millionen Dollar bei Investitionen von 1,5 Millionen Dollar.

Als die »Big Day«-Veranstaltungen durchgeführt wurden, nutzten wir das Programm MS Sales, um unsere Fortschritte in den 38 Städten ständig mit den Zahlen in ähnlichen Märkten zu vergleichen. So konnten wir feststellen, ob unser neues Programm wirklich zu spürbaren Ergebnissen führte. Die Resultate: Nach drei Quartalen zeigte sich ein Ertragsanstieg um 57 Prozent in jenen Orten, in denen »Big Day«-Veranstaltungen durchgeführt wurden. Dem stand ein Wachstum von 16 Prozent in einer Kontrollgruppe von 19 kleinen Städten gegenüber, die den Rentabilitätserfordernissen zwar entsprachen, aber für diesen Test nicht ausgewählt worden waren.

MS Sales informiert: Von DISCO bis zur Farbe des Hemdes

MS Sales, unser weltweites Verkaufsinformationssystem, ist verantwortlich für viele Fortschritte, die unsere Erfolge auf den Märkten verbessert haben.

Einer der wichtigsten Berichte, die von MS Sales zu erhalten sind, ist DISCO (district comparisons). Er dient dazu, einzelne regionale Bereiche miteinander zu vergleichen. Bei der Benutzung von DISCO stellte unsere Gebietsleiterin für das nordöstliche Gebiet fest, dass die besten Vertretungen im Finanzjahr 1996 jene waren, die am erfolgreichsten Microsoft Office an kleinere Betriebe verkauft hatten. Daraufhin organisierte sie eine Direct-Mail-Kampagne bei diesen Wiederverkäufern, die zu erheblich gesteigerten Verkaufszahlen führte. Bei der Durchsicht der Ergebnisse in MS Sales stellte sie fest, dass die Mailings alle sechs bis acht Wochen verschickt werden mussten, um weiterhin für wachsende Einnahmen zu sorgen. Das nordöstliche Gebiet hatte am Ende des Finanzjahres 1997 das stärkste Wachstum in diesem Geschäftsbereich zu verzeichnen. Als andere Regionen die Programme übernahmen, erzielten sie ähnliche Ergebnisse.

Die Vertretung von Microsoft in Indien nutzte MS Sales, um Programme auf ihre Effizienz zu untersuchen, die mit dem Ziel entwickelt worden waren, die Kunden dazu zu animieren, die CD-ROM-Versionen unserer Produkte statt der Floppy-disk-Versionen zu erwerben. Dies würde den Kunden eine Menge Zeit sparen, die sie sonst für das

Installieren von umfangreichen Programmen benötigten, für uns hingegen würden sich die Materialkosten reduzieren. Microsoft India benutzte MS Sales außerdem dazu, festzulegen, welche speziellen Initiativen bei den Wiederverkäufern tatsächlich für wachsende Verkaufszahlen bestimmter Produkte sorgten.

In Frankreich analysierte Microsoft, welche Kunden genug Software hatten, um sich für unser höchstes Mengenrabattprogramm zu qualifizieren. Sie wandten sich dann an jene Unternehmen und boten ihnen umfangreiche Geschäfte an. In den Fällen, wo die Interessenten ihren Einkauf dezentralisiert hatten, waren wir in der Lage, ihnen die Einsatzorte aller ihrer Personal Computer zu nennen. Auf diese Weise halfen wir ihnen, ihren Einkauf besser zu kontrollieren.

In Argentinien sprach einer unserer Verkaufsexperten mit einer Wiederverkäuferin, die ihn mit übertriebenen Verkaufszahlen beeindrucken wollte. Während er noch mit der Vertriebspartnerin telefonierte, prüfte unser Mitarbeiter ihre Angaben schnell mit Hilfe von MS Sales und fand heraus, wie viel genau das Unternehmen verkauft hatte. Dies war weniger als die Wiederverkäuferin behauptet hatte. Als er dann zufällig die tatsächlichen Verkaufszahlen erwähnte, war sie überrascht und fragte ihn, wie er diese Information so schnell erhalten hatte.

Er beschrieb ihr MS Sales und erläuterte ihr alle Daten, die er damit bekommen konnte. »Das ist noch nicht alles«, sagte er: »Es weiß auch, dass Sie ein rotes Polohemd tragen.«

Am anderen Ende der Leitung war es plötzlich still.

»Wie ist sowas möglich?« fragte sie schließlich.

Es war nur gut geraten.

Unsere Partner in den 38 kleineren Städten, vorwiegend Wiederverkäufer und lokale Einzelhändler, freuten sich über das »Big Day«-Programm. Ihre Verkäufe steigerten sich in einem vergleichbaren Maß wie die unseren, und das Engagement, das wir bei ihnen vorfanden, führte zu einer soliden Grundlage für künftige Kooperationen auf dem Markt.

Auch heute bauen wir auf diesen frühen Versuchen auf, um neue Wachstumschancen zu erkennen. Wir haben das Marketing-Programm auf andere Regionen und andere Länder ausgedehnt. Wir erkannten den Wert von Zahlen, die wir ursprünglich für einen einmaligen Zweck gesammelt hatten. Daher sammeln wir sie weiter, füttern mit ihnen unser Verkaufssystem und aktualisieren sie laufend. Jeder, der bei uns an Verkaufsanalysen arbeitet, kann die Daten einsehen und Vergleiche anstellen.

Während das Projekt von Pat Hayes auf dem Weg war, arbeitete ein anderes Mitglied der Gruppe von Jeff Raikes an einem Plan für mögliche neue Geschäfte mit verschiedenen Produkten. Jeff Raikes legte den Schwerpunkt auf die Produkte und Pat Hayes konzentrierte sich auf die erzielten Erträge. Heute verfügen wir über ein Werkzeug, das es jedem Mitarbeiter im Unternehmen gestattet, verschiedene Möglichkeiten von allen Seiten zu betrachten, nicht nur auf der Basis der potenziellen Erträge, sondern auch im Hinblick auf das Produkt. Wir müssen nicht mehr eine allgemeine Microsoft-Strategie für 80 Orte festlegen, in denen die Erträge gering sind, sondern können genau bestimmen, in welcher Stadt ein Seminar über Office, Windows NT oder Exchange durchgeführt werden sollte.

Investitieren Sie auf der Basis sicherer Daten

Unsere Verkaufsdatenbank MS Sales war ein wichtiger Teil unserer Marketinglösung für kleinere Städte. MS Sales war das Ergebnis unserer Bemühungen, ein Finanzberichtssystem zu entwickeln, das eine große Vielfalt von Verkaufsinformationen erfasste und sie auf Knopfdruck zur Verfügung stellte.

MS Sales ermöglicht uns, die Daten auf jede vorstellbare Weise zu untersuchen – anhand der Region, des Landes, der Anzahl der Kunden, des Produktbereiches, der Verkäufer, ja selbst anhand der Postleitzahl. Jeder Betrieb benötigt Informationssysteme, die schnell für diese Details sorgen können. Sie sollten auf Knopfdruck jedem Verkaufsmanager und jedem Außendienstmitarbeiter zur Verfügung stehen.

Es war keine Frage des Glücks, dass wir entscheidende Zahlen wie Erträge pro Postleitzahlgebiet zur Verfügung hatten. Im Laufe der Jahre haben wir beträchtliche Investitionen getätigt, um diese Art Daten zu erhalten und unsere Handelspartner davon zu überzeugen, Verkaufszahlen elektronisch in unsere Systeme einzugeben. Aufgrund unseres indirekten Verkaufsmodells ist die Integration externer Umsatzzahlen in unsere Finanzberichte von entscheidender Bedeutung. Wir kennen nicht schon von vornherein alle aufkommenden Fragen, aber wir besitzen eine ziemlich genaue Vorstellung von der Art der Daten, die wir benötigen, um ein breites Spektrum von Fragen auf jeder Detailstufe und aus den verschiedenen Perspektiven heraus beantworten zu können.

Ein System auf Papierbasis könnte diese Aufgaben nicht erfüllen. Ebensowenig hätte ein System funktioniert, bei dem der einfache Zugriff auf Computer-Formblätter, der nötig ist, um unterschiedliche Denkansätze zu überprüfen, nicht gegeben wäre. Die Notwendigkeit, Erhebungsdaten miteinander zu kombinieren und damit im ganzen Land zu arbeiten, erfordert eine immense Flexibilität. Da uns heute viele der Verkaufsdaten über das Internet in einem Format erreichen, mit dem wir sie direkt in MS Sales nutzen können, ist der Ablauf so preiswert, dass es sich auch unsere Vertriebspartner leisten können. Indem wir die mit dieser Vorgehensweise gewonnenen Erkenntnisse mit unseren Partnern teilten, konnten wir auch die geschäftlichen Gespräche mit ihnen auf eine höhere strategische Ebene bringen.

Wirklich schwierige geschäftliche Probleme haben immer viele Aspekte. Oft hängt eine wichtige Entscheidung von einer improvisierten Suche nach einer oder zwei zusätzlichen Informationen und einer raschen und sofortigen Analyse mehrerer möglicher Szenarien ab. Es werden Mittel benötigt, um Daten aus verschiedenen Quellen in einfacher Weise miteinander zu kombinieren. Der Zugang zum Internet ist für alle Formen der Recherche unverzichtbar. Weit verstreut lebende Menschen müssen in der Lage sein, zusammenzuarbeiten und die Informationen in unterschiedlicher Form zu analysieren. Einmal kritisierte unser damaliger Vertriebsvorstand Steve Ballmer per E-Mail aus Europa die Pläne für das Projekt von Pat Hayes. Ein Datenbankserver war ein wichtiger Bestandteil unserer Unternehmenslösung, aber noch wichtiger war die Entscheidung, eine Infrastruktur rund um den gesamten Informationsfluss aufzubauen. Alle wichtigen Entscheidungen wurden in traditionellen Sitzungen getroffen, aber das Programm wäre ohne die hervorragende Vorbereitung durch unser digitales Nervensystem nicht möglich gewesen.

Die veränderte Rolle des Gebietsleiters

Bei Microsoft veränderten unsere Informationssysteme auch die Rolle unserer Gebietsleiter für die einzelnen Regionen. Als MS Sales eingeführt wurde, konnte beispielsweise unsere Gebietsleiterin für Minneapolis eine Vielzahl von Zahlen für ihren Bereich bis ins letzte Detail untersuchen, was zuvor unmöglich gewesen war. Dabei entdeckte sie, dass in ihrem Gebiet zwar exzellente Verkaufszahlen in anderen Kundensegmenten erreicht wurden, aber bei den Großkunden erzielten sie nur mäßige Ergebnisse. Tatsächlich lag ihre Region in dieser Kategorie an letzter Stelle aller Gebiete in den Vereinigten Staaten. Dies war ein regelrechter Schock für sie, aber auch ein großer Motivationsfaktor für jene Teams in ihrem Verkaufsgebiet, die für die Großkunden verantwortlich waren. Bis zum Ende des Jahres war Minneapolis bei den Verkäufen an Großkunden die am stärksten wachsende Region.

Wenn Sie heute Gebietsleiter bei Microsoft sind, müssen Sie mehr als ein guter Verkaufsleiter sein, der seinem Team dabei hilft, die großen Abschlüsse zu machen. Dies ist bisher die traditionelle Rolle eines Gebietsleiter gewesen. Heute sind Sie ein »Geistesarbeiter« und das bedeutet, dass Sie gute verlässliche Zahlen benötigen. Vorher hatten Sie zum Beispiel keinerlei Einblick in die Ergebnisse aus den Verkäufen der Einzelhändler, selbst wenn Sie sich dafür interessierten. Heute können Sie sich die Verkaufszahlen für jedes Produkt ansehen und die Erträge mit denen anderer Regionen vergleichen. So wissen Sie immer, in welchen Bereichen Sie gute und wo Sie schlechte Geschäfte machen, und wo Ihre größten Wachstumschancen liegen. Sie können neue Programme ausprobieren und ihre Auswirkungen überprüfen. Sie können mit anderen Managern darüber sprechen, was zu tun ist, um stabile Resultate zu erzielen. Die Position und die Aufgaben eines Gebietsleiters in unserer Organisation sind in den letzten fünf Jahren viel umfassender geworden. Aufgrund der von uns entwickelten digitalen Mittel haben sie sich heute völlig gewandelt.

Business – so schnell wie die Gedanken

Ein digitales Nervensystem ermöglicht den Benutzern ein solch tiefgreifendes Verständnis und gibt ihnen eine so hohe Lernfähigkeit, wie sie auf anderen Wegen nicht zu erhalten sind. Ein effektiver Informationsfluss und gute Analysemittel gaben uns aus riesigen Mengen potenziell undurchdringbarer Daten das Wissen über neue Ertragsmöglichkeiten. Ein digitales Nervensystem maximiert die Möglichkeiten des menschlichen Verstandes und minimiert gleichzeitig die menschliche Arbeit. Das Team hatte ursprünglich nur zwei Mitglieder, die viele andere hinzuzogen und jeder erfüllte diese Aufgaben neben seiner eigentlichen

Arbeit. Die gleiche Infrastruktur gab uns die richtigen Mittel für die Ausführung, Beurteilung und Abstimmung unseres Marketing-Programmes.

Um ein digitales Nervensystem zu schaffen, müssen Sie zunächst ein Idealbild derjenigen Informationen entwickeln, die Sie benötigen, um Ihre Geschäfte zu führen und um die Märkte und Ihre Konkurrenten zu verstehen. Denken Sie sorgfältig über die grundlegenden Fakten nach, die Sie für Ihre Tätigkeit und für Ihr Unternehmen brauchen. Erstellen Sie eine Liste mit Schlüsselfragen, die Sie beantworten müssen, um am Markt bestehen zu können. Finden Sie heraus, welche Informationen Ihnen bei der Beantwortung dieser Fragen helfen können, und suchen Sie nach weiteren Fragen. Dann fordern Sie von Ihren Informationssystemen, Ihnen diese Daten zu beschaffen. Wenn Ihr gegenwärtiges System dazu nicht in der Lage ist, müssen Sie eines entwickeln, das dafür geeignet ist – denn das Gleiche werden Ihre Konkurrenten tun.

Wenn die Kundenanalyse Schwächen aufzeigt

MS Sales enthält eine zentrale Kundenbank, mit der wir Profilmuster einzelner Kunden und ganzer Kundengruppen auswerten. Unser Verkaufsgebiet im nördlichen Kalifornien benutzte kürzlich MS Sales, um die Verbreitung von Produkten wie Microsoft Exchange, Microsoft Office und Windows NT zu analysieren. Das Team verfasste Spezialberichte mit verschiedenen Tabellen, um die Anzahl der Lizenzen und die Marktdurchdringung zu ermitteln, die wir unter den Großkunden in verschiedenen Kundenkreisen erreicht hatten.

Die Mitarbeiter dieses Bezirks erkannten bei der Auswertung der Arbeitsblätter, die sie vornahmen, um nationale, regionale und Gebietsdaten zu analysieren und sich über die Käufe der Industrie und anderer Kunden zu informieren, dass Microsoft Exchange, unser Produkt für die Kommunikation, in bestimmten Bereichen weniger Umsätze erzielte als in anderen. Ebenso fanden sie heraus, dass in einigen Gebieten IBM Lotus Notes unser wichtigstes Konkurrenzprodukt war, während es an anderen Orten die Produkte anderer Mitbewerber waren.

Diese präzise Information half dem Verkaufsgebiet bei der Organisation von Programmen, die sicherstellen sollten, dass Microsoft gegenüber den Herausforderungen des Marktes bestehen konnte. Innerhalb weniger Monate wurden unsere System-Programmierer und Berater in die entsprechenden Regionen geschickt. Sie beschäftigten sich vorher intensiv mit dem wichtigsten Konkurrenzprodukt und waren somit in der

Lage, alle schwierigen Fragen über die Stärke unseres Produktes im Vergleich zu dem des Konkurrenten zu beantworten.

Sie wissen, dass Sie ein exzellentes digitales Nervensystem entwickelt haben, wenn der Informationsfluss in Ihrem Unternehmen genauso schnell und natürlich wie im Nervensystem des Menschen abläuft und wenn Sie die Technologie nutzen können, um Teams von Menschen genauso schnell zusammenstellen und koordinieren zu können, wie Sie einen Einzelnen auf einen bestimmten Punkt orientieren können. Das genau ist digitales Business: Geschäftabläufe in Gedankenschnelle möglich zu machen.

Schlüsselinformationen

▲ Geschäftsleute müssen sich von der Vorstellung befreien, dass Informationen schwer zu bekommen sind.

▲ Bessere Informationen können die Rolle von Gebietsleitern erweitern. Statt nur Geschäfte abzuschließen werden sie zu Managern.

▲ Die richtigen Informationen mit den richtigen Menschen zusammenzubringen, wird die Fähigkeit eines Unternehmens, Strategien zu entwickeln und danach zu handeln, dramatisch verbessern.

▲ Die Abstimmung der Verkaufsinformationen mit denen der Geschäftspartner rationalisiert nicht nur die Abläufe der Berichterstattung, sondern bringt die geschäftlichen Besprechungen auch auf eine höhere strategische Ebene.

Prüfen Sie Ihr digitales Nervensystem

▲ Werden wichtige Daten nur für einen besonderen einmaligen Gebrauch gesammelt, oder haben die Mitarbeiter darauf täglich Zugriff?

▲ Machen Sie eine Aufstellung der wichtigsten Fragen über Ihr Unternehmen. Liefert Ihr Informationssystem Ihnen die dafür nötigen Antworten?

▲ Sind Ihre digitalen Systeme in der Lage, Ihnen genau die Verkaufsgebiete aufzuzeigen, die Ihnen die besten Chancen bieten oder um die Sie sich am dringendsten kümmern müssen?

3

Schaffen Sie ein papierloses Büro

Es ist ernüchternd, wenn man darüber nachdenkt, in welchem Ausmaß die Struktur unserer Geschäftsabläufe von Aktenordnern abhängig gewesen ist.

Michael Hammer und James Champy,
REENGINEERING YOUR BUSINESS

Die digitale Technologie kann Produktionsprozesse und Arbeitsabläufe erheblich verändern, da sie die Menschen vom langsamen und unflexiblen Arbeiten mit Papieren befreit. Das Ersetzen papiergebundener Arbeiten durch digitale Prozesse ermöglicht es den Mitarbeitern, in höherem Maße produktive Tätigkeiten zu verrichten. Der komplett digitalisierte Arbeitsplatz wird normalerweise als das »papierlose Büro« bezeichnet, ein Begriff, der aus dem Jahre 1973 stammt. Dies ist eine großartige Vision: Keine Papierberge mehr, in denen man das Gesuchte dann doch nicht entdeckt, kein Wühlen mehr durch Stapel von Büchern und Berichten, um Marketing-Informationen oder Verkaufszahlen zu finden, keine fehlgeleiteten Formulare, verlorengegangenen Rechnungen oder Belege und vor allem keine Verzögerungen durch unvollständige Unterlagen.

Aber mit dem papierlosen Büro ist es wie mit der künstlichen Intelligenz: Es ist eines jener »Eines-Tages-tun-wir's«-Phänomene, die scheinbar niemals Wirklichkeit werden. Die Erwähnung des Begriffs »papierloses Büro« erfolgte vor einem Vierteljahrhundert in der Überschrift einer Handelspublikation für Telefongesellschaften. Die Xerox Corporation tat mehr als jeder andere, um diese Idee zu verwirklichen (obwohl sie es niemals als »papierloses Büro« bezeichnete). In den Jahren 1974 und 1975 sprach das Unternehmen vom »Büro der Zukunft«, das mit Computern und durch E-Mails Informationen online zur Verfügung stellen würde. Zwischen 1975 und 1987 wurde in einigen Veröffentlichungen darüber gesprochen, dass das papierlose Büro nicht mehr weit sei und dass es den Arbeitsplatz radikal verändern würde, aber im Jahre 1988 meinte ich zu einem Reporter: »Die Vision eines papierlosen Büros ist noch immer sehr, sehr weit weg ... Mit den heutigen Computern ist sie nicht zu erfüllen.«[7]

Mittlerweile aber verfügen wir über alle Bestandteile, um diese Vision zur Realität zu machen. Grafische Benutzeroberflächen und bessere Analyse-Tools vereinfachen die Integration von Daten der unterschiedlichsten Form. In fast allen Büros stehen Personal Computer von hoher Leistungsfähigkeit, die durch Netzwerke miteinander verbunden sind. Das Internet verbindet die Computer mit der ganzen Welt. Dennoch verdoppelt sich der Papierverbrauch weiterhin alle vier Jahre, und 95 Prozent aller Informationen in den Vereinigten Staaten werden in Papierform festgehalten, im Vergleich zu gerade einem Prozent, die elektronisch gelagert werden. Die Papierberge wachsen schneller als die digitale Technologie sie eliminieren kann.

Microsoft war stets bestrebt, Papier durch elektronische Formen zu ersetzen. Im Jahre 1996 beschloss ich, mir anzusehen, in welchen Bereichen bei uns noch immer Papier verwendet wurde. Zu meiner Überraschung druckten wir in diesem Jahr 350 000 Kopien von Verkaufsberichten. Ich bat um eine Kopie jedes von uns benutzten Formblattes. Der dicke Ordner, der auf meinem Schreibtisch landete, enthielt Hunderte verschiedener Formulare. Allein in der Zentrale gab es 114 Bestellformulare. Unser 401(k) Altersvorsorgeplan hatte acht verschiedene Formblätter – für Eintritt und Beendigung, für jede Veränderung der Mitarbeiterinformationen, des Investments oder der Beiträge. Jedesmal wenn die Regierung die Gesetzgebung veränderte, mussten wir die Formblätter verändern, erneut drucken und gleichzeitig Tausende alter Formulare entsorgen. Dieser enorme Papierverbrauch war nur ein Symptom eines weit größeren Problems: Die Abläufe in der Verwaltung waren zu kompliziert und zu zeitintensiv.

Ich schaute mir diesen Ordner mit all den Formblättern an und fragte mich: »Wozu sind die nötig? Jeder hier hat einen PC. Wir sind miteinander verbunden. Warum nutzen wir nicht elektronische Mittel und E-Mails, um unsere Arbeitsabläufe zu rationalisieren und all dieses Papier zu ersetzen?«

Nun, ich nutzte meine Befugnisse und ließ alle unnötigen Formblätter abschaffen. Als Ersatz für diese Papierberge wuchsen Systeme heran, die weit genauer waren, mit denen man viel leichter arbeiten konnte und die unseren Mitarbeitern die Möglichkeit gaben, sich interessanteren Tätigkeiten zuzuwenden.

Eine Reise mit einem einzigen Klick beginnen

Heute begibt sich jeder neue Mitarbeiter schon bei der Bewerbung auf eine elektronische Reise. Jeden Tag erhalten wir 600 bis 900 Anfragen von Stellensuchenden mit der Post, per E-Mail oder über eine Bewerbungsseite auf der Homepage von Microsoft.[8] 70 Prozent der Anfragen treffen elektronisch via E-Mail oder über das World Wide Web ein, während es noch vor zwei Jahren nur sechs Prozent waren, und diese Zahl steigt weiter. Jede dieser elektronischen Anfragen wird automatisch von unserer Software bestätigt. Unsere Bewerberdatenbank Restrac (von Restrac Incorporation aus Lexington, Massachusetts) verarbeitet direkt die Informationen der Anfragen aus dieser Bewerbungsseite. Anfragen per E-Mail werden bearbeitet, um die Bewerberinformationen an Restrac weiterzuleiten. Eine schriftliche Bewerbung wird eingescannt und in Text verwandelt, der direkt in die Datenbank integriert werden kann. Alle Anfragen werden elektronisch innerhalb von 24 bis 48 Stunden nach Erhalt mit den freien Stellen verglichen.

Spezialisten der Personalabteilung suchen in der Restrac Datenbank nach vielversprechenden Kandidaten und beraten Personalleiter persönlich oder via E-Mail. Sie nutzen eine spezielle Software, um Zeitpläne für Vorstellungsgespräche zu erarbeiten. Jeder Personalchef erhält eine Kopie der Anfrage und weitere Hintergrundinformationen via E-Mail. Nach dem Gespräch mit einem Bewerber schicken die Interviewer E-Mails an die Personalabteilung, den verantwortlichen Personalleiter und an andere Beteiligte, in denen sie ihre Eindrücke schildern und Vorschläge für das weitere Vorgehen machen. Dieser Austausch von Bewerbungsinformationen in Echtzeit stellt sicher, dass die Interviewer auf der Arbeit anderer aufbauen können, anstatt sie noch einmal zu machen. Wenn offensichtlich ist, dass ein Bewerber eingestellt werden soll, hilft uns dieses Verfahren dabei, dem Kandidaten weitere gute Gründe an die Hand zu geben, sich für Microsoft zu entscheiden.

Lassen Sie uns mal annehmen, dass eine Bewerberin namens Sharon Holloway unser Jobangebot akzeptiert. Sharon ist nur ein hypothetisches Beispiel, aber ihre Erfahrungen bei Microsoft sind typisch für die etwa 85 Personen, die wir jede Woche neu einstellen. Da unser Intranet eine globale Lösung für die mehr als 28 000 Mitarbeiter von Microsoft weltweit ist, gehen wir in diesem Beispiel davon aus, dass Sharon Holloway in unserem Hauptsitz in Redmond, Washington, arbeitet.

Noch bevor Sharon Holloway bei Microsoft eintrifft, füllt ein Verwaltungsassistent in ihrer neuen Gruppe das elektronische Formblatt für Neueinstellungen im Intranet von Microsoft aus. Gleichzeitig sorgt er rechtzeitig vor ihrer Ankunft für die Einrichtung eines Voice-Mail- und E-Mailkontos, für die Büroausstattung und für einen Computer mit vorinstallierter Software. Das gleiche Formular stellt sicher, dass Sharon Holloway in das Telefonverzeichnis des Unternehmens eingetragen wird, ein Namensschild für ihre Bürotür erhält und ein Postfach im Postraum des Gebäudes bekommt. Dieses elektronische Formblatt geht direkt zu den für die Erfüllung dieser Aufgaben verantwortlichen Gruppen. Elektronische Protokolle stellen sicher, dass alle vorgesehenen Maßnahmen durchgeführt werden.

Nach einer Einführungsveranstaltung mit einem Manager der Personalabteilung, der Auskünfte über die Unternehmens- und Personalpolitik von Microsoft gibt, werden Sharon Holloway und die anderen neuen Mitarbeiter mit unserer internen Webseite vertraut gemacht, die ihnen bei der Lösung der meisten administrativen Probleme helfen kann. Anschließend geht Sharon online, um das Mitarbeiterhandbuch zu lesen (es existiert nicht mehr in Papierform), lädt die Software herunter, die sie neben dem Standardbetrieb benötigt und füllt das elektronische Formblatt W-4 aus.

Als nächstes nutzt Sharon Holloway unser Tool MS Market, ein Bestellformular für unser Intranet, um Büromaterial, Bücher und Visitenkarten zu bestellen. MS Market fügt automatisch ihren Namen, ihre E-Mail-Alias-Adresse, den Namen des zustimmenden Managers und andere Standardinformationen in ihre Bestellung ein. Sharon selbst hat nur die für die Bestellung notwendigen Daten in wenige spezifische Felder einzutragen. Die zuständigen Stellen erhalten ihren Auftrag auf elektronischem Weg und liefern die gewünschten Dinge in ihr Büro. Wenn bei einzelnen Bestellungen eine gewisse Summe überschritten wird, ist die Zustimmung des übergeordneten Managements erforderlich. Deshalb schickt unser elektronisches System in solchen Fällen das Formblatt an die dafür zuständigen Personen, um ein elektronisches Okay zu erhalten.

Sharon Holloway besucht anschließend die Microsoft Archive, die Bücherei und die Webseite mit der Zeitung des Unternehmens, um sich über Microsoft zu informieren. Nachdem sie sich in den News Services der Bücherei angemeldet hat, kann sie die jüngsten Nachrichten über das Unternehmen in den elektronischen Versionen von Publikationen wie dem *Wall Street Journal*, der *New York Times, CNet* und anderen lesen. Alleine für den Bezug der Onlineversion des *Wall Street Journal* haben sich bis heute über 8000 Mitarbeiter eingetragen. Die Online-Bücherei umfasst Bücher, Software und Videos, welche die Mitarbeiter online für die Lieferung in ihre Büros auswählen können. In den Bibliotheken finden sich zudem Neuigkeiten und weitere Webseiten für jedes Microsoft Produkt.

Wir schreiben den neuen Mitarbeitern keinen einheitlichen Weg durch unser Intranet vor, denn wir stellen Menschen ein, die wissbegierig sind und lassen sie ganz auf eigene Faust recherchieren. Jeder erhält die entsprechende Standard-Ausstattung und taucht dann tiefer in geschäftliche oder technische Bereiche ein, die in Bezug zu seinen entsprechenden Aufgaben und Interessen stehen. Damit nutzen unsere neuen Angestellten die Internetseiten genau so, wie wir das beabsichtigt haben: um zu lernen und um ihre Aufgaben zu erfüllen.

Wenn die erste Gehaltsabrechnung für Sharon Holloway eintrifft, wird die Summe automatisch ihrem Konto gutgeschrieben und sie kann die Zahlungsbestätigung und die Details ihrer Gehaltsabrechnung auf einer sicheren Intranetseite einsehen. Sie hat außerdem die Möglichkeit, ihre finanziellen Transaktionen entsprechend ihren Wünschen online vorzunehmen.

Für Reisen regelt Sharon Holloway die Flug- und Hotelreservierungen online mit einem Buchungsinstrument, das Microsoft zusammen mit American Express entwickelt hat. Das System AXI ist rund um die Uhr und sieben Tage in der Woche erreichbar. AXI bietet den direkten Zugang zu Informationen über Preise der vertraglich mit Microsoft verbundenen Fluggesellschaften, über freie Plätze und Sitzverteilung in Flugzeugen sowie über Last-Minute-Angebote. Es versorgt den Benutzer außerdem mit Auskünften über das Reiseziel und die vorhandenen Vertragshotels. Der Mitarbeiter kann entsprechende Buchungen vornehmen und verändern. Die Grundsätze für Geschäftsreisen von Microsoft sind in die AXI-Software integriert. Bei jeder Anfrage, die nicht den üblichen Standards entspricht, sendet das AXI-System eine E-Mail an einen verantwortlichen Manager, der den Vorgang dann überprüft. Reisespesen werden digital an den Vorgesetzten zur elektronischen Abzeichnung übermittelt. Innerhalb von drei Tagen nach Genehmigung erfolgt dann die Erstattung des Betrages.

Ein neuer Lebensstil

Anders, als die öffentliche Meinung annimmt, führen die Mitarbeiter von Microsoft auch noch ein Leben außerhalb des Unternehmens. Sharon Holloway heiratet und bucht ihre Flitterwochen online. Als sie und ihr Ehemann in ein neues Haus ziehen, übermittelt Sharon ihre neue Adresse online auf einem elektronischen Formblatt. Daraufhin erhalten alle Abteilungen und Organisationen, die ihre neue Anschrift benötigen (z. B. Personalabteilung, Buchhaltung, Anbieter für Altersvorsorge, Mitarbeiterbeteiligung und Aktienverwaltung) automatisch eine entsprechende Mitteilung. Über das Intranet bekommt Sharon Auskünfte über Busstrecken, Fahrpläne und Möglichkeiten von Mitfahrgelegenheiten.

Als Sharon Holloway und ihr Ehemann ein Baby bekommen, geht sie online, um sich über Elternseminare, bezahlten Erziehungsurlaub, Tagesbetreuung und medizinische Leistungen zu informieren. Auf elektronischem Weg verändern sie auch ihre Sozialleistungen, bei denen nun auch ihr Baby berücksichtigt wird. Microsoft hat eine Art »Cafeteria«-Programm, das jedes Jahr jedem Angestellten eine bestimmte Summe auszahlt. Jeder Mitarbeiter kann verschiedene »Was-wäre-wenn«-Szenarien durchspielen, um zu entscheiden, wie das Geld eingesetzt werden soll. So stehen zum Beispiel medizinische Leistungen, eine Lebens- und Berufsunfähigkeitsversicherung, die Mitgliedschaft in einem Fitnessclub und weitere Dienstleistungen zur Wahl. Eine Zunahme oder Verminderung einer dieser Leistungen beeinflusst dann das Gesamtpaket. Ist der Unternehmensbeitrag geringer als dessen Kosten, wird der zusätzliche Betrag vom Konto des Mitarbeiters abgebucht.

Das erste elektronische Formblatt

Unser erstes elektronisches Formblatt entstand im Rahmen der Kampagne zur Unterstützung von United Way of America, einer gemeinnützigen Organisation, die sich der Gesundheit und der allgemeinen Wohltätigkeit verschrieben hat. Wir wollten es den Leuten möglichst einfach machen, sich für Spenden einzutragen.

Einige wollen einfach nur auf einen Knopf drücken, um ihren Anteil zu spenden. Andere wollen sich näher damit befassen und eine Liste der gemeinnützigen Einrichtungen sehen, die sie mit dieser Kampagne unterstützen können. Manche Mitarbeiter möchten ihre Spenden bestimmten Instituten oder spezifischen Bereichen wie beispielsweise der Bildung oder der Krebsforschung zuweisen. Andere wollen Informationen über freiwillige Tätigkeiten in ihren Gemeinden oder über Möglichkeiten zur Mitarbeit bei United Way.

Unsere Spendenanwendung macht es sowohl für jene einfach, die nur ein paar Sekunden Zeit haben, als auch für diejenigen, die sich vor ihrer Entscheidung eine Stunde lang online über verschiedene Wohltätigkeitseinrichtungen informieren möchten. Und sie bietet einfache Wahlmöglichkeiten zwischen Gehaltsabzug, Barzahlung oder Überweisung. Durch diese Anwendung steigerten sich die Einnahmen um über 20 Prozent.

Unsere Bemühungen, United Way zu unterstützen, lehrten uns eine Menge darüber, wie ein Formblatt zu entwerfen war, das über ein Netzwerk übermittelt werden kann und einfach zu benutzen ist. Diese Erfahrungen haben sich in allen anderen seitdem entwickelten Intranet-Anwendungen ausgezahlt.

Überdies stehen Instrumente, mit denen Sharon Holloway ihren 401(k) Altersvorsorgeplan handhaben und ihre Mitarbeiteraktien verwalten kann, online zur Verfügung. So kann sie direkt den Anteil ihres Gehaltes festlegen, der für die Altersvorsorge oder für Aktienkäufe zurückgehalten werden soll. Ebenso kann sie den Prozentsatz jeder auch für die Altersvorsorge vorgesehenen Investment-Option ändern. Die Webseite von Fidelity Investments ermöglicht es Sharon, den aktuellen Kontostand einzusehen, Darlehensmodelle durchzuspielen und einen Überblick über ihre Transaktionen zu behalten. Ein spezielles Tool gestattet ihr außerdem, Anzahl und Preis der von ihr erworbenen Anteilsscheine einzusehen und die dafür vorgesehene Summe zu verändern oder auch ihr Engagement ganz zu beenden. Ein weiteres Programm sorgt dafür, dass jeder Vorgang nur mit einer sicheren elektronischen Unterschrift akzeptiert wird. Die Brokerfirma Salomon Smith Barney Incorporation, welche die Aktienoptionen von Microsoft betreut, hat eine Webseite eingerichtet, mit deren Hilfe Sharon Holloway verschiedene Szenarien für ihre private Vermögensbildung durchspielen kann. Alle Mitarbeiter können ihre Aktienverwaltung online tätigen, es sei denn sie leben in Ländern, in denen die schriftliche Form gesetzlich vorgeschrieben ist.

Als Angestellte und Aktienbesitzerin erhält Sharon Holloway den jährlichen Unternehmensbericht online – unsere Gewinn- und Verlustrechnung wird gemäß den gesetzlichen Erfordernissen und in den Währungen von sieben verschiedenen Ländern dargestellt. Mein Bericht an die Aktienbesitzer ist in zehn verschiedenen Sprachen verfügbar. Sharon kann ihr Stimmrecht ebenfalls online ausüben. Microsoft war das erste Unternehmen, das den Aktienbesitzern unter seinen Mitarbeitern das papierlose Stimmrecht anbot. Dadurch steigerte sich die Beteiligung der Mitarbeiter von 15 auf 60 Prozent.

Ein einziges Tool für viele Anwendungen

Eine von Sharons Aufgaben als Marketingmitarbeiterin betrifft die Produktplanung. Die meisten dafür nötigen Management- und Finanzinformationen kann sie durch MS Reports erhalten. Hierbei handelt es sich um eine einzige Schnittstelle zu vielen Datenbanken mit Informationen über Ausgaben, Kunden, Verträge und Budgets. MS Reports dient auch dem Zugriff auf MS Sales, unserem Verkaufsinformationssystem, auf HeadTrax, unserem System für die Personalabteilung und einem Finanzmanagementsystem, das neben dem Hauptbuch, dem Status des Anlagevermögens und der Projektbuchführung auch satzungsmäßige Informationen und Managementberichte enthält. MS Reports greift auf Excel-Tabellen zu, um Daten aus verschiedenen Perspektiven zu zeigen. Dies ermöglicht es Sharon Holloway, sich auf die Datenanalyse statt auf die Datenstrukturen zu konzentrieren. Sie kann ständig aktualisierte Einnahmeerwartungen für ihr Produkt aus allen Verkaufsregionen weltweit überprüfen und einzelne Posten früherer Marketingkampagnen zu Vergleichszwecken heranziehen.

Mit den wichtigen Daten von MS Reports kann Sharon online eine Finanzplanungsanwendung nutzen, um die geplante Anzahl von Mitarbeitern und die vorgesehenen Ausgaben für ihr neues Projekt einzutragen. So ist sie in der Lage, ihr Marketing-Budget durch das gesamte Projekt zu verfolgen und dadurch wesentliche Fragen zu beantworten: »Wie hoch sind meine Ausgaben?« »Wofür gebe ich das Geld aus?« »Wie kann ich Quellen für neue Projekte anzapfen?«

Sharon Holloway kann auch ein zusätzliches Planungsinstrument mit dem Namen On Target benutzen, um die Ausgaben noch detaillierter zu kontrollieren. On Target sorgt für die Projektkalkulation. Ein Manager kann auch die kompletten Projektausgaben über verschiedene Kostenbereiche oder Finanzjahre erhalten.

Beurteilung und Belohnung der Mitarbeiter

Wenn Sharon Holloway auf den Posten einer Managerin befördert wird, gehört es zu ihren neuen Aufgaben, alle sechs Monate Leistungsübersichten zu erstellen. Jeder Angestellte schreibt eine Selbstbewertung, und Sharon Holloway fügt dem Originaldokument ihre eigene Leistungsauswertung hinzu. Zu dieser Beurteilung eines Mitarbeiters gehören auch Einschätzungen von Kollegen. Durch E-Mails ist es ohne Probleme möglich, Rückmeldung von Leuten in anderen Abteilungen oder auch aus der ganzen Welt zu erhalten. Sharon Holloway und ihr Manager überprüfen die Beurteilungen der Arbeit ihrer Mitarbeiter und die vorgeschlagenen Einstufungen. Dann trifft Sharon jeden Angestellten persönlich, um in einem persönlichen Gespräch Leistungen und neue Zielsetzungen zu erörtern.

In früheren Zeiten verwendeten die Manager von Microsoft oftmals mehr Zeit auf die Schreibarbeit für Beurteilungen als auf die Beurteilungen selbst. Unser Tool für die Mitarbeiterbeurteilung vereinfacht die Arbeit der Manager nicht nur ganz erheblich, sondern stellt auch sicher, dass sie dabei unserer Unternehmenspolitik folgen. Die Anwendung berechnet Leistungszunahmen – und den entsprechenden Bonus, der auf der Beurteilung, dem Arbeitsbereich und dem gegenwärtigen Gehalt des Mitarbeiters basiert. Es ist möglich, sich über einen vorgegebenen Wert hinwegzusetzen, um zum Beispiel das Gehalt und den Bonus für herausragende Leistungen »aufzuladen«, aber die Manager müssen sich an den allgemeinen Prozentsatz-Richtlinien des Unternehmens orientieren. Wenn Sharon Holloway die Zahlen für jeden Mitarbeiter eingibt, berechnet diese Anwendung automatisch den neuen Gruppendurchschnitt. Wenn sie dabei auf einen zu niedrigen oder einen zu hohen Wert kommt, kann sie die Sache wiederholen und die Zahlen nochmals eingeben. Nachdem Manager der höheren Ebene die Zahlen elektronisch überprüft haben, werden Änderungen der Vergütungen direkt in die entsprechenden Dateien der Buchhaltung und der Aktienverwaltung aufgenommen.

Das Programm für die Bewertung der Mitarbeiter hilft den Managern, die Angestellten konsequent und standardisiert im Sinne ihrer Leistung und der Unternehmenspolitik einzustufen. Eine Beurteilung schlägt sich umgehend in einer Veränderung der Vergütung nieder. Nach unserer Einschätzung reduziert diese Anwendung auch die von den Managern benötigte Zeit für die Beurteilung ihrer Mitarbeiter um mindestens 50 Prozent.

Wie man 40 Millionen Dollar verdient

Die Verwendung unseres Intranets, um Papierformulare zu ersetzen, hat bei uns zu beeindruckenden Ergebnissen geführt. Mittlerweile haben wir die Anzahl von Formularen von mehr als 1000 auf eine Gesamtsumme von 60 Formblätter für das ganze Unternehmen reduziert. Unter jenen Gruppen, die zuvor die meisten Formulare benutzten, war der Bereich Einkauf, der die Anzahl seiner Formblätter von 114 auf ein einziges reduziert hat. Die Abteilung Verwaltung benötigt jetzt nur noch sechs verschiedene Formulare, und die Personalabteilung verfügt nur noch über 39 Formblätter. Von den 60 verbleibenden Formularen sind zehn aufgrund der gesetzlichen Bestimmungen nötig und 40 deshalb erforderlich, weil die Systeme von Partnern außerhalb des Unternehmens noch immer auf Papier basieren. Die letzten zehn Formulare werden so selten benötigt, dass wir uns bis jetzt nicht darum gekümmert haben, sie auch noch elektronisch zu ersetzen. Durch Geschäftsbeziehungen können Partner, Behörden und Regierungen dahingehend beeinflusst werden, dass sie Informationen in elektronischer Form akzeptieren, sodass schließlich jeder einen vollständig digitalen Zugang zu allen wichtigen Daten hat und auf Papier verzichten kann.

Insgesamt betrugen die Ersparnisse durch die Verwendung elektronischer Formulare, die ich in diesem Kapitel beschrieben habe, mindestens 40 Millionen Dollar in den ersten zwölf Monaten der Umstellung im Zeitraum 1997 bis 1998. Die größten Einsparungen ergaben sich durch die Reduzierung der Arbeitskosten. Buchführungsfirmen schätzen die Kosten von Bestellungen in Papierform – vornehmlich die Zeit aller an der Arbeit mit den Papieren beteiligten Personen – auf etwa 145 Dollar

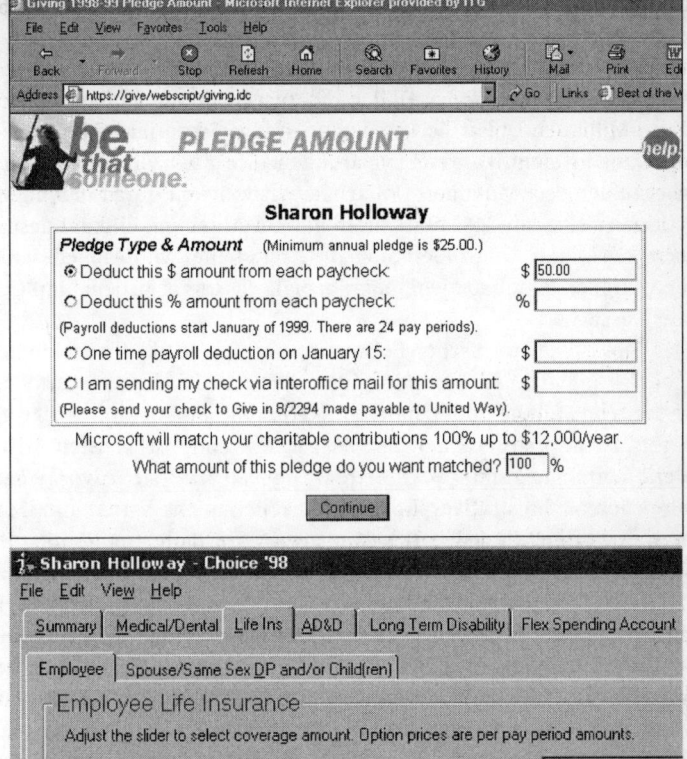

Intranet-Anwendungen geben den Mitarbeitern die Kontrolle über Veränderungen bei den Zuwendungen, Investitionsplänen, Spenden usw. Sie legen die Verantwortung direkt in die Hände der Personen, die am stärksten zum Handeln motiviert sind. Mit Programmen für die Selbstverwaltung von Gratifikationen können Angestellte verschiedene Optionen durchspielen, bevor sie sich für einen Weg entscheiden. Daten, die in die Microsoft-Spendenanwendung eingegeben werden und die Zuwendungen für die Gesundheit werden automatisch bei der Gehaltsabrechnung berücksichtigt. Das entlastet die Mitarbeiter der Personalabteilung, die sich mehr um strategische Personalangelegenheiten wie Einstellungen und Schulungen kümmern können.

pro Transaktion. Durch die elektronische Verarbeitung kostet dagegen bei Microsoft jede Transaktion nur fünf Dollar. Allein im ersten Jahr seiner Anwendung bearbeitete MS Market 250 000 Geschäfte in einem Volumen von 1,6 Milliarden Dollar, die unserem Unternehmen mindestens 35 Millionen Dollar bei der Verarbeitung einsparten, mit der Tendenz weiterer signifikanter Einsparungen. Die Zahl von 35 Millionen umfasst auch drei Millionen Dollar, die wir weltweit durch den anderweitigen Einsatz von 22 Mitarbeitern aus der Abteilung Einkauf gespart haben. MS Market kontrolliert auch die Angestellten von Anbietern, mit denen wir Mengenrabatte vereinbart haben, was uns bei jedem Kauf Geld sparen lässt.

Der Einsatz elektronischer Formulare für den 401(k) Plan, den Aktienkauf- und den Aktionoptionsplan für die Mitarbeiter sparte uns eine weitere Million Dollar im Jahr. Natürliche Fluktuation sorgte für einige Kostenersparnisse bei der Belegschaft, aber die meisten Mitarbeiter übernahmen nun wichtigere Aufgaben, die sie zuvor wegen zahlreicher administrativer Routinetätigkeiten nicht hatten tun können. Eine Person, die jeden Tag damit verbracht hatte, immer die gleichen Fragen zu beantworten, verwaltet jetzt den Inhalt der Internetseite, die nun die Antworten liefert. Innerhalb eines Jahres verdoppelte sich die Zahl der Angestellten, die das Online-System verwenden, um Kontoinformationen zu erhalten und Fragen zum 401(k)-Plan von Microsoft zu stellen, von 24 Prozent auf 51 Prozent. Als Konsequenz daraus sank während dieser Zeit die Inanspruchnahme der sonst Auskunft gebenden Servicemitarbeiter um die Hälfte, von 35 Prozent auf 17 Prozent, ab.

Von unserem neuen Online-Reisesystem erwarten wir, dass die allgemeinen Betriebskosten unseres Unternehmens sinken werden und sich die Produktivität der Reiseagenten verdreifachen wird. Der Einkauf bei den von uns bevorzugten Anbietern wird uns pro Jahr Millionen von Dollar einsparen. Die durchschnittliche Zeit, die ein Mitarbeiter benötigt, um eine Reisereservierung zu machen, wird sich nach unserer Planung von 17 Minuten und sechs Telefonanrufen oder E-Mails auf etwa fünf Minuten verringern.

Alle administrativen Anwendungen, über die ich in diesem Kapitel gesprochen habe, laufen auf insgesamt zwölf Servern. Dabei handelt es sich entweder um Dualprozessor- oder Vierfachprozessorsysteme. Die Kosten für die Hardware lagen bei etwa 300 000 Dollar. Die gesamten

Entwicklungskosten über zwei Jahre betrugen etwa acht Millionen Dollar. Die Kosten für den laufenden Betrieb liegen bei 765 000 Dollar im Jahr. Obwohl diese Kosten weit niedriger als vergleichbare Kosten auf anderen Systemen sind, waren unsere Ausgaben damit immer noch höher, als die anderer Unternehmen, da wir in vielen Bereichen Pionierarbeiten leisteten. So gab es beispielsweise keine Normen für die einfache Integration von anderen Systemen, die heute durch Software-Produkte wie unseren Handelsserver bereitgestellt werden. Durch die Standardisierung und gesteigerte Funktionalität kommerzieller Software-Pakete werden die Unternehmen in Zukunft noch weniger Kosten haben.

Selbst als wir die Pionierarbeit für diese Lösungen auf uns nahmen, reduzierte sich unser zentrales Budget für die Informationstechnologie, das diese und andere wichtige Geschäftsanwendungen umfasst, in den Jahren von 1996 bis 1999 um drei Prozent. Dies ist hauptsächlich der Standardisierung der Daten und der Verbindung unserer verschiedenen Informationssysteme zu verdanken.

Legen Sie die Verantwortung in die richtigen Hände

Die elektronischen Mittel bieten uns Vorteile, die weit über die Reduzierung der Geschäftskosten hinausgehen. Zum Beispiel verhindert MS Market durch die Notwendigkeit der korrekten Abmeldung, bevor eine Anfrage verarbeitet ist, ungewollte Käufe, die leicht durch ein System auf Papierbasis schlüpfen können. Versandinformationen werden in den Personal Computer eingegeben statt handschriftlich geschrieben, sodass fehlgeleitete Sendungen beinahe nicht mehr vorkommen. Die Kommunikation mit unseren Lieferanten wird dokumentiert, und wir kennen sämtliche Kosten im Voraus, sodass es keine bösen Überraschungen gibt. Unsere Zulieferer werden schneller bezahlt, wodurch sie motiviert werden, schneller zu liefern. Geschäftsregeln werden automatisch beachtet, sodass zum Beispiel das System keine Bestellung akzeptiert, die einen falschen Produktcode aufweist. Diese Vorkehrung erspart unserer Finanzgruppe viele Stunden, die sie zuvor mit »zu säubernden« Aufzeichnungen vergeudete. Auf die von unseren Beschäftigten erstellten Kaufprofile kann bei Verhandlungen mit den Anbietern zugegriffen werden. Die Liste der Vorteile ist noch viel länger. Wir entdecken täglich neue.

In unseren Abteilungen für Personal, Einkauf und Mitarbeiterservice hat eine zunehmende Digitalisierung und Verbindung der einzelnen Systeme die Arbeitsweise völlig verändert. Indem wir unsere Mitarbeiter in die Lage versetzen, Vorgänge wie Adressänderungen oder Änderungen von Investitionen für die Altersvorsorge selbst vorzunehmen und zu kontrollieren, haben wir die Verantwortung direkt in die Hände der Personen gelegt, die am meisten zum Handeln motiviert sind. Durch diese »Selbstbedienung« der Mitarbeiter wird die Abteilung entsprechend entlastet und kann ihre Energie mehr auf strategische Personalangelegenheiten wie Einstellungen und Schulungen richten.

Mit der grundlegenden Frage, wie man die Bürokratie verringern kann, beschäftigt sich ebenfalls die Personalabteilung. Sie hat eine Reihe klassischer Umstrukturierungsstudien durchgeführt, um herauszufinden, welche routinemäßigen Tätigkeiten automatisiert werden können, und welche Vorgänge besonderes Fachwissen erfordern. Die Personalabteilung will weniger »manuelle Arbeit« und mehr »Denkarbeit«.

Leisten Sie der Unflexibilität, nicht dem Papier Widerstand

Mit meinem Beharren darauf, Schreibarbeit zu eliminieren, muss ich wie ein »Papiergegner« klingen. Ich bin zwar gegen Papierformulare, aber sogar ich drucke noch immer umfangreiche Dokumente aus, die ich lesen und kommentieren will. Um ein langes Dokument zu bearbeiten, breiten die meisten Menschen die Seiten auf einem Tisch aus, damit sie einen Gesamtüberblick gewinnen können. Dies ist mit einem PC unmöglich! Bis wir einen Durchbruch im Bereich der Flatscreen-Technologien erzielen – und bei Xerox, dem MIT-Medienlaboratorium, Kent State, Microsoft und anderen akademischen Standorten oder Forschungseinrichtungen einzelner Unternehmen in den Vereinigten Staaten und in Japan wird daran eifrig gearbeitet – sind Bücher und Zeitschriften immer noch wegen ihrer Lesbarkeit und Tragbarkeit unschlagbar.

Hochqualitative Displays sind eine Notwendigkeit in der informationsreichen Zukunft. Microsoft stellte Ende 1998 eine Technologie namens Clear Type vor, mit deren Hilfe Text auf LCD-Farbdisplays erheblich besser als jemals zuvor dargestellt wird. Dies wird in Kombination mit verbesserter Hardware zu revolutionären Veränderungen führen. So wird es künftig flexible Bildschirme geben, sodass Sie das Display rollen oder falten und wie eine Zeitung mit sich führen können. In anderen Displays werden die Computerschaltkreise integriert sein, sodass ein ganzer PC so dünn wie der Bildschirmteil eines gegenwärtigen Laptops sein wird. Eine weitere neue Technologie erhält die Darstellung auf einem Bildschirm, nachdem er ausgeschaltet worden ist. Stellen Sie sich eine Art digitaler Tinte vor, mit der Sie ein Bild malen und das Display an eine Wand hängen können.

Heute sind Personal Computer besser als Papier zum Lesen geeignet, wenn Sie kürzere Dokumente haben und viele Leute gemeinsam an einem Projekt arbeiten, oder wenn Sie Daten durchsuchen und unter verschiedenen Gesichtspunkten betrachten wollen. Die leichte Suche und die Hypertext-Verknüpfungen sind die Hauptgründe dafür, dass heute mehr elektronische Enzyklopädien als gedruckte Lexika verkauft werden.

Für Formulare, die erst handschriftlich oder getippt ausgefüllt werden und die dann noch in einen Computer eingegeben werden müssen, ist die Zeit des Abschieds gekommen. Meist sind ganze Gruppen von Mitarbeitern nur damit beschäftigt, zunächst die Papierformulare auszufüllen und danach die Informationen in das Computersystem einzugeben. Und dann haben Sie Angestellte, die begeistert feststellen, dass ihre Fehlerrate bei der Datenerfassung von drei auf zwei Prozent gesunken ist und die damit ihre Produktivität messen! Wenn Sie elektronische Formblätter benutzen, entfernen Sie nicht nur unnötige Arbeit, sondern Sie stellen zudem Konsistenz, leichte Messbarkeit und ihre ordnungsgemäße Berechtigung sicher.

Wenn ein Papierformular verwirrend ist, läuft es in der Regel so, dass jemand angerufen wird oder irgendwo hingehen muss, um die Informationen zu überprüfen. In unserem Intranet enthält jede Seite Zusammenfassungen und Details von Plänen, eine Suchfunktion und Verknüpfungen zu ähnlichen Seiten sowie Antworten auf oft gestellte Fragen, so genannte FAQs (Frequently Asked Questions). Ein sorgfältiges FAQ-Feature auf einer neuen Intranetanwendung kann uns 200 oder mehr E-Mails von Angestellten ersparen, die nach grundlegenden Informationen suchen.

Wenn Sie irgendetwas in einem elektronischen Formular als verwirrend empfinden, oder wenn Sie meinen, dass eines der Felder automatisch für Sie ausgefüllt werden sollte, können Sie noch immer das Feld »E-Mail an« anklicken und einige wenige Wörter eingeben, wie: »Hey, dies sollte leichter zu bedienen sein!« Die Rückmeldungen der Mitarbeiter hat zu Hunderten von kleineren oder großen Verbesserungen in unseren Intranetformularen geführt. Und es dauert kein ganzes Jahr, um diese Änderungen zu realisieren, wie das oft bei Papierformularen der Fall ist. Bei einem Formblatt, das auf einer Webseite basiert, wird in den meisten Fällen eine Änderung innerhalb weniger Tage oder weniger Monate vorgenommen.

Da Sie keine Kontrolle über das Papier haben, das Sie von außerhalb Ihrer Organisation erreicht, sollte Ihre Strategie darin bestehen, es in Ihre elektronischen Systeme zu integrieren. Unternehmen wie Eastman Software Incorporation und Platinum Software verwenden Bildbearbeitungssoftware, um Dokumente zu scannen und sie in den digitalen Datenstrom einzubeziehen. So können Sie sich verschiedene Detailstufen in elektronischen Kostenrechnungen ansehen, bis hin zu der Abbildung einer Originalrechnung. Durch das Erstellen von Indexen sind Sie außerdem in der Lage, auf einfache Weise nach Originaldokumenten zu suchen, um sie in Arbeitsabläufe zu integrieren, die auf E-Mails basieren. Obwohl dies alles nicht so komfortabel ist, wie wenn Sie diese Daten bereits in digitaler Form erhalten hätten, erlauben Ihnen diese Zwischenschritte dennoch, weiterhin digital zu arbeiten und gelassen darauf zu warten, dass der Rest der Welt aufholt.

Rückmeldungen auf traditionellen Wegen

Obwohl die meisten Kommentare über unsere Intranet- Anwendungen elektronisch eintreffen, bekommen wir auch gelegentlich persönliche Rückmeldungen von den Benutzern. Nach einigen Monaten hatte unser MS Market Team die meisten Probleme gelöst, die von den Anwendern des Tools für den Einkauf vorgebracht worden waren. Nur noch ein einziges Vorstandsmitglied stand zwischen dem MS Market Team und der hundertprozentigen Annahme. Dies war ausgerechnet Steve Ballmer.

Der Produktmanagerin für MS Market, Linda Criddle, gelang es, persönlich mit Steve Ballmer zusammenzukommen, um herauszufinden, was aus ihm einen MS-Market-Benutzer machen würde. Sie war auf dem Wege zu Steve Ballmer, den sie bis dahin noch nie getroffen hatte. Als sie auf den Flur, der zu seinem Büro führte, kam, sah sie eine Reihe von ausgeschnittenen und gerahmten Magazinartikeln. Einer davon, aus dem Magazin *Upside*, zeigte Steve Ballmer mit einem glückseligen Lächeln und nannte ihn den »Microsoft Apostel«, der andere, aus *Forbes*, zeigte ihn in einer strengeren Haltung und beschrieb ihn als den George S. Patton der Software-Industrie.

Linda, die Steves Stimme durch die dünne Tagungsraumwand hörte, war sofort klar, dass er mit einer Produktgruppe zusammensaß. Er redete darüber, dass sie ihren Kunden nicht genug zuhörten und dass sie herausfinden müssten, was diese wirklich wollten und wie sie unsere Software täglich verwendeten. Bei jedem Wort, das er betonte, schlug er gegen die Wand. Nur wenige Besprechungen mit Steve Ballmer laufen ohne diese Soundeffekte ab.

Linda kannte die meisten der leitenden Angestellten in dieser Besprechung von einer früheren Tätigkeit, und als die Teilnehmer herauskamen, fragte sie: »Ist er müde oder habt Ihr ihn verärgert?«

Einer von ihnen sagte: »Ich denke, wir haben ihn verärgert«, worauf alle anderen lachten.

Linda ging in das Büro von Steve und wollte sich ihm vorstellen. Steve Ballmer war verwirrt, denn er war mit einer Reihe von Unterlagen beschäftigt, die er noch bearbeiten musste. »Was kann ich für dich tun?«, fragte er.

»Eigentlich hatte ich vor, dir genauso viel Kummer zu bereiten, wie du gerade den Leuten von der Produktgruppe Office bereitet hast«, sagte sie.

Diese Bemerkung erregte seine Aufmerksamkeit.

»Ich weiß, dass du MS Market nicht benutzt« sagte Linda. »Aber das hilft mir nicht weiter. Sag mir, was du benötigst, um damit arbeiten zu können«. Als Steve Ballmer merkte, dass sie nicht gekommen war, um die Unvollkommenheiten des Programms zu rechtfertigen, sondern dass sie stattdessen mit ihm die Probleme erörtern wollte, die ihn an der Nutzung von MS Market hinderten, unterbrach er seine Arbeit und überlegte, was ihn an MS Market störte.

»Ich will nicht eine Bestellungsanfrage über zehn Millionen Dollar bekommen, ohne darüber informiert zu sein, ob das nicht schon andere Manager vor mir geprüft haben,« sagte er. MS Market musste in der

Lage sein, Bestellungen durch die Leitungshierarchie zu führen. »Und ich will alle begleitenden Dokumente sehen. Außerdem muss es mir möglich sein, die Bestellung auch offline zu genehmigen«.

Damit bekam Linda die benötigten Informationen in weniger als zehn Minuten.

Das Routing Feature, mit dem Bestellungen gemäß der Leitungshierarchie unseres Unternehmens bearbeitet werden, war bereits in Entwicklung, sodass Steve Ballmers erstes Erfordernis für MS Market innerhalb von zwei Wochen durchgeführt werden konnte. Der Zugang zu begleitenden Dokumenten wurde drei Monate später hinzugefügt. Das letzte Feature, die Offline-Unterstützung, ist für die Zukunft geplant.

Diese kleine Geschichte erläutert mehrere Punkte des Ansatzes von Microsoft bei der Digitalisierung der Informationen. Elektronische Anwendungen müssen die Probleme unserer Mitarbeiter lösen und wir hören nicht auf, bis wir dies vollständig umgesetzt haben. Jeder von uns verwendet elektronische Werkzeuge, angefangen mit mir. Steve Ballmer konnte Linda Criddle deshalb genaue Rückmeldung geben, weil er ernsthaft versucht hatte, unser Tool MS Market zu verwenden und dabei auf Probleme gestoßen war.

Die Anwendung des Intranets
von der Verkaufsanalyse bis zu Restaurantrechnungen

Ich verwende unser Microsoft Intranet für die Analyse von Verkaufszahlen. Das mache ich vor allem bei der Überprüfung größerer Geschäfte und bevor ich mich auf eine Reise zu einer unserer Tochtergesellschaften begebe. Drei bis vier Wochen im Jahr führen mich diese Geschäftsreisen in Länder außerhalb der Vereinigten Staaten. Ich gehe alle Zahlen sehr gründlich durch, um rechtzeitig Probleme zu erkennen, die ich mit den Geschäftsmanagern vor Ort besprechen sollte. Es kostet mich knapp 20 Minuten, um zu verstehen, wie die Ergebnisse eines Landes im Verhältnis zum Etat, im Vergleich zu den Resultaten des letzten Jahres und zu denen anderer Ländern aussehen. Ich beschäftige mich vor allem mit den wichtigen Bereichen, die über oder unter meinen Erwartungen liegen, sodass ich bei meinem Eintreffen über die Zahlen sprechen kann.

Die Präsentationen anderer Microsoft-Redner werden von mir immer dann überprüft, wenn ich eine wichtige Rede vorbereite. Ich verwende Net-Show, unser Multimediaprodukt, um mir Aufzeichnungen wichtiger Besprechungen, an denen ich nicht teilnehmen konnte, anzuhören. Dies alles hält mich in engem Kontakt zu allen Vorgängen in unserem Unternehmen.

Wenn ich mit den wichtigen Managern von Microsoft über Veränderungen bei der Belegschaft oder über Umstrukturierungen spreche, wird mir anschließend von der Personalabteilung ein elektronisches Formular zugeleitet, auf dem ich mein Einverständnis mit den getroffenen Entscheidungen gebe. Dies ist eine gute Überprüfung, denn so kann ich sicher sein, dass die wichtigen Stellen auch wissen, was wir beschlossen haben. Die alten Papierformulare hingegen wurden für so viele unterschiedliche Dinge verwendet, dass man oftmals nicht mehr den Durchblick hatte.

Von mir glaubt man, dass ich Entscheidungen treffe, die Dutzende oder Hunderte Millionen von Dollar bewegen. Aber streng organisatorisch gesehen, bin ich der einzige, der die Restaurantrechnung für Steve Ballmer, unseren Präsidenten, genehmigen kann. Ich hatte geglaubt, dass jedes Unternehmen eine ähnliche Art von Genehmigungspflicht für derartige Ausgaben hat. Aber damit lag ich falsch. Dies wurde mir klar, als ich einer Gruppe von Vorstandsvorsitzenden unser Intranet demonstrierte. Paul O'Neill von Alcoa, dem weltweit führenden Aluminiumproduzenten, kam nach meiner Rede zu mir und meinte: »Es ist großartig, dass alles digital und effizient ist, aber warum müssen Sie die Spesenabrechnungen überprüfen? Sie haben wichtigere Dinge zu tun.«

Paul O'Neill wurde vor zehn Jahren bei Alcoa von der Genehmigungspflicht für derartige Spesen befreit. Alcoa hat klare Regeln aufgestellt, was genehmigte Spesen sind und was nicht. Das Unternehmen prüft Kostenberichte von Zeit zu Zeit mit Stichproben. »Wir vertrauen unseren Angestellten«, sagte Paul O'Neill. »Wenn wir der Meinung sind, dass sie nicht vertrauenswürdig sind, müssen sie gehen. Damit haben wir keine Probleme.«

Er schlug uns vor, es ebenso zu machen, die Dinge zu vereinfachen und zur Durchführung unser digitales System zu verwenden.

Er hat Recht. Wir planen deshalb, unsere Vorgehensweise zu verändern und nicht mehr jede einzelne Ausgabe zu kontrollieren, sondern eine monatliche Überprüfung vorzunehmen. Diese neue Anwendung enthält eine E-Mail-Alarmfunktion, die durch ungewöhnlich hohe Spesen ausgelöst wird. Außerdem versetzt es uns in die Lage, auf einzelne Spesenberichte oder Zusammenfassungen jederzeit zuzugreifen. Schon jetzt erspart mir Pauls Hinweis eine Menge Zeit.

Die Prioritäten beachten

Da die Veränderung von Papierformularen zu elektronischen Formen ein unerlässlicher Schritt in der Evolution des Nervensystems einer modernen Organisation ist, sollten Sie diese Veränderung nutzen, um wichtige Prozesse zu verbessern, die zentrale Bestandteile Ihres Geschäftes sind, anstatt bereits existierende Arbeitsabläufe nur zu rationalisieren.

Sobald es einmal eingerichtet ist, kann ein digitales Nervensystem sehr einfach erweitert werden. Ein gutes Netzwerk, ein gutes E-Mail-System und leicht zu konstruierende Webseiten, sind alles, was Sie benötigen, um Papierformulare durch digitale Formulare zu ersetzen. Sie können jede beliebige Anzahl von Intranet-Anwendungen hinzufügen, sobald diese Infrastruktur einmal geschaffen worden ist.

Mit unseren internen Tools verfolgen wir zwei Ziele: Zum einen wollen wir für routinemäßige Aufgaben Software verwenden, um dadurch zu verhindern, dass unsere Geistesarbeiter Zeit und Energie verschwenden, zum anderen wollen wir auf diese Weise die Mitarbeiter für anspruchsvollere Tätigkeiten freisetzen. Unsere internen Entwickler verwenden die Regel von dem »weichgekochten Ei«. Ein Benutzer muss in der Lage sein, sich innerhalb von drei Minuten in ein administratives Werkzeug ein- bzw. auszuloggen. Dieses Maßsystem stellt sicher, dass wir nicht einen Prozess mit einem zu schwerfälligen Werkzeug automatisieren.

Die Vereinheitlichung und Vereinfachung admininistrativer und interner Geschäftsprozesse ist ein wichtiger Weg, die allgemeine Effizienz der Angestellten zu verbessern. Denn abgesehen von der spürbaren Arbeitserleichterung erhalten sie auch eine wichtige Botschaft: Die Unternehmen reden heutzutage gerne davon, Initiativen zu belohnen und den Mitarbeitern dabei zu helfen, sich auf ihre eigentlichen Aufgaben zu konzentrieren. Wenn die Angestellten nun sehen, wie eine Firma Engpässe und zeitraubende administrative Routinearbeiten aus ihrem Arbeitsleben entfernt, wissen sie, dass das Unternehmen ihre Arbeitszeit für sehr wertvoll erachtet und sie profitabel verwenden will. So leicht es zu messen ist, ob Fabrikarbeiter effizient arbeiten, so schwierig ist dies bei geistigen Tätigkeiten. Aber es ist offensichtlich, dass Mitarbeiter, die nicht von langweiligen Routinearbeiten abgelenkt werden, bessere Entscheidungen treffen können. Der Nutzen für die Kunden liegt darin, dass die Angestellten weniger Zeit mit dem Herumschieben von Papieren verplempern müssen und sich dafür mehr Zeit für die Bedürfnisse der Kunden nehmen können.

Einer Sache bin ich mir ganz sicher. Sie können die Mitarbeiter von Microsoft nicht dazu bringen, ihre Arbeit auf althergebrachte Weise zu verrichten. Die Vorhersagen, dass wir papierlose Büros haben würden, waren richtig – wenn auch um einige Jahrzehnte verfrüht.

Schlüsselinformationen

▲ Digitale Informationen ermöglichen Durchbrüche in den Arbeitsabläufen, die mit Papiersystemen unmöglich sind.

▲ Kontrollieren Sie alle Papierformulare. Beginnen Sie mit Bereichen wie dem Einkauf oder der Personalabteilung und entwickeln Sie Programme, die papiergebundene Formen durch digitale Prozesse ersetzen.

▲ Der Ansatz der »Selbstbedienung« kann 90 Prozent der Verwaltungsaufgaben für die Mitarbeiter regeln.

Überprüfen Sie Ihr digitales Nervensystem

▲ Verfügen Sie über elektronische Formulare für Ihre wichtigsten internen Abläufe?

▲ Gibt es bei Ihnen Personen, die Informationen manuell bewegen, oder organisieren Ihre Computer den routinemäßigen Informationsfluss, während sich die Menschen mit wichtigeren Aufgaben beschäftigen?

▲ Führen neue Anwendungen zu zusätzlichen Synergieeffekten oder zu mehr Komplexität?

Teil II

Das Internet verändert alles

▲ 4

Erkennen Sie die strategischen Wendepunkte

Als der Mensch zum ersten Mal einen Stein oder einen Zweig aufhob, um ihn als Werkzeug zu verwenden, änderte er unwiderruflich das Gleichgewicht zwischen sich und seiner Umgebung. (...) Während die Anzahl dieser Werkzeuge gering blieb, brauchte es eine lange Zeit, bis sie sich verbreiteten und Änderungen verursachten. So wie die Werkzeuge sich ausbreiteten, taten es auch die Anwendungen: je mehr Werkzeuge, desto schneller das Tempo der Veränderungen.

James Burke,
CONNECTIONS

Vor gar nicht langer Zeit führte ich ein Gespräch mit dem Aufsichtsrat eines deutschen Finanzinstitutes – alles erfahrene Geschäftsleute. Die jüngste Person dort war wahrscheinlich fünfundfünfzig Jahre alt und viele von ihnen waren bereits in den Sechzigern. Sie hatten viele Änderungen im Bankwesen gesehen und seit den Zeiten der Großrechner manchen Technologiewechsel erlebt. Doch die Bank hatte die neue Internet-Technologie noch nicht angenommen. Am Tag meiner Rede hatten sie einer Reihe von Präsentationen von Microsoft-Angestellten über unsere Strategie zugehört. Als ich in das Schulungszentrum ging, saßen sie alle dort mit verschränkten Armen und sahen ziemlich unglücklich aus.

»Okay«, fragte ich, »wo liegt das Problem?«

Einer von ihnen meinte: »Wir glauben, dass das Bankwesen dabei ist, sich völlig zu verändern und wir bekommen technische Präsentationen von Ihren Mitarbeitern – weit technischer, als wir es gewöhnt sind«. Er nahm seine Brille ab, rieb seine Augen und sagte: »Dies ist vermutlich gut so, obwohl es uns müde macht«. Nach einer Pause sprach er weiter: »Es ist gut, dass Sie sich darum bemühen, alle Ihre Produkte zu verbessern, aber wie sieht der Gesamtplan aus? Um mit Ihnen langfristig zusammenarbeiten zu können, benötigen wir von Ihnen eine Zukunftsvision. Wie sehen Sie die weitere Entwicklung?«

Ein verantwortlicher Manager von Microsoft, der eine Informationsveranstaltung für Kunden leitet, macht in der Regel keine vorbereitete Präsentation. Stattdessen beantwortet er Fragen und fasst zusammen, wie wir auf Probleme reagieren. Trotz langer Gespräche hatten die Bankiers auf die für sie wichtigste Frage keine Antwort bekommen! Das musste ich jetzt ganz spontan nachholen.

Zum Glück hatte ich zu diesem Zeitpunkt bereits einige Dutzend Male in meinen Reden über das digitale Nervensystem gesprochen und beinahe ein Jahr an diesem Buch gearbeitet. So begann ich nun über die wichtigsten Veränderungen zu reden, die meiner Ansicht nach in der nahen Zukunft durch die Technologie eintreten würden.

»Ich werde jetzt zehn Wendepunkte aufschreiben, von denen ich meine, dass sie alle Industrien grundlegend verändern werden«, sagte ich zu den Bankiers. Mein Freund Andy Grove hatte über die unterschiedlichen Wendepunkte geschrieben, die verschiedene Industrien zu verschiedenen Zeiten verändert hatten. Ich verwendete diesen Begriff, um damit zehn bedeutsame Veränderungen im Kundenverhalten zu betonen, die alle im Zusammenhang mit der digitalen Technologie stehen und die alle gerade jetzt geschehen. »Ich frage Sie, ob Sie glauben, dass es zu jedem einzelnen dieser Wendepunkte kommen wird. Kümmern Sie sich vorerst nicht darum, wie schnell das geschehen wird, sagen Sie mir nur, ob Sie meinen, dass es überhaupt geschehen wird. Wenn Sie nämlich nicht daran glauben, dann sollten Sie den Gebrauch der Technologie auch nicht verändern. Aber wenn Sie denken, dass es geschehen wird und es nur eine Frage der Zeit ist, dann sollten Sie schon heute damit beginnen, sich auf diese Veränderung vorzubereiten.«

»Glauben Sie, dass in der Zukunft die Menschen bei der Arbeit jeden Tag und für die meisten ihrer Tätigkeiten Computer verwenden werden?«, fragte ich. Heute verwenden immer noch viele Angestellte ihre Personal Computer nur gelegentlich oder nur ein paar Mal am Tag. Es können sogar einige Tage verstreichen, an denen sie gar nicht am Personal Computer sitzen. »Sind Sie der Auffassung, dass die heutige Schreibarbeit durch effizientere digitale Arbeitsprozesse ersetzt wird?« Das meinten sie in der Tat. Ihre einzige Sorge dabei war, wie man den Übergang von der Papierwelt zur digitalen Welt bewerkstelligen konnte.

»Denken Sie, dass eines Tages in den meisten Haushalten ein Computer stehen wird?«, fragte ich. In den USA liegt der Prozentsatz heute bei 50 Prozent. In einigen Ländern ist er ein bisschen höher, aber in den meisten anderen weit niedriger. »Glauben Sie«, fragte ich, »dass eines Tages Computer in den Privathaushalten genauso verbreitet sein werden wie Telefone oder Fernsehen?« Auch dies glaubten sie.

»Sind Sie der Ansicht, dass eines Tages die meisten Geschäfte und die meisten Haushalte Hochgeschwindigkeitsverbindungen zum World Wide Web haben werden?«, fragte ich. Sie nickten zustimmend.

»Glauben Sie, dass E-Mail als Kommunikationsform zwischen Menschen im privaten und geschäftlichen Bereich genauso gebräuchlich sein wird, wie es heute das Telefon oder die Briefpost sind?« Heute verwendet längst nicht jeder E-Mail, selbst wenn ein Computer vorhanden ist. Wird sich diese Situation verändern? Auch damit waren sie einverstanden.

Nun fragte ich sie, ob sie der Ansicht zustimmten, dass, vorausgesetzt die Mehrheit der Menschen verfügt über einen Computer und benutzt diesen täglich, die meisten Informationen dann auch in digitaler Form ankommen werden. Werden Rechnungen auf elektronischem Weg eintreffen? Werden Reisen über das Internet gebucht? Auch hierin pflichteten sie mir bei.

»Denken Sie, dass digitale Geräte allgemein üblich werden, etwa in den Bereichen Fotografie, Video, Fernsehen und Telefon?«, fragte ich. »Erwarten Sie, dass andere neue digitale Geräte im Haus auftauchen werden, die mit dem World Wide Web verbunden sein werden?« Dies sei nur eine Frage der Zeit, meinten sie.

»Können Sie sich vorstellen,« fragte ich, »dass eines Tages aus einem Laptop eine Art Computernotizblock wird?« Ich beschrieb, was ich damit meinte. Ein Computernotizblock ist ein Kleinrechner, mit dem man Notizen genauso aufnehmen kann, wie heute mit Bleistift und Papier. So kann man alle wichtigen persönlichen und beruflichen Daten stets mit sich tragen. Ein weiterer Aspekt liegt darin, alle Informationen in digitaler Form vorliegen zu haben. Dies wird wahrscheinlich der letzte Wendepunkt sein.

»Der große Vorteil eines Computernotizblocks liegt darin«, sagte ich, »dass er nicht größer oder schwerer wird, egal, wie viel Sie in ihn hineinstopfen«. Sie lachten. Nach einer kurzen Unterhaltung in deutscher Sprache sagte einer von ihnen: »Wir dachten, Sie hätten etwas Lustiges gesagt und dann merkten wir, dass es etwas sehr Wichtiges ist.«

»Vergeude ich Ihre Zeit?«, fragte ich. »Glauben Sie, dass diese Veränderungen tatsächlich geschehen werden?« Sie sprachen wieder kurz untereinander auf Deutsch. Dann sagte der Bankier, der schon zuvor das Wort ergriffen hatte: »Wir hatten kürzlich mit einem Managementberater die gleiche Diskussion. Wir glauben, dass es so kommen wird. Und wenn dies der Fall ist, wird sich das Bankwesen völlig verändern.«

»Was glauben Sie, wie lange es dauert, bis es so weit ist?«, fragte ich. Sie führten eine längere und angeregte Diskussion auf Deutsch und dann meinten sie, dass sich ihre ursprüngliche Einschätzung verändert hatte. »Zunächst sind wir von einem Zeitraum von 20 Jahren ausgegangen, aber inzwischen sind wir zu der Überzeugung gelangt, dass diese Wendepunkte innerhalb von zehn Jahren entweder eingetroffen sein oder unmittelbar bevorstehen werden. Das Bankwesen wird sich völlig neu definieren.«

Ich wies sie darauf hin, dass sie für einen alles durchdringenden Informationsfluss in ihren Unternehmen sorgen mussten, um sich auf diese Veränderung vorzubereiten. Ich sprach kurz über bereits vorhandene digitale Mittel und von der Notwendigkeit, sie entsprechend zu nutzen. Die digitale Verbindung ihrer Systeme mit sämtlichen Geschäftsoperationen war ebenso erforderlich wie die Entwicklung einer neuen Infrastruktur um die Personal Computer und die Internet-Technologie herum. »Wenn Sie diese Dinge verwirklichen«, sagte ich ihnen, »sind Sie auf die drei grundlegenden Veränderungen im Geschäftsleben vorbereitet, die das Ergebnis aller digitalen Wendepunkte sein werden:

1. Die meisten Transaktionen zwischen Unternehmen und Verbrauchern, zwischen Unternehmen und Unternehmen und zwischen Verbrauchern und Regierungsbehörden werden unmittelbar auf digitalem Wege von jedem Beteiligten selbst vorgenommen. Zwischenhändler werden entweder zusätzliche Leistungen anbieten oder vom Markt verschwinden.
2. Der Dienst am Kunden wird zur wichtigsten Aufgabe bei jedem Geschäft. Bei den Dienstleistungen wird die persönliche Beratung und

die Erörterung schwieriger Kundenfragen im Vordergrund stehen. Routinetätigkeiten werden immer mehr abnehmen.

3. Das Tempo von Transaktionen und die Notwendigkeit, sich immer intensiver persönlich um die Kunden zu kümmern, wird die Unternehmen veranlassen, mit aller Kraft interne Prozesse zu digitalisieren, wenn das aus Effizienzgründen nicht schon geschehen ist. Die Firmen werden ein digitales Nervensystem verwenden, um ihre internen Arbeitsabläufe regelmäßig zu optimieren und um sich problemlos einer sich hinsichtlich der Kundenbedürfnisse und des Wettbewerbs ständig verändernden Umgebung anzupassen.«

Komplexe Kundendienst- und Geschäftsprobleme erfordern leistungsstarke Computer auf beiden Seiten – sowohl bei den Kunden als auch bei den Mitarbeitern. Die neuen Beziehungen werden durch verschiedene elektronische Mittel wie Videos, der interaktiven Verwendung desselben Computerbildschirms usw. erweitert. Wir werden eine Welt erleben, in der sich einfache digitale Handgeräte neben unglaublich leistungsstarken, allgemein verwendbaren Personal Computern verbreiten, die die Arbeit zu Hause oder in den Büros unterstützen.

»Das Leben wird ziemlich aufregend sein, wenn diese Dinge geschehen«, schloss ich meine Ausführungen und fuhr fort: »Wahrscheinlich wird es nur ein Jahrzehnt dauern, bis die meisten dieser Veränderungen geschehen sind. Die Welt wird dann radikal anders aussehen als die, in der wir heute leben. Die Vision von Microsoft besteht darin, die Software zu liefern, die alle digitalen Geräte miteinander verbindet und damit die Menschen in die Lage versetzt, digitale Lösungen zu schaffen, die auf dem Web Lifestyle basieren. So einfach ist das.«

Die Vertreter der deutschen Banken stellten mir eine letzte Frage, die alle beschäftigte: »Was könnten wir persönlich dafür tun, um auf diese neue digitale Welt vorbereitet zu sein?« Ich gab ihnen einen letzten Gedanken mit auf den Weg: »Üben Sie selbst den Gebrauch der neuen elektronischen Mittel. Auch Führungskräfte sollten E-Mails lesen und andere elektronische Werkzeuge verwenden können, um mit der völlig neuen Art, Dinge zu tun, vertraut zu sein. Sie sollten sich die Webseiten Ihrer Konkurrenten ansehen und ebenfalls, sofern noch nicht geschehen, Internet-Nutzer und -Verbraucher werden. Kaufen Sie sich einige Bücher über das Internet oder buchen Sie eine Reise und lernen Sie es dadurch kennen!«

Seit Ende 1998 beginnen Führungskräfte, dieses neue Medium zu erkunden. Etwa 50 Prozent der Leser des Magazins *Chief Executive* verwenden das Internet ein oder zwei Stunden in der Woche, aber nur 25 Prozent nutzen es täglich, während 11 Prozent noch nie damit zu tun hatten. Viele Verbraucher verwenden das Internet heute schon intensiver. Wenn Sie im digitalen Zeitalter eine führende Position einnehmen wollen, müssen Sie sich mit dem Internet vertraut machen. Nur dann sind Sie in der Lage, sich vorzustellen, was der Web Lifestyle für Ihren Betrieb bedeuten kann, selbst wenn die Veränderungen noch Jahre dauern werden. Sie sollten Methoden entwickeln, um zusammen mit Ihren leitenden Angestellten in diese neuen Vorgehensweisen einzutauchen und um neue Möglichkeiten zu entdecken, wie Sie die richtige Strategie für den Gebrauch in Ihrem eigenen Geschäft bestimmen können.

Vermeiden Sie Selbstzufriedenheit

Seit vielen Jahren behaupten die Enthusiasten, dass das Internet »morgen« geschehen wird. Sie werden immer wieder Prognosen lesen, dass die großen Veränderungen in den nächsten zwölf Monaten passieren. Das ist völliger Unsinn. Die sozialen Anpassungsprozesse, die notwendig sind, werden Jahre dauern. Zudem muss die entsprechende Infrastruktur aufgebaut werden. Aber wenn die sozialen und technischen Umgestaltungen die kritische Masse erreichen, wird der Wandel schnell und irreversibel sein. Der Punkt wird kommen, wo der Web Lifestyle sich verwirklicht haben wird, und das wird meiner Ansicht nach irgendwann in den nächsten fünf Jahren sein. Wie ich in meinem Buch *Der Weg nach vorn* schrieb, neigen wir stets dazu, Veränderungen, die sich in den nächsten zwei Jahren ergeben werden, zu überschätzen und die Veränderungen, die in den nächsten zehn Jahren geschehen werden, zu unterschätzen. Lassen Sie sich davon nicht täuschen.

So ist es denkbar, dass Sie große Mühen auf sich nehmen, um einige Internetseiten zu entwickeln, und dann müssen Sie feststellen, dass ein großer Teil Ihrer Kunden oder Partner sie nicht sofort nutzt. Diese Situation könnte Sie dazu verleiten zu denken: »Na gut, das Internet wird unser Geschäft letztlich gar nicht verändern, also brauchen wir uns nicht darauf zu konzentrieren«. Weil sich nicht alles quasi über

Nacht verändert hat, könnten Sie vermuten, dass sich überhaupt nichts grundlegend Neues entwickeln wird. Einige Jahre später werden Sie dann von den plötzlichen Veränderungen überrascht und dann viel Mühe haben, wieder Anschluss zu finden.

Es gibt eigentlich kaum einen Unternehmensbereich, auf den das Internet keine Auswirkungen haben wird oder wo es nicht schon von Anfang an Nutzen bietet. Viele Unternehmen wünschen sich jetzt, dass sie der erste Buchladen, das erste Reisebüro oder der erste Börsenmakler im Internet gewesen wären und dass die Adresse ihrer Internetseite heute einen so hohen Bekanntheitsgrad hätte, wie das bei vielen Web-Pionieren der Fall ist.

Jene Unternehmen, die bereits zu einem frühen Zeitpunkt im Internet präsent sind, werden nicht nur früh die Lernphase hinter sich bringen. Sie werden auch sehr bald die Grenzen ihres Geschäftes neu definieren. Amazon.com, das sich als ein Internet-Buchverkäufer einführte, hat nun auch damit begonnen, CDs zu verkaufen. Es gibt keinen Grund dafür, dass Amazon.com nicht auch noch andere Produkte genauso gut verkaufen kann. Der auslösende Impuls dafür, dass Ihr Unternehmen ins World Wide Web geht, könnte darin liegen, Kosten zu sparen und neue Kunden zu gewinnen. Sobald Sie Kunden haben, die mit Ihnen auf direktem Wege interagieren, haben Sie die gewaltige Chance, auf der Grundlage dieser Beziehung eine breitere Palette von Produkten anzubieten. Suchmaschinen wie Yahoo! haben ihre eigenen Reiseseiten aufgebaut. Ein Internet-Geschäft ist nicht vergleichbar mit der Zweigstelle einer Bank, wo die Angestellten nur auf eine kleine Anzahl von Produkten trainiert sind. Die virtuelle Natur des Internets ermöglicht jeden Einkauf, den der Kunde machen will. Sie werden auf ähnliche Fälle wie bei Amazon.com stoßen, in denen ein Unternehmen, das in einem Online-Bereich stark vertreten ist, seine Produktpalette ausdehnt. Die daraus resultierende Warnung für jedes Unternehmen kann nur lauten, auch dann auf der Hut zu sein, wenn sich niemand aus derselben Branche in dieser Hinsicht engagiert. Möglicherweise werden nämlich jene großen Online-Anbieter, die versuchen, jede Handelsnische auszufüllen, in den Markt drängen und eines Tages ihren Platz einnehmen.

Es ist wirklich wichtig, das Internet jetzt kennen zu lernen und die Kunden zu finden, die den Web Lifestyle schon übernommen haben. Nutzen Sie diese Gruppe, um Modelle zu entwickeln, wie Sie Ihr gesamtes Geschäft führen könnten. Innerhalb von einem Jahrzehnt werden die meisten Ihrer anderen Kunden diese Veränderung auch hinter sich gebracht haben. Sie werden dann entsprechend vorbereitet sein. Die Beispiele in diesem Buch zeigen Unternehmen, die genau diesen Ansatz verfolgen und sich darauf einstellen, wie das Internet unser gesamtes Umfeld verändert.

Schlüsselinformationen

▲ Die meisten Transaktionen werden digital von den Beteiligten selbst ausgeführt. Zwischenhändler werden neue Leistungen anbieten oder vom Markt verschwinden.

▲ Der Dienst am Kunden wird zum wichtigsten Teil des Geschäftes.

▲ Das Tempo von Transaktionen und die Notwendigkeit einer persönlicheren Zuwendung gegenüber den Kunden wird die Unternehmen dazu veranlassen, für ihre internen Abläufe digitale Prozesse zu verwenden.

Prüfen Sie Ihr digitales Nervensystem

▲ Hat sich Ihr Management-Team mit dem Internet vertraut gemacht und sich die Zeit genommen, um eine Vision zu entwerfen, die sich mit der Frage beschäftigt, wie das Internet Ihr Geschäft im nächsten Jahrzehnt verändern wird? Arbeiten Sie mit Ihrer Informationsabteilung daran, diese Vision technisch umzusetzen?

▲ 5

Der Zwischenhändler muss zusätzliche Leistungen anbieten

Die Technologie formt die Wirtschaft um und verändert Geschäftswelt und Verbraucher. Dies ist mehr als E-Commerce oder E-Mail. Die gesamte Ökonomie wird sich völlig digitalisieren.

William Daley,
US-HANDELSMINISTER

Heute, an der Schwelle zum 21. Jahrhundert, lautet eine grundlegende neue Business-Regel, dass das Internet alles verändert. Zumindest verändern Internet-Technologien die Art und Weise, wie jedes Unternehmen, selbst ein kleines, mit seinen Angestellten, Partnern und Lieferanten umgeht. Nicht jede Firma muss das Internet nutzen, um mit seinen Kunden Informationen auszutauschen, aber schon bald wird eine firmeneigene Webseite, auf der die Kunden mit einem Anbieter Geschäfte machen können, so wichtig wie Telefon und Postanschrift sein. Bereits heute hat die überwältigende Mehrheit der Fortune-500-Unternehmen Webseiten eingerichtet.

Das Internet reduziert die Kosten für die Transaktionen und den Vertrieb und verändert die Beziehungen der Unternehmen zu ihren Kunden. Es schafft mehr Wettbewerb und bietet den potenziellen Käufern besseren Zugang zu den Anbietern.

Bevor es das Internet gab, konnten die Verbraucher die Produkte des Herstellers nur über Zwischenhändler erhalten. Heute hingegen können die Verbraucher direkt Geschäfte mit Produzenten abschließen, wenn diese ihre Waren im Internet anbieten. Jeder Hersteller kann das Internet wie einen direkten Lagerverkauf nutzen.

Früher erforderte das Sammeln aller Informationen über Finanzdienstleistungen, Reisemöglichkeiten und andere Verbraucherprodukte eine Menge Zeit. Eine Vielzahl von Service-Unternehmen verdiente ihr Geld ausschließlich mit der Beschaffung dieser Informationen für die Kunden. Heute können die Verbraucher selbst, auch wenn die Suchwerkzeuge noch nicht vollkommen sind, viele dieser Auskünfte im Internet finden. Auf der anderen Seite können die Unternehmen wertvolle Informationen preiswert mit den Mitteln des Internets zur Verfügung stellen.

Die Tabelle auf Seite 91 zeigt typische Einsparungen bei den Transaktionskosten, wenn die Kunden online einkaufen.

1995 verwendete ich in meinem Buch *Der Weg nach vorn* den Ausdruck »reibungsloser Kapitalismus«, um zu beschreiben, wie das Internet den idealen Marktplatz des Adam Smith schaffen wird, auf dem sich Käufer und Verkäufer finden können, ohne viel Zeit oder Geld investieren zu müssen. Das erste Problem auf den meisten Märkten ist, den interessierten Partner zu finden. Die zweite Schwierigkeit besteht darin, die Art der angebotenen Waren und Serviceleistungen sowie deren Qualität zu erkennen. Das Internet macht es dem Verbraucher leicht, Hintergrundinformationen über das Produkt zu erhalten – zum Beispiel wie es von Verbraucherorganisationen oder anderen unabhängigen Institutionen bewertet wird – und mühelos die Preise zu vergleichen. Die Käufer können auf diesem Weg den Anbietern auch mehr über ihre Erwartungen mitteilen, und die Hersteller ihren Warenfluss so steuern, dass die interessiertesten Kunden schnell bedient werden. Dadurch wird es den Unternehmen auch leichter gemacht, ähnliche Produkte zu verkaufen.

Das Internet eignet sich hervorragend, um den Konsumenten dabei zu helfen, das bestmögliche Geschäft abzuschließen. Der Verbraucher kann ganz einfach von der Webseite eines Einzelhändlers zu der eines anderen springen, um die günstigsten Preise eines Produktes zu finden. Mindestens zwei verschiedene Dienstleister liefern aktuelle Preisvergleiche bei Waren wie Bücher und CDs. Auf den Webseiten von einigen Reiseveranstaltern gibt es Rubriken, die automatisch niedrige Flugpreise aufspüren. Ein Unternehmen, die priceline.com, Inc., kehrt sogar die Beziehung zwischen Kunde und Verkäufer um. Hier bieten die Konsumenten einen Preis, etwa für ein Auto oder ein Flugticket, der dann den Anbietern übermittelt wird. Auf welche Resonanz dieses Modell stößt, ist noch unklar, aber es ist überhaupt nur durch die Reichweite und die interaktiven Möglichkeiten des Internets zu verwirklichen.

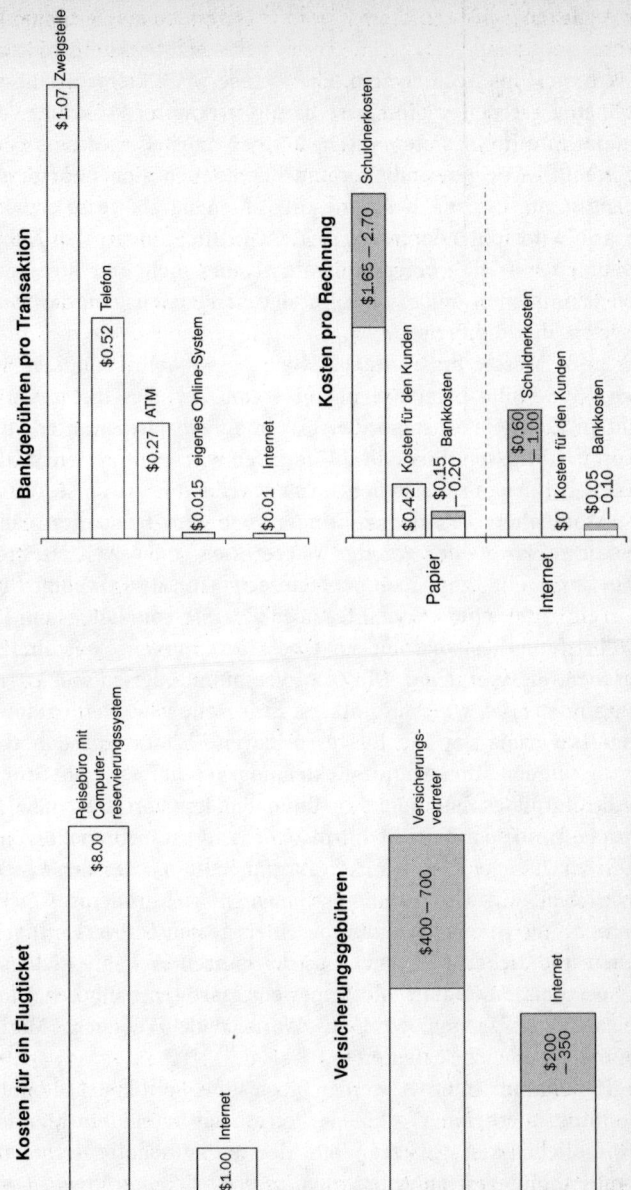

Bankgebühren pro Transaktion

- $1.07 Zweigstelle
- $0.52 Telefon
- $0.27 ATM
- $0.015 eigenes Online-System
- $0.01 Internet

Kosten pro Rechnung

Papier
- $1.65 – 2.70 Schuldnerkosten
- $0.42 Kosten für den Kunden
- $0.15 – 0.20 Bankkosten

Internet
- $0.60 – 1.00 Schuldnerkosten
- $0 Kosten für den Kunden
- $0.05 – 0.10 Bankkosten

Kosten für ein Flugticket

- $8.00 Reisebüro mit Computer-reservierungssystem
- $1.00 Internet

Versicherungsgebühren

- $400 – 700 Versicherungsvertreter
- $200 – 350 Internet

Quelle: The Emerging Digital Economy, US-Wirtschaftsministerium, 1998

Das Internet führt zu erheblichen Kostensenkungen bei fast allen kommerziellen Transaktionen.
Die obigen Darstellungen zeigen Beispiele für Flugtickets, Bankgeschäfte, Versicherungsleistungen und für das Rechnungswesen.

In der nächsten Zeit wird die Software das vergleichende Einkaufen noch weiter automatisieren. Das »Feilschen« um Preise wird auch elektronisch mühelos möglich sein. Eine Online-Mall überprüft auf anderen größeren Webseiten die Preise häufig verkaufter Waren und reduziert dann ihre Preise automatisch, um sicherzustellen, dass sie immer ein wenig niedriger sind. Verbraucher können sich elektronisch zusammentun, um so einfach wie nie zuvor Mengenrabatte zu erzielen. Das Szenario wird folgendermaßen aussehen: Die Software des Anbieters verhandelt mit Hilfe einer Software-Lösung nicht nur mit einem einzelnen Verbraucher, sondern mit Hunderten oder Tausenden weiterer Konsumenten über die Preise.

Einige große Märkte mit weitgehend austauschbaren Produkten wie Kohle oder Stahl sind bereits recht gut organisiert. Das Internet wird hier nicht in gleichem Ausmaß die Beziehung zwischen Käufern und Verkäufern beeinflussen. Das World Wide Web wird von größerem Nutzen in jenen Bereichen sein, in denen es entweder schwierig ist, Anbieter und Verbraucher zusammenzubringen, wie zum Beispiel auf dem Dienstleistungssektor, oder wo die Märkte klein oder weit verstreut sind. Wie findet ein Konsument auf einfache Weise ein gebrauchtes Produkt – ein Auto, einen Computer oder eine Stereoanlage – mit bestimmter Leistungsfähigkeit und in einem bestimmten Preisrahmen? Die Menschen, die versuchen, Dinge zu verkaufen oder zu kaufen, die schwer zu finden sind, wie Antiquitäten, Ersatzteile usw. werden davon profitieren. Die Firma Gap Inc. hat beispielsweise herausgefunden, dass die meisten Kunden ihres Online-Bekleidungsgeschäftes nach Größen suchen, die normalerweise nicht in ihren Filialen vorrätig sind. Das Unternehmen kann so auf die Bedürfnisse ihrer Konsumenten eingehen, ohne dabei zusätzliche Kosten für die Vorratshaltung oder den Einzelhandel zu haben. Virtuelle Auktionen bieten ein viel größeres Angebot von Waren, als sie in einer Auktion an einem realen Ort verkauft werden können und ziehen Menschen aus der ganzen Welt an, nicht nur aus einer bestimmten Region. Mit seiner einzigartigen Fähigkeit, Menschen zusammenzubringen, wird das World Wide Web neue Märkte schaffen, die zuvor nicht exisitierten.

Einige Händler im Internet werden auch eine Politik der flexiblen Preisgestaltung übernehmen. Flexible Preise sind bereits ein Merkmal eines gewöhnlichen Marktplatzes. Viele Elektronikgeschäfte werben mit Preisgarantien, in denen sie versprechen, zum niedrigsten Preis zu verkaufen, den ein Verbraucher finden kann. Durch diese Strategie werden sie nicht unterboten, selbst wenn ihre Preise relativ hoch bleiben. Einige Geschäfte erzielen mit dieser Methode so viele Umsätze, dass es bei ihnen tatsächlich zwei Preise gibt – den normalen für den spontanen Käufer und den niedrigeren für die geduldigen Kunden. Oftmals veröffentlichen diese Unternehmen von vornherein mehrere Preise, je nachdem, welche Konsumentenkreise angesprochen werden sollen. Wenn Sie dort eine Bestellung telefonisch aufgeben, fragt der Vertreter zuerst nach der Kundennummer oder Katalognummer, um zu wissen, wie der Auftrag berechnet werden muss.

Das Ziel von solchen und ähnlichen Preismanövern liegt darin, auf der einen Seite mit den preisempfindlichen Käufern das Geschäft im Niedrigpreisbereich zu machen, und auf der anderen Seite höhere Preise bei jenen Verbrauchern zu erzielen, die nicht so sorgfältig vergleichen. Praktisch setzen die Händler die Preise nach der individuellen Bereitschaft einer Person fest. Diese Idee mag radikal klingen, aber sie ist so alt wie das Prinzip der progressiven Besteuerung. Ausbildungsbeihilfen werden genauso berechnet, da ihre Höhe von dem jeweiligen Familieneinkommen und vorhandenen Vermögenswerten abhängt.

Die heute von Direktanbietern angewendeten Verfahren wirken ziemlich grob, verglichen mit den Möglichkeiten, die sich durch die Methoden der Internet-Technologien ergeben werden. Die Anbieter werden wiederkehrende Besucher ihrer Online-Geschäfte identifizieren und ihnen individuell auf sie zugeschnittene Informationen und spezielle Dienste anbieten. Wenn ein Unternehmen durch seine Webseite erfährt, welchen Preis ein Kunde für ein Produkt oder eine Dienstleistung gezahlt oder auch nicht gezahlt hat, kann der Anbieter den Preis reduzieren, um den Konsumenten zum Kauf anzuspornen.

Viele Webseiten fragen ihre Benutzer nach Registrierungsinformationen wie Namen, Adresse, Bankverbindung usw. Während es diese Daten den Verkäufern ermöglichen, bessere Dienstleistungen anzubieten und ein zielgerichtetes Marketing durchzuführen, sollten die Verbraucher in der Lage sein, im Voraus dem Gebrauch ihrer persönlichen Daten zuzustimmen und zu entscheiden, ob diese an Dritte weitergegeben werden dürfen. Heute läuft der E-Commerce unter einer Art Ehrenkodex, bei dem die Anbieter die Benutzer nach der Genehmigung für die Verwendung der erhaltenen Informationen fragen. Microsoft arbeitet derzeit an einer Technologie, mit deren Hilfe die Konsumenten die Art der Daten im Voraus festlegen können, die ihr Personal Computer anderen Systemen über ein Netzwerk zugänglich machen darf. Die Software wird die Kontrolle darüber dem Benutzer überlassen (wo sie auch hingehört), während sie gleichzeitig dafür sorgt, dass die Daten nicht immer wieder neu eingegeben werden müssen.

Der Einkauf über das Internet wird die Anzahl der per Postdienst gelieferten Waren steigern. Gleichzeitig wird die Anzahl der Briefe, Postwurfsendungen und Rechnungen sinken. Bei billigen Gütern mögen die Lieferkosten die Ersparnisse durch den Online-Einkauf aufzehren. Die Post und private Kurierdienste erhalten die große Chance, ihre Dienste der sich verändernden Nachfrage anzupassen.

Bei den meisten Produkten werden die Verbraucher den größten Vorteil haben. Bei einigen speziellen Waren und Dienstleistungen hingegen werden die Anbieter mehr potenzielle Kunden finden und höhere Preise durchsetzen können. Je mehr die Konsumenten den Web Lifestyle übernehmen, desto mehr wird sich die Wirtschaft in allen Bereichen des Handels in Richtung des von Adam Smith proklamierten vollkommenen Marktes bewegen.

Zusätzliche Werte

Da die Kunden auf diese Weise direkt mit den Herstellern und den Anbietern von Dienstleistungen Geschäfte machen können, wird die bloße Vermittlung von Waren oder Informationen an Bedeutung verlieren. Verschiedene Kommentatoren haben »den Tod des Zwischenhändlers« vorhergesagt. Sicherlich wird der Wert desjenigen Vermittlers, der sich auf seine ursprüngliche Aufgabe beschränkt, schnell auf Null sinken. Reisebüros, die einfach nur Flüge buchen, werden schnell verschwinden. Diese Art des Massengeschäftes von niedrigem Wert ist perfekt geeignet für eine auf Selbstbedienung basierende Reservierungsseite im Internet. Zukünftig müssen Reisebüros mehr tun, als Tickets zu verkaufen. Sie müssen ein totales Reiseerlebnis schaffen. Eine Reiseagentur, die für individuelle Touren nach Italien oder in das kalifornische Weinanbaugebiet sorgt, wird auch morgen noch sehr gefragt sein.

Wenn Sie ein Zwischenhändler sind, kann Sie das Internet mit seinen niedrigen Preisen und schnelleren Dienstleistungen aus Ihrem angestammten Geschäft herausdrängen, da es die Transaktion zwischen Anbietern und Konsumenten übernimmt. Sie sollten Ihrerseits das Internet nutzen, um wieder handlungsfähig zu werden und Ihre Aufgabe neu definieren. Dasselbe tat Egghead.com Inc. (die ehemalige Firma Egghead), eine große Einzelhandelskette für Software-Produkte, nachdem sie jahrelang ums Überleben gekämpft hatte. Egghead schloss 1998 landesweit alle Filialen und verkauft seitdem nur noch über das Internet. Das Ausschalten der Kosten für »Ziegel und Mörtel« ist aber nur eine Taktik und keine Strategie. Egghead bietet jetzt eine Reihe neuer Online-Programme, die Nutzen aus dem Internet ziehen, wie beispielsweise elektronische Auktionen für etwa 50 verschiedene Kategorien von Hardware und Software und für grundüberholte Computer. Auf ihrer Webseite finden sich spezielle Ausverkaufsspreise der erhältlichen Systeme. Jede Woche wird per E-Mail eine so genannte »heiße Liste« mit exklusiven Angeboten verschickt, die nur E-Mail-Abonnenten erhalten. Noch ist nicht sicher, ob Egghead mit diesen Maßnahmen Erfolg haben wird, aber das Prinzip hat man dort sicherlich verstanden.

Jedes Einzelhandelsgeschäft muss in irgendeiner Form das Internet bei seinen geschäftlichen Überlegungen berücksichtigen. Der Erfolg der Amazon.com Inc. Bookstores, die nur im Internet existieren, zwang Barnes & Noble Inc., sein erfolgreiches Geschäft von Buchläden mit einer starken Präsenz im Cyberspace zu verbinden und sich mit der Bertelsmann AG in einem Online-Joint-venture zusammenzutun.

Die Dienstleistungsunternehmen im Internet müssen entweder ein Massengeschäft mit niedrigen Preisen betreiben oder hochwertige, kundenorientierte Dienste anbieten. Für das Massengeschäft mit niedrigen Preisen sollte die Internet-Technologie genutzt werden, um einen Selbstbedienungsansatz zu schaffen. Den Kunden werden alle notwendigen Informationen zur Verfügung gestellt und der gesamte Handel wird auf der Internet-Seite abgewickelt. Da nur einige wenige Unternehmen in jedem Markt die größten Anbieter sind, müssen die meisten Betriebe nicht nur nach Wegen suchen, um das Internet zur Reduzierung der Kosten zu nutzen, sondern auch um neue Dienstleistungen zu liefern.

Die Firma E* Trade Securities Inc. leistete im Jahre 1992 Pionierarbeit bei der kostengünstigen, im Wesentlichen auf Selbstbedienung beruhenden Nutzung des Internets im Bereich der Finanzdienstleistungen. Die Forrester Group schätzte für Ende 1997 die Anzahl der Kunden für Online-Broker auf etwa drei Millionen Interessenten und meinte, dass die Zahl innerhalb von fünf Jahren bei mehr als vierzehn Millionen liegen könnte. Im Jahre 1998 ermöglichen mindestens 70 Maklerfirmen den Online-Aktienhandel auf der Basis der Selbstbedienung und ihre Zahl steigt weiter an. Das Online-Geschäft macht bereits mehr als 20 Prozent aller Handelstransaktionen aus. Einige Online-Broker richten sich an erfahrene Anleger und bieten keine Recherche-Informationen mehr an, verlangen dafür aber nur geringe Gebühren. Aber die meisten liefern vielfältige, detaillierte Informationen und wollen sich auf diese Weise von den anderen unterscheiden. In dem Fall ist die einzelne Transaktion natürlich etwas teurer als bei den Discount-Brokern.

Diese neuen Online-Finanzdienste sorgen für eine interessante Herausforderung der traditionellen Brokerfirmen, die daran gewöhnt waren, ihre Dienstleistungen persönlich oder telefonisch zu liefern. Die meisten Daten der Anlageberatungsfirmen sind für ihre Kunden jetzt kostenlos im Internet erhältlich. Diese Firmen sehen sich mit einer grundlegenden Strategieentscheidung konfrontiert: Nutzen wir die Technologie, um dasselbe Spiel wie die »elektronischen Händler« zu spielen? Und, wenn wir es tun, wie unterscheiden wir uns von ihnen? Oder verwenden wir die Technologie, um unsere traditionellen Stärken auszuspielen – sehr gut ausgebildete Mitarbeiter, die gewöhnt sind, langfristige Kundenbeziehungen zu pflegen? Wenn Sie selbst die letztere Strategie übernehmen wollen, wie können Sie dann die Technologie nutzen, um effizienter zu sein, und wie können Sie die Beliebtheit des Internets für sich nutzen?

Grundlegende Entscheidungen

Merrill Lynch & Company sind seit langem einer der Marktführer bei den traditionellen Finanzdienstleistern und sie begannen im Jahre 1997 eine intensive Neueinschätzung ihrer Geschäftspolitik, indem sie sich genau diese Fragen stellten. Merrill Lynch hat seine Kundeninvestitionen seit mehr als einem Jahrhundert durch das Sammeln gewaltiger Mengen von Finanzdaten, ihrer Analyse und der Schaffung von langfristigen Finanzplänen verwaltet. 1997 managte das Unternehmen mehr als eine Billion Dollar Kundenvermögenswerte. Aber die zunehmende Konkurrenz von kostengünstigeren Händlern und der in den Jahren 1992–1997 einsetzende Handel über das Internet ließ die führenden

Manager erkennen, dass ihr gegenwärtiger Ansatz nicht ausreichend war. Howard Sorgen, der Vizepräsident und das zuständige Vorstandsmitglied für das Privatkundengeschäft, formulierte es so: »Unsere Kunden veränderten sich. Die Art, wie die Menschen an Informationen gelangten und Entscheidungen trafen, veränderte sich. Es wäre töricht gewesen, zu glauben, dass wir uns nicht auch verändern mussten«.

Der Führung von Merrill Lynch lag besonders am Herzen, die Effizienz seiner wertvollsten Vermögenswerte zu verbessern: der Anlageberater. Die Finanzberater von Merrill Lynch investierten einen großen Teil ihrer Zeit mit dem Aufspüren von Informationen – Aktienkurse, Recherche-Ergebnisse, Kunden-Kontodaten, Merril Lynch-Produktinformationen, Zinssätzen und anderen weit verstreuten Daten –, und nur einen Bruchteil ihrer Zeit konnten sie ihrer eigentlichen Aufgabe als finanzielle Berater nachkommen. Die auf Großrechner basierenden Informationssysteme des Unternehmens waren teuer und kompliziert zu verwenden. Die Kundendatenbank, die Produktinformationen, die Preisgestaltung, die Forschungsberichte – verschiedenste Kategorien von Daten – waren auf unterschiedlichen, nicht kompatiblen Systemen abgelegt. Anlageberater hatten mehrere Terminals auf ihren Schreibtischen, jedes davon erforderte die Beherrschung von einem Dutzend unterschiedlicher Anwendungen, alle mit anderen, esoterisch anmutenden Tastenbefehlen.

Den Zugang zu den Informationen für seine Anlageberater zu vereinfachen, war für Merill Lynch von entscheidender Bedeutung für das Erreichen ihres wichtigsten Geschäftszieles: dabei zu helfen, den Reichtum ihrer Kunden zu vermehren. Merrill Lynchs Wettbewerbsvorteil lag bis dahin in der profunden Kenntnis der Finanzmärkte und den Fähigkeiten, diese im Sinne der Klienten auf den Märkten zu nutzen. Nach Ansicht ihrer Geschäftsführung liegt der Vorteil zukünftig auch darin, das gleiche Wissen mit den Möglichkeiten der neuen Technologien zu verknüpfen.

Die Leitung von Merrill Lynch entschied, ihre Informationssysteme um den für ihre Finanzberater nötigen Informationsfluss herum neu zu gestalten. Das neue System musste »beraterkonzentriert« sein, reichhaltige Informationen liefern und analytische Werkzeuge bereitstellen, um den Anlageberatern zu helfen, Finanzpläne für ihre Kunden zu entwickeln, durchzuführen und zu überwachen. Diese auf jedem Schreibtisch verfügbare Lösung musste robust sein und Audio- und Videofähigkeiten beinhalten, sodass die Finanzberater aktuelle Nachrichten aus aller Welt sowie Schulungsmaterialien per Video sehen konnten. Außerdem sollte es sie befähigen, enger miteinander zu arbeiten. Merrill Lynch wollte aber auch keine maßgeschneiderten Lösungen entwickeln, sondern, um Geld- und Entwicklungszeiten zu sparen, wo immer möglich, fertige Produkte verwenden.

Als die Manager von Merrill Lynch sich an ihren Aufsichtsrat wandten, wollten sie sich für die neue Technologie rund eine Milliarde Dollar genehmigen lassen, um die Führungsposition des Unternehmens weiterhin zu behaupten. Eine Milliarde Dollar sind eine Menge Geld, auch wenn man sie in die Zukunft investiert. Die Diskussion des Aufsichtsrates konzentrierte sich jedoch nicht auf die Kosten oder auf den dadurch möglichen Gewinn. Es ging um das Überleben und das Gedeihen des Unternehmens. Es ging darum, Merrill Lynch von seinen traditionellen Konkurrenten zu unterscheiden und auf die Herausforderung durch eine neue Form der Konkurrenz zu antworten. Der Aufsichtsrat stimmte darin überein, dass der beste Weg, sich mit all diesen Mitbewerbern zu messen, darin liegen würde, den Experten des Unternehmens hervorragende Instrumente an die Hand zu geben.

Das Management erhielt die Zustimmung für ein auf fünf Jahre angelegtes Projekt mit einem Gesamtvolumen von 825 Millionen Dollar. Die einzige Mahnung des Aufsichtsrates lautete, nicht ein achtjähriges, zwei Milliarden Dollar teures Projekt daraus zu machen. Aber dies geschah auch nicht: Das Trusted Global Advisor Project (TGA) wurde im Oktober 1998 mit Gesamtkosten von etwa 850 Millionen Dollar beendet. Unter der Maxime, sich auf die Erfordernisse ihrer Finanzberater zu konzentrieren, beschäftigte sich die Informatikabteilung des Unternehmens ein Jahr lang mit der Auswertung und entwickelte ein auf Personal Computern basierendes digitales Nervensystem als Grundlage für die weitere weltweite Entwicklung des Unternehmens.

Das System von Merrill Lynch umfasst eine neue Infrastruktur für die Telekommunikation, verbesserte PC-Hardware und Software sowie elektronische Eingabesysteme für Marktinformationen. Merrill Lynch hat insgesamt 250 Millionen Dollar für Softwareentwicklungen investiert. Ein Großteil der übrigen Kosten – beispielsweise für das Telekommunikationssystem und für die Eingabesysteme für Aktienquoten und Nachrichten – wäre in jedem Fall erforderlich gewesen, unabhängig davon, welche Software Merrill Lynch verwendete. Verglichen mit den Kosten für die Aufrechterhaltung der bereits vorhandenen Infrastruktur und Anwendungen des Unternehmens macht der tatsächliche Unterschied etwa 250 Millionen Dollar über einen Zeitraum von vier Jahren aus. Für etwas mehr als 60 Millionen Dollar im Jahr und schätzungsweise 3500 Dollar pro Finanzberater verbesserte Merrill Lynch das Informationssystem für die insgesamt 14 700 Anlageberater mit 700 Büros in den Vereinigten Staaten und für weitere 2000 Berater weltweit.

Vizepräsident Sorgen zeigte mir aus erster Hand die Lösung von Merrill Lynch, die jeden Aspekt der Informationstechnologie umfasste. Das gesamte System war darauf ausgelegt, jedem Benutzer die notwendigen Daten schnell und auf intelligente Weise zur Verfügung zu stellen.

Die zuständige Abteilung erkannte, dass es Jahre dauern würde, um neue Anwendungen auf alten Systemen zu programmieren und in alle Geschäftsbereiche des Unternehmens zu integrieren. Aus diesem Grund schufen sie eine universale PC-Benutzeroberfläche, eine gemeinsame Schnittstelle für die TGA-Plattform, die alle Systeme von Merrill Lynch – alte, neue und zukünftige – miteinander verbindet. Diese »Superbrowser«-Benutzeroberfläche erlaubt es den Mitarbeitern von Merrill Lynch, mit jeder beliebigen Anzahl von lokalen Client-Servern und Webbrowsern zusammenzuarbeiten.

Ohne Rücksicht auf ihre Herkunft werden ähnliche Daten logisch auf Informationsseiten organisiert. Die Seiten sind strukturiert in Absätze, Kapitel und Bücher. Jeder versteht die dahinter stehende Buchmetapher. Dieser Ansatz einer »Loseblattsammlung« liefert die nötige Flexibilität beim Organisieren der Information. In der oberen rechten Ecke des TGA-Bildschirms befindet sich ein »Informationszentrum«, das von den Anwendern laufend angepasst werden kann. Hier erhalten die Anlageberater in Echtzeit die Informationen, die sie zur Betreuung ihrer Kunden benötigen. So können auf diese Weise Dutzende von Aktienkursen überwacht werden. Zudem werden Daten über wichtige Unternehmen angeboten, es können Sendungen wie *CNN Live* abgerufen und selbstverständlich auch E-Mails verwaltet werden. Alle Dateien sind individuell anpassbar. Ein Anlageberater kann beispielsweise auf einen Ordner mit Aktien klicken und eine Reihe von Börsenplätzen wie NASDAQ, New York, Tokio usw. zur Beobachtung auswählen. Auch die Eingabe neuer Auswahlkriterien ist möglich. Wesentlich für die tägliche Arbeit ist es, dass alle Daten ohne jede Verzögerung in Echtzeit verfügbar sind, sodass jedes relevante Ereignis auf einem der Börsenplätze unmittelbar zugänglich ist.

Die TGA-Benutzeroberfläche ermöglicht ein rasches Abschätzen, ob die Performance eines Portfolios die finanziellen Ziele eines Kunden erfüllt. Bisher war es ziemlich zeitaufwendig, dessen Entwicklung zu verfolgen. Ein Anlageberater konnte zwar erkennen, dass das Portfolio des Kunden im Hintertreffen war, aber er musste dann manuell eine Reihe von »Was-wäre-wenn«-Szenarien durchspielen, um herauszufinden, welche Veränderungen es vorzunehmen galt, um den Klienten wieder in die Gewinnzone zu bringen. Dies für etwa 300 Kunden, von denen einige noch mehrere Konten hatten, zu bewerkstelligen, war ziemlich mühsam und zeitraubend. TGA erlaubt dagegen automatisch mehrere Ansichten der verfügbaren Daten. Ein Anlageberater kann mit einem Blick sagen, ob ein Portfolio den Zielvorgaben entspricht und er kann Variablen einsetzen, wie Gewinnsteigerungen, Reduzierung der Zielvorgabe usw., um grafisch dargestellt zu sehen, wie die verschiedenen Wahlmöglichkeiten den Finanzplan des Kunden beeinflussen. Bald werden die Klienten selbst in der Lage sein, diese »Was-wäre-wenn«-Szenarien auf ihrem eigenen Personal Computer laufen zu lassen.

Um die nötigen administrativen Aufgaben – wie das Ausfüllen von Kostenberichten, Telefonate mit den Kunden, das Versenden von E-Mails – zu erledigen, klicken die Finanzberater auf Schaltflächen, mit denen die entsprechenden Anwendungen wie Textverarbeitung, Tabellenkalkulation oder ein Kommunikationsmodul aufgerufen werden. Auf welche Weise dies im einzelnen funktioniert, muss der Anlageberater nicht wissen.

Die TGA-Oberfläche verfügt über eine integrierte Benutzerschnittstelle für alle üblichen Szenarien. Ein Anlageberater, der die News-Seite aufgerufen hat, um in Echtzeit aktuelle Berichte von den Nachrichtenagenturen zu studieren, kann das Aktiensymbol eines Unternehmens (so zum Beispiel MER für Merrill Lynch) aus dem live ablaufenden Aktienticker im »Informationszentrum« aufnehmen und auf der Nachrichtenseite ablegen, die dann sofort die Informationen anzeigt, die in Zusammenhang mit diesem Unternehmen stehen. Wenn ein Anwender beispielsweise als Filter »Asien« einstellt, bringt die Nachrichtenseite nur die Neuigkeiten über dieses Unternehmen, die einen Bezug zu Asien haben. Ein Klick auf die Option »Aktienentwicklung« führt zu Microsoft Investor, das einen Überblick über die Aktienperformance des Unternehmens liefert. Wenn die Marktdaten eines Unternehmens nicht mehr zur Verfügung stehen, wird dies vom TGA registriert und das System setzt in das Feld der Aktienquoten ein Fragezeichen neben der letzten bekannten Zahl.

Wie man zehn Büros in der Woche leistungsfähiger machen kann

In einem Probelauf, der etwas mehr als ein Jahr dauerte, brachte Merrill Lynch jede Woche zehn seiner Büros auf einen verbesserten Stand. Zwei Wochen vor der Umstellung traf ein Team für die obligatorische Schulung auf das neue technische Verfahren ein. Die Trainer lehrten die Mitarbeiter die Grundfunktionen und die Anwendung des weit reichenden Online-Hilfesystems, das Online-Stichwortkarten und Multimedia-Demonstrationen enthält. Am Sonntag vor dem Start des neuen Systems führten die Trainer eine dreistündige Überprüfung durch. Nach der Inbetriebnahme des Systems blieben sie noch für eine Woche da, um sicherzustellen, dass jeder mit der neuen Technik zurechtkam.

Am Freitagnachmittag vor der Umstellung kam ein Installationsteam. Am Wochenende entfernte dieses Team die ganze alte Infrastruktur: viele Terminals, ältere Personal Computer, die Verkabelung, sogar unzulängliche elektrische Sicherungskästen. Sie installierten Hochgeschwindigkeitsverbindungen für das Internet und auf dem Pentium Pro basierende Workstations für jeden Angestellten und zwei Multiprozessor-Server – einer für die Aktienquoten, andere Informationsdaten, die Dateiverwaltung und den Ausdruck der Daten, der andere für die E-Mail-Kommunikation.

Am Montagmorgen nahm das Büro seinen Betrieb auf. Die Anpassungsrate war viel höher, als Merrill Lynch erwartet hatte. Die PC-Erfahrung vieler Mitarbeiter, der einfache Zugang zum System und die Sorgfalt der Schulung waren die ausschlaggebenden Gründe für diesen Erfolg.

Das System verfolgt, was ein Anlageberater tut, und beachtet spezielle Interessen. Wie ein gut geschulter Assistent führt es häufig wiederholte Aktivitäten aus, ohne gefragt zu werden. Zum Beispiel kann ein Finanzberater das System anweisen, automatisch relevante Nachrichten über ein bestimmtes Unternehmen zu zeigen, die 30-tägige und die Fünfjahres-Performance einer Aktie grafisch darzustellen, ähnliche Diagramme für die drei wichtigsten Konkurrenten des Unternehmens anzuzeigen, die Gewinn- und Verlustrechnung der Firma zu zeigen, Merrill Lynchs Prognosen über eine Firma erscheinen zu lassen und anderes mehr. Jedesmal wenn der Anlageberater auf diese bestimmte Aktie klickt, erscheinen alle diese Informationen innerhalb von etwa zwei Sekunden. Bei dem Bemühen, die besten Methoden zu dokumentieren und zu reproduzieren, überwacht Merrill Lynch sorgfältig, wie seine erfahrensten Berater das System benutzen. So sollen elektronische Modelle über ihre Arbeitsgewohnheiten geschaffen werden, wodurch das TGA-System für jeden Mitarbeiter weiter verbessert werden kann.

Die Führungskräfte von Merill Lynch haben natürlich dieselben Informationen wie ihre Mitarbeiter. Sie benutzen aber eine Version von TGA, die es ihnen zusätzlich ermöglicht, Zahlen über die Unternehmensperformance und andere operative Daten zu überwachen. Jeder Berater bei Merill Lynch, ob Zweigstellenleiter, Assistent, Versicherungsvertreter oder der Mitarbeiter im eigenen Home-Office, verfügt über eine auf ihn zugeschnittene »Loseblattsammlung«. So haben zum Beispiel die Versicherungsvertreter Zugang zu Garantietabellen und Versicherungsbestimmungen, während die Mitarbeiter in der Verwaltung auf Reiseinformationen und Reservierungssysteme zugreifen können. Für jeden einzelnen hat es so den Anschein, als sei das System gerade auf ihn abgestimmt.

Ein Paradigmenwechsel

Die neue Technologie hat einen Paradigmenwechsel für Anlageberater bewirkt. Erfolg schließt jetzt mehr ein, als die allmähliche Ansammlung von Wissen oder die Kenntnis darüber, wo man verborgene Informationen suchen muss. Ein Mitarbeiter mit zwanzigjähriger Berufserfahrung meinte, dass neben der Reduzierung des Recherche-Aufwandes von Stunden auf Minuten, die Fähigkeit des TGA-Systems, grafisch eine Anzahl von Maßstäben (Unternehmensperformance, Gewinn- und Verlustrechnungen usw.) auszuwerten, einen erfahrenen Anlageberater in die Lage versetzt, die bestehenden Märkte optimal einzuschätzen und neu auftauchende Gelegenheiten rechtzeitig zu erkennen.

Die Finanzberater haben mehr Zeit, um die Beziehungen zu ihren Klienten zu intensivieren. Früher mussten sie sich dabei auf handgeschriebene Notizen oder andere Dokumente in Papierform verlassen. Wenn einer der etwa 300 Kunden anrief, ging die Sucherei los: Wo waren die Informationen? Im eigenen Aktenkoffer? Oder hatte der Assistent sie irgendwo auf seinem Schreibtisch liegen? Heute sind Aufzeichnungen aller Kundenkontakte in einer elektronischen Datei abgespeichert und jederzeit zugänglich. Informationen über den privaten Bereich, zum Beispiel die Tatsache, dass der Kunde zwei Kinder auf dem College hat, verschaffen dem Anlageberater die Gelegenheit, seinen Anruf persönlich zu gestalten und dabei gleichzeitig alle relevanten Daten mitzuteilen.

Merrill Lynch hat viel Zeit damit verbracht, die Auswirkungen der gemeinsamen Nutzung einer Version des Systems mit seinen Klienten zu untersuchen. Es gab lange und tiefschürfende Diskussionen in den Reihen von Merrill Lynch darüber, wie man diese Technologie für den Kundenkontakt verwenden kann. Schließlich gelangten sie zu der Auffassung, dass eine Weitergabe von relevanten Daten an den Kunden die Beziehung zwischen ihm und dem Anlageberater nicht beeinträchtigen, sondern bereichern würde. Merrill Lynch führte daraufhin ausführliche Gespräche mit den Klienten und verschaffte sich einen genauen Überblick über die Wettbewerbssituation. Zu diesem Zeitpunkt entdeckten die Konsumenten das Internet und der elektronische Handel entwickelte sich. Das Unternehmen beschloss, schnell zu reagieren.

Merrill Lynch schuf eine Version von TGA mit der Bezeichnung Merrill Lynch Online (MLOL), mit der die Kunden Zugang zu Berichten, Konteninformationen, Rechnungsdaten und anderen wichtigen Dokumenten hatten. Das Unternehmen hoffte im ersten Jahr auf etwa 200 000 Benutzer, ein Durchschnitt von etwa 550 pro Tag. Stattdessen ließen sich 700 bis 800 Personen täglich registrieren und schon nach sieben Monaten war die Zielvorgabe erreicht. Für Überraschung sorgte die demographische Zusammensetzung der über den Online-Dienst gewonnenen Klienten. Merrill Lynch hatte vermutet, dass die jüngeren Kunden mit Internet-Erfahrung zuerst anbeißen würden, aber es waren hauptsächlich ältere, wohlhabendere Personen, die sich anmeldeten.

Der Erfolg des Pilotprojekts Merrill Lynch Online ermutigte das Unternehmen, die für die Kunden zugänglichen Dokumente und Funktionen zu erweitern. Heute können Kunden E-Mails an ihre Anlageberater schicken, erhalten Aktienkurse und tägliche Notierungen der Investmentgesellschaften (mit nur geringer zeitlicher Verzögerung), betrachten Marktberichte, bezahlen ihre Rechnungen und verschieben ihre Vermögenswerte. Merrill Lynch hat vor Kurzem die Möglichkeit geschaffen, Aufträge direkt einzugeben.

Nach gründlichem Nachdenken erkannte Merrill Lynch, dass das Internet keine Bedrohung war, sondern vielmehr neue Möglichkeiten bot. Das Internet liefert seinen Kunden mehr Daten, aber Informationen alleine reichen natürlich nicht aus. Ein Finanzdienstleistungsunternehmen sollte seine Kunden dazu bringen, das Internet für die Informationsrecherche und Kommunikation zu verwenden, damit seine Anlageberater mehr Zeit auf die persönliche Beratung verwenden können. Heute kann ein Berater einen Kunden anrufen und ihn fragen: »Haben Sie diesen Marktbericht bei Merrill Lynch Online gesehen? Haben Sie ihn gelesen? Gut. Nun, lassen Sie uns mal über die Auswirkungen auf Ihr Portfolio reden«.

Informierte Kunden stellen bessere Fragen. Die Gespräche sind tiefgründiger und kommen schneller zum springenden Punkt. Weil sie informierter sind und mehr Kontrolle haben, fühlen sich die Kunden bei ihren Entscheidungen sicherer. Jemand, der über gründliche Informationen verfügt, wird wahrscheinlich eher auf den Rat eines Anlageberaters hören, dessen Stärke darin liegt, diese Informationen tiefer zu durchdringen und auszuwerten. Dieser intensivere Dialog ermöglicht es dem Berater, Rückmeldungen seines Klienten frühzeitig zu erhalten und so rechtzeitig zu wissen, welche Verbesserungen oder neuen Dienstleistungen er wünscht. Das Unternehmen braucht keine Mutmaßungen über die Kundenbedürfnisse anzustellen. Letzlich rechnet Merrill Lynch damit, eine völlige Synchronisierung zwischen dem Anlageberater und dem Kunden zu bieten – wenn sich beide das gleiche zur selben Zeit auf unterschiedlichen Bildschirmen ansehen. Dann beginnt, wie es die Mitarbeiter von Merrill Lynch nennen, »die wahre Magie«.

Veränderte Beziehungen zwischen Kunden und Unternehmen

Die Investitionen von Merrill Lynch in die neue Informationstechnologie zeigen den Wert, den sie ihren Fachleuten zumessen. Während das System gestartet wurde, erfuhr der Markt gerade eine starke Aufwärtsphase. Dieser folgte eine Periode des Rückgangs, die durch die finanzielle Krise in Asien verursacht wurde. Es ist deshalb schwierig, die finanziellen Auswirkungen des neuen Systems direkt zu messen. Merrill Lynch kann jedoch auf die mehr als eine Milliarde Dollar zusätzlichen Vermögenswerte verweisen, die Kunden von Merrill Lynch Online über das Unternehmen investiert haben. Diese Gelder wären ohne die neue Leistungsfähigkeit ihres Systems wohl nicht zu Merrill Lynch gelangt.

Es gibt allerdings eine heftige Debatte zwischen den Online-Brokern und den Full-Service-Brokern, die sich in anderen Geschäftsbereichen wiederholen wird. Die reinen Online-Unternehmen glauben, dass niedrige Transaktionskosten zwingende Voraussetzung für ihre Geschäfte sind. Die Full-Service-Anbieter sind hingegen der Ansicht, dass der Rat eines Experten für die Kunden unerlässlich ist. Für den Verbraucher ist dabei nur eines wichtig, nämlich zu wissen, ob sie für die Transaktionen oder für den Rat bezahlen und dabei sicher sein können, dass sie auch das bekommen, wofür sie bezahlt haben.

Es gibt keinen Zweifel daran, dass das Internet die Kundenerwartungen steigert. Die großen Online-Broker haben entdeckt, dass das kostengünstige Selbstbedienungsmodell einen harten Wettbewerb für diejenigen schafft, die zu den führenden Finanzdienstleistern gehören wollen. Da sie die Notwendigkeit erkannt haben, verschiedene Dienstleistungen anzubieten, experimentieren sogar Unternehmen im kostengünstigen Online-Markt mit unterschiedlichen Kombinationen von Serviceleistungen und Preisen, um herauszufinden, für welche dieser Kombinationen die Kunden zu zahlen bereit sind. Jedes Unternehmen muss sich diesen neuen Gegebenheiten anpassen, um die Aufmerksamkeit des Kunden auf dem überfüllten Marktplatz des Informationszeitalters zu erregen.

Schlüsselinformationen

▲ Das Internet wird die Entwicklung zur »reibungslosen Marktwirtschaft« unterstützen, indem es Käufer und Verkäufer in direkten Kontakt zueinander bringt und beiden mehr Information über den anderen liefert.

▲ Da das Internet die Kosten von Transaktionen reduziert, werden die Zwischenhändler verschwinden, wenn sie nicht zusätzliche Leistungen anbieten.

▲ Nur einige wenige Unternehmen werden damit Erfolg haben, ausschließlich den niedrigsten Preis anzubieten. Vielmehr ist eine Strategie notwendig, die zusätzliche Dienstleistungen für den Verbraucher beinhaltet.

▲ Wenn Sie diesen zusätzlichen Service anbieten wollen, sorgen Sie dafür, dass Ihre Fachleute über die notwendigen digitalen Informationswerkzeuge verfügen, die sie mit den Kunden verbinden. Auf diese Weise können die Beziehungen zu Ihren Kunden verbessert werden.

Prüfen Sie Ihr digitales Nervensystem

▲ Ermöglicht es die Informationstechnologie in Ihrem Unternehmen, dass die Experten den größten Teil der Zeit mit der Analyse von Informationen verbringen, statt damit, sie zu sammeln?

▲ Verwenden Sie PC-Server, um Anwendungen aus verschiedenen Quellen, insbesondere aus älteren, unflexiblen Systemen, zu integrieren?

▲ Verfügen Sie über eine einzige Infrastruktur, die sowohl die Anwendungen Ihrer Mitarbeiter als auch die Ihrer Kunden unterstützt?

▲ 6
Intensivieren Sie Ihre Kundenkontakte

Was ich für meine Investitionen im E-Commerce erhalte? Seid ihr verrückt? Denkt an Kolumbus. Fragte er nach der Rendite?

Andrew S. Grove,
GRÜNDER VON INTEL

Seit der elektronische Handel boomt, sind es nicht nur Zwischenhändler, die kreative Wege finden müssen, um mit Hilfe des Internets ihre Beziehungen zu den Kunden zu verbessern. Jene Verkäufer, die den E-Commerce nicht nur als digitale Registrierkasse betrachten, werden den größten Erfolg haben. Verkäufe zu tätigen ist natürlich das eigentliche Ziel, gleichzeitig ist dies aber nur ein Teil der neuen Kundenerfahrung online. Einige Unternehmen werden das Internet zur Interaktion mit ihren Kunden auf eine Weise nutzen, die nie zuvor möglich gewesen ist. Für sie sind die Verkäufe lediglich eine Folge von umfassenden Kundendienstleistungen, die durch das Internet möglich geworden sind.

Es ist wichtig, dass die Kunden von den elektronischen Interaktionen so begeistert sind, dass sie ihren Freunden davon erzählen. Mundpropaganda ist das mächtigste Mittel, mit dem sich jedes Produkt oder Unternehmen ein eigenes Image schafft, und das Internet ist als Medium besonders geeignet dafür. Wenn einem Kunden das Produkt oder die Art, wie ihn der Verkäufer behandelt hat, nicht gefällt, wird er wahrscheinlich seine Freunde per E-Mail darüber informieren oder eine Nachricht auf einem häufig abgerufenen Bulletin Board hinterlassen. Eine Internetseite mit dem Namen Autoweb.com erkundigt sich per E-Mail bei Kunden über den Service ihres Autohändlers und löscht Händler aus ihren Listen, wenn diese es versäumen, ihren Kundendienst aufgrund vorliegender Beschwerden zu verbessern.

Heute besteht die Hauptkonkurrenz der Online-Geschäfte in »physischen Geschäften«. Diese liegen hinsichtlich der Verkaufszahlen noch weit vor den Online-Geschäften. 1998 betrugen die gesamten Online-Verkäufe nicht viel mehr als einen Rundungsfehler beim allgemeinen Geschäftsvolumen der Welt: nur 0,5 Prozent der Gesamtverkäufe der sieben Länder mit der größten Wirtschaftskraft. Aber dieser Prozentsatz wird im nächsten Jahrzehnt extrem zunehmen. Wenn sich der E-Commerce durchgesetzt hat, werden dessen wirkliche Konkurrenz nicht mehr »physische Geschäfte« sein, sondern die Mitanbieter, die ebenfalls im Online-Geschäft tätig sind.

Zu den rasch anwachsenden Branchen für den Online-Handel gehören vor allem das Finanz- und Versicherungswesen, die Reisebranche, das Auktionsgeschäft und das Computer-Business. Die Internet-Kunden von heute sind technisch versiert. Unternehmen wie Cisco Systems Inc., Dell Computer und Microsoft erzielen mit ihnen jedes Jahr Milliarden von Dollar über das Internet. Die Kunden von morgen werden Durchschnittsbürger sein. Chrysler Corporation erwartet, dass ihr Online-Verkaufsvolumen von derzeit 1,5 Prozent in den nächsten vier Jahren auf 25 Prozent steigen wird. Selbst die konservativsten Schätzungen projizieren eine allgemeine jährliche Wachstumsrate von etwa 45 Prozent für Online-Verkäufe. Die höchsten Voraussagen liegen bei mehr als 1,6 Billionen Dollar im Jahre 2000. Ich denke, dass selbst diese Zahl noch zu niedrig angesetzt ist.

In einer Online-Version des Kataloges von Eddi Bauer ermöglicht die Hochzeitsabteilung den Kunden, ihren Namen, ihre Größe und eine Wunschliste von Produkten anzugeben. Freunde und Familienangehörige können dort nachschlagen und die gewünschten Geschenke kaufen. So gibt es keine falschen Größen oder hässliche Krawatten mehr. Geffen Records Inc. wirbt auf seiner Webseite sowohl für die eigenen Künstler als auch für Interpreten von anderen Plattenfirmen. Die Internet-Seite bietet auch T-Shirts, andere Fanartikel und Videos an. Um eine enge Gemeinschaft von Fans aufzubauen, bietet die Webseite Diskussionsgruppen und einen 24-stündigen E-Mail-Antwortservice an.

Dell und Marriott International Inc. engagierten sich schon früh im E-Commerce, da sie davon überzeugt waren, dass die Teilnahme am E-Commerce automatisch zu entsprechenden Umsätzen führen würde. »Wenn wir es anfangen, werden die Kunden auch kommen«, sagten sie.

Ihre Absicht war es, den durch das Internet möglichen Informationsfluss zu nutzen, um direkt mit ihren Kunden in Kontakt zu treten und damit den Service auf ein höheres Niveau zu heben, was dann wiederum zu weiteren Umsätzen führen würde.

Das frühe Engagement im Internet

Dell gehört zu den ersten größeren Unternehmen, die sich dem E-Commerce zuwandten. Als weltweit tätiger Computerhersteller mit mehr als 17 Milliarden Dollar Umsatz, begann Dell Mitte 1996 seine Produkte auch online zu verkaufen. Ihr Online-Geschäft wuchs schnell von einer Million Dollar in der Woche auf eine Million Dollar am Tag. Bald sprang es auf drei, dann auf fünf Millionen Dollar. Es nimmt immer noch zu. Computerkäufer mögen offensichtlich die leicht zu bedienende Einkaufsumgebung des World Wide Web. Inzwischen hat Dell mehr als 1,5 Millionen Besucher in einer Woche auf seiner Webseite und elf Prozent des Gesamtgeschäftes wird online durchgeführt. Dell plant, vielleicht schon im Jahre 2000 diese Zahl auf 50 Prozent zu steigern.

Vermutlich hat Dell durch das Internet eine große Anzahl neuer Kundenkreise gewonnen, da die Einnahmen im World Wide Web bedeutend schneller als die Gesamteinnahmen wachsen, aber das Unternehmen verbringt nicht viel Zeit damit, darüber nachzudenken. Stattdessen spricht man dort von »Einnahmen, die durch das Web möglich wurden«, wozu auch diejenigen gerechnet werden, die durch das Internet nur unterstützt werden. Das World Wide Web rationalisiert nicht nur die Transaktionen, sondern auch die Anzahl der Telefonanrufe mit der Bitte um technische Hilfe.

Michael Dell, der Gründer des Unternehmens, kann auf langjährige Erfahrungen im Direktverkauf und computergestützten Handel verweisen. Als er zwölf Jahre alt war, verdiente Michael netto 2000 Dollar durch den Verkauf von Briefmarken auf dem Postweg. In der High School verkaufte er Zeitungs-Abonnements und nutzte dafür einen Apple IIe, mit dem er Mailing-Listen von Frischverheirateten oder Familien, die gerade in die Stadt gezogen waren, erstellte. Er verdiente dadurch genügend Geld, um sich einen BMW zu kaufen. 1983, als Student im ersten Jahr an der Universität von Texas, kaufte er Restposten von lokalen Computerhändlern zum Selbstkostenpreis, rüstete die

Geräte auf und verkaufte sie am Telefon. Innerhalb eines Jahres verließ er die Universität, um ein Computerunternehmen aufzubauen, das auf demselben Prinzip des Direktverkaufs beruhte.

Das sich immer weiter entwickelnde Internet erweckte sofort Michael Dells Interesse. Er wusste, dass das Internet die direkte Beziehung von Dell zum Kunden erweitern könnte. Dell erkannte, dass sein Unternehmen, wollte es richtig in Schwung kommen, das Internet in seine allgemeine Geschäftsstrategie integrieren musste. Er richtete deshalb eine entsprechende Abteilung ein, die sich dem Online-Handel und dessen Unterstützung widmen sollte.

Dell begann mit diesen Aktivitäten zu einem frühen Zeitpunkt. Das Internet stand noch am Anfang der Entwicklung. Es wurde hauptsächlich von Studenten und Informatikern benutzt. Noch war nicht abzusehen, dass es schon bald zu einem Medium für alle werden würde. So entwickelte Dell seinen Internethandel zu einer Zeit, als zwar viele Unternehmen darüber redeten, aber nur einige wenige sich auch tatsächlich engagierten. Sie wussten deshalb auch nicht genau, wie Kunden das Internet verwenden wollten, und die waren sich selber nicht sicher. Dell entwickelte deshalb eine erste Webseite, die Produktinformationen lieferte, einfache Bestellungen ermöglichte und um Rückmeldungen bat. Aus diesen Kundenvorschlägen, die vorwiegend online eintrafen, lernte Dell sehr viel über mögliche Verbesserungen und die weitere Vorgehensweise.

Im Laufe der Zeit hat Dell Hunderte von Änderungen an seiner Webseite durchgeführt. Neben drei größeren Aktualisierungen betreffen sie viele Merkmalsveränderungen wie z. B. den Austausch von Menü-Optionen durch Schaltflächen, um die Optionen leichter auswählbar zu machen. Schritt für Schritt hat Dell weitere Möglichkeiten für die Kunden hinzugefügt, die jetzt den Status einer Bestellung verfolgen und Service und Support erhalten können. Alle diese Features zusammen führten zu einer erheblichen Umgestaltung der Geschäftspolitik von Dell.

Die veränderte Aufgabe des Verkaufspersonals

Michael Dell charakterisiert das Direktgeschäft heute als »verschiedene Kombinationen von Angesicht zu Angesicht, Ohr zu Ohr und Tastatur zu Tastatur. Jede hat ihre Berechtigung. Das Internet ersetzt keine Menschen. Es macht sie effizienter. Durch die Verlagerung routinemäßiger Interaktionen ins Netz sind die Kunden in der Lage, immer mehr Dinge selber zu tun. Das wiederum kommt unseren Verkäufern zugute, die sich mehr um spezielle Kundenwünsche kümmern können.«

Vorher hatten die Interessenten eine einfache und bequeme Art, mit dem Unternehmen zu interagieren: durch den Dell-Händler, der ihnen den Computer verkaufte. Und dieser Mitarbeiter von Dell war darauf geschult, eventuell auftretende Probleme zu lösen. Bei der Einführung seiner neuen Technologien musste Dell deshalb zwei Dinge sicherstellen: dass die neue Lösung genauso angenehm und bequem für die Käufer war und dass sich das Verkaufspersonal den neuen Abläufen anpasste.

»Wir hatten 13 Jahre gebraucht, eine Firmenkultur aufzubauen, die auf qualitativ hochwertigem Kundendienst basierte. Die Grundlage waren die ständigen telefonischen Kontake zwischen unseren Mitarbeitern und den Kunden. Jetzt wollten wir etwas anderes tun«, sagt Michael Dell. »Der schwierigste Teil dabei war nicht die Technologie, sondern wir mussten unser Augenmerk darauf richten, dass nicht nur unsere Verkäufer, sondern auch die Kunden ihr Verhalten änderten. Einfachheit und Bequemlichkeit hatten dabei die absolute Priorität. Wir mussten ein Internet-System aufbauen, das so komfortabel war, dass die Kunden einen größeren Nutzen erzielen konnten als über das Telefon. Das war die einzige Möglichkeit, sie von den gewohnten persönlichen Kontakten zu entwöhnen. Dafür musste eine große Hürde übersprungen werden«.

Dell senkt die Kosten für Service und Support

Das Internet reduziert die Geschäftskosten erheblich, nicht nur für Verkäufe.

Jede Woche benützen etwa 50 000 Kunden die Webseite von Dell, um ihre Bestellungen zu überprüfen. Wenn nur zehn Prozent von ihnen anrufen, statt den Online-Dienst von Dell zu verwenden, würden diese 5 000 Anrufe bei jeweils etwa drei bis fünf Dollar Dell eine Summe zwischen 15 000 und 25 000 Dollar kosten.

Jede Woche werden etwa 90 000 Software-Dateien von der Webseite von Dell heruntergeladen. Wenn Dell dieselbe Anzahl von Software-Anfragen mit dem Telefon beantworten und jede Datei mit der Post dem Kunden zusenden würde, entstünden Kosten von rund 150 000 Dollar pro Woche.

Jede Woche greifen mehr als 200 000 Kunden online auf die Fehlerbehebungstips von Dell zu. Jeder dieser Zugriffe spart Dell ein Potenzial von fünfzehn Dollar, die ein

Anruf des technischen Supports durchschnittlich kostet. Die Ersparnisse in einem Jahr belaufen sich auf mehrere Millionen Dollar.

Diese Selbstbedienungsoptionen verbessern die Effizienz von Dell, aber auch für den Kunden entsteht ein zusätzlicher Nutzen. Ein Großkunde berichtet, dass das Online-System von Dell seinem Unternehmen zwei Millionen Dollar im Jahr an eigenen Kosten für Support erspart hat.

Die zusätzlichen Informationen, die für die Kunden online verfügbar waren, verringerten nicht die Wichtigkeit der Verkaufsmitarbeiter von Dell. Mit zusätzlichen Daten und der Benutzung von Informationsquellen, die gleichermaßen für Kunden und Mitarbeiter verfügbar waren, hatte der Verkäufer weniger, aber intensivere Kontakte zu seinen Käufern. Wie Merrill Lynch fand auch Dell heraus, dass ein informierter Kunde ein besserer Kunde ist. Das Verkaufspersonal von Dell hatte schon damit begonnen, die Rolle eines Beraters zu spielen und dem Interessenten dabei zu helfen, den Technologiewandel durchzuführen, sowie Leasing- und Finanzierungspläne zu entwickeln. Digitale Transaktionen verringerten die Zeit, die Verkäufer mit der Bearbeitung von Bestellungen, der Überprüfung des Bestellstatus und der Beantwortung von Kundenfragen verbrachten. Die Verkäufer haben jetzt mehr Zeit für die Beratung, den Aufbau der Kundenbeziehungen und den Verkauf. Und ein Vertreter kann immer noch aushelfen, wenn er gebraucht wird. Ein Kunde kann ein unvollständig ausgefülltes Bestellformular an den Verkäufer schicken und bekommt dann Hilfe, bevor die Bestellung schließlich aufgegeben wird.

Einer der einzigartigen Ansätze von Dell für die Kundenunterstützung war die Schaffung von mehr als 5000 speziell entworfenen so genannten Premier Pages für den Bedarf seiner größeren Kunden. Etwa 65 Prozent des Online-Geschäftes von Dell liegt heute im Bereich von Endverbrauchern und kleinen Geschäften, und die »Premier Pages« sind ein Weg, mit denen Dell sein Geschäft mit Unternehmen erweitern will.

Ein großer Unternehmenskunde oder ein Kunde in einem gewissen Marktsegment wie der Regierung oder einer höheren Bildungsstätte meldet sich auf einer nur für diese Organisationen gestalteten sicheren Webseite von Dell an. Die Internetseite zeigt Kaufmöglichkeiten entsprechend der Geschäftspolitik der Organisation. Sie informiert über

Standardkonfigurationen und Preise, die im Voraus ausgehandelt worden sind, zeigt Bestellinformationen, gibt Auskünfte über den Verlauf von Bestellungen und über Zahlungsmodalitäten. Organisationen können vorab Käufe bis zu einem bestimmten Betrag genehmigen, wodurch die Bearbeitung der Aufträge erheblich schneller geschehen kann. Kunden in Regierungsstellen der Vereinigten Staaten haben Einblick in die Preise von Systemen, die von den für die Beschaffung zuständigen Stellen, der General Services Administration, genehmigt worden sind. Wenn ein Auftrag ausgeführt ist, kann der Kunde eine automatische Benachrichtigung per E-Mail erhalten.

Eine zweite sichere Webseite enthält vertrauliche Information für höhergestellte Einkaufsmanager und für Mitglieder der IS Group. Diese Internetseite liefert Kontoinformationen, welche die Kunden zuvor nur in Monatsabrechnungen erhielten. Ein Produktionsunternehmen verwendet beispielsweise seine Webseite, um Einkauf und Ausgaben, sortiert nach den Abteilungen, zu verfolgen, und ein Ölunternehmen kann auf diese Weise den Einsatz seiner weit verbreiteten Computeranlagen überwachen. Diese zweite Webseite hat die Abrechnungskosten von Dell für diesen Kundenkreis um etwa 15 Prozent reduziert.

Neue Prioritäten

Das Engagement für das Internet führte bei Dell dazu, einen anderen Weg bei der Entwicklung von Anwendungen einzuschlagen. Dell pflegte bis dahin, Methoden zu entwickeln, die seine Mitarbeiter für den Support per Telefon verwendeten. Heute wird jede Entwicklung eines wichtigen Hilfsmittels bei Dell zunächst dahingehend überprüft, ob es sinnvoll ist, es direkt für die Internetkunden nutzbar zu machen. Wenn dies der Fall ist, bekommt es erste Priorität bei den Entwickler-Ressourcen. Das letzte große interne Entwicklungsprojekt von Dell für Supportwerkzeuge erschien gerade zu dem Zeitpunkt, als das Internet einen neuen Höhepunkt erreichte. Das Unternehmen verwendete die Hilfsmittel ein paar Monate intern, nahm dann einige Änderungen vor und »reichte sie dann an die Kunden weiter«.

Das Internet beeinflusste auch die Verwendung der internen Systeme bei Dell. Der Großrechner des Unternehmens unterstützte das vorhandene Bestellsystem per Telefon, das über relativ wenige Mitarbeiter für die Eingabe der Bestellungen verfügte. Dieses System konnte Hunderttausende von Transaktionen in einer Woche verarbeiten, aber es war nicht in der Lage, mit Tausenden von Kundenbestellungen zurechtzukommen, die online eintrafen. Zudem wurde der Großrechner normalerweise am Wochenende für das Backup und die Wartung heruntergefahren. Das Internet-System musste dagegen sieben Tage in der Woche und 24 Stunden am Tag zur Verfügung stehen.

Dell löste das Problem, indem es den Großrechner mit einer Reihe von selbstentwickelten PowerEdge Servern mit zwei Pentium Pro Prozessoren verband. Auf diesen Servern laufen die PC-gestützte Verwaltungssoftware für die Webseiten und die Datenbanken für die Bearbeitung der Bestellungen und den Support. Mit Hilfe dieser Technologie, die das System gleichmäßig auslastet, bearbeitet Dell die über das Web eintreffenden Anfragen mit einem seiner vielen Server. Der Inhalt auf allen Servern wird ständig kontrolliert, sodass eine gleichmäßige Verteilung stattfinden kann. Wenn der »Verkehr« im Internet besonders stark ist, kann Dell innerhalb einer Stunde einen neuen Server hinzufügen. Das Internet-Team muss nur noch eine Kopie der jüngsten Daten auf dem neuen Server erstellen, diesen dann in das Netzwerk integrieren und ihn bei dem für die Kapazitätsverteilung zuständigen System anmelden.

Dell hatte einige Probleme beim Hoch- und Herunterladen der Daten zu bewältigen. Als eines Tages die Software auf dem Großrechner geändert wurde, funktionierte plötzlich die Verknüpfung mit den Preisangaben auf den Netz-Servern nicht mehr. So wurde der Preis der PC-Monitore auf den Webseiten mit »Null« Dollar aufgeführt. Etwa 100 Bestellungen erfolgten in dem kurzen Zeitraum zwischen dem Erscheinen dieses großartigen Preises und der Korrektur des Problems durch Dell. Das Unternehmen musste alle diese Kunden anrufen, um den Fehler zu erklären. Der Vorfall war eine Art Weckruf im Hinblick auf die für den Internet-Handel erforderliche Sorgfalt und Dell verbesserte seinen Software-Wartungsprozess, um sicherzustellen, dass der Fehler nicht wieder geschehen würde.

»In diesem Fall war es nur peinlich für uns,« sagt Scott Eckert, der Direktor von Dell Online, der Organisation, die geschaffen worden war, um Dells Geschäfte im Internet aufzubauen. »Wir standen noch ganz am Anfang, und die Kunden zeigten sich verständnisvoll. Aber die Lektion war eindeutig. Wir wurden auf diese Weise darauf aufmerksam gemacht, dass bei zunehmendem Volumen die potenzielle Auswirkung jedes Fehlers gewaltig wäre. Ein Jahr später wäre ein solcher Fehler für eine derart häufig frequentierte Webseite verhängnisvoll gewesen. Während einige Leute ihre Webseite nur als eine Marketingbroschüre betrachten oder auch nur zur Unterhaltung ins Netz stellen, wollen wir mit unserer Internetseite Geschäfte machen. Das erfordert mehr Sorgfalt als für ein internes Buchführungssystem nötig ist. Jeder Fehler wird sofort für die ganze Welt erkennbar.«

Die Echtzeit-Verarbeitung der Verkaufsinformationen auf ihrer Webseite und dem Bestellverarbeitungssystem ist für die Wettbewerbssituation von Dell von entscheidender Bedeutung. Anstatt über einen Bestand für 80 Tage zu verfügen, wie dies bei den herkömmlichen indirekten Verkäufen der Fall ist (obwohl die meisten Verkäufer heute versuchen, diese Zahl zu reduzieren), hat Dell nur einen Produktvorrat für acht Tage, und vieles davon besteht aus Elementen wie Mikroprozessoren und Festplatten. Die Herstellungszeit bei Dell beträgt knapp vier Stunden. Die Geräte erreichen im Allgemeinen innerhalb von drei bis fünf Tagen nach der Bestellung ihre Kunden.

Das Geschäftsmodell von Dell basiert auf den negativen Folgen der Lagerhaltung. Je mehr Dell seine Bestände reduzieren kann, desto mehr wird aktives Kapital freigesetzt, um für andere Aktivitäten verwendet zu werden, die neue Umsätze schaffen können. Durch die Verringerung der Lagerhaltungskosten erzielt Dell zusätzliche Vermögenswerte in einer Größenordnung von Hunderten von Millionen Dollar. Gleichzeitig ergibt sich aus der Notwendigkeit, einen umfassenden Kundenservice zu bieten auch, dass man nie ausverkauft sein darf. Nur die Informationstechnologie kann die Mittel liefern, um eine Balance zwischen diesen gegensätzlichen Ansprüchen herzustellen. »Physische Vermögenswerte waren bisher ein eindeutiger Vorteil«, meint Michael Dell, »jetzt sind sie eine Belastung. Je mehr perfekte Informationen Sie über den Bedarf erhalten, desto mehr können Sie die Lagerhaltung gegen Null bringen. Es ist eine einfache Formel. Eine größere Bevorratung bedeutet, dass Sie weniger Information haben und mehr Informationen bedeuten, dass Sie weniger Bestände benötigen. Wir tauschen physische Vermögenswerte gegen Informationen.«

Um für die Zukunft gewappnet zu sein, unternimmt Dell schon die nächsten Schritte bei der Entwicklung seiner Webseiten: noch mehr Dienste in den Premier Pages werden individuell einstellbar sein und

der ganze Bestellprozess für größere Kunden wird völlig papierlos ge-
staltet. Selbst mit der Fähigkeit der Kunden, online zu bestellen, ist
noch immer ein großer Teil des Prozesses innerhalb der Organisation in
Papierform abgelaufen. Dell plant, den Firmen eine Anwendung für die
Bestellung an die Hand zu geben, die die eigene Bestelldatenbank von
Dell und das kundeneigene Einkaufssystem miteinander verbinden soll.
Flexible Übermittlungs-Tools sollen den Kunden die Fähigkeit verlei-
hen, die Informationssysteme von Dell zu befragen und ihre eigenen
Statusberichte zu erstellen.

Dell bietet schon heute Möglichkeiten für Transaktionen im Internet
in 36 Ländern und 18 Sprachen an. Das Unternehmen beabsichtigt,
seine Internet-Dienstleistungen international auszudehnen, sodass
Kunden überall die gleichen Internet-Erfahrungen mit Dell machen
können.

Eine neue Service-Initiative

Auch Marriott International, das größte Hotelunternehmen der Welt, erkannte, dass das Internet mehr kann als nur Buchungen zu bearbeiten.
Mit einem Umsatz von über zehn Milliarden Dollar ist Marriott mit
mehr als 1500 Hotels weltweit unter zehn verschiedenen Markennamen
tätig. Das Unternehmen richtete im Jahre 1996 sein erstes Online-Re-
servierungssystem ein. Obwohl die Unternehmensführung von Marriott
meint, dass es rückständig und noch in einem experimentellen Stadium
war, erzielte man mit Hilfe des Systems einen Umsatz von einer Million
Dollar bis zum Ende des Jahres. Diese Ergebnisse erregten die Aufmerksamkeit von Marriotts leitenden Angestellten. Wie Dell spürten
auch Marriotts Führungskräfte das große, aber noch undeutliche Potenzial für Internet-Geschäfte. Anfang 1997 schufen sie dann ein spezielles Internet-Team, die Interaktive Verkaufs- und Marketingabteilung,
geleitet von Mike Pusateri.

Von Anfang an profitierten Marriotts Bemühungen im Internet von
der internen Unterstützung durch das Unternehmen und von der engen
Koordination zwischen dem Verwaltungs- und Technologieteam. Der
Verkaufsvorstand Rich Hanks war ein wichtiger Befürworter des Internets. Hanks hatte Pusateris Abteilung eingerichtet und ihn selbst eingestellt. Er brachte ihn mit den richtigen Leuten zusammen und half ihm

beim Ausbau des neuen Arbeitsfeldes. Der Hauptverantwortliche für den Bereich der Informationstechnologie war Carl Wilson. Er war erst seit kurzem bei Marriott und arbeitete mit Pusateri nicht nur in technischer Hinsicht zusammen, sondern half ihm auch dabei, die weitere Unterstützung der Geschäftsführung zu gewinnen.

Marriotts Marketing-Forschungen belegten das hohe Potenzial des Internets für das Geschäft. Eine Umfrage unter Amerikas Internet-Benutzern hatte 1997 gezeigt, dass einer der am häufigsten nachgefragten Themenbereiche im World Wide Web das Reisen war. Nach Angaben der Forrester Group war »Reisen« die zweitgrößte Online-Kaufkategorie. Eine weitere Studie zeigte, dass Personen, die Reise-Dienstleistungen einkauften, in erster Linie Informationen über ihren Zielort suchten.

Und Marriott betrieb genau dieses Geschäft.

Mike Pusateri gelangte zu der Schlussfolgerung, dass das Internet für das Geschäft von Marriott eine Kommunikationsschleife schaffen konnte, die ein höheres Service-Niveau liefern und damit neue Kunden anziehen würde. »Technologie-Unternehmen ›erkannten‹ das Internet-Phänomen schon vor mehreren Jahren, aber die meisten anderen Branchen sind gerade erst aufgewacht«, meint Mike Pusateri. »Im Internet geht es vor allem um Service – Service, der den Kunden auf eine Weise geliefert wird, die schneller, freundlicher und persönlicher ist, als sie es jemals zuvor erfahren haben. Und Service ist Marriotts Geschäft. Uns gehören nämlich noch nicht einmal die Ziegel oder der Mörtel in den meisten unserer Häuser.«

Wie können wir Ihnen helfen?

Marriott war eines der ersten Unternehmen, das eine interaktive Homepage entwickelte. Mit Hilfe eines hochentwickelten Suchwerkzeuges können Sie ein Marriott-Hotel durch jede Kombination von Zielort, Einrichtungen, besonderen Annehmlichkeiten und Freizeitangeboten finden. Sie können schnell eine Liste von Hotels in Phoenix zusammenstellen, die einen Konferenzraum, Räume mit Datenanschlüssen und einen nahegelegenen Golfplatz haben. Oder Sie können alle Marriott-Hotels in einem Umkreis von zehn Meilen von der Filliale ihrer Firma in Dallas, Texas finden. Ebenso ist es Ihnen möglich, ein Icon mit

Vorschlägen anzuklicken, um ihre Nachricht per E-Mail an die Kundendienstabteilungen einzelner Marriott-Hotels zu senden.

Verschiedene Webseiten, die miteinander verbunden sind, beschreiben Läden, Restaurants und andere Anziehungspunkte, die sich nahe bei einem Hotel befinden. Ein integriertes Kartographierungssystem gibt Ihnen Informationen über mehr als sechzehn Millionen Geschäfte und interessante Punkte in der ganzen Welt. Sie können detaillierte Wegeskizzen zu jedem Marriott-Hotel von jedem Standort oder von jedem Hotel zu irgendwelchen nahegelegenen Orten in Form farbiger Straßenkarten bekommen. Wenn Sie zu einem chinesischen Restaurant gehen oder den nächsten Kopierladen finden wollen, macht Ihnen das Kartensystem bis zu sechs verschiedene Vorschläge innerhalb eines Radius von zwanzig Meilen und liefert Ihnen die Wegbeschreibungen zu den von Ihnen ausgewählten Zielen.

Sobald Sie das richtige Hotel gefunden haben, können Sie leicht feststellen, ob es noch Zimmer gibt und wie hoch die Preise sind. Auch die Reservierung ist natürlich kein Problem. Sie können Ihr Zimmer auch durch andere beliebte Online-Dienstleister wie TravelWeb und Microsoft Expedia buchen. Marriotts Internetseite verfügt über Verknüpfungen zu mehr als 1000 anderen Webseiten. Wo immer Sie im Internet Unterkünfte buchen können, ist Marriott vertreten.

Die Webseite passt sich jedem Besucher an

Marriott personalisiert die Dienstleistungen auf seiner Webseite für jeden Besucher. Er findet dort nicht bloß eine statische Liste mit Verknüpfungen zu anderen Listen vor, die er mühsam durchblättern muss. Alle Informationen sind in einer Datenbank verwahrt und werden dem Besucher der Webseite entsprechend seiner Suchkriterien präsentiert. Weil die dafür vorgesehene Software die Webseite dynamisch während der Online-Sitzung weiter anpasst, hat jeder Besucher einen anderen, jeweils auf seine eigenen Interessen zugeschnittenen Zugang zur Internetseite von Marriott.

Die Marriott-Webseite, die derzeit pro Tag durchschnittlich 15 000 Zugriffe verzeichnet, führte im Jahre 1997 zu zwei Millionen Dollar Einnahmen aus dem Internet-Geschäft. Es ist für Marriott schwierig einzuschätzen, welcher Prozentsatz dieser Einnahmen auch durch traditionelle Mittel zustandegekommen wäre, aber natürlich wissen sie, dass die Internet-Präsenz eher reichere Kunden anzieht, die sich für höherwertige Hotels entscheiden. Der durchschnittliche Zimmerpreis eines Online-Kunden liegt höher als der Durchschnitt bei den Kunden, die auf herkömmliche Weise buchen.

Während andere Unternehmen erst damit beginnen, interaktive Webseiten zu entwickeln, arbeitet Marriott schon an Multimedia-Anwendungen, die den potenziellen Gästen und Reiseplanern den visuellen Eindruck eines Hauses vermitteln. Anstelle statischer Grundrisse werden den Kunden Panorama-Ansichten der Lobby und anderer Einrichtungen geboten. So gewinnt der Gast bei dieser »Reservierung mit Ansicht« schon vorher einen Eindruck von dem Hotel.

Wie andere Unternehmen hat auch Marriott festgestellt, dass der Umsatz sich erhöht, je interaktiver eine Webseite ist. Eine dynamische Webseite bringt mehr Reservierungen und größere Geschäfte. Marriott beabsichtigt, seine Internet-Präsenz auszubauen und sie mit dem Hinzufügen eines »Kundenprofils« weiter zu personalisieren. Nehmen wir einmal an, dass ich ein Wochenende zur Entspannung innerhalb einer vertretbaren Entfernung von Seattle verbringen will. Dann gebe ich die Namen von zwei oder drei Marriott-Häusern ein, die mir in anderen Städten gefallen haben. Marriott gibt mir dann Empfehlungen für ähnliche Hotels oder Orte in der Nähe von Seattle. Auf der Webseite könnte ich dann die Kommentare von anderen Gästen lesen, die schon an dem einen oder anderen dieser Orte gewesen sind.

»Wir sind vom Monolog zum Dialog auf unserer Webseite übergegangen. Wir sprechen nicht mehr zu unseren Kunden, sondern wir unterhalten uns mit ihnen,« sagt Mike Pusateri. »Jetzt müssen wir vom Dialog zum Forum gelangen. Der Aufbau von Kundenprofilen erlaubt uns nicht nur, ihnen einen besseren Service zu bieten und die Vorschläge aufzugreifen, die ihnen wichtig sind, sondern er gestattet uns auch, Marriott-Kunden miteinander in Kontakt zu bringen. Es ist wie eine News Group auf Ihrer Webseite, aber die Software erledigt die ganze Arbeit für uns.«

Marriott ist der Überzeugung, dass der Ansatz, zusätzliche Leistungen zu bieten, sie von den anderen Hotelketten unterscheidet. Das Hotel ist nicht daran interessiert, einen »Internet-Flohmarkt« zu schaffen, wo Kunden nach dem niedrigsten Preis suchen. Marriott ist nicht immer die billigste Option. Das Unternehmen gibt den potenziellen Gästen lieber eine Reihe von anderen Kriterien an die Hand, die für eine Entscheidung genau so wichtig sind wie der Preis, und die außerdem die Kundentreue fördern.

Anstatt seine Vermittler zu umgehen, integriert Marriott sie in seine Kundendienstleistungen. Das Unternehmen bietet Reisebüros und Konferenzplanern auf seiner Webscite eigene Bereiche an, die sie für einen besseren Kontakt mit ihren Kunden nutzen können. Dort finden sich für sie auch Informationen, wie sie sich mit Marriott von den meisten der größeren Reisereservierungsnetzwerke aus verbinden lassen können. Konferenzplaner können Häuser nach den Kriterien Ort, Einrichtungen, Anzahl der verfügbaren Gäste und Besprechungsräume, sowie der Dimensionen und Möglichkeiten der Konferenzräume aussuchen. Die Webseite schlägt auch entsprechende Häuser für verschiedene Aktivitäten vor. Mittlerweile liefert sie sogar detaillierte Grundrisse der Konferenzräume. In der Zukunft wird diese Präsentation wahrscheinlich als Video zu sehen sein.

Tausende von Konferenzplanern besuchen Marriotts Webseite aus einem einfachen Grund: Sie müssen keine Reise machen, um sich ein Hotel anzusehen. Alles, was sie sehen müssen, können sie im Internet betrachten. Den Reisebüros übermittelte Marriott auf diese Weise die Botschaft, dass sie für die Hotelkette wichtig sind. Schon bald nach dem ersten Erscheinen von Marriott im Internet gab es gute Kritiken in diversen Publikationen der Reisebranche und seither läuft das Online-Geschäft über Reisebüros sehr gut.

Sie mögen sich jetzt fragen, woher Marriott wusste, dass es genügend Konferenzplaner und Reisebüros gab, die ihre Internet-Adresse anwählen würden, sodass die Investitionen, um spezielle Hilfsmittel für sie bereitzustellen, gerechtfertigt waren. Marriott nutzte die moderne Technologie, um genau das herauszufinden. Als sie ihre Webseite zum ersten Mal ins Internet stellten, führten sie gleichzeitig eine Online-Umfrage durch und bekamen 7000 Antworten in einem Monat. Eine überraschend große Anzahl davon kam von Reisebüros. Das Unternehmen fand auch heraus, dass unter den befragten Kunden ein Verhältnis von 50:50 zwischen Geschäfts- und Freizeitreisenden herrschte und dass diese zwei Gruppen ganz verschiedene Interessen hatten. Geschäftsreisende wollten online Zeit sparen. Freizeitreisende wollten online Zeit verbringen. Marriott gestaltete seine Webseite so um, dass beiden Gruppen gedient war. Ein roter »Reservierungs«-Knopf auf der Homepage macht es für Geschäftsreisende oder andere Reisende, die in Eile sind, einfach, schnell ein Zimmer zu buchen. Für Freizeitreisende, die Zielbeschreibungen ohne langwierige Ladezeiten wollten, reduzierte Marriott die Anzahl von Bildern, während sie gleichzeitig Landkarten und Wegbeschreibungen hinzufügten.

Um in engem Kontakt zu ihren Kunden zu bleiben, führt Marriott weiterhin seine jährlichen Online-Umfragen durch und analysiert die E-Mails der Kunden. Heute sind das etwa 1000 E-Mails jeden Tag.

Der Zugang zum Internet

Um den Zugang zu der neuen Technologie einfach zu gestalten und die Bedeutung des Internets der Geschäftsleitung von Marriott aufzuzeigen, unternahm Mike Pusateri einen ungewöhnlichen Schritt: Er erwarb zwanzig WebTVs und lieferte sie in die Privathäuser der wichtigsten Manager von Mariott. Auf diese Weise sollten sie verstehen, dass das Netz dabei war, allgegenwärtig zu werden, und dass die Menschen das Internet mit offenen Armen empfingen. »Als ein Unternehmen, dessen Aufgabe es ist, die Bedürfnisse und Wünsche der Gäste zu erfüllen, mussten wir ihre Sprache sprechen«, erinnert sich Mike Pusateri. »Ich sagte ihnen, dass innerhalb einer sehr kurzen Zeit unsere Gäste nach Geräten wie diesen in unseren Hotelzimmern verlangen würden, sodass sie in unseren Häusern von der Couch oder dem Bett aus im Internet surfen könnten.«

Mike Pusateri setzte sich mit den wichtigsten Managern zusammen und surfte mit ihnen durch Webseiten, von denen er wusste, dass sie ihnen gefallen würden. Innerhalb von sechs Monaten war für sie das Internet zu einer alltäglichen Realität geworden. »Leitende Angestellte sprachen mich plötzlich in der Kantine an, um mir zu sagen, dass sie die Webseite ihrer Lieblingsautomarke besucht oder etwas besonderes gelernt hatten«, sagte er. »Das World Wide Web war nicht länger ein Phänomen ›dort draußen‹. Es war etwas, zu dem sie einen persönlichen Bezug hatten.«

Mike Pusateri schuf einen Ausschuss für die Internet-Politik. Hierbei handelt es sich um ein geschäftsführendes Gremium, das für die Erstellung von Strategien verantwortlich ist. Es setzt sich aus Vertretern der Abteilungen für Informationstechnologie, dem Verkauf, der Rechtsabteilung, Personalabteilung und Unternehmenskommunikation zusammen. Auch die Franchise-Nehmer sind vertreten. »Unser erster wichtigster Schritt war, jeden Mitarbeiter, besonders natürlich die auf geschäftsführender Ebene, einzubinden und an Bord zu bringen. Jeder sollte über das Internet nachdenken und eigene Ideen entwickeln«, erklärt Mike Pusateri. Später setzte Marriott auch einen Web Council, eine informelle Arbeitsgruppe von 25 bis 30 Leuten ein, die für den Inhalt der Webseiten verschiedener Bereiche verantwortlich waren. Die Arbeitsgruppe trifft sich monatlich, um die Koordinierung zu verbessern und über die besten Methoden zu diskutieren.

Mike Pusateri und das für die Informationstechnologie verantwortliche Vorstandsmitglied, Carl Wilson, hatten von Beginn an eine gute Verbindung zueinander und jeder versuchte, die Welt aus der Perspektive des anderen zu betrachten.

Wie gut ist Ihre Webseite?

Viele Unternehmen stellen Firmen von außerhalb ein, um ihre Webseiten zu entwickeln, und viele Geschäftsleute mögen der Ansicht sein, dass sie nicht genug über die neue Technologie wissen, um zu beurteilen, ob sie eine gute Webseite haben. Tatsächlich ist es aber ziemlich einfach, die Qualität Ihrer Webseite zu beurteilen: Verwenden Sie sie selber? Ist sie anschaulich? Wird die Information gut organisiert? Können Sie schnell Antworten auf Ihre Fragen bekommen? Ist es einfach, Waren in den elektronischen Einkaufswagen zu legen – oder ist es mühsam nach Dingen zu suchen, und müssen Sie immer wieder vor und zurück springen? Jedes Unternehmen, das mit einem Verbraucher elektronisch in Kontakt treten will, muss Produkte entwickeln, die intuitiv funktionieren. Sie müssen darauf achten, erst alles gründlich zu testen, bevor Sie es im Internet Ihren Kunden zur Verfügung stellen. Sie bekommen nur einmal die Chance, einen guten ersten Eindruck zu machen.

Als Pusateri, der in erster Linie Geschäftsmann war, die neue Aufgabe übernommen hatte, holte er sich zunächst einen Berater an seine Seite, der ihn über die technischen Details informierte. Der mit der Technik vertraute Wilson empfahl beim ersten Zusammentreffen des Ausschusses, dass sich Marriott die Geschäftsaktivitäten und die technischen Infrastrukturen von anderen führenden Unternehmen im Internet zum Maßstab setzen sollte.

Auf die Bitte von Marriott arrangierte der Entwickler ihrer Webseiten, die Firma Fine.com, Besprechungen mit Boeing, die wahrscheinlich das größte Intranet in den USA haben, und mit Microsoft, das eine der aktivsten Internet-Seiten hat. Das Marriott Team, darunter leitende Manager, der technische Stab und Vertreter des firmeneigenen Kommunikationswesens, erhielten eine ausführliche Unterrichtung, wie Boeing und Microsoft das Internet verwenden. Sie erörterten Fragen der Technologie, sprachen über Strategien für die Übergangszeit, über Probleme der internen Koordination und der Abstimmung mit Firmen außerhalb, wie den Franchise-Nehmern von Marriott. Später folgte eine zweitägige Diskussion mit der Geschäftsführung von Marriott über die verschiedenen Möglichkeiten für ein effizientes Engagement im Internet.

In Zukunft werden alle größeren Hotels das Word Wide Web in ihre Geschäftspolitik integrieren und nicht nur als Informationsquelle über Reisen und Unterkünfte verstehen. Der Internet-Zugang wird weit häufiger, als dies bereits jetzt der Fall ist, ein Ausstattungsmerkmal der Hotelzimmer sein. Große Hotels erlauben schon heute Modem-Verbindungen vom Zimmer aus, und sie verfügen in der Regel über Konferenzräume, in denen die Gäste weitere computerbezogene Einrichtungen nutzen können. Zukünftig werden Hotels für Geschäftsreisende Hochgeschwindigkeitsverbindungen zum Internet als Standardausstattung in jedem Zimmer einrichten und die größten Hotels werden Docking-Stationen und große, leicht lesbare Displays anbieten, sodass Geschäftsreisende ihre tragbaren Geräte anschließen und unterwegs genauso produktiv wie in ihrem Büro arbeiten können.

Die Umsetzung des Online-Service

Das Geschäft von Dell beruhte auf dem Prinzip des unmittelbaren Kontaktes zum Kunden, und so betrachtete Michael Dell das Internet als eine natürliche Erweiterung dieser Philosophie. Auch Marriott stellte fest, dass das Internet eine großartige Möglichkeit ist, seine Beziehung zu den Kunden auszuweiten. Beide Unternehmen verwendeten die vom Internet angebotenen neuen Fähigkeiten, um neue Leistungen anzubieten und damit neue Werte zu schaffen.

Die Firmen unternahmen ganz ähnliche Schritte für einen erfolgreichen Einsatz ihrer über das Internet angebotenen Dienstleistungen. Die interne Koordinierung stand an erster Stelle: die Unterstützung des Unternehmens für die Internet-Initiative, die Leitung durch die Geschäftsführung und die enge Kooperation mit den technischen Abteilungen. Als Technologie-Unternehmen benötigte Dell weniger Unterstützung durch seine Geschäftsführung, aber wie Marriott bildeten auch sie ein spezielles Team für das Internet-Geschäft. Marriott engagierte sich mit Unterstützung der Geschäftsleitung und führte eine Kampagne durch, um seine Führungskräfte zu schulen und von Beginn an miteinzubeziehen.

Beide Unternehmen waren clever genug, um zu erkennen, dass der Handel der Zukunft eine Kombination von Internet-Verbindung und persönlichem Kontakt sein sollte. Es ist keine Frage von entweder/oder. Viele Menschen glauben, dass es darum geht, ob sich der persönliche »warmherzige« Kontakt gegenüber dem »kalten« Bildschirm durchsetzen wird. Aber diese Frage stellt sich überhaupt nicht, denn sie erkennen nicht, wo das World Wide Web im Spektrum des modernen Verkaufsmarketing steht und sie unterschätzen die Möglichkeiten des Internets. Intelligente Unternehmen werden die über das Internet angebotenen Dienstleistungen und den persönlichen Kontakt miteinander kombinieren, sodass ihre Kunden aus beiden Formen der Interaktion Nutzen ziehen können.

Das Ziel liegt darin, Transaktionen ins Internet zu verlagern, die Online-Kommunikation für den Informationsaustausch und zur routinemäßigen Kommunikation zu nutzen und die direkte Interaktion auf jene Aktivitäten zu beschränken, die einen zusätzlichen Wert erbringen. Neben der Verwendung des Internets, um einfache Reservierungen durchzuführen oder Produktbestellungen zu tätigen, empfinden Kunden das Internet als perfektes Medium für die Informationsrecherche, zur Beurteilung der Qualität und des Preis-Leistungs-Verhältnisses, zur Überprüfung von Bestellungen, zur Diagnose und Behebung einfacher Probleme und anderer relativ umkomplizierter Aufgaben. Mehr und mehr werden in diesem Szenario die Verkäufer zu Beratern.

Da sich die Internet-Technologie immer weiter entwickelt, müssen die Kunden, wenn sie bei schwierigen Problemen Unterstützung benötigen, nicht mehr zwischen dem Support über das Internet und der telefonischen Beratung unterscheiden. Wenn ein Kunde eine Webseite durchsieht, kann er einfach auf einen Button klicken, um entweder über das Internet oder telefonisch Hilfe zu bekommen. Für weniger wichtige Angelegenheiten klickt er auf einen Button, um eine E-Mail zu schicken. Für eine Frage, die eine sofortige Antwort erfordert, klickt er auf einen Button, um mit einem Kundendienstmitarbeiter zu sprechen. Um das Problem besser zu verstehen, kann der Mitarbeiter am anderen Ende der Leitung auf dieselbe Webseite zugreifen, die der Kunde gerade aufgerufen hat. Alle Informationen erscheinen dann gleichzeitig auf dem Bildschirm des Service-Mitarbeiters. Dies vereinfacht seine Arbeit erheblich.

Es gibt zwei Methoden, eine Stimmenverbindung herzustellen. Die erste besteht darin, die gleiche Internet-IP-Verbindung sowohl für die Stimme als auch für die Datenübertragung zu nutzen. Über die IP-Verbindung kann der Mitarbeiter die gleiche Webseite wie der Kunde einsehen, und über dieselbe Verbindung findet auch der verbale Austausch mit ihm statt. Obwohl es die einfachste Art ist, gleichzeitig die mündliche und die Kommunikation über das Internet zu erreichen, führt die beschränkte Bandbreite, über die die meisten Verbraucher heute verfügen, zu einer schlechten Stimmqualität. Doch wenn in der Zukunft die Bandbreiten größer werden, wird diese Methode auf jeder Webseite verwendet werden.

Die zweite Methode besteht darin, dass die Software überprüft, ob der Personal Computer des Kunden eine reguläre Telefonverbindung einrichten kann. Wenn der Kunde auf den Button klickt, um mit einem Kundendienstmitarbeiter zu reden, wählt der Computer die Telefonnummer und verbindet sich mit einem Service-Mitarbeiter über eine normale Telefonverbindung. Der Vorteil dieses Vorgehens ist, dass damit bereits heute eine sehr gute Stimmenqualität erzielt wird. Demgegenüber ist es auf diese Weise aber schwieriger, die verbale Kommunikation mit der Internet-Verbindung zu koordinieren.

Mehrere Unternehmen entwickeln Lösungen, die auf der einen oder der anderen der beiden vorgestellten Methoden beruhen. So hat zum Beispiel die Firma eFusion einen »Klick-und-Sprich«-Button entwickelt, den Unternehmen auf ihren Webseiten verwenden können. Wenn ein Benutzer den Button anklickt, wird er direkt mit dem Call Center des Unternehmens verbunden, wo sowohl der Kundendienstmitarbeiter als auch der Anrufer den gleichen Inhalt einer Webseite simultan betrachten können, während sie über den separaten Telefonanschluss sprechen. Dieses System funktioniert mit einem normalen Telefonanschluss, wie er in den meisten Häusern installiert ist. Die Benutzer benötigen dafür nur einen Standard-Multimedia-PC, ausgerüstet mit einer speziellen Telefonsoftware, die das Internet unterstützt, wie z. B. Microsoft Net-Meeting. Dell integrierte diesen »Klick-und-Sprich«-Button in seinem Intranet, damit die Angestellten auf diese Weise technischen Support und Hilfen erhalten können, und plant, ihn auch in die externe Webseite einzubauen. Die Gleichzeitigkeit von Sprech- und Internet-Verbindungen werden sich vor allem im Bankwesen zum Standard entwickeln. Hier und besonders bei Geschäften mit Kreditkarten werden immer mehr Menschen den Web Lifestyle übernehmen. Diesen Begriff werde ich im nächsten Kapitel noch näher beschreiben.

Mit wachsenden Bandbreiten bei den Verbindungen wird die Netzunterstützung sowohl für die Anbieter als auch für die Kunden etwas ganz Normales sein, das sich nicht von anderen Formen des Supports unterscheidet. Die Unternehmen müssen sich sorgfältige Gedanken über die Gestaltung ihrer Webseite machen. Auf den meisten Internet-Seiten wird der Kunde nicht als erstes auf eine Verknüpfung klicken, um mit jemandem zu sprechen. Die Mehrzahl der Unternehmen wird ihre Webseiten so einrichten, dass sie die Benutzer anregen, nach Antworten zu suchen und nur dann auf einen Button zu klicken, wenn es unbedingt nötig ist, mit einem Kundendienstmitarbeiter zu sprechen. Die Kunden könnten zunächst auf eine Liste der häufig gestellten Fragen (den so genannten FAQ's) verwiesen werden oder eine automatisierte Hilfefunktion zum eigenständigen Auffinden von Lösungen verwenden.

Über einer Verbindung mit niedrigerer Geschwindigkeit könnte ein Foto des Kundendienst-Mitarbeiters erscheinen, um das Gespräch mit dem Kunden persönlicher erscheinen zu lassen. Bei Hochgeschwindigkeitsverbindungen könnte der Kunde auch eine Video-Verbindung zum Service-Mitarbeiter herstellen. Diese gesamte Integration von Internet- und Stimmentechnologie wird zu gewaltigen Veränderungen führen. Die Unternehmen verfügen schon heute über die Bandbreite, um dies intern umzusetzen, und es ist nur eine Frage der Zeit, bis auch Verbraucher diese Möglichkeit haben.

Wenn immer mehr Unternehmen sich im E-Commerce engagieren, wie können sie dann ihre Marktposition behaupten? Jene Unternehmen, die schon früh dabei waren, wie Dell und Marriott, profitieren von dem frühen Engagement, den daraus resultierenden Erfahrungen und durch den Wiedererkennungswert ihres Markennamens. Sie profitieren auch von so genannten Loyalitätsprogrammen, die die Kunden an sie binden. Um in Kontakt mit bestimmten Teilen der Kundschaft zu bleiben, verwendet Dell elektronische Informationsblätter, in denen sie zielgerichtete Nachrichten und Sonderaktionen für Kunden, die diese Informationsblätter abonnieren, veröffentlichen. Marriott ermöglicht es den Kunden, ihre Marriott-Bonuspunkte via E-Mail einzulösen. Vielleicht liegt der wichtigste Wettbewerbsvorteil ihres frühen Engagements jedoch in dem konstanten Feedback, das beide Unternehmen über ihre Webseiten und ihre Programme erhalten haben. Diese Rückmeldungen helfen ihnen, kontinuierlich ihre internen Abläufe zu verbessern. Ihr Ziel liegt darin, dass ihre Angebote im Internet immer besser als die ihrer neuen Mitbewerber sind. Michael Dell formuliert es sehr zutreffend, wenn er sagt, dass Prozessinnovation jetzt die Hauptquelle für Wettbewebsvorteile ist.

Für beide Unternehmen ist eine in hohem Maße interaktive und maßgeschneiderte Webseite der Schlüssel dafür gewesen, mehr Kunden bei niedrigeren Kosten zu gewinnen und sie zu Stammkunden zu machen. Der interaktive und personalisierte Aufbau der Internetseiten, den man bei Dell und Marriott studieren kann, wird in Zukunft eine immer größere Rolle bei den Online-Verkäufen spielen. Wo bei physischen Geschäften viel Geld für immer neue Standorte investiert werden muss, mit denen in der Regel hauptsächlich durchschnittliche Käufer erreicht werden, können Online-Anbieter digitale Informationen verwenden, um ihre Waren an die Kundenbedürfnisse anzupassen, da sie mit jedem einzelnen Käufer interagieren. In Marriotts Fall bringt die interaktive Anpassung mehr Menschen in ihre Hotels. Bei Dell hilft die interaktive Anpassung, Personal Computer zu verkaufen. In beiden Fällen führt die Fähigkeit, mit den Kunden durch individualisierte Serviceleistungen in unmittelbaren Kontakt zu treten, zu neuen Einnahmen.

Schlüsselinformationen

▲ Eine erfolgreiche Webseite erfordert die Erschaffung einer neuen Kundenerfahrung, welche die Möglichkeiten des Internets nutzt.

▲ Erfolge im Internet erfordern ein umfassendes Verständnis der Geschäftsführung für die Möglichkeiten des Internets und ihre Unterstützung bei den ersten Tests und Investitionen.

127

▲ Der größte Teil Ihrer Interaktionen mit den Kunden im Internet wird sich mehr auf den Service als auf den Verkauf konzentrieren. Mundpropaganda im Internet bedeutet, dass es sehr kostspielig ist, wenn die Kunden eine schlechte Meinung von Ihrer Webseite haben.

▲ Eine gute Internet-Seite kann dabei helfen, aus Verkäufern Berater zu machen.

Prüfen Sie Ihr digitales Nervensystem

▲ Ermöglichen es Ihnen Ihre digitalen Systeme, den Kunden, die Ihre Webseite besuchen, eine persönliche Erfahrung zu bieten?

▲ Erlauben es Ihre digitalen Systeme, physische Vermögenswerte gegen Informationen auszutauschen?

▲ Ermöglicht es Ihre Web-Infrastruktur, in Zukunft ohne große Probleme die Video- und Telefonunterstützung zu integrieren?

▲ 7
Übernehmen Sie den Web Lifestyle

Überall wo es menschliche Zivilisation, Sprache und Handel gibt (…) machen die Telegrafendrähte die Welt zu einem Netzwerk pulsierenden Lebens, das sich in den verschiedenen Sprachen ausdrückt.

Ein unbekannter Autor, der 1878
die Auswirkungen der Telegrafie beschreibt.
THE VICTORIAN INTERNET

Wenn Sie Ihre Freunde fragen würden, warum sie das Telefon verwenden, um miteinander zu kommunizieren, oder warum sie den Fernseher zur Unterhaltung oder für die Nachrichten einschalten, würden Sie wohl sehr merkwürdige Blicke ernten. Wenn Sie Ihre Freunde fragen, ob sie sich der »elektronischen Lebensform« angepasst haben, werden sie vielleicht denken, dass Sie komplett übergeschnappt sind. Die Menschen in den entwickelten Ländern empfinden elektrische Geräte als etwas ganz Normales. Wir benutzen sie einfach. Aber Leute, die jetzt über 50 Jahre alt sind, können sich noch an die Zeit erinnern, als nur einige wenige Familien bereits einen Fernseher hatten. Unsere Großeltern können sich noch an Zeiten erinnern, als große Teile des ländlichen Amerika noch ohne Elektrizität waren. Einige heute noch lebende Menschen wurden sogar vor der allgemeinen Verwendung von Elektrizität in Städten geboren. Und der Telegraf verbindet die weit entfernten Ecken der Welt erst seit etwas mehr als einem Jahrhundert. Es hat über hundert Jahre gedauert, bis die elektrische Lebensform die Zivilisation veränderte.

Als Straßen und Häuser zum ersten Mal miteinander verdrahtet wurden, diente die einzige Verwendung der Elektrizität dem Licht. Niemand erkannte das Potenzial der Elektrizität, den Lebensstil jedes Menschen zu verändern. Elektrisches Licht war sicherer, sauberer, heller und flexibler als Erdgas, Kerosin oder Kerzen. War die elektrische Infrastruktur jedoch erst einmal eingerichtet, wurden innovative, neue Produkte erfunden, die die Vorteile der Elektrizität nutzten. Elektrische Kühlschränke, Phonografen und Klimaanlagen waren Anwendungen der neuen Technologie für vorhandene Bedürfnisse. Zu den revolutionärsten Anwendungen der Elektrizität gehörten das Telefon, das Radio und der Fernseher. Alle diese neuen Geräte veränderten unsere Ökonomie und unseren Lebensstil. Bevor die elektrische Infrastruktur zur Verfügung stand, hatten die Menschen nicht einmal von solchen Dingen geträumt.

Weil das Internet eine weltweite Kommunikationsinfrastruktur darstellt, die von der Elektrizität abhängig ist, könnten Sie meinen, dass seine allgemeine Akzeptanz nur eine Erweiterung dieser elektrischen Lebensform ist. Aber das Internet erlaubt uns einen völlig neuen Weg des Lebens, den ich als »Web Lifestyle« bezeichne. Der Web Lifestyle wird wie die elektrische Lebensform durch rasch einsetzende neue Anwendungen gekennzeichnet sein. Da die Infrastruktur für Hochgeschwindigkeitsverbindungen die kritische Masse erreicht hat, ist sie Ausgangspunkt für neue Software und Hardware, die das Leben der Menschen verändern wird. Intelligente Geräte wie der Personal Computer werden immer leistungsfähiger und preiswerter. Da sie programmierbar sind, können sie für viele verschiedene Anwendungen benutzt werden. Innerhalb von einem Jahrzehnt werden die meisten Amerikaner und viele andere Menschen auf der ganzen Welt den Web Lifestyle praktizieren. Es wird wie ein Reflex sein, sich an das World Wide Web für Nachrichten, Bildung, Unterhaltung und Kommunikation zu wenden und genauso natürlich wie heute der Griff zum Telefon, um mit jemandem zu reden oder etwas aus einem Katalog zu bestellen. Mit dem Internet werden Sie Ihre Rechnungen bezahlen, Ihre Finanzen verwalten, mit Ihrem Arzt oder Rechtsanwalt kommunizieren und alle möglichen geschäftlichen Transaktionen erledigen. Genauso selbstverständlich werden Sie eines oder mehrere der kleinen Geräte mit sich führen, mit denen Sie auf der Basis einer drahtlosen Verbindung ständig mit anderen in Kontakt stehen und elektronische Geschäfte tätigen können, wo immer Sie sich gerade befinden.

Für viele Menschen ist der Web Lifestyle schon heute Realität geworden. Im Jahre 1998 benutzten mehr als vierzig Millionen Amerikaner regelmäßig das Internet, im Vergleich zu 22 Millionen ein Jahr zuvor. 1998 verwendete der durchschnittliche Benutzer acht bis neun Tage pro Monat das Internet und verbrachte etwa 3,5 Stunden im Monat online.

Es ist aufregend, wenn man sieht, wie Menschen, die den Web Lifestyle leben, das Internet gebrauchen, um auf neue Weise zu lernen und einzukaufen. Als im Sommer 1997 der Sojourner auf dem Mars landete, verzeichnete die Webseite der NASA in vier Tagen 47 Millionen Zugriffe von Menschen, die mehr Details erhalten wollten, als sie von den traditionellen Nachrichtenmedien bekommen konnten. Was immer Sie vom Starr-Report über Präsident Clinton halten mögen, das Internet war das einzig mögliche Medium für eine schnelle Verbreitung des 445-seitigen Dokumentes. Eine Zahl von sechs bis neun Millionen Menschen schaute es sich am Wochenende nach der Veröffentlichung an. Die Wirtschaftswelt stellt eine große Vielfalt von Informationen und Dienstleistungen zur Verfügung, ob es nun Aktiennotierungen in Echtzeit, Sportergebnisse oder Städteführer sind. Sie können im Internet beinahe alles kaufen, von den Gemälden der Impressionisten bis zu raren Sammlerstücken aller Art. Das World Wide Web eignet sich auch hervorragend zur sozialen Arbeit in den Gemeinden. Es gibt Webseiten für die Suche nach vermissten Kindern und die Vermittlung von Haustieren und für jede andere denkbare Aktivität. Internetseiten mit Informationen für die Bürger erhalten regen Zuspruch. Eine Webseite zeigt anhand von Karten alle industriellen Umweltverschmutzer in den Vereinigten Staaten und erlaubt die Suche nach dem Unternehmensnamen oder dem Standort. Innerhalb der ersten fünf Stunden, nachdem sie in Betrieb war, wurden schon 300 000 Benutzer gezählt – und es hatte sich fast nur durch Mundpropaganda herumgesprochen.

Eine kulturelle Veränderung mit einer derart grundlegenden Bedeutung wie sie die Entwicklung zum Web Lifestyle darstellt, wird bis zu einem gewissen Grad eine Frage der Generationen sein. Es sind die Kinder, die mit der neuen Technologie aufwachsen und sie als etwas ganz Selbstverständliches betrachten, die uns das volle Potenzial zeigen werden. Bei den meisten amerikanischen Universitäten sind die Voraussetzungen für eine web-orientierte Kultur schon gegeben. Personal Computer, Hochgeschwindigkeitsnetzwerke und Online-Kommunikation sind weit verbreitet. Universitäten verzichten auf Papierformulare und registrieren die Studenten für die einzelnen Kurse über das World Wide Web. Die Studenten können ihre Noten einsehen und sogar Hausaufgaben über das Netz abgeben. Die Lehrer organisieren Online-Diskussionsgruppen. Studenten verschicken E-Mails an ihre Freunde und ihre Familien so selbstverständlich wie sie mit ihnen telefonieren. Sie sind die ultimativen

Geistesarbeiter. Ihr »Job« besteht darin, zu lernen, zu erforschen und unerwartete Beziehungen zwischen den Dingen herauszufinden. Die Einzelheiten der akademischen Kurse zählen nicht so sehr wie das Erlernen der Fähigkeit zu denken und zu analysieren. Studenten entwickeln Fertigkeiten im Internet, die ihnen helfen werden, ihr ganzes Leben lang zu lernen. Für die Geschäftswelt bietet sich hier die Gelegenheit, von der Art, wie Studenten heute das Internet verwenden, um ihr Leben zu organisieren, zu lernen. Ihr Vorgehen ist ein Maßstab dafür, wie der Durchschnittsbürger das Internet in zehn Jahren nutzen wird.

Die Anpassung der Technologie an den Web Lifestyle geschieht schneller als die Anpassung an die Elektrizität, an Autos, Fernsehen und Radio, wie es im nachfolgenden Diagramm illustriert wird. Das Internet verbreitet sich vor allem durch die Personal Computer, die an fast jedem Arbeitsplatz und in vielen Privatwohnungen stehen. Viele Leute, die im Büro Personal Computer verwenden, installieren sie auch zu Hause, um ihre Arbeit fortzusetzen – und benutzen sie dann auch für zahlreiche andere Dinge. Viele Menschen über 55 Jahre, die normalerweise eine neue Technologie nicht automatisch in ihr Leben integrieren würden, sind motiviert, das Internet zu benutzen, um auf diesem Weg mit ihren Freunden und Familien in Kontakt zu bleiben. Ein Freund von mir erhielt vor Kurzem eine E-Mail von zwei entfernt miteinander verwandten Frauen, die schon über 70 Jahre alt waren – sie surften im Internet, um Ahnenforschung zu betreiben. Radikal neue Anwendungen des Internets, die heute keiner von uns genau vorhersagen kann, werden die Welt im 21. Jahrhundert genauso grundlegend verändern, wie es die unerwarteten Anwendungsmöglichkeiten der Elektrizität im 20. Jahrhundert getan haben – und das weitaus schneller.

Während die Verbraucher immer schneller online gehen, wird eine der wichtigsten Änderungen das Ausmaß sein, mit dem das Finanzmanagement der Verbraucher (inklusive Bankgeschäfte, Hypotheken, Vorsorgepläne und Kreditkarten) online vonstatten geht. Im Jahre 1998 wurden nur etwa eine Million der insgesamt fünfzehn Milliarden Rechnungen in den Vereinigten Staaten elektronisch bezahlt. Online stand nur ein beschränkter Kundendienst zur Verfügung. In der Tat erhalten die Verbraucher, obwohl sie einige Rechnungen schon online bezahlen können, diese oft noch zusätzlich in Papierform. Wenn die Verbraucher in der Lage sind, Rechnungen online zu bezahlen, werden die Transaktionskosten nach einer Schätzung des amerikani-

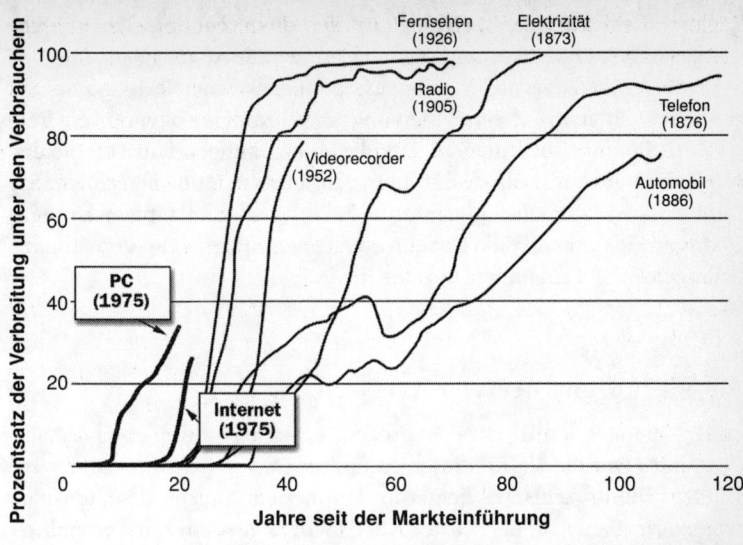

Quelle: W. Michael Fox und *Forbes*

Der PC und das Internet sind schneller angenommen worden als die Technologien, die das 20. Jahrhundert beeinflusst haben. Genau wie die Menschen heute in den entwickelten Ländern den durch die Elektrizität und die Automobile geschaffenen Lebensstil als etwas ganz Selbstverständliches betrachten, werden sie schon bald den neuen, durch die digitale Technologie ermöglichten Web Lifestyle als etwas ganz Normales ansehen.

schen Wirtschaftsministeriums um mehr als 20 Milliarden Dollar jährlich sinken.

In ein paar Jahren werden die meisten Unternehmen die elektronische Zahlungsweise anbieten. Finanzinstitute werden eigene Internetseiten anbieten, auf denen die Kunden ihre monatlichen Rechnungen bezahlen können. Von der Webseite Ihrer Bank klicken Sie dann auf das Symbol für Ihr Kreditkarten-Unternehmen, das Warenhaus oder das Dienstleistungsunternehmen und gelangen direkt zur Webseite dieses Unternehmens. Sie werden online mehr Informationen über Ihre Rechnungen haben, als Ihnen heute in Papierform zur Verfügung stehen. So können Sie sich jederzeit über alle Kontovorgänge und die Konto-Entwicklung informieren. Anstatt extra einen Brief schreiben zu müssen, klicken Sie auf den E-Mail-Button, um Rückfragen bezüglich einer

Rechnung zu stellen. Die Händler werden die Rechnungsseite nutzen, um zusätzliche Produkte und Dienstleistungen anzubieten.

Heute müssen Sie auf Papier ausrechnen, welche Rechnungen Sie zahlen möchten und wie viel Sie von jeder bezahlen wollen. In Zukunft können Sie mit Hilfe von Software die Auswirkungen von verschiedenen Zahlungen im Hinblick auf Ihren Kontostand online berechnen. Sie werden Ihre Zahlungen genau zum Fälligkeitsdatum tätigen können. Und natürlich arbeiten die Buchungssysteme mit den gängigen Finanzmanagement-Programmen zusammen.

Die Einführung des Web Lifestyles

Ende 1998 standen in etwa 50 Prozent der amerikanischen Haushalte PCs, und etwa die Hälfte dieser Computer sind mit dem Internet verbunden. Die Prozentsätze liegen in den meisten anderen Ländern niedriger. Die Senkung der Kosten für Hochgeschwindigkeitsverbindungen, damit die Menschen ständig mit dem Netz in Kontakt bleiben können, ist neben der notwendigen Vereinfachung der Software eine entscheidende Voraussetzung dafür, dass der Web Lifestyle zur Normalität werden kann. Ich glaube, dass bis zum Jahr 2001 mehr als 60 Prozent der amerikanischen Haushalte einen Personal Computer haben und dass 85 Prozent von ihnen über einen Internet-Zugang verfügen werden. Damit andere Länder diese Zahlen erreichen können, müssen sie erhebliche Investitionen in die Kommunikationsinfrastruktur leisten.

Die Menschen unterschätzen meistens das Ausmaß der Verbesserungen von Hard- und Software. Ein Beispiel dafür ist die Bildschirm-Technologie. Ich schreibe meine E-Mails auf einem 20-Zoll-LCD(Flüssigkristall-Display)-Monitor. Er ist heute noch nicht zu einem vertretbaren Preis erhältlich, aber in zwei oder drei Jahren wird er es sein. In fünf Jahren wird ein 40-Zoll-LCD mit einer viel höheren Auflösung erschwinglich sein. Von der Bildqualität hängt ab, wie viele Menschen in Zukunft auf dem Bildschirm statt auf Papier lesen werden.

Auch die Kosten eines Personal Computers nehmen ständig ab. Im historischen Sinne hat die Innovation sich darauf konzentriert, einen immer leistungsfähigeren PC zu einem vorgegebenen Preis auf den Markt zu bringen. Heute reduziert die Innovation den Preis genauso. Leistungsfähige Personal Computer kosten heute deutlich unter 1000 Dollar und noch niedrigere Preise beginnen, den Markt für neue Käuferschichten zu öffnen. Wenn man auf einen Zeitraum von zehn Jahren vorausschaut, wird es Personal Computer geben, die nicht mehr als ein herkömmlicher Fernseher kosten. In der Tat wird der Unterschied zwischen einem Fernseher und einem PC immer mehr verschwinden, denn selbst die Settop-Boxen, die den Fernseher mit dem Kabelsystem verbinden, werden einen Prozessor haben, der leistungsfähiger ist, als jene, die heute in den teuersten Personal Computern stecken.

Kleinere, persönliche Mobilcomputer werden eine weite Verbreitung finden. Dazu werden die schon heute erhältlichen Laptops sich zu brieftaschengroßen Computernotizblöcken weiterentwickeln, die Identifikationsdaten enthalten, sodass elektronische Geschäfte an jedem Ort und zu jeder Zeit möglich sind. Telefon, Radio und Fernsehen erfahren ganz neue Fähigkeiten, wenn sie digitalisiert werden. Einige Geräte wird man mit sich führen, andere werden in verschiedenen Zimmern installiert sein. Computer werden zur Standard-Ausstattung in Fahrzeugen gehören. Mit jedem von ihnen erhalten Sie Zugang zu Informationen wie E-Mails und Voice-Mails, Börsenberichten oder anderen Nachrichten, das aktuelle Wetter und den Status Ihres geplanten Fluges. Diese Geräte werden durch physische Leitungen oder durch drahtlose Technologien wie Infrarot und Radiofrequenzen verbunden sein. Obwohl sie unabhängig voneinander funktionieren, werden sie sämtliche Daten automatisch unter sich abstimmen.

Ein neues Zuhause und eine neue Fernseherfahrung

Diese neuen digitalen Endgeräte werden zum Bestandteil der täglichen Aktivitäten. Wenn Sie das Büro abends verlassen, wird Ihr digitaler Begleiter Ihre E-Mails herunterladen. Dies könnte beispielsweise eine Einkaufsliste für ein Lebensmittelgeschäft sein. In dem Geschäft können Sie dann ein neues Rezept herunterladen, das Ihrer Einkaufsliste alle benötigten Zutaten hinzufügt. Ihr digitaler Begleiter ist intelligent genug, um alle Geräte Ihres privaten Bereichs entsprechend zu aktualisieren, aber in diesem Fall aktualisiert er nur die für Ihre Küche zuständige Einheit.

Von einer Computerstation in der Küche oder von einem anderen Zimmer aus überprüfen Sie den Zustand des Hauses. Das Symbol für den

Kamin könnte blinken, weil der Filter ausgetauscht werden muss. Ein Video vom vorderen Türbereich zeigt, wer vorbeigekommen ist, während niemand zuhause war. Digitale Sicherheitskameras, die mit Ihrem Netzwerk verbunden sind, werden billiger und allgemein üblich sein, damit Diebstähle verhindert werden. Einige Tagesbetreuungszentren und Schulen liefern den Eltern einen passwortgeschützten Zugang zu den Kameras, um ihnen zu ermöglichen, ihre Kinder zu kontrollieren, während sie in der Schule sind.

Während das Abendessen kocht, rufen Sie die private Webseite für die gesamte Familie auf. Im Chatroom finden sie Vorschläge für die Gestaltung der nächsten Familienfeier. Sie nutzten die elektronische Stimmabgabe, um sich für irgendeinen der sechs verschiedenen Vorschläge zu entscheiden. Dann werden Sie gebeten, so viele Plätze wie möglich zu buchen. Ein Software-Reisebüro, das schon darüber informiert ist, dass Sie bereits Reisen zu einem bestimmten Ort gebucht haben, schlägt mehrere Aktivitäten in der Nähe vor. Dazu gehört auch eine Floßfahrt, die auf der Liste Ihrer Familie ganz oben stand. Das Reisebüro informiert Sie auch über einen neuen, niedrigeren Flugpreis zu Ihrem Zielort. Digital buchen Sie die Floßfahrt und die billigeren Flugtickets.

Wenn Sie fernsehen wollen, können Sie durch den elektronischen Programmführer auf dem Bildschirm blättern oder einen anderen Software-Agenten verwenden, um sich über die laufenden Sendungen zu informieren. Sie haben dem Agenten vorher Ihre Lieblingssendungen mitgeteilt, und er verfolgt Ihre tatsächlichen Fernsehgewohnheiten. Daher empfiehlt er einige Sendungen unter vielen Hunderten, die mit dem digitalen Fernsehen zu empfangen sind. Sie entscheiden sich für ein Rodeo. Während der Sendung verwenden Sie das interaktive Menü, um sich an einem Wettbewerb zu beteiligen und die Ergebnisse beim Bullenreiten zu beurteilen. Die Wertungen der Zuschauer zählen zur Hälfte für die Endergebnisse. Zwischendurch kommt eine Werbung für einen Minivan. Die meisten Zuschauer sehen einen Werbespot für Lieferwagen, aber die demographischen Daten, die Sie freiwillig zur Verfügung gestellt haben, deuten an, dass Sie ein besserer Kandidat für eine Familienlimousine sind.

Mit Hilfe des interaktiven Menüs des Fernsehers stellen Sie auch fest, dass es ein Rodeo in der Stadt gibt, in der Sie Ihr Familientreffen veranstalten. Ihre Familie wollte mindestens eine weitere ungewöhnliche Aktivität im Freien unternehmen, sodass Sie auch das Rodeo buchen.

Die Aktivität wird automatisch dem Plan für die Zusammenkunft hinzugefügt und per E-Mail informieren Sie den Rest der Familie.

Die Entwicklung des intelligenten, interaktiven Fernsehens wird dann einsetzen, wenn sich das Fernsehen von der analogen Übertragung, bei der Video und Audio durch die Signalstärke übermittelt werden, zur digitalen Übertragung weiterentwickelt, bei der Video- und Audiosendungen in digitale Bits zerlegt werden. Eine solche digitale Übertragung ist nicht so leicht zu verzerren, Fehler sind leichter zu korrigieren und die Bilder und Töne haben eine höhere Qualität. Diese verbesserten Video- und Audiofähigkeiten sind der Hauptgrund für die Fernsehsender, sich dem digitalen Fernsehen in Form des High-Definition Televison (HDTV) zuzuwenden. Ende 1998 haben 41 amerikanische Fernsehsender mit der Ausstrahlung digitaler Sendungen mit dem HDTV-Standard begonnen.

Aber das digitale Fernsehen kann eine Menge mehr als nur die Empfangsqualität zu verbessern. Satelliten- und Kabelunternehmen verwenden schon heute das digitale Fernsehen, um weitere Kanäle bereitzustellen. Mit der Zeit wird die wichtigste Auswirkung des digitalen Fernsehens die Fähigkeit sein, andere digitale Daten zu integrieren, um für Interaktivität, zielgerichtete Werbe- und Verkaufsangebote und den Zugang zum World Wide Web zu sorgen. Die Sender werden erweiterte Inhalte wie Verbindungen zu wichtigen Webseiten oder auch ganz neue Netzinhalte bereitstellen, welche die Sendungen ergänzen. Zudem können Sie das Herunterladen von Musik oder Software gegen eine Gebühr auf die DVD-Disk des Benutzers ermöglichen. Viele der neuen Merkmale erfordern eine Zwei-Wegeverbindung, die für neue Kabelfernseh-Systeme leicht zu bewerkstelligen ist. Ältere Kabelsysteme müssen auf den neuesten Stand gebracht werden. Satellitenfernsehen und das terrestrisch empfangene Fernsehen werden auf ihre Sendungen abgestimmte Telefonleitungen oder die drahtlose Kommunikation benutzen, um Interaktivität zu erzielen.

Die neue Technologie wird die Schnittstelle zum Fernsehen vereinfachen. Der Versuch, ein oder mehrere Programme zu bestimmten Zeiten und Tagen aufzunehmen, bleibt beim analogen System frustrierend kompliziert. Wenn man eine Sendung auf einem Kanal aufnehmen will, während man eine andere auf einem anderen Sender verfolgt, muss man zuweilen die Kabel von Fernseher, Videorecorder und der Settop-Box austauschen. In der Zukunft wird die Aufzeichnung einer Sendung so einfach sein, dass man dem Fernseher nur noch den Namen der Show und der Episode sagen muss.

Die Benutzung der Sprache für die Interaktion mit dem Fernseher, dem Personal Computer oder anderen persönlichen Geräten, wird sich in den nächsten zehn Jahren allgemein durchsetzen. Die Technologie wird die Spracherkennung und das Verstehen der natürlichen Sprache kombinieren, sodass der Computer die Absicht des Benutzers erkennen kann. Die Sprachausgabe wird sich im Vergleich zu den heutigen roboterähnlichen Stimmen dramatisch verbessern. Ihr Fernseher und der PC wird mit einer Kamera ausgestattet sein, sodass Gesten und Gesichtsausdrücke erkennbar sind. Sie können feststellen, ob Sie mit dem Gerät oder mit einer anderen Person sprechen. Dies wird Ihre emotionale Reaktion bestimmen. Wenn Sie verwirrt scheinen, wird der Fernseher oder der PC Ihnen interaktive Hilfe beim gegenwärtigen Thema oder der aktuellen Aufgabe anbieten. Er wird sich auch Ihrem Verhalten anpassen, ob es nun um Ihre Lieblingsprogramme im Fernsehen oder das typische Muster Ihrer Aktivitäten am Personal Computer geht. Computer, die »sehen, zuhören und lernen« erweitern die digitale Technologie in vielen neuen Bereichen, in denen die Interaktion mit der Tastatur oder der Maus unpraktisch bleibt.

Die Entwicklung des digitalen Fernsehens wird in drei Phasen geschehen: der Aufbau der Infrastruktur, der noch einige Jahre dauert; die Integration der neuen Fähigkeiten in die Übertragungstechnik, Satelliten und Kabelsysteme; und schließlich die Innovation im Bereich der neuen technischen Architektur. Eine Menge Forschungsarbeit und viele Rückmeldungen der Kunden werden nötig sein, bevor die besten Anwendungsmöglichkeiten der neuen Infrastruktur klar geworden sind.

Bedeutende Fernsehsender wie NBC, MSNBC, CNN und MTV und einige lokale Sender experimentieren bereits mit der Verwendung interaktiver Inhalte, um ihre regelmäßigen Programme zu ergänzen. Während der Emmy-Preisverleihung im September 1998 konnten die Verbraucher zusätzliche Informationen über Preiskategorien und Kandidaten erhalten, live auf Video- und Audioausschnitte zugreifen, Hintergrundinterviews sehen und an Ratespielen, interaktiven Befragungen und Chats teilnehmen.

Es bleiben aber noch viele technische Fragen zu klären, um eine einfache und völlig digitale Fernseherfahrung für die Zuschauer zu schaffen.

So gibt es noch zu viele inkompatible Verschlüsselungsnormen für verschiedene Bereiche der digitalen Übertragungen: eine für die Fernsehwellen, eine für Kabelsysteme und eine für die Verbindung zwischen den Settop-Boxen und dem Fernsehen selber. Während sich die Anbieter von Personal Computern bei den Datenformaten für externe Geräte auf einen neuen Standard geeinigt haben, der die Bezeichnung Universal Serial Bus (USB) trägt, und der viele der neuen digitalen Geräte verbinden wird, haben die Hersteller von Verbraucherelektronik viele unterschiedlichen Ansätze unternommen.

Die Bandbreite, die Informationskapazität eines digitalen Kommunikationssystems, bleibt das größte Hindernis für eine weit verbreitete Annahme des Web Lifestyles in allen Ländern. Die Bandbreite ist zudem der größte Kostenfaktor. In den entwickelten Ländern kann sich die Geschäftswelt in der Regel die Bandbreite leisten, die sie braucht, um ihre Arbeit digital zu machen, denn viele Telekommunikationsfirmen verbinden Geschäftsregionen mit Glasfaserkabeln. Aber die erschwingliche Verkabelung zu Privathäusern, Schulen und Bibliotheken, die entscheidend ist, um eine vollständig vernetzte Gesellschaft zu erreichen, wird weit mehr Zeit benötigen. Fraglos werden wir den vollen Nutzen eines Web Lifestyles erst nach der Einführung hoher Bandbreitensysteme sehen können. Einige Regierungen, wie zum Beispiel jene von Singapur, haben sich dazu verpflichtet, hohe Bandbreitensysteme als ein Anliegen der Gesellschaftspolitik zu installieren. Die Regierungen in Ländern wie den Vereinigten Staaten und Australien können sich auf die Konkurrenz zwischen Telefon- und Kabelgesellschaften verlassen, um sicher zu sein, dass die Infrastruktur entwickelt wird. Andere Länder beginnen ganz von vorn. Der wichtigste Schritt für ein Land bei dem Bemühen um eine hohe Bandbreiteninfrastruktur liegt in der Förderung der Konkurrenz in der Telekommunikation.

Während es relativ kostenaufwendig ist, die Verkabelung zwischen den wichtigen Gebieten auf der ganzen Welt zu ergänzen, wächst die Bandbreite innerhalb des Internets immer weiter an. Hier wird es nicht zu Einschränkungen kommen. Die schwierige und teure Aufgabe ist dabei das so genannte Problem der »letzten Meile«: die Übertragung der erhöhten Bandbreite vom Ende des »großen Rohrs« der größeren Provider bis in die einzelnen Häuser hinein. Technologie-Entwicklungen werden in den nächsten zehn Jahren dazu beitragen, uns bei diesem Problem zu helfen. Eine Technologie namens DSL (Digital Subscriber

Line), die digitale Signale anstatt traditioneller analoger Signale über normale Telefonverbindungen verwendet, gibt uns bereits heute eine größere Bandbreite über paarweise verdrahtete Telefonkabel aus Kupfer. Zudem werden Kabelmodems immer beliebter.

Außerhalb der dicht bevölkerten Geschäftsregionen ist das Verlegen von Glasfaserkabeln nicht kosteneffektiv. Weil die Kosten in erster Linie Arbeitskosten sind, wird es auf Dauer auch keine Kostenreduktion geben. Aus diesem Grund setzen sowohl die technisierten Länder wie auch die Entwicklungsländer auf Satellitenkommunikationssysteme.

Fünf verschiedene Niedrigfrequenz-Satellitensysteme werden derzeit für die Sprachkommunikation entwickelt. Dazu gehört auch das Iridium-System. Ein anderes System, das von Alcatel stammt, soll für die regionale Breitbandversorgung mit einer hohen Datenübertragung sorgen. Eine weitere Entwicklung von Teledisc versucht, eine globale Breitbandkommunikation zu ermöglichen, ein so genanntes »Internet am Himmel«.

Diese Systeme operieren in der unteren Erdatmosphäre, etwa in einer Höhe von 800 Kilometern, und liefern nur kurze Verzögerungszeiten, die von entscheidender Bedeutung für interaktive Anwendungen im Internet sind. Geostationäre Kommunikationssatelliten, welche die Erde in einer Umlaufbahn von mehr als 35 000 Kilometern umkreisen, weisen bei der Datenübertragung eine Verzögerung von einer halben Sekunde auf. Da niedrig kreisende Satelliten nicht stationär angebracht sind, ist indes eine große Menge davon nötig, um sicherzustellen, dass sich mindestens ein Satellit immer in der Reichweite eines Empfängers auf der Erdoberfläche befindet.

Wie bei jedem Pilotprojekt haben die Menschen, die diese Satellitensysteme konstruieren, installieren und in Betrieb halten, noch eine ganze Menge zu tun. Sie müssen weiteres Kapital ansammeln, die Technologie ständig weiterentwickeln und das richtige Verteilungssystem etablieren. Doch nachdem diese Systeme einmal eingerichtet worden sind, wird es möglich sein, mit kleinen Antennen Büros, Schulen, Fabriken, Ölplattformen und Häusern den Zugang zu den angebotenen Diensten zu ermöglichen.

Da die Umlaufbahnen der Satelliten, welche die entwickelten Länder abdecken, auch unterentwickelte Regionen erreichen können, werden zusätzliche Kapazitäten für jene Länder, die noch an der Schwelle zur modernen Technologie stehen, verfügbar sein. Die Vorteile des Informationszeitalters können auf Gebiete der Erde ausgedehnt werden, in denen niemand solche Kapazitäten um ihrer selbst willen bereitstellen würde, ob der erschlossene Bereich nun ein Vorort oder eine Kleinstadt in der industriellen Welt oder eine entlegene Region eines Agrarlandes ist. Für alle wird die Nutzung zu niedrigen Kosten erhältlich sein.

Die Wissenschaftler in der ganzen Welt forschen nach neuen Technologien. Dabei untersuchen sie auch althergebrachte Möglichkeiten. Vor kurzem entwickelte ein britischer Ingenieur eine Methode, Stimmen und Datensignale auf Basis des elektrischen Stroms zu senden, wie er sich in jedem Haushalt findet. Daraus ergibt sich die Möglichkeit, dass der Internet-Zugang eines Tages über unsere vorhandene Infrastruktur von elektrischen Leitungen in den Häusern und Geschäften möglich sein könnte. Technologien wie DSL, Kabelmodems, die Übertragung durch Satelliten oder über das Stromnetz sind aufregend, denn sie verlangen nicht, dass wir auf der vorhandenen »letzten Meile« das Kupferkabel, das die meisten Haushalte mit der Außenwelt verbindet, ausgraben und ersetzen. Die Infrastruktur für das Internet weltweit zu errichten, ist eine riesige Aufgabe, aber die Fortschritte in vielen Bereichen erhöhen die Wahrscheinlichkeit, dass die Geschwindigkeit der Veränderungen uns alle schon im nächsten Jahrzehnt überraschen wird.

Beseitigen Sie Barrieren

Die sozialen Auswirkungen des auf dem Internet beruhenden Lebens- und Arbeitsstils sind gewaltig. Viele Leute fürchten, dass die Computer und das Internet individuelle Erlebnisse entpersonalisieren und eine kältere und eindimensionalere Welt schaffen werden. Einige Menschen haben anfangs auch befürchtet, dass das Telefon den direkten und persönlichen Kontakt reduzieren wird. Genau wie zwei Personen sich anrufen könnten, auch wenn sie besser persönlich miteinander sprechen würden, könnten auch zwei Personen, die nahe beieinander sitzen, mit E-Mails kommunizieren, statt sich direkt zu treffen. Jedes Mittel kann missbraucht werden. Die persönlichen und beruflichen »Manieren« für das World Wide Web werden sich weiterentwickeln. Manche mögen denken, dass der Web Lifestyle, wo jeder in seiner kleinen Welt lebt, die Gesellschaft auseinander treiben wird. Doch ich glaube, dass in Wirklichkeit das Gegenteil der Fall ist. Genau wie das Telefon und E-Mails den Kontakt zwischen weit voneinander entfernten Menschen und Menschen auf Reisen verstärkt haben, stellen uns der Personal Computer und das Internet nur eine neue Art der Kommunikation zur Verfügung. Sie nehmen uns nichts weg.

In Wirklichkeit verstärkt die Fähigkeit des Internets, die Grenzen in unseren Gemeinschaften zu verschieben oder neu zu definieren, die persönlichen und kulturellen Bindungen. Die Stadt Amsterdam hat Internet-Diskussionsgruppen zu Themen wie Stadtplanung, Sicherheit und Drogen eingerichtet. Die Staatsbürger können sich mit Hilfe von E-Mails mit der Polizei verbinden. Eine Webseite in Ägypten namens *The Little Horus* enthält zum Beispiel mehr als 300 Seiten mit Informationen und Abbildungen über die 7000-jährige Geschichte der Zivilisation in Ägypten. Darin sind auch aktuelle Informationen aus dem heutigen Ägypten zu finden, wozu das ökonomische, kulturelle und soziale Leben zählt. Der Reiseabschnitt enthält auch Tipps mit beliebten Zielorten für Kinder. Der Web Lifestyle wird den Horizont erweitern, statt ihn einzuengen.

Bei all diesen verfügbaren Inhalten wird die Filterung der Informationen zu einem Problem, insbesondere wenn auch Kinder Zugang haben. Das Internet erreicht ein globales Publikum, doch die Definitionen des Anstoß erregenden Inhaltes variieren von Land zu Land. Gleichzeitig sind die Urheber illegaler Inhalte oft schwer zu verfolgen. In diesem Umfeld ist die Zensur schwierig. In Anbetracht der besonderen Charakteristika des Internets liegt der wirksamste Ansatz für die Umsetzung dieses Ziels darin, die Webseiten auf nationaler Ebene zu blockieren, verbunden mit der Eigenkontrolle der Industrie und spezieller Software zur Filterung der Inhalte. Filtertechnologien wie *Internet Content Selection* (PICS) ermöglichen es den Benutzern, den Inhalt zu kontrollieren, auf den Sie und Ihre Familien zugreifen können.

Der Aufbau von Gemeinschaften wird in den nächsten Jahren einen der größten Wachstumsbereiche im World Wide Web darstellen. Das Internet steigert in dramatischer Weise die Anzahl von Gemeinschaften, mit denen Sie in Kontakt treten können. In der Vergangenheit konnten Sie vielleicht Teil ihrer näheren Umgebung und einer oder zwei sozialer Organisationen sein, wenn Sie die Mühe auf sich nahmen, sich ihnen anzuschließen. Im Zeitalter des Web Lifestyles sind Sie nur durch Ihre eigenen Interessen begrenzt. Einer der mächtigsten Sozialisierungs- aspekte des Internets ist seine Fähigkeit, Gruppen von ähnlich interes- sierten Menschen unabhängig von der Geographie oder den Zeitzonen auf der ganzen Welt miteinander zu verbinden. Wenn Sie weltweit eine Gruppe von Bridge-Spielern zusammenbekommen, mit Menschen spre- chen wollen, die Ihre politischen Ansichten teilen, oder den Kontakt zu Ihrer weitverstreuten ethnischen Gruppe halten wollen, ist dies alles mit Hilfe des World Wide Webs mühelos möglich. Auch wenn Sie über die Geschehnisse in Ihrer Heimatstadt auf dem Laufenden bleiben wollen, kann Ihnen das Internet helfen. Ich habe herausgefunden, dass New Yorker, die an die Westküste gezogen sind, einen unersättlichen Appe- tit auf Nachrichten vom Big Apple haben, und viele von ihnen stillen dieses Verlangen über das World Wide Web. Eine Webseite wie *Third Age*, die eine elektronische Gemeinschaft für Senioren anbietet, sorgt für Hilfestellung bei Fragen der Familie, Gesundheit, Technologie, warnt vor Betrügereien und bietet Diskussionsgruppen über aktuelle Themen.

Durch das Internet können Sie sich Gemeinschaften in der ganzen Welt anschließen und erhalten die Möglichkeit, Verbindungen in ihrer unmittelbaren Umgebung zu stärken. In Singapur haben die Bevölke- rungsdichte und die Konzentration der Regierung auf die Infrastruktur dazu beigetragen, dass der Stadtstaat vielleicht zum Weltführer beim Einsatz von Glasfaserkabeln und den daraus entwickelten interaktiven Anwendungen geworden ist. Die Bereitstellung eines Breitbandkabels ist eine genauso notwendige öffentliche Dienstleistung wie Wasser, Gas, Elektrizität und das Telefonnetz. Praktisch alle öffentlichen Gebäude sind mit Glasfaserkabeln verbunden, und die verantwortlichen Beamten von Singapur schätzen, dass in mehr als 50 Prozent aller Häuser ein Personal Computer steht.

Nicht alle öffentlichen Gemeinschaften, die miteinander verbunden werden, sind urbane Zentren. Parthenay in Frankreich, eine Stadt mit 12 000 Einwohnern, ist eine von vier Gemeinden in drei Ländern, die im Rahmen des europäischen IMAGINE-Projektes online gegangen sind. Dieses Vorhaben wird von der Europäischen Union und einer Partnerschaft von Städten und der Industrie unterstützt. Die Bürger verwenden das World Wide Web bei ihrem täglichen Leben für solche Dinge wie den Einkauf in großen Verkaufsmärkten. Die französischen

Familien gehen noch immer am Samstag zum Markt, aber jetzt haben sie nur noch einen kleinen Korb dabei und kaufen nur einige wenige Dinge. Sie machen die Exkursion mehr zu einer sozialen Aktivität. Ein Internet-Café der Philosophen ermutigt zu tiefgründigen Diskussionen, und jeden Mittwoch veranstalten die Rinderzüchter Chatsitzungen, um über gemeinsame Interessen zu sprechen. Das Ziel des dreijährigen IMAGINE-Projektes liegt darin, eine integrierte Lösung 30 weiteren europäischen Gemeinden zur Verfügung zu stellen. Auch einige amerikanische Städte haben sich angeschlossen. Coldwater in Michigan (im amerikanischen Mittelwesten) hat alle 4000 Haushalte in einem Hochgeschwindigkeitskabelsystem zusammengeschlossen, welches Kabelfernsehen, Internet-Zugang, Telefondienste und den Zugang zu einem Gemeindenetzwerk liefert. Eine Familie, die sich für Billard interessierte, entwickelte eine Webseite über dieses Thema und verkaufte in den ersten sechzig Tagen Billardstöcke im Werte von 45 000 Dollar. Lusk in Wyoming, eine Gemeinde von 1500 Menschen, wo die Anzahl der Rinder die der Menschen im Verhältnis von hundert zu eins übersteigt, ist mit einem Glasfaserkabel vernetzt. Die Leute verwenden PC-Technologie für alles, angefangen mit der Sorge um ihre Rinderherden und dem Zustand des Präriegrases bis zum Betreiben eines Bienenwachsgeschäftes. Ein fünfzehnjähriger Junge, ein ausgewiesener PC-Software-Experte, ist der technische Berater der Stadt. Die Menschen von Lusk haben sich den Web Lifestyle zu Eigen gemacht, um ihren traditonellen Ranch-Lifestyle lebensfähig und rentabel zu erhalten und dies auf eine Weise, dass ihre Kinder nicht das Haus verlassen müssen, um Teil der Außenwelt zu sein.

Wie werden wir die Zeit finden, um einen Web Lifestyle zu leben und uns mit weiteren Gemeinschaften zu verbinden? Das World Wide Web wird einige Dinge effizienter machen, als sie bisher sind. Sie können schnell herausfinden, wie viel Ihr gebrauchter Wagen wert ist, eine Reise planen oder Informationen über eine geplante größere Anschaffung sammeln. Diese Aktivitäten sind heute leicht im Internet möglich. Und die Menschen werden wahrscheinlich einen Teil der Zeit, die sie heute mit dem Lesen von Papier oder dem Fernsehen verbringen, gegen die Information und Unterhaltung, die sie im Internet finden können, eintauschen. Eine britische Studie von 1998 belegte, dass etwa 25 Prozent der britischen Erwachsenen, die das Internet benutzen, jetzt weniger oft fernsehen, als sie es zuvor getan hatten.

Das Überschreiten alter Grenzen

Große Teile dieses Buches beschäftigen sich mit dem Umstand, dass wir wirklich gerne all die Informationen haben würden, die wir auf Tastendruck bekommen können. Die meisten Menschen möchten den günstigsten Preis für ein Produkt finden oder gerne auf dem aktuellen Stand in den wichtigen Angelegenheiten sein, die ihre lokalen oder nationalen Gemeinschaften beeinflussen. Wir mussten bisher ohne diese Informationen auskommen, weil der Zugang dazu einfach zu schwierig war. Fast unmerklich hat sich das verändert. Der Web Lifestyle wird weder die menschliche Natur noch die Lebensgrundlagen umgestalten. Stattdessen bietet er mehr Menschen eine Chance, ihren Interessen auf eine bessere Weise nachzugehen.

Für die Verbraucher wird der Web Lifestyle positive Auswirkungen haben. Mit dem Internet als der weltgrößten Ansammlung von Einkaufsmärkten haben sie Wahlmöglichkeiten wie nie zuvor. Sie sind in der Lage, unter einer Vielzahl von Produkten auszuwählen, sodass sie genau das erwerben können, was auf sie zugeschnitten ist. Zudem können sie alles direkt ins Haus geliefert bekommen. Das World Wide Web sorgt für eine verbraucherorientierte Welt. Weil die Kunden schnellere Dienstleistungen und intensivere Beziehungen fordern, treibt der Web Lifestyle die Unternehmen dazu an, ein digitales Nervensystem zu entwickeln, um in ihren Märkten Schritt zu halten.

Darüber hinaus verbindet das Internet Kollegen, Freunde und Familien auf neue Weise. Gemeinsame Interessen verbinden Menschen in der ganzen Welt, und die Regierung hat die Möglichkeit, die Wähler in einer zuvor nie gekannten Weise zur Mitarbeit zu bewegen. Durch die für die Menschen geschaffenen neuen Möglichkeiten, einzukaufen, Nachrichten zu erhalten, sich zu treffen, miteinander zu reden, wird das Internet zum zentralen Marktplatz für das globale Dorf von morgen.

Mit dem Web Lifestyle können die Menschen sich vieler Beschränkungen entledigen, die schon so lange bestehen, dass wir sie beinahe als unveränderlich betrachtet haben. Beim Web Lifestyle geht es nicht darum, ein an sich schon geschäftiges Leben noch weiter zu komplizieren. Wenn die Menschen sich den Web Lifestyle zu Eigen machen, werden sie ihn schließlich genauso akzeptieren wie die elektrische Lebensform, nach der sie heute leben.

Schlüsselinformationen

▲ Wenn die Personal Computer weiter im Preis fallen und noch mehr Haushalte miteinander verbunden sind, werden durch den Web Lifestyle die meisten Verbrauchergeschäfte online durchgeführt.

▲ Der Web Lifestyle verändert die Beziehung zwischen der Geschäftswelt und den Kunden und zwischen Regierungen und Staatsbürgern. Er gibt dem Verbraucher und Staatsbürger mehr Verantwortung und Einfluss.

▲ Die PC-TV-Konvergenz wird eine neue Benutzererfahrung und ein neues Programm- und Werbemittel schaffen.

Prüfen Sie Ihr digitales Nervensystem

▲ Haben Sie damit begonnen, mit Ihren Kunden über das Internet zu interagieren?

▲ Haben Sie überlegt, welche digitalen Systeme und Werkzeuge Sie benötigen, wenn eine Mehrheit Ihrer Kunden ihre Geschäfte über das World Wide Web anstatt über traditionelle Methoden führen möchte?

▲ 8
Neue Chancen durch Outsourcing

Verbindungen ermöglichen eine größere Unabhängigkeit, während Unabhängigkeit dazu motiviert, immer weitere Verbindungen aufzubauen.

Stan Davis und Christopher Meyer,
DAS PRINZIP DER UNSCHÄRFE

Der Fluss digitaler Informationen verändert die Art und Weise, wie Menschen und Organisationen arbeiten, und wie über organisatorische Grenzen hinweg Handel betrieben wird. Die Internet-Technologien werden außerdem die Grenzen von Organisationen jeder Größe verändern. Beim Überschreiten dieser Grenzen ermöglicht es der »Web Workstyle« den beteiligten Unternehmen und seinen Mitarbeitern, durch Verwendung digitaler Werkzeuge und Prozesse ihre Aufgaben auf eine neue Weise zu definieren.

Ein Unternehmen kann über das Internet nahtlos mit Rechtsanwälten, Buchhaltern und anderen Beschäftigten zusammenarbeiten, die außerhalb der Wände des Unternehmens bleiben und so eher als Berater denn als Angestellte fungieren. Ein wichtiges Umstrukturierungsprinzip ist, dass die Unternehmen sich auf ihre zentralen Tätigkeitsfelder konzentrieren und alles andere nach draußen verlagern. Das Internet gestattet einem Unternehmen, weit mehr als das in der Vergangenheit möglich war, zu entscheiden, welche Angestellten ihren Arbeitsplatz im Betrieb haben müssen und welche zu Hause arbeiten können. Zu den wichtigsten geschäftlichen Tätigkeiten bei Microsoft gehören die Entwicklung von Softwareprodukten für eine Vielzahl von Verbrauchern, die Zusammenarbeit mit anderen Softwareunternehmen und die Bereitstellung von Kundenservice und Support. Eine Reihe von Funktionen, die nicht in eine dieser Kategorien fallen, haben wir nach außen verlagert. Diese reichen von der technischen Unterstützung für unsere Angestellten bis zur physischen Produktion unserer Software-Pakete.

147

Der Web Workstyle macht es möglich, besser auf unvorhersehbare Nachfragen einzugehen. Weil man zu manchen Zeiten einen hohen Bedarf für bestimmte Fähigkeiten hat und dann wieder nicht, braucht man eine flexible Stellenbesetzung, um mit Höhen und Tiefen zurechtzukommen. Das Internet ermöglicht es immer mehr Unternehmen, wie »Studios« zu agieren, um größere Teile ihrer Geschäfte zu führen. Große Hollywood-Studios verfügen über Vollzeitangestellte, um das Finanzwesen, das Marketing, den Vertrieb und laufende Projekte zu betreuen, aber die kreative Seite des Geschäftes, das eigentliche Filmemachen, ist nicht sehr umfangreich. Wenn über ein Filmkonzept entschieden wurde, setzt sich ein Regisseur mit einer großen Gruppe von Leuten zusammen, um den Film zu produzieren. Nach getaner Arbeit gehen sie wieder auseinander. Jeder von ihnen macht dann mit anderen Projekten weiter.

Die Internet-Technologie erlaubt die struktuierte, studioähnliche Arbeit für viele verschiedene Arten von Projekten. Der Leiter eines Projektes, der ein Team zusammensetzen will, kann online gehen, das Vorhaben beschreiben und so herausfinden, wer zur Verfügung steht. Menschen und Organisationen mit den passenden Fähigkeiten können ihr Interesse anmelden, und der Leiter des Projektes kann auf diese Weise schnell ein Team zusammensetzen. Arbeitssuchende finden mehr berufliche Möglichkeiten, die ihren besonderen Interessen und Erfordernissen entsprechen – wenn sie zum Beispiel über hochspezialisierte Fertigkeiten verfügen oder nur zu bestimmten Zeiten arbeiten wollen. Das Internet kann bei der Suche nach Ressourcen für ein Vorhaben weit mehr helfen, als es der Ansatz »meine Leute werden Ihre Leute anrufen« vermag.

Trotz der neuen, flexiblen Grenzen werden große Unternehmen sich nicht in Produktionsunternehmen für jeweils einzelne Projekte auflösen. Die Firmen müssen zu jeder Zeit ihre innerbetrieblichen Abläufe konsequent durchführen. Die großen Unternehmen werden diese Aufgaben weiterhin so gestalten, wie sie es immer getan haben – sie werden lediglich die neue Technologie nutzen, um es noch effizienter zu tun. Jedes Unternehmen wird experimentieren, um seine optimale Größe und organisatorische Struktur zu finden, obwohl der Trend wohl in Richtung einer verringerten Gesamtgröße gehen wird.

Für Microsoft ist das Outsourcing ein Weg gewesen, die Belegschaft nicht immer weiter zu vergrößern und unsere Managementkosten zu reduzieren. Die Anzahl der Mitarbeiter ist aber weiter gestiegen. Der

Web Workstyle, in dem sich jeder Beteiligte oder jedes Unternehmen optimal organisiert, ermöglicht es uns, das elektronische Netz, das wir mit unseren Partnern geknüpft haben, zu erweitern. Gleichzeitig hält er uns – so hoffe ich – davon ab, in den falschen Bereichen zu groß und durch zu hohe Betriebskosten ineffektiv zu werden.

Mittelgroße und kleinere Unternehmen können die Vorteile des Internets nutzen, um in einem größeren Rahmen zu agieren, ohne dabei auf zusätzliche Angestellte oder Büros angewiesen zu sein. Kleine Unternehmen mit dem richtigen Expertenwissen können sich um eine Filmproduktion, ein Bauprojekt oder eine Werbekampagne bewerben. Indem sie schnell andere Unternehmen und Fachleute zusammenführen, können sie als ein großes, virtuelles Unternehmen handeln und das Projekt zu seinem profitablen Ende führen. Weil das Team am Ende eines Projektes einfach aufgelöst werden kann, ist das Unternehmen in der Lage, Arbeitsressourcen ohne die administrativen Betriebskosten einer großen Ganztagsbelegschaft zu verwalten. Kleinere Unternehmen können das Internet verwenden, um sich ohne zusätzliche Beschäftigte zu vergrößern.

Den Arbeitsstil der Mitarbeiter verändern

In Betrieben jeder Größe finden sich Mitarbeiter, die wegen der möglichen Auswirkungen durch den Web Workstyle beunruhigt sind. Sie nehmen an, dass ihre Tätigkeitsfelder überflüssig werden, wenn sich ihr Unternehmen durch die Internet-Technologien neu stukturiert. So wird es aber nicht kommen – es sei denn, »Umstukturierung« ist nur ein schmeichelhafter Ausdruck, um Entlassungen zu kaschieren. Wenn sich ein Unternehmen verkleinert, gehen Arbeitsplätze verloren. Das Ziel ist aber nicht die Abschaffung von Arbeitsplätzen, sondern die Verlagerung der Verantwortung zu Spezialisten außerhalb des Betriebes. Es ist effizienter für viele Unternehmen, Microsoft eingeschlossen, zum Beispiel eine andere Firma mit der Installation und dem Support der Desktop-Computer zu betrauen, denn die Unternehmen, die sich auf solche Arbeiten spezialisiert haben, verfügen über die besten Methoden. Außerdem können wir zahlreiche verschiedene Angebote einholen und vergleichen.

Angestellte, die auf Outsourcing mit Furcht reagieren, glauben, dass die Arbeit »in« das Unternehmen und nicht »nach außen« gehört. Wenn die Firmen sich umstrukturieren, wird es sicherlich hier und da zu Personalabbau kommen. Aber trotz ihrer verständlichen Sorge sollten die Beschäftigten die veränderten Grenzen auch als Chance für sich selbst betrachten. Denn es bestehen für sie, sofern sie über die nötige Flexibilität verfügen, neue Möglichkeiten in den Betrieben, die von den Outsourcing-Maßnahmen der anderen profitieren. Sie können diesen Gezeitenwechsel sogar nutzen, um sich selbstständig zu machen. Vor nicht allzu langer Zeit bemerkte ein freiberuflicher Texter, dass Microsoft die Erstellung von Texten immer mehr nach außen verlagerte. Er erkannte diese günstige Gelegenheit und hat heute ein eigenes gutgehendes Geschäft mit etwa einem Dutzend freiberuflicher Texter. Die Mitarbeiter von Microsoft verbringen ihre Zeit jetzt damit, das Anforderungsprofil für die Texte festzulegen, anstatt sie selbst zu schreiben oder die Angestellten zu kontrollieren, die damit beauftragt sind. Im Großen und Ganzen werden die Veränderungen in der organisatorischen Struktur den engagierten Angestellten nur Nutzen bringen.

Der Web Workstyle ist besonders gut geeignet für Rechtsanwälte, Buchhalter, Ingenieure und Doktoren, die normalerweise unabhängig oder in kleinen Teams arbeiten. Einer der Gründe, warum Berufstätige sich traditionell in Firmen organisiert haben, liegt darin, dass sie auf diese Weise mit den Marktschwankungen besser zurechtkommen. Jetzt haben sie die Wahl, statt sich zusammenzuschließen, um sicher zu sein, dass die Arbeitslast verteilt wird, alleine tätig zu sein. Dabei können sie das Internet dazu verwenden, Kunden zu finden. Gesetze oder Gewohnheiten mögen das Tempo der Änderungen drosseln. Ärzte und Rechtsanwälte dürfen in den meisten Ländern nur in einem beschränkten Umfang auf ihre Dienstleistungen hinweisen. Aber selbst wenn sie nicht direkt auf Patienten oder Mandanten zugehen dürfen, können sie als freie Agenten auftreten und sich um Aufträge von etablierten Firmen bemühen.

Mit dem Internet ist die Tätigkeit eines freien Agenten nicht länger auf die Vermittlung von Athleten, Künstlern, Schauspielern oder andere kreative Personen beschränkt. Sie ist jetzt für fast jede Art von Kopfarbeit verfügbar. Schon heute zählt das Arbeitsreservoir freier Agenten, Selbstständiger, unabhängiger Auftragnehmer und Zeitarbeiter etwa 25 Millionen Amerikaner. Der Nutzen einer solchen Tätigkeit auf eigene Initiative liegt in der Diversifikation: Sie laufen weniger

Gefahr, ohne Arbeit zu sein, wenn Sie auf mehrere Arbeitgeber zurückgreifen können.

Aber nicht jeder möchte freiberuflich tätig sein. Viele Menschen wollen bei größeren Firmen angestellt bleiben und an langfristigen Projekten arbeiten. Ihnen ist der Kontakt zu anderen Mitarbeitern genauso wichtig wie das Umfeld, in dem sie arbeiten. Sie investieren in ihre Karriere und das Unternehmen investiert in sie. Viele der interessantesten Aufgaben in meinem Unternehmen, so zum Beispiel die Software-Entwicklung, sind Kernbereiche, die nicht nach außen verlagert werden. Die meisten Unternehmen, darunter auch Microsoft, arbeiten hart daran, so attraktiv zu werden, dass engagierte Mitarbeiter lange Zeit bei ihnen bleiben. Viele Entwickler und Forscher haben sich Microsoft angeschlossen, weil sie die Chance sahen, Software zu programmieren oder Technologien zu entwickeln, die am Ende von Millionen von Menschen verwendet werden. Sie wollen, dass ihre Arbeit das größtmögliche Publikum erreicht.

Sowohl die Menschen, die für ein großes Unternehmen arbeiten wollen, als auch die, denen das nicht liegt, werden interessante Alternativen finden. Der Web Workstyle erleichtert es auch denjenigen, eine Beschäftigung zu finden, die zwar über gute Fähigkeiten verfügen, aber nicht ganztags arbeiten wollen. Weil es für sie durch das Internet einfacher geworden ist, Arbeit zu finden und durch Verwendung der neuen Technologie auch räumlich unabhängig arbeiten können, verfügen sie über ganz neue Möglichkeiten, und die Gesellschaft kann aus diesem Resevoir von Talenten schöpfen. Viele Geistesarbeiter werden dort leben, wo sie leben möchten und ihre Arbeit so strukturieren, wie sie es wollen und dennoch wichtige Beiträge für ihre Auftraggeber leisten. Mit dem Web Workstyle können Angestellte die Freiheit, die das Netz bietet, bis an seine Grenzen nutzen. Wenn der Web Workstyle kommt, wird die Wahl bei den Angestellten und Arbeitern liegen.

Als Manager müssen Sie sich Ihre Kerntätigkeiten genau ansehen. Schauen Sie sich noch einmal genau jene Bereiche Ihres Unternehmens an, die nicht in direkter Beziehung zu diesem Kerngeschäft stehen und überlegen Sie, ob ein digitales Nervensystem, das Internet-Technologien verwendet, Ihnen dabei helfen kann, diese Aufgaben nach außen zu verlagern. Übergeben Sie einem anderen Unternehmen die Verantwortung für diese Arbeit und verwenden Sie moderne Kommunikationstechnologie, um eng mit diesen Leuten, die jetzt Partner statt Angestellte sind, zusammenzuarbeiten. Denken Sie auch an die Mitarbeiter, die zwar ein großes Fachwissen haben, sich aber dazu entschieden haben, keine Vollzeittätigkeit auszuüben. Bessere Kommunikationsmittel könnten es Ihnen ermöglichen, die Fertigkeiten jener Personen auf der Basis laufender Projekte zu nutzen. Der Wettbewerb um die besten Leute wird in den nächsten Jahren zunehmen. Unternehmen, die ihren Mitarbeitern besondere Flexibilität ermöglichen, werden in diesem Schlüsselbereich Vorteile haben.

Der Web Workstyle beseitigt geographische Beschränkungen

Vor der Etablierung des Internets waren die meisten Beschäftigten im Hinblick auf ihre Arbeitsstätte durch die Geographie eingeengt. Wenn Sie in Greenwood, Arkansas, oder Aiken, South Carolina, leben wollten, war es Ihnen kaum möglich, für das beste Unternehmen ihrer Branche zu arbeiten, sei es in Voll- oder Teilzeit. Wenn Sie für eine große Firma arbeiten wollten, war es unwahrscheinlich, dass Sie in der Nähe der besten Fischreviere leben konnten.

Die Kommunikation über das Internet macht es nun möglich, weit entfernt von der Arbeitsstätte zu leben. Innerhalb weniger Jahre wird die Telekommunikationsarbeit nicht nur allgemein üblich werden, sondern sich auch grundlegend verändern. Heute verrichten die meisten Telearbeiter Aufgaben, die nicht ihre physische Präsenz im Büro erfordert, wie zum Beispiel Schreib- oder Analysetätigkeiten. E-Mails und das Telefon sorgen für einen Teil der Kommunikation mit den Kollegen oder Kunden, aber größtenteils bleibt es eine sehr einsame Arbeit. Doch in Zukunft werden Videokonferenzen, die gemeinsame elektronische Arbeit an Dokumenten und die Integration des Telefons und Personal Computers eine Form der Telepräsenz im Büro schaffen, die heute noch nicht möglich ist.

Solche Technologien überwinden schon jetzt geographische Hindernisse. Mehrere Software-Unternehmen in Indien besorgen den Kundensupport für amerikanische Unternehmen. Indem sie den Zeitunterschied ausnutzen, arbeiten sie an den Problemen, während die Menschen in den Vereinigten Staaten noch schlafen und liefern die Lösungen am nächsten Morgen amerikanischer Zeit. Es ist noch nicht lange her, dass zwei dänische Informatik-Studenten, die auf dem Campus von Microsoft in Redmond, Washington, arbeiteten, die ersten Menschen in der Geschichte waren, die transatlantische mündliche Prüfungen über das Internet auf sich nahmen, um ihren Abschluss zu machen. Durch den Einsatz eines Personal Computers entfiel die Notwendigkeit ihrer physischen Präsenz in Dänemark. Sie konnten länger in den USA bleiben und sich dort weiter schulen.

NetMeeting, die von den Studenten verwendete PC-Kommunikationstechnologie, findet breite Anwendung in der Telekommunikationsarbeit. Pythia Incorporation, ein kleines Software-Unternehmen in Indiana, das Programme für gesetzgebende Organe entwickelt, verwendet NetMeeting als Teil der Software. Die meisten Kunden und Software-Ingenieure sind in den Vereinigten Staaten ansässig, aber ihr wichtigster Mitarbeiter auf diesem Gebiet lebt in Griechenland. Er kommuniziert mit seinen Kollegen über ein Internet-Telefon. Jede Seite kann die Kontrolle über die Bildschirmoberfläche des PC übernehmen, um sie als leere Tafel zu benutzen, auf die man Flussdiagramme zeichnen und sogar Befehlsketten schreiben kann.

Das Web wird in zunehmendem Maße die Arbeitsbedingungen qualifizierter Menschen überall auf der ganzen Welt einander angleichen. Wenn Sie heute die Gehaltshöhe von jemandem erraten sollten und Sie nur eine einzige Frage stellen dürften, würde sie lauten: »In welchem Land leben Sie?« Der Grund liegt in den riesigen Differenzen im Durchschnittseinkommen zwischen den einzelnen Ländern. In zwanzig Jahren werden Sie eine andere Frage stellen müssen, um über das Gehalt Bescheid zu wissen: »Welche Ausbildung haben Sie?«

Schlüsselinformationen

▲ Das World Wide Web definiert die Grenzen zwischen Organisationen und zwischen Menschen und Organisationen auf eine neue Weise; es erlaubt einem Unternehmen, sich so zu strukturieren, dass es den höchsten Grad an Effizienz erreicht.

▲ Der Web Workstyle ermöglicht den Mitarbeitern, mit Kollegen und Partnern an anderen Standorten zusammenzuarbeiten.

▲ Durch das Internet können große Unternehmen kleiner und damit flexibler erscheinen, als sie wirklich sind. Kleinere Unternehmen erzielen immer höhere Umsätze bei gleichbleibendem Equipment.

Prüfen Sie Ihr digitales Nervensystem

▲ Erlauben es Ihre digitalen Systeme, dass Sie nahtlos mit Fachleuten wie Rechtsanwälten und Buchhaltern zusammenarbeiten können, die sich »außerhalb« der vier Wände Ihres Unternehmens befinden?

▲ Helfen Ihnen Ihre digitalen Systeme, sich auf Ihre Kerngeschäfte zu konzentrieren und alles andere nach außen zu verlagern?

▲ Sorgen Ihre digitalen Systeme für eine effizientere Verteilung der anfallenden Arbeiten?

▲ 9

Seien Sie als Erster am Markt

Du bewegst dich entweder schnell oder du stirbst. Das ist genau das Gegenteil von »Geschwindigkeit tötet«.

Richard McGinn,
VORSTANDSVORSITZENDER VON LUCENT TECHNOLOGIES

Kunden wollen Qualitätsprodukte zu niedrigen Preisen und sie wollen sie jetzt. Jedes Unternehmen, ob Hersteller, Dienstleister oder Lieferant, verfügt über immer weniger Zeit, seine Produkte auf den Markt zu bringen und dabei die Qualität hoch und den Preis niedrig zu halten. Die Informationstechnologie hat einen großen Anteil an diesem schnellen Warenumschlag, der höheren Qualität und der niedrigen Preise, die die Wirtschaft im letzten Jahrzehnt charakterisieren.

Wenige Industriezweige demonstrieren diese zweifache Anforderung, auf der einen Seite die Zeit zu reduzieren und auf der anderen Seite gleichzeitig die Qualität zu steigern, besser als die Automobilindustrie. Das Design japanischer Autos schien in den 80er Jahren moderner zu sein und es kam häufiger zu Qualitätsverbesserungen als bei den amerikanischen Fahrzeugen. Der Grund für diesen Vorsprung lag darin, dass japanische Autohersteller nur drei Jahre benötigen, um ein neues Modell vom Entwurf bis zur Massenproduktion zu bringen. Die amerikanischen Hersteller brauchten normalerweise vier bis sechs Jahre, außerdem lagen ihre Kosten höher.

Die amerikanischen Unternehmen reagierten, indem sie die organisatorischen Barrieren zwischen den verschiedenen Abteilungen für Design, Produktion und Verkauf beseitigten. Auch die Kommunikation mit externen Partnern wurde entsprechend verbessert. Designer, Ingenieure, Lieferanten und das Produktions- und Beratungspersonal begannen in Teams zusammenzuarbeiten, die elektronisch miteinander kommunzierten. Auf diese Weise konnten sie die Zeit, die vom Design eines neuen

Produktes bis zu seiner Präsentation im Verkaufsraum nötig war, um mehr als die Hälfte reduzieren. Andere Abläufe in der Automobilindustrie sind ebenfalls durch die neue Technologie verbessert worden, wozu auch das computergestützte Design (CAD) neuer Fahrzeuge gehört. Die 3-D-Gestaltungsfähigkeiten von CAD-Anwendungen ermöglichen es den Ingenieuren, ein Fahrzeug zu entwerfen, ohne einen Prototyp bauen zu müssen. Die Designer können auf dem Bildschirm sehen, ob die Teile zusammenpassen und sie können die Form von Einzelteilen verändern, ohne spezielles Werkzeug zu bauen. Der Einfluss digitaler Informationstechnologie auf die Verbesserung der Effizienz in der Versorgungskette wird in Kapitel 12 ausführlich behandelt. Aber man sollte an dieser Stelle erwähnen, dass elektronische Verbindungen zwischen Autoherstellern und Lieferanten die Fehlerquote bei den Lieferungen von Zubehörteilen bereits um 72 Prozent verringert haben und zu einer Arbeitskostenersparnis von bis bis zu acht Stunden pro Woche und Auto führten.

Die Verbraucher haben von diesen besseren und schneller produzierten Fahrzeugen profitiert. Die Fortschritte von Ford bei der Produktion sind für die ganze Autoindustrie typisch. 1990 benötigte das Unternehmen noch mindestens fünf Jahre, um einen Wagen vom Reißbrett bis zum Kunden zu bringen, und dabei stießen sie auf 150 Fehler bei jeweils 100 Wagen, das sind 1,5 Defekte pro Fahrzeug. 1998 hatte Ford seine Zykluszeit um mehr als die Hälfte, auf weniger als 24 Monate, reduziert. Gleichzeitg sank die Fehlerquote von 150 auf 81 Fehler pro 100 Wagen. Heute liegt die Mängelrate der meisten Hersteller unter einem Fehler pro Wagen. Um die Zykluszeiten weiter zu verkürzen, beabsichtigen die Autohersteller auch, das Internet zu verwenden, sodass die Ingenieure in einer Zeitzone – zum Beispiel in Indien und Asien – über Nacht an den auftretenden Problemen arbeiten können und die Antworten bis zum nächsten Arbeitstag an ihre Kollegen in den Vereinigten Staaten übermitteln können.[9]

Mit der Entwicklung Schritt halten

In einigen Industriezweigen geht es nicht primär um die Frage, wie man noch schneller am Markt erscheint. Hier dreht sich alles um das Problem, angesichts der astronomisch gestiegenen Komplexität mit der Marktentwicklung Schritt zu halten. Die Intel Corporation hat zum Bei-

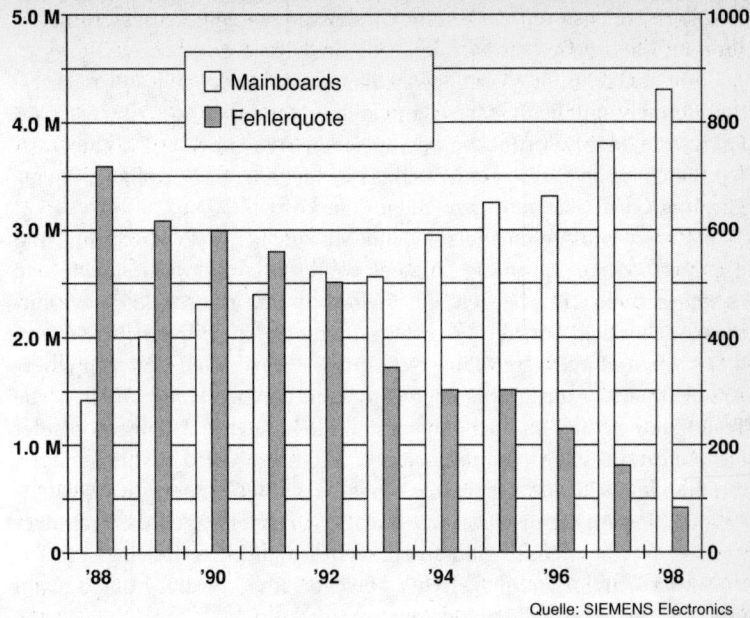

Quelle: SIEMENS Electronics

Die Siemens AG verwendet die digitale Technologie für den Entwurf und die Simulation vor der Produktion, um damit die Zeit bis zur Markteinführung zu verringern und die Qualität bei der Herstellung von programmierbaren Logic Controllern, oder PLCs, den winzigen Geräten, die in vielen industriellen Maschinen laufen, zu steigern. Die ständige Rückmeldung der Produktionsergebnisse an die Entwicklungsabteilung führt zu konstanten Verbesserungen. In dem Jahrzehnt zwischen 1987–88 und 1997–98 reduzierte Siemens seine Produktionszeit um einem Faktor von mehr als 2,5, während es gleichzeitig die Fehlerquote um den Faktor 10 verringerte. Die Verwendung von digitalen Werkzeugen, um die Zeit für die Vermarktung zu reduzieren und die Qualität zu steigern, wird Auswirkungen auf jede Branche haben.

spiel stets einen 90-tägigen Produktionszyklus für ihre Mikroprozessoren, mit denen die meisten Personal Computer arbeiten. Intel erwartet, dass sie dieses 90-tägige Produktionstempo trotz der wachsenden Komplexität der Mikroprozessoren beibehalten können. Die Anzahl von Transistoren im Chip nahm von 29 000 im Prozessor 8086 im Jahre 1978 bis auf 1,5 Millionen im Pentium des Jahres 1998 zu und die Fähigkeiten des Mikroprozessors erhöhten sich in denselben 20 Jahren um den Faktor 10 000. Im Jahre 2011 will Intel Mikroprozessoren mit einer

Milliarde Transistoren ausliefern. Diese exponentielle Verbesserung beruht auf Moores Gesetz, nachdem sich die Leistung von Mikroprozessoren alle achtzehn bis vierundzwanzig Monate verdoppelt. Bei nüchterner Betrachtung heißt das, wenn andere Produkte wie zum Beispiel Fahrzeuge oder Haferflocken dem gleichen Trend wie der PC unterworfen wären, dann würde ein Mittelklassewagen heute 27 Dollar und eine Packung Cornflakes nur etwa einen Cent kosten.

Intel verwendet eine Vielzahl von Management-, Produktions- und digitaler Methoden, um die Effizienz weiter zu gewährleisten, während es immer mehr Transistoren auf einen Chip von der Größe eines Daumennagels packt. In den 70er Jahren trugen die Intel-Techniker Arbeitskittel und benutzten Pinzetten, um die Siliziumteilchen von einem Arbeitsprozess zum nächsten zu transportieren. Heute arbeiten die Techniker der Intel in einer Umgebung, die hundertmal sauberer als der beste medizinische Operationssaal ist. Sie tragen die »Häschenanzüge«, die Sie vielleicht aus den Fernsehspots von Intel kennen. In Wirklichkeit sind die Anzüge weiß. Nach Angabe von Intel tragen die Techniker nur dann helle, metallische Farben, wenn sie in die Nähe eines Marketing-Mitarbeiters kommen. Heute bewegen Roboter die große Anzahl von Wafern zwischen den Verarbeitungsschritten.

Jede Generation von Mikroprozessoren erfordert neue Großfabriken, die jeweils mehr als eine Milliarde Dollar kosten. 1998 führte Intel eine innovative Strategie ein, um ein gleichförmiges Niveau von Effizienz und Qualität in all seinen Chip-Fabriken zu gewährleisten. Um die Einrichtung von Hunderten verschiedener »Trial-and-Error«-Prozesse auf dem Weg zu einem neuen Mikroprozessor von der Entwicklung bis zur Herstellung in den diversen Produktionsfabriken zu vermeiden, beteiligt Intel schon in einem frühen Stadium die Manager der Fertigungseinrichtungen, um sicherzustellen, dass der Produktionsprozess dort exakt auf die Zuverlässigkeit und die hohen Fertigungszahlen abgestimmt wird. Der perfektionierte Prozess wird an alle Fabriken weitergegeben und ermöglicht es Intel, neue Fabriken schnell auf ein gleiches Niveau zu bringen.

Um die »Trail-and-Error«-Prozesse bei der Entwicklungsarbeit zu verringern, hat Albert Yu, der Vizepräsident der Mikroprozessor-Produktionsgruppe, auch ein Programm mit dem Namen Development 2000, oder D2000, gestartet, damit jeder Ingenieur Nutzen aus den Erfahrungen anderer Entwickler ziehen konnte. Durch das Studium der Entwicklungsprozesse für die Pentium und Pentium Pro Mikroprozessoren entdeckte Intel, dass mehr als 60 Prozent der Probleme, vor denen Designer standen, schon von einem anderen Team gelöst worden waren. Es ist sehr wahrscheinlich, dass jedes groß angelegte Design- oder Produktionsunternehmen mit manuellen Prozessen vor Ort ein ähnliches Ausmaß an sich überschneidenden oder sich wiederholenden Arbeiten finden wird.

Um dafür zu sorgen, dass Designer auf vorherigen Tätigkeiten aufbauten, anstatt jedesmal neu zu beginnnen, schuf Yus Organisation eine Datenbank mit den am besten bewährten Methoden für die Bewältigung technischer Probleme und verwendete eine Browser-Schnittstelle, um den Zugang zu einem halben Dutzend verschiedener Webseiten zu gewährleisten. Ebenso entwickelt man Software-Tools, um die Design-Entwicklung von Beginn an zu überprüfen, und um Produktionsfehler und Probleme im Produktionsprozess aufzuspüren. Die im D2000-Programm integrierten Software-Tools haben Intel geholfen, seit 1994 die Geschwindigkeit, mit der sie neue Produkte auf den Markt bringen, fast zu verdoppeln. Sie befinden sich auf einem guten Weg, das wichtigste Ziel des D2000-Programmes zu realisieren, nämlich die Massenproduktion bereits mit dem ersten Design eines Mikroprozessors zu erreichen, anstatt mehrere Wiederholungen absolvieren zu müssen, um das Produkt zu perfektionieren.

Die durch die Technologie vorangetriebene Reduzierung der Zeit bis zum Erscheinen auf den Märkten betrifft nicht allein Produktionsfirmen oder die High-Tech-Industrie. Im Verlagswesen haben Informationswerkzeuge die Zykluszeit vom Erstellen eines Manuskript bis zu dessen Veröffentlichung auf die Hälfte reduziert, von achtzehn Monaten auf neun Monate. Dieses Buch benötigte vom endgültigen Manuskript bis zur Veröffentlichung nicht einmal fünf Monate.

Machen Sie »Zuerst« zu einem Unternehmens-Mantra

Obwohl Banken die Informationstechnologie schon immer nutzten, standen sie nicht in dem Ruf, innovativ zu sein und neue Programme oder Dienstleistungen rasch umzusetzen. Banco Bradesco, mit zwanzig Millionen Kunden die größte Bank in Brasilien, bildet eine bemerkenswerte Ausnahme. Beinahe von Anfang an hat dieses Bankunternehmen den Begriff »Zeit zum Handeln« praktisch zu einem Mantra gemacht.

Mit beinahe 2200 Zweigstellen verwaltet Banco Bradesco Vermögenswerte im Gesamtumfang von 68,7 Milliarden Dollar und bedient täglich drei Millionen Kunden. Banco Bradesco war das erste private brasilianische Unternehmen, das 1962 Computer einsetzte und 1982 die erste Bank, die Geldautomaten und Homebanking anbot. Die Geschichte der Inflation in Brasilien zwang die Banken, die Konteninformationen stets auf dem neuesten Stand zu halten. Sogar heute kann man von den Banken in den Vereinigten Staaten und in den meisten anderen Ländern keine so aktuellen Konteninformationen wie von den brasilianischen Banken erhalten. Bradesco wird manchmal als »Die Bank, die es in Brasilien zu schlagen gilt« bezeichnet, denn sie nutzt die neue Technologie, um innovative Lösungen für Kunden schneller als ihre Konkurrenten zu entwickeln. Bradesco liefert seinen Klienten nicht nur die traditionellen Bankdienstleistungen, sondern alle Dienste, die mit dem Finanzwesen in Verbindung stehen – alles, um die Loyalität ihrer Kunden nicht zu verlieren.

Will man der Konkurrenz vorauseilen, können sogar sechs Monate zu lang sein, um eine neue Idee auf dem Markt zu präsentieren. Daher konzentrierte sich Bradesco auf kurze Entwicklungszyklen – Wochen und Monate, nicht länger. Die Bank will ein neues Produkt oder eine neue Dienstleistung ihrem ganzen Kundenkreis zur gleichen Zeit zur Verfügung stellen. Alle logistischen Maßnahmen werden daher sorgfältig geplant.

Bradesco programmierte vor einiger Zeit für einen kleineren Geschäftskunden eine Geldmanagement-Software, mit der Zahlungen und Außenstände verwaltet werden können. Heute verwenden etwa 4100 Geschäfte diese Anwendung. Für einen anderen Klienten entwickelte Bradesco eine Gehaltskarte, die es ermöglichte, dass die Mitarbeiter direkt aus den Geldautomaten von Bradesco bezahlt wurden, ohne dafür ein Konto bei der Bank zu benötigten. Die Karte wird jetzt von 300 Firmen verwendet und soll auf 2000 Unternehmen mit einer Million Angestellten ausgedehnt werden.

In all diesen Fällen war Bradesco das erste Finanzinstitut, das eine solche Dienstleistung anbot.

Im Jahre 1996 wurde Banco Bradesco die erste brasilianische Bank – und die fünfte weltweit – die das Internet nutzte, um Bankdienstleistungen anzubieten. Im Sommer 1998 ermöglichte sie als erstes Geldinstitut in der Welt das Online-Banking für sehbehinderte Menschen.

Ein Sprachsynthesizer liest dabei den Inhalt der Webseite laut vor. Im Jahre 1998 erledigten 350 000 der 440 000 Online-Kunden ihre Bankgeschäfte über das Internet, statt über den von dem Unternehmen eingerichteten Telefonservice. Die Anzahl der Internet-Kunden wuchs um 12 Prozent pro Monat. Online-Banking hat sich in Brasilien schneller als in jedem anderen Land durchgesetzt. Der Zugang zu einem großen Bereich finanzieller Dienstleistungen wird durch die Webseite der Bank, das BradescoNet, angeboten.

Zusätzlich zu den üblichen Dienstleistungen bietet Bradesco auch zehn Investitionshilfsmittel, einschließlich Optionen für Investmentgesellschaften, über das Internet an. Darüber hinaus bringt es viele seiner Partner zusammen, um Webgeschäfte über BradescoNet oder die Webseite eines Partnerunternehmens zu entwickeln. Jede dieser assoziierten Firmen – inzwischen schon zwanzig mit zunehmender Tendenz Ende 1998 – bietet online einen Katalog mit Produkten an. Die Kunden wählen die Waren, die sie kaufen wollen, so wie sie es bei jedem anderen Online-Geschäft tun würden. Der Unterschied liegt darin, dass die Zahlung durch eine sofortige Geldüberweisung vom Konto des Klienten auf das Bankkonto des Partners erfolgt. Wegen dieser direkten Verbindung mit dem Bankkonto des Kunden muss der Käufer keine Kreditkartennummer für den Onlinekauf angeben. BradescoNet ermöglicht es den Verbrauchern, fast alle Waren, von der Schokolade bis zum Telefon, ihre Telefon- und Stromrechnungen und sogar staatliche Gebühren wie die Kraftfahrzeugsteuer auf diesem Weg zu begleichen.

Ein Beispiel für den Wunsch von Bradesco, als Erster am Markt zu sein, war der Eintritt in das Internet-Banking zu einem Zeitpunkt, als die meisten Menschen das Internet noch als einen »Vergnügungspark« betrachteten. Während andere Banken besorgt waren, dass das Internet sie ersetzen würde, stürmte Bradesco voran. »Wir hören oft Beschwerden von Unternehmen, vor allem aus dem Finanzwesen, dass die Technologie andere Anbieter, die nicht aus der Finanzbranche stammen, in die Lage versetzen würde, sie zu umgehen und ihren Kunden direkte Dienstleistungen anzubieten«, sagt Alcino Rodrigues de Assunção. »Wir kaufen Ihnen das nicht ab. Bei Banco Bradesco haben wir einen offensiven Standpunkt eingenommen. Technologie bedroht uns nur, wenn wir abwarten und sie von jemand anderem genutzt wird. Wenn wir sie selbst verwenden, hilft sie uns dabei, möglichst schnell unseren Kunden neue Leistungen anzubieten.«

Weil sie die erste größere kommerzielle Webseite in Brasilien haben, hat BradescoNet die Gelegenheit, zu einer Eingangs-Webseite zu werden – die erste Seite, mit der brasilianische Verbraucher auf das Internet zugreifen. Wie ließe sich die Loyalität der Kunden besser sichern?

Dennoch weiß die Bank, dass sie ihr digitales Nervensystem in Zukunft noch besser nutzen muss. Heute sammelt Bradesco viele Informationen über Kunden, unabhängig von den in Anspruch genommenen Dienstleistungen. Das Ziel der Bank liegt darin, Information über alle unterschiedlichen Transaktionen zu gewinnen, um ein vollständiges Profil des Bankkunden zu erhalten. So kann die Bank zielgerichtete Dienstleistungen anbieten, oder die neuen Dienstleistungen auch übergreifend verkaufen, und dies so schnell, wie es durch die Technologie möglich geworden ist. Wenn die Bank beispielsweise die Zahlungen von Autodarlehen registriert, kann sie auch jenen Kunden Autokredite anbieten, die ihre Fahrzeuge woanders finanziert haben. Kunden mit einem großen Zahlungsverkehr und vielen verschiedenen Transaktionen könnte die Bank auf spezielle Angebote hinweisen, so etwa auf niedrige Hypothekenzinsen.

Diese Kundendaten gehören zu den wertvollsten Vermögenswerten der Bank. Jede Transaktion ist bereits gespeichert. Es ist Aufgabe der Bank, Systeme zu entwerfen, die diese Informationen am besten nutzen. Die Bank, die ihre Infrastruktur ursprünglich um ihre senkrechten Anwendungen herum aufbaute, beabsichtigt, eine waagerechte Ausrichtung über Abteilungsgrenzen hinweg vorzunehmen. Damit können sie ihre Kunden als Benutzer ihrer Dienstleistungen besser verstehen. Bradesco wird mehrere Jahre benötigen, um alle Kundeninformation zusammenzutragen, doch dann werden sie in der Lage sein, in kurzer Zeit noch bessere Service-Leistungen zu entwickeln und ihren Kunden zur Verfügung zu stellen.

Verkürzen Sie die Zykluszeit

In keinem Industriezweig wurde der Produktzyklus so weit verkürzt wie in der PC-Industrie. Die dadurch verursachten Veränderungen sind ein Indiz dafür, inwieweit auch andere Branchen davon betroffen sein werden. Ein besserer Fluss digitaler Informationen führt nicht nur zu Verbesserungen, er ist vielmehr Voraussetzung für den Erfolg.

In nur wenigen Jahren ist der Produktzyklus bei der Compaq Computer Corporation von achtzehn Monaten auf zwölf Monate und Ende 1998 auf sechs bis neun Monate für Business- und auf vier Monate für Verbraucherprodukte gesunken. Mit seinen älteren Informationssystemen brauchte Compaq 45 Tage, um aus seinen weltweiten Verkaufsinformationen einen einzelnen Zahlensatz zu machen, den sie für die Produktplanung benötigten. Bis das Unternehmen seinen Lieferanten den Produktionsbedarf übermitteln konnte, hatte es schon die Hälfte des viermonatigen Lebenszyklus für wichtige Produkte hinter sich. In einem Industriezweig, in dem die Zykluszeit den alles entscheidenden Faktor darstellt, musste das Unternehmen dynamisch planen, um konkurrenzfähig zu bleiben.

Compaq führte ein Produktionsplanungs-System (PPS) ein, für das sie als Basis die Software der Firma SAP nutzen. Bei der Herstellung verfolgt ein effektives PPS die täglichen Aktivitäten eines Unternehmens und gibt den Managern die Möglichkeit, das Produktionssystem zu kontrollieren. Dieses PPS hilft Compaq dabei, seine Produktionsabläufe genau einzurichten, vollständig Gebrauch von den eigenen Kapazitäten zu machen, das Inventar zu reduzieren und Liefertermine einzuhalten.

Compaq startete mit den PPS-Projekten vor mehreren Jahren, als in den Niederlassungen überall auf der Welt völlig unterschiedliche Finanz- und Planungssysteme im Einsatz waren. Inzwischen haben sie in allen ihren Fabriken ihre Systeme auf die Software von SAP umgestellt, darunter auch das durch den Kauf von Tandem erworbene Werk und 39 der insgesamt 46 Vertriebsgesellschaften weltweit. Parallel hat Compaq ein Planungssystem für die Montage eingeführt, das Informationen über Lieferungen, Nachfrage und Produktionskapazität in einem Datenlager zusammenfasst, das ursprünglich von SAP entwickelt wurde.

Diese Konsolidierung gibt Compaq eine weltweite Konsistenz aller Daten, die benötigt werden, um Verkäufe und Produktion zu planen. Als Compaq seine Systeme stabilisiert hatte, verringerte sich der 45-tägige Planungszyklus auf einen Zeitraum von nur noch einer Woche. Im Allgemeinen ist die Summe der Verkaufszahlen einer Woche notwendig, um eine wirkliche Bestandsaufnahme des Marktes für die Planung langfristiger Verkäufe zu bekommen. Dennoch ist Compaq weiterhin darum bemüht, seinen Produktionszyklus noch weiter zu verkürzen. Sie nähern sich jetzt einem Zeitraum von einem Tag für die Terminierung der Material-Lieferungen von den Zulieferbetrieben und sie planen diese Frist noch weiter auf acht Stunden und letztlich auf vier Stunden zu verringern.

Während Compaq seinen normalen Planungszyklus verkürzt, führt das Unternehmen auch Echtzeit-Systeme ein, um auf unvorhergesehene Nachfragen reagieren zu können. Mit denselben Datenquellen soll so eine gesonderte Bestandsaufnahme seiner Lieferkapazitäten und Bestellungen durchgeführt werden, und zwar dreimal pro Nacht mit acht Stunden Zeitunterschied – jeweils um Mitternacht für die Vereinigten Staaten, für Europa und Asien. Mit Daten in Echtzeit, statt mit Informationen, die eine Woche oder einen Tag alt sind, kann Compaq auch unerwartete Aufträge, wie zum Beispiel eine Bestellung von 7000 Desktop-Rechnern, bearbeiten. Gleichzeitig ist das Unternehmen durch die elektronische Verbindung zu seinen Lieferanten in der Lage, ohne Verzögerung zu erfahren, ob alle wichtigen Teile lieferbar sind und die Bestellung somit ausgeführt werden kann.

Um diese Art des reflexartigen Reagierens zu ermöglichen, macht Compaq seine vorhandenen EDI-Systeme mit Hilfe von Internet-Protokollen und Standards internetfähig. Wo aufgrund der Komplexität des EDI-Systems die Antwort auf den Zeitraum von einer Woche beschränkt wird, bietet eine auf dem Internet basierende E-Commerce-Lösung dem Unternehmen die Möglichkeit, zusammen mit seinen Partnern sehr schnell zu reagieren. Wenn eine Bestellung eintrifft, kann der Lieferant den neuen Auftrag zum selben Zeitpunkt wie der Planer von Compaq im Extranet betrachten.

John White, der 1998 seit mehr als vier Jahren als Vorstandsmitglied für die Informationstechnologie verantwortlich war, vergleicht Compaqs Installation seines PPS-Systems mit dem Verstellen der Flügel und Turbinen eines Düsenjets während des Fluges. Das Unternehmen muss weiterlaufen, wenn die neuen Systeme installiert werden. Während Compaq den Übergang durchführte, stiegen die Einnahmen des Unternehmens von sieben auf 35 Milliarden Dollar. Sie erwarben die Digital Equipment Corporation, die selbst gerade mit einem leicht veränderten Ansatz auf die Software von SAP umgestiegen waren.

White empfiehlt, ein Produktionsunternehmen solle das ganze PPS-Paket in einen Bereich einfügen, der von geographischen Verkaufsgebieten, Niederlassungen oder von der Fabrik bestimmt sein kann. Es ist besser, das gesamte System in einem Arbeitsgang einzufügen, anstatt die Abläufe in der Organisation mehrfach zu unterbrechen, um Einkauf, Finanzen, Produktion und Planung nacheinander zu installieren.

Ein Unternehmen kann einen von zwei verschiedenen Ansätzen für die Umstellung auf das PPS verfolgen. Zum einen kann man alle Software-Module von einem Anbieter kaufen und so den vollen Nutzen der Integration erhalten. Bei dem anderen Vorgehen kauft man jedes Modul bei dem Software-Produzenten mit dem besten Produkt. Bei der gegenwärtigen Welle von Programm-Anpassungen hat die Leichtigkeit der Integration viele Produktionsfirmen dazu veranlasst, nur mit einem einzigen Anbieter von Produktionsplanungs-Systemen zusammenzuarbeiten. Wenn weitere Standards entstehen, um Informationen auf formelle Weise darzustellen, wird die Verwendung von verschiedenen Paketen leichter durchführbar.

Eine andere Überlegung betrifft den Grad der Anpassung des PPS an die eigenen Bedürfnisse. Bei einigen Paketen können neue Updates integriert werden, ohne dass darunter die Funktionsfähigkeit der bisherigen Installation leidet. In anderen Fällen muss der Programmcode ständig bearbeitet werden, um sich an die neue Version anzupassen.

Es ist Teil der Revolution in der Komponenten-Software, dass sie leichter in einzelne Bestandteile zu zerlegen ist und weiter mit den bereits angepassten Modulen arbeiten kann, ohne dass jedesmal viel Zeit vergeudet wird, wenn eine neue Version des PPS-Systems ausgeliefert wird.

Diese beiden Gesichtspunkte – ein unkomplizierter Austausch von Daten zwischen Programm-Paketen und die Unabhängigkeit der Installation von verschiedenen Software-Versionen – sind von grundlegender Bedeutung für die Anbieter von Anwendungen und für Microsoft. Zusammen bemühen wir uns darum, die Standards in jedem Betrieb so hoch wie möglich zu setzen, um damit sicherzustellen, dass Unternehmen den größten Nutzen aus den PPS-Systemen und den damit verbundenen Investitionen erzielen können.

Zunehmende Leistungsfähigkeit und Zeitersparnis

Für Compaqs Bestreben, Arbeit in Echtzeit auszuführen, sind Computer mit größerer Leistungsfähigkeit erforderlich. Auf ihren alten Minicomputersystemen dauerte es acht bis zehn Stunden, um einen Planungszyklus zu erstellen. Mit seinen eigenen High-End-PC-Systemen ist Compaq bereits in der Lage, diese Zeit auf 25 Minuten zu reduzieren. Aber um auf unerwartete Kundennachfragen prompt reagieren zu können, benötigt Compaq Echtzeitdatenbanken. Neue 64-Bit-PC-Server-Software sorgt für diese Fähigkeit und ermöglicht es Compaq, die potenziellen geschäftlichen Probleme bei jeder Kombination von 8000 Einzelteilnummern, 46 Verkaufsgebieten, sechs wichtigen Produktionsstätten und zwölf Vertriebszentren durchzurechnen.

Diese neuen Fähigkeiten sind ein gutes Beispiel dafür, wie sehr Technologie und Business miteinander verflochten sind und wie die Technologie neue betriebliche Abläufe möglich macht. Ohne leistungsfähige Mikroprozessoren und ohne den digitalen Informationsfluss wäre Compaq nicht in der Lage, seine Arbeitsabläufe so drastisch zu verkürzen. Wenn es acht bis zehn Stunden dauert, die Zahlen zu bearbeiten und es während dieser Zeit nicht möglich ist, die Datenbank zu aktualisieren oder Zugang zu ihr zu bekommen, wie können dann die Informationssysteme so reaktionsschnell sein, wie dies in der Ära der Just-in-time-Lieferungen notwendig ist?

Die »publish-and-subscribe«-Technologie ist ein anderer entscheidender Bestandteil für Compaqs Zukunft. Sie bildet die Brücke zwischen PPS und den Planungssystemen. Publish-and-subscribe ermöglicht dem Unternehmen, Daten auf eine Weise zu verarbeiten, die zuverlässig und beinahe in Echtzeit abläuft. Sobald sich Änderungen bei der Bestellung oder der Inventarposition ergeben, übermittelt das Datensystem die Veränderungen an einen Netzwerkserver, der dann die Informationen automatisch auf die Personal Computer derjenigen Anwender überträgt, die darüber infomiert werden müssen. Die Technologie versetzt Compaq in die Lage, Informationen nur für die Leute bereitzustellen, die sie wirklich brauchen. Aufwendige Übertragungen und das Abspeichern in einer zentralen Datenbank wird dabei vermieden.

Darüber hinaus kann die »publish-and-subscribe«-Technologie auf die Workstations jedes Beteiligten zugreifen, zu denen auch Lieferanten im Extranet gehören. Die Einkäufer und Zulieferer von Compaq müssen die Extranetseite nicht konstant überwachen, um die Augen für besondere Gelegenheiten offen zu halten. Wenn eine Bestellung über 7000 Computer eintrifft, bekommen sowohl Einkäufer als auch Lieferanten gleichzeitig eine entsprechende Nachricht von ihrem PC.

Weitere Zeitersparnis

Digitale Prozesse erlauben es jedem Betrieb, die Zeit für die Vermarktung ihrer Produkte dramatisch zu verkürzen, obwohl natürlich ein gewisses Maß an Zeit und Energie immer nötig sein wird, um physische Waren zu liefern. Nicholas Negroponte vom MIT beschreibt den Unterschied zwischen physischen Produkten und Informationsprodukten im digitalen Zeitalter als den Unterschied zwischen der Bewegung von Atomen (Produkte wie Fahrzeuge und Computer) und der Bewegung von Bits (elektronische Produkte wie Finanzanalysen und Nachrichtensendungen). Die »Produzenten« von Atomen können die physischen Objekte noch immer nicht einfach durch den Raum »beamen«, aber sie können Bit-Geschwindigkeit – die digitale Koordination in vielerlei Form – verwenden, um die Reaktionszeit dramatisch zu verringern. Beinahe die gesamte Zeit, die für die Herstellung einer Ware nötig ist, liegt in der Koordinierung der Arbeit, und weniger in der tatsächlichen Produktion. Die britische Regierung gab eine Studie in Auftrag und fand heraus, dass es fast ein Jahr dauerte, Aluminum aus Erz zu gewinnen und es als Dose in das Lebensmittelgeschäft zu liefern – und der größte Teil dieser Zeit wurde damit verbracht, zwischen den einzelnen Schritten auf irgendwelche Papiere zu warten.

Gute Informationssysteme können den größten Teil dieser Wartezeit beseitigen. Und die Hersteller von physischen Produkten werden feststellen, dass das Online-Angebot – ein weiterer »bit-orientierter« (im Gegensatz zum »atom-orientierten«) Ansatz – so sehr zu einem Teil der Produkt- und Kundenerfahrung werden wird wie die von ihnen gelieferten physischen Waren. Das Internet sorgt für eine hohe Geschwindigkeit bei der Auslieferung von Waren und in Verbindung mit der zusätzlichen Interaktion mit dem Kunden wird aus dem Produkt praktisch eine Dienstleistung. Produktionsunternehmen müssen sich heute nicht mit den besten ihrer Konkurrenten, sondern mit den besten aller Dienstleistungsunternehmen vergleichen. Sie müssen sicherstellen, dass ihre Unternehmenskultur und ihre Infrastruktur die rasche und effektive Forschung, Analyse, Zusammenarbeit und Ausführung unterstützen. Sie sollten ihre Webseiten nicht als hübsche Extras betrachten, sondern sie zu einem integralen Bestandteil der Produktentwicklung und Produktverbesserung machen.

Letztlich hat die »Geschwindigkeit« einen kulturellen Hintergrund. Es geht um grundlegende Veränderung der Auffassungen innerhalb eines Unternehmens in Bezug auf die Schnelligkeit, mit der sich jeder bewegen muss. Jeder einzelne Mitarbeiter muss erkennen, dass sofort ein Konkurrent zur Stelle ist, wenn man einen Kundenwunsch nicht schnell genug erfüllen kann, wobei auch keineswegs die Qualität geopfert werden muss. Wenn man die Notwendigkeit erkannt hat, dass man in der Geschäftswelt von morgen rasch handeln muss, sollte man die digitale Technologie nutzen, um zu schnellen Reaktionen fähig zu sein.

Schlüsselinformationen

▲ Die Zeit zum Handeln wird für jedes Unternehmen knapper, ob es nun Produkte oder Informationen verkauft. Die Verwendung der digitalen Information, um als Erster am Markt zu sein, kann Ihre Wettbewerbsposition dramatisch verbessern.

▲ Geschwindigkeit hat nicht nur einen technischen, sondern auch einen kulturellen Aspekt. Es ist leicht einzusehen, dass das Überleben eines Unternehmens davon abhängt, dass jeder so schnell wie möglich handelt.

▲ Die Übernahme eines Produktionsplanungs-Systems wird Ihnen helfen, die nötige Klarheit und Standardisierung in Ihre Finanzdaten zu bringen.

Prüfen Sie Ihr digitales Nervensystem

▲ Verwenden Sie den digitalen Datenfluss, um schnelleren Warenumschlag, höhere Qualität und niedrigere Preise zu erzielen?

▲ Verfügen Sie über elektronische Verbindungen zwischen Herstellern, Lieferanten, Verkäufern und anderen Beteiligten, sodass die Planungszyklen komprimiert sind?

▲ Verwenden Sie digitale Systeme, mit denen Sie auf Produktionsveränderungen innerhalb der normalen Arbeitszeit reagieren können?

Teil III

Verbesserung des strategischen Denkens

▲ 10
Schlechte Nachrichten müssen schnell reisen

Unternehmen mit großer Leistungsfähigkeit sind anders. Sie haben Angst, etwas zu verpassen. Aus diesem Grund achten sie sorgfältig darauf, was auf ihren Märkten geschieht.

Guillermo G. Marmol,
MCKINSEY & COMPANY

Ich besitze einen natürlichen Instinkt, mit schlechten Nachrichten umzugehen. Wenn sie heraus sind, will ich mehr darüber wissen. Die Menschen, die für mich arbeiten, haben das begriffen. Manchmal bekomme ich eine E-Mail, die mit den folgenden Worten beginnt: »Um dem Motto treu zu bleiben, dass schlechte Nachrichten schneller als gute Nachrichten reisen sollten, anbei ein Prachtexemplar.«

In jeder Organisation gibt es immer einige Sachen, die schiefgehen. Ein Produkt entpuppt sich als Reinfall. Man wird davon überrascht, dass ein Kunde plötzlich zu einem anderen Anbieter wechselt. Ein Konkurrent kommt mit einem Produkt heraus, das allem Anschein nach auf einen großen, neuen Markt trifft und zu Einbrüchen bei den eigenen Kunden führt. Der Verlust von Marktanteilen gehört zu den schlechten Nachrichten, die jedes Unternehmen kennt.

Andere schlechte Nachrichten können mit internen Vorgängen zu tun haben. Vielleicht erscheint ein Produkt zu spät oder hat nicht die erwarteten Eigenschaften. Vielleicht waren Sie auch nicht in der Lage, die richtigen Leute einzustellen, um Ihre Pläne durchzuführen.

Eine entscheidende Eigenschaft eines guten Managers ist die Entschlossenheit, mit der er auf schlechte Nachrichten reagiert. Er geht ihnen nicht aus dem Weg, sondern sucht nach ihnen. Ein effektiv arbeitender Manager will wissen, was falsch läuft, bevor er zur Kenntnis nimmt, was gut läuft. Es ist jedoch nicht möglich, auf enttäuschende Nachrichten angemessen zu reagieren, wenn sie einen nicht rechtzeitig erreichen.

Wenn Sie sich intensiv mit diesen schlechten Nachrichten auseinander setzen, werden sie auch Lösungen finden. Sobald Sie von einem Problem erfahren, muss jeder einzelne Mitarbeiter in Ihrem Unternehmen aktiv werden. Man kann einen Betrieb danach beurteilen, wie schnell er seinen gesamten verfügbaren Intellekt dazu einsetzt, um ein ernsthaftes Problem zu lösen. Ein wichtiges Kriterium für das digitale Nervensystem eines Unternehmens liegt in der Geschwindigkeit, mit der die Menschen schlechte Neuigkeiten erfahren und darauf reagieren. Die digitale Technologie beschleunigt die unternehmerischen Reflexe in jedem Notfall.

Früher war die Reaktion einer Organisation auf schlechte Nachrichten zwangsläufig langsam. Geschäftsführer erfuhren oft erst dann von Problemen, wenn sie bereits kritisch geworden waren, denn der einzige Weg ihnen Informationen zukommen zu lassen, bestand darin, sie mit einem Anruf zu stören. Vor Behebung eines Problems musste man sich durch Papierakten wühlen oder im Haus herumlaufen, um jemanden zu finden, der etwas über die Situation wusste. Sobald die Informationen dann zusammengetragen waren, meist verspätet und unvollständig, konferierten die Beteiligten über das Telefon oder faxten einander Mitteilungen zu. Jeder Schritt in diesem Prozess war sehr zeitaufwendig. Es gab keine Möglichkeit, verstreute Einzelinformationen zu sammeln und zu einem Gesamtbild zusammenzuführen.

Selbst mit Hilfe einer Kombination aus Fax und Telefon ist es schwer, ein Muster von Fehlentwicklungen auszumachen, bevor sie sich in den Verkaufszahlen niederschlagen. Sogar nach der Einführung von Großrechnern zur Verwaltung von Kundendaten bleibt der rechtzeitige Zugriff auf Informationen zu kompliziert, sodass die gespeicherten Daten selten eine große Hilfe bei einer krisenhaften Entwicklung sind. Obwohl die Morgendämmerung des Informationszeitalters die Betriebe in die Lage versetzt, Informationen schnell weitergeben zu können, versäumen es die meisten Unternehmen immer noch, die entscheidenden Daten an zentraler Stelle zu sammeln. Ein digitales Nervensystem funktioniert im Gegensatz dazu als Frühwarnsystem.

Die Welt erobern oder vom Markt verschwinden

Das Internet stand in Microsofts Strategie nicht immer an erster Stelle. Als es sich allmählich entwickelte, sorgte es für eines der größten unvorhergesehenen Ereignisse, auf das wir jemals antworten mussten. Tatsächlich hatten im Jahr 1995 verschiedene Experten vorhergesagt, dass das Internet Microsoft aus dem Geschäft drängen würde. Dies waren für uns äußerst schlechte Nachrichten von geradezu kolossalem Ausmaß. Wir verwendeten unser digitales Nervensystem, um auf diese Krise zu antworten.

Am 24. August 1995 präsentierten wir Windows 95, das ehrgeizigste Software-Produkt für den Heimanwender, dessen Markteinführung vom größten Werbefeldzug in der Computergeschichte begleitet wurde. Die Berichterstattung in den Printmedien war enorm – Hunderte von Artikeln erschienen schon Monate zuvor. Wir wurden als unbesiegbar beschrieben, da wir an unseren Konkurrenten im Desktop-Markt vorbeizogen. Das Magazin *Windows* schrieb, »Dieses Jahr gewinnt Microsoft wohl oder übel den Krieg«. In einem Artikel des *Time*-Magazins konnte man lesen, dass Microsoft »das Gravitationszentrum des Computeruniversums« sei. Die Einführung von Windows 95 war auch Gegenstand einer umfangreichen Berichterstattung im Fernsehen.[10]

Innerhalb weniger Monate entwickelte sich dann aber das Meinungsbild in der Presse in die entgegengesetzte Richtung. Das Internet war in das Bewusstsein der Öffentlichkeit gedrungen, und die generelle Meinung lautete nun, dass Microsoft zu dieser Party nicht eingeladen war. Jetzt vermittelten die Presseberichte, dass wir die Entwicklung nicht mitbekommen und den Anschluss verpasst hätten. Das Internet kündigte von unserem Untergang. Kleine, bewegliche Konkurrenten würden Microsoft aus dem Geschäft drängen. Rick Sherlund, ein Analytiker von der Goldman Sachs Group und langjähriger Microsoft-Experte, sorgte Mitte November für Schlagzeilen, als er die Kursnotierung unserer Aktie als überbewertet bezeichnete, denn wir hätten keine »überzeugende Internet-Strategie«. Paul Saffo, Forscher am Institute for the Future, einer Denkfabrik in Menlo Park, Kalifornien, fasste die Ansichten vieler Beobachter zusammen als er schrieb: »Die Gezeiten haben sich gegen alles gewendet, was Microsoft aufgebaut hat«.[11] Im Spätherbst war das Internet zu einem wichtigeren Thema als Windows 95 geworden.

Befreien Sie sich von Zweifeln, aber nicht für immer

Vor mehreren Jahren gehörte Microsoft zu einer Handvoll Unternehmen, die große Investition in die Entwicklung des interaktiven Fernsehens tätigten, weil wir erwarteten, dass sich dieser Markt schnell entwickeln würde. Wir arbeiteten mit Tele-Communications Inc. (TCI) und Southwestern Bell zusammen und führten Ende 1995 ein Pilotprojekt mit der Nippon Telephone and Telegraph Corporation in Tokio durch.

Als wir weitermachten, erkannten wir allmählich, dass die Kosten höher und die Nutzen für die Kunden geringer waren, als wir alle angenommen hatten. Das interaktive Fernsehen würde nicht so schnell und nicht in der Form kommen, wie wir vermutet hatten. Aber warum dauerte es so lange, bis wir das alle begriffen?

Die einfache Antwort lautet, dass es der menschlichen Natur widerstrebt, schlechte Nachrichten zur Kenntnis zu nehmen. Die Welt brauchte zu lange, um sich vom analogen zum digitalen Fernsehen zu bewegen. Die Kosten lagen noch zu hoch, und es gab nicht genügend neue Anwendungen, um die Provider der Netzwerke dafür zu begeistern, die nötige Infrastruktur aufzubauen. Dennoch erkannten wir diese Hindernisse nicht oder wollten nicht zugeben, dass sie existierten.

Bei einem neuen Projekt müssen Sie in der Lage sein, auch riskante Vermutungen anzustellen. Bis zu einem gewissen Grad müssen Sie Ihren Unglauben aufgeben und einfach sagen: »Wir werden uns dieser Herausforderung stellen. Lasst uns unser Bestes geben.« Doch von Zeit zu Zeit müssen Sie innehalten, die entscheidenden Prämissen neu bewerten, und entscheiden, ob es wirklich einen Markt für Ihr neues Produkt oder Ihre neue Dienstleistung gibt. Das ist eine undankbare Aufgabe. Oder möchten Sie gern derjenige sein, der eine Sitzung zusammenruft, um mitzuteilen, dass die ganze Sache zu unrealistisch ist, um die Investitionskosten zu rechtfertigen?

Im Rückblick gab es ernste Zweifel unter den Mitgliedern unserer interaktiven Fernsehgruppe über unseren Fortschritt und die eingeschlagene Richtung. Neben anderen Indikatoren zeigte die Anzahl der Leute, die aus der Gruppe ausstieg, dass zumindest einige wussten, dass wir auf dem falschen Weg waren.

Schließlich setzte Craig Mundie, der Vizepräsident der Abteilung, die so genannte »Schlechte Nachrichten«-Besprechung an. Wir beschlossen, einige der mit dem interaktiven Fernsehprojekt in Zusammenhang stehenden Technologien wie Kryptographie und Multimedia-Software zu Produkten zu machen, die wir den Kunden anbieten konnten. Craig behielt die Verantwortung für einige kleinere Projekte und für unser Betriebssystem Windows CE. Darüber hinaus hielten wir an einer Kerngruppe fest, um weiter am Verbraucher-Fernsehen zu arbeiten. Diese Gruppe sammelte weitere Informationen und wartete auf die Einführung des digitalen Fernsehens. Zwei Jahre später war es dann soweit.

Um in eine neue Branche hineinzukommen, müssen Sie daran glauben und Ihre Zweifel ablegen – zumindest für eine gewisse Zeit. Aber Sie müssen auch vor schlechten Nachrichten auf der Hut und beweglich genug sein, um sich neuen Gegebenheiten anzupassen.

Am 7. Dezember 1995 veranstalteten wir unseren ersten Internet-Strategietag, wo wir zum ersten Mal in der Öffentlichkeit die Technologien vorstellten, die wir entwickelt hatten, um die Internet-Unterstützung in unsere Kernprodukte zu integrieren. Innerhalb eines Jahres nach dieser Ankündigung hatten wir die »Internet-Tauglichkeit« unserer wichtigsten Produkte erreicht und lieferten eine Reihe neuer Internet-Anwendungen an die Verbraucher aus. Heute sind wir in mehreren wichtigen Internet-Bereichen an führender Position und haben einen rasch wachsenden Marktanteil im Bereich der Internet-Browser. Kein einzelnes Unternehmen wird das Internet dominieren, aber Microsoft ist zurückgekommen, um eine wichtige Rolle zu spielen.

Wie war es uns möglich, werde ich oft von unseren Kunden und der Presse gefragt, das Schiff so schnell zu wenden?

Zunächst hatten wir das Internet nie aus dem Auge verloren, wenn auch Beobachter von außen diesen Eindruck gehabt haben könnten. Es war nicht so, als ob jemand »Internet« sagte, und wir nicht einmal wussten, wie man es buchstabieren musste. Auf unserer Liste für künftige Projekte standen mehrere Punkte, die die Entwicklung verschiedener Internet-Technologien betrafen. Zudem hatten wir 1991 J. Allard, einen Spezialisten für das Internet, eingestellt, um sicherzustellen, dass wir die richtigen Technologien für die Interoperabilität entwickelten. Microsoft war zudem Gründungsmitglied einiger Internet-Verbände gewesen oder hatte sich dort schon zu einem frühen Zeitpunkt engagiert. Zur Mitte des Jahres 1993 hatten wir das grundlegende Netzwerk-Protokoll für das Internet in unser Windows NT-Produkt integriert, sowohl für die Server-Version als auch für die Workstation-Version. Bis dahin hatten wir auch eine Reihe von Schritten unternommen, um unseren Ansatz für einen Online-Dienst zu entwickeln, aus dem dann MSN (Microsoft Network) wurde.

Wir hatten einen Server für unsere Internetseite im Flur des Gebäudes 2 eingerichtet, um unsere Internet-Anbindung zu testen. Um die Kompatibilität unserer Internet-Technologien mit einer Vielzahl von

Außensystemen zu testen, machten wir auf der Webseite ein kleineres Update von MS-DOS verfügbar. Allard schleppte jeden, vom neuen Produktmanager bis hin zu Paul Maritz, unserem Vizepräsidenten für Betriebssysteme, in das Gebäude 2, um ihnen das rege Treiben zu demonstrieren und sie für das Potenzial des Internets zu begeistern. In einem Zeitraum von zehn Wochen luden die Kunden doppelt so viele Kopien des MS-DOS-Updates von dieser Webseite als von CompuServe. Dieses Ausmaß der Aktivität zeigte uns deutlich, dass sich etwas zusammenbraute.

Aber eines sollten wir uns klar machen: Im Jahr 1993 hatten wir uns noch nicht auf das Internet konzentriert. Es war ein Projekt von fünfter oder sechster Priorität. Unser neuer Microsoft-Webserver bestand aus drei Rechnern, die auf einem kleinen Klapptisch in J. Allards Flur standen. Daneben lagen handschriftliche Anweisungen zur Herstellung einer Internet-Verbindung. Das gelbe Netzwerk-Kabel für den Internet-Anschluss, das Allard unserer Abteilung für Informationstechnologie abgeschwatzt hatte, lief aus seinem Büro heraus über die Wand zu dem Rechner im Flur. Vier Verlängerungskabel überbrückten den Weg von der Steckdose aus einem anderen Büro, um die gesamte Ausrüstung auf dem Tisch mit Strom zu versorgen. Mit Klebeband wurden die Kabel fixiert. Es dauerte nicht lange, bis ein Mann vom Sicherheitsdienst auftauchte, der fest entschlossen war, den Microsoft-Server als potenziellen Brandherd zu schließen. Die Gnadenfrist von einer Woche ermöglichte es Allard, die Geräte in das Gebäude unserer Abteilung für Informationstechnologie zu bringen, wo wir damit begannen, unsere ersten Versuche im Internet in ein ausgewachsenes Unternehmensprogramm umzusetzen.

Zu dieser Zeit hatten wir keine allgemeine Internet-Strategie für unser Unternehmen. Wir erkannten nicht, dass das Internet, ursprünglich ein Netzwerk für Akademiker und Technik-Freaks, zu dem globalen kommerziellen Netzwerk erblühen würde, wie wir es heute vor uns haben. Wir waren auf Breitband-Anwendungen wie Videokonferenzen und Video-on-demand konzentriert. Das Internet hatte damals eine derart beschränkte Übermittlungskapazität, dass wir es nur als eine Zwischenstation betrachteten. Zu unserer Überraschung kamen dann viele Faktoren zusammen und das Internet erzielte den Durchbruch.

Diese plötzliche Popularität des Internets, die mit immer größerer Geschwindigkeit vonstatten ging, veränderte sämtliche althergebrachten

Der ursprüngliche Internet-PC

Die Vorstellung von einem mächtigen Informationswerkzeug ist nicht neu. Sie geht zurück auf Dr. Vannevar Bushs »Memex Maschine«, die er im Jahre 1945 beschrieb. Bush, während des Zweiten Weltkrieges Direktor des U.S. Office of Scientific Research and Development, sagte die Entwicklung eines Gerätes voraus, mit dessen Hilfe man Bücher, Aufzeichnungen und Nachrichten speichern und diese Daten dann auf einem Bildschirm darstellen kann. Dieses Memex könnte Material von Hunderten von Jahren speichern, darunter auch lange Notizen, Anmerkungen und Fotografien. »Assoziatives Indexieren« würde Verbindungen zwischen verschiedenen Dingen schaffen und aufrechterhalten, um »gegenwärtig wichtige« Informationen und Entsprechungen leichter in dem Labyrinth der Daten zu finden.

Die Memex von Bush war ein großes Lager von Mikrofilmen, das auf einem Schreibtisch stand und mit Hebeln bedient wurde. Es beschwört das Bild des Zauberers von Oz herauf, der einen schwerfälligen Apparat hinter dem Vorhang in Betrieb setzt. Aber seine Analyse des Problems – dass unser Weg der Verarbeitung von Informationen unzulänglich war – und seine Lösung – ein Gerät, das alle unsere Information speicherte und organisierte – waren im Wesentlichen zutreffend. In den mechanistischen Begriffen der Technologie des Jahres 1945 beschrieb Bush den mit dem Netz verbundenen Multimedia-PC. Er sagte sogar das Äquivalent zu Internet-Suchmaschinen voraus, »die für sinnvolle Wege durch die riesige Masse der allgemeinen Daten sorgen«.

Die technologischen Fortschritte verwandelten diese Vision und ließen sie als überholt erscheinen, selbst nachdem sie Realität geworden war.

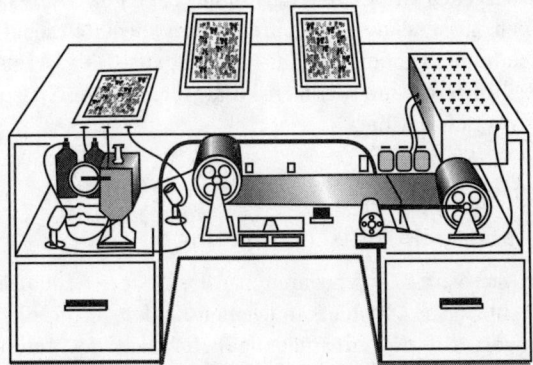

Obwohl sie noch auf der Mikrofilm-Technologie der 40er Jahre basierte, nahm die Memex von Vannevar Bush bereits die Vorstellung eines mit dem Internet verbundenen Personal Computers vorweg, der in der Lage ist, gewaltige Mengen von Daten zu speichern und alle mit einem Thema in Zusammenhang stehenden Informationen miteinander zu verbinden.

Vorstellungen. Die Menschen waren bereit, sich mit den Mängeln des Internets abzufinden, weil es den Zugang zu gewaltigen Mengen von verfügbaren Informationen schuf und eine einfache Kommunikation ermöglichte. Die Provider nutzten die neuen Möglichkeiten und verursachten damit eine positive Rückmeldeschleife und ein exponentielles Wachstum. Alleine im Jahr 1993 verdoppelte sich die Anzahl der Internet-Benutzer auf mehr als 25 Millionen Menschen.

Der auslösende Impuls für die Reaktion von Microsoft auf das Internet kam nicht von mir oder von unseren leitenden Angestellten. Er kam von einer kleinen Anzahl engagierter Mitarbeiter, die die Entwicklung der Dinge vorausahnten. Durch unsere elektronischen Systeme waren sie in der Lage, jeden für ihre Sache zu gewinnen. Diese Geschichte ist ein Beispiel für unseren Grundsatz, dass intelligente Menschen überall im Unternehmen die Möglichkeit haben sollten, eine Initiative voranzutreiben. Das ist eine offensichtlich vernünftige Politik für Unternehmen im Informationszeitalter, wo alle Geistesarbeiter an der Ausprägung der Strategie teilhaben sollten. Ohne die von uns verwendete Technologie wäre die Durchsetzung einer solchen Politik nicht möglich. Die zunehmende Digitalisierung hat in vielfältiger Form dazu beigetragen, diese Unternehmenspolitik zu gestalten. Ist unsere flache Hierarchie der Grund dafür, dass die Leute in meinem Unternehmen nicht zögern, wenn sie mir eine E-Mail schicken wollen? Oder haben wir eine flache Hierarchie, weil jeder Mitarbeiter stets in der Lage gewesen ist, E-Mails direkt an mich zu senden? Seit Jahren verfügt jeder Beschäftigte bei Microsoft über einen PC und einen E-Mail-Zugang. Dies ist ein weithin bekannter Teil unserer Unternehmenskultur, der unsere Art zu denken und zu handeln geformt hat.

Physische und elektronische Meetings

In typischer Microsoft-Manier waren J. Allard, Steven Sinofsky (mein damaliger technischer Assistent) und einige andere Leute die Urheber unserer Antwort auf die zunehmende Beliebtheit des Internets. Im Januar 1994 schrieb Allard ein Memo, in dem er die Möglichkeiten und Gefahren darlegte, die vom Internet ausgingen. Innerhalb einer Woche war Steve auf einem Rekrutierungstrip an der Cornell Universität. Da er dort zwei Tage wegen eines Schneesturms festhing, überprüfte er, auf welche Weise die Universität ihre Computer verwendete. Sinofsky war Absolvent des 87er-Jahrganges und hatte während seines Studiums in Cornell in der Abteilung für Informationstechnologie gearbeitet. Bei seinem Besuch war er erstaunt über die revolutionären Veränderungen, die seit seinem letzten Aufenthalt in Cornell ein Jahr zuvor eingetreten waren.

In seinem E-Mail-Reisebericht drückte Steve seine Begeisterung darüber aus, in welchem Ausmaß die Universität »verkabelt« war. Über ein Drittel der Hochschüler besaß Personal Computer, einige Fakultäten stellten PCs zur Verfügung, und weitere Rechner waren öffentlich zugänglich. Fast alle Studenten nutzten E-Mails als Verbindung untereinander. Viele Dozenten in Cornell kommunizierten online mit den Studenten und die Hochschüler bedrängten ihre Eltern, ihnen eigene E-Mail-Adressen einzurichten. Eine große Vielfalt von Informationen, einschließlich eines großen Teiles des Bibliotheks-Kataloges von Cornell, stand online zur Verfügung. Studenten konnten online ihre gegenwärtigen Kurspläne, ihre bisherigen Noten, ausstehende Rechnungen, Informationen über finanzielle Hilfen und ein Personenverzeichnis der gesamten Universität abrufen. Viele Dozenten kommunizierten online mit den Hochschülern und nutzen Chat-Dienste, um miteinander zu arbeiten. Man wollte alle Arten von Informationen für die Studenten online über das Internet verfügbar machen. Steve sah sogar Echtzeit-Videokonferenzen, die über das Internet liefen.

Er war besonders davon beeindruckt, wie gründlich diese Technologie in das Campusleben integriert worden war, »was nicht einmal ein Jahr gedauert hatte«, und wie die Studenten sie völlig selbstverständlich angenommen hatten. Er sagte, dass für die Studenten »die Online-Dienste so normal und alltäglich wie das übliche Telefonieren sind« und dass »diese Veränderung, auf eine neue Weise mit Informationen umzugehen, schneller geschieht als bei jeder anderen Technologie, die ich in meinem Leben gesehen habe, Personal Computer eingeschlossen«. Die Studenten beklagten sich sogar darüber, dass sie sich nicht online zu Kursen anmelden konnten.

Allard und Sinofsky gaben eine Anzahl von Empfehlungen, was Microsoft tun sollte, um an dieser Revolution teilzuhaben. Während sich Steve auf die Benutzer und die kulturellen Veränderungen konzentrierte, beschäftigte sich Allard mit den technischen Auswirkungen auf eine Vielzahl der Produkte von Microsoft. Er bemerkte, dass wir, was das Internet betraf, hinter vielen unserer Konkurrenten zurück-lagen, aber er meinte auch, dass unsere »Beweglichkeit und Kreativi-tät uns erlauben werden, schnell aufzuholen,« vorausgesetzt, es gebe »eine effiziente Kommunikation zwischen den Gruppen innerhalb von Microsoft, die von diesen Bemühungen betroffen sind«. Allard er-kannte »ein großes Potential an Synergie« zwischen den Gruppen, ob-wohl er auch »die Möglichkeit einer Katastrophe« betonte, wenn wir versäumten, unsere Aktivitäten im ganzen Unternehmen zu koordinie-ren. Er führte eine große Anzahl von Microsoft-Gruppen auf, die sei-ner Ansicht nach für die auf das Internet gerichteten Anstrengungen kooperieren mussten.

Die Memos von Sinofsky und Allard zirkulierten schnell als E-Mails unter vielen Leuten bei Microsoft. Sie entfachten einen Feuersturm reger elektronischer Aktivitäten. Die Zahl der Aspekte, die bedacht wer-den mussten, war riesig. Wie sollten unsere Betriebssysteme das Inter-net unterstützen? Was bedeutete »bereit für das Internet« oder »Internet-tauglich« für Microsoft Word, Microsoft Excel und andere Programme unserer Produktpalette? Was bedeutete es für unsere E-Mail-Pro-gramme? Welche neuen Erzeugnisse brauchten wir? Welche Internet-Technologie sollte als neues Produkt präsentiert werden und welche Technologie sollte in unsere vorhandenen Programme integriert wer-den? Welche Technologien sollten wir lizensieren? Sollten wir uns zu-nächst auf die interne Nutzung von Internet-Technologien seitens der Unternehmen oder auf die breite Nutzung der Technik durch die Ver-braucher konzentrieren?

Manchmal erhielt eine Idee schnell Zustimmung. Manchmal war die Antwort auch eine schrille E-Mail, die darüber informierte, dass jemand völlig auf dem falschen Weg war. Hin und wieder wurden meine engs-ten Mitarbeiter und ich bedrängt, uns schneller zu bewegen. Wir instal-lierten weitere Zugänge zum Internet, sodass unsere Angestellten es nutzen und aus erster Hand kennen lernen konnten. Außerdem forder-ten wir die Manager der mittleren Führungsebene auf, sich das Internet selber anzusehen, sich selbst einen Eindruck davon zu verschaffen und eigene Schlussfolgerungen zu ziehen, um zu beurteilen, was im Web eine Chance hätte und was nicht. Jeder hatte seine Lieblingsseiten, die er den anderen empfahl. Das Prüfen von Webseiten der Konkurrenz wurde zu einer täglichen Gewohnheit. Ich mache das noch immer. Ich habe einen PC in meinem Büro, der ständig zwischen einer Reihe von

Webseiten, darunter auch einige von unseren Mitbewerbern, hin und her wechselt, damit ich sehe, wie verschiedene Unternehmen das Web verwenden, um ihre Produkte zu vermarkten und mit den Kunden zu interagieren.

Diese unabhängigen Erkundungen führten zu Dutzenden und Aberdutzenden von großartigen Ideen. Über E-Mails äußerten die Mitarbeiter schnell ihre Meinungen, beschäftigten sich mit den Problemen und erörterten die Optionen. Die Zahl der E-Mails war geradezu fantastisch. E-Mail-Diskussionen führten zu vielen kleinen Gruppenbesprechungen – oft laut und informell auf den Fluren. Alles spielte sich auf den Gängen und per E-Mail ab. Als die Themenfülle größer wurde, richteten kleinere Gruppen ihre eigenen E-Mail-Ketten ein, um über spezielle Einzelheiten zu sprechen. Es dauerte nicht lang, bis sich eine große Anzahl von Leuten in verschiedenen Teilen unseres Unternehmens an den Diskussionen beteiligte. Ich tauschte ausführliche E-Mails mit Dutzenden von Personen aus, die sich mit allen Fragen beschäftigten, die von unserer Strategie für Online-Dienstleistungen bis zum technischen Ansatz für Hyperlinks reichten.

Handeln Sie zielorientiert und schnell

Unseren Internet-Entwicklungsplan und die Einzelheiten unserer Aktionen stellten wir auf unserem Netzwerk zur Verfügung, sodass er für jeden Interessenten einsehbar war. Manager auf allen Ebenen überprüften regelmäßig die Aufstellung und aktualisierten sie. Wenn die Arbeit in einem Bereich zurückzubleiben schien, taten sich Mitarbeiter zusammen, um sich darum zu kümmern.

Um ein großes Unternehmen dazu zu bringen, sich schnell zu bewegen, besonders in Bezug auf das Internet, werden Hunderte von Leuten mit Ideen und Engagement benötigt. Aber jeder einzelne muss zielgerichtet arbeiten, sonst wird man niemals in der Lage sein, irgendwelche Entscheidungen zu treffen oder irgendetwas zu erledigen. Unser digitales Nervensystem lieferte Informationen, um unsere Entscheidungsfindung voranzutreiben. E-Mails förderten die Überlegungen und die Analyse, sodass die Teams schnell vorankamen, um Standpunkte zu entwickeln und Empfehlungen zu geben. Sobald die E-Mail-Ketten lang genug waren und wir genug Themen und Empfehlungen zur Diskussion hatten, zogen wir uns zurück, um die endgültigen Entscheidungen zu treffen. Dann bestimmten wir die Prioritäten und sorgten für die Koordination der Hauptgruppen. Im Jahre 1994 unternahmen wir drei dieser klassischen »Auszeiten« im Abstand mehrerer Monate. Nach der ersten, am 6. April 1995, ließ ich meine Mitarbeiter in einer E-Mail wissen: »Wir werden stark auf das Internet setzen.«

Im April 1994 widmete ich meine »Denk-Woche« dem Internet und dem Thema Multimedia. In dieser Zeit des Nachdenkens, die ich mir zweimal im Jahr nehme, lege ich alle anderen Angelegenheiten beiseite, um mich ganz auf die schwierigsten technischen und geschäftlichen Probleme zu konzentrieren, mit denen Microsoft konfrontiert ist. Im August 1994 machten wir unsere erste große Überprüfung der bisher erzielten Fortschritte. Wieder einmal waren es die neuen Angestellten, die den Ton angaben. J. Allard führte die Besprechung mit Hilfe von Steve Sinofsky und anderer Mitarbeiter, die über das Fachwissen in wichtigen Bereichen verfügten. Für die Präsentationen der Beteiligten war keine bestimmte Reihenfolge festgelegt, deshalb, so Allard, fühlten sich alle wie »Kids, die den Sitzungssaal stürmen«. Ein junger Mann ging vor der Besprechung nach Hause und zog sich Dockers und ein Hemd an, um »passend« angezogen zu sein, musste dann aber feststellen, dass seine Kollegen und einige der leitenden Angestellten in T-Shirt und Birkenstock-Schuhen erschienen waren.

Eine unserer größten Sorgen zu dieser Zeit war, ob wir unsere internen Produkt- und Verkaufsinformationen aus ihrem Datenbankformat in ein für das Internet verwendbares HTML-Format umwandeln konnten. Eine große Anzahl von Produktinformationen eignete sich auch für die Kunden und wir waren der Auffassung, dass sie eine großartige Ergänzung für unsere Webseite wären. Ein Teilnehmer meinte, dass die technischen Herausforderungen der Konvertierung zu schwierig wären. Der nächste Sprecher – jener Mitarbeiter, der sich noch in Schale geworfen hatte – verkündete, bereits ein Konvertierungsprogramm entwickelt zu haben. Sein Team-Manager hatte ihm gesagt, dass das Internet niemals zum Aufgabenbereich ihrer Gruppe gehören würde. Bis zum Zeitpunkt dieser Besprechung hatte das kleine Team schon Tausende von Daten mit Produktinformationen in das HTML-Format umgewandelt, und viele dieser Daten waren schon online erhältlich. Ich war erfreut, so viel Initiative zu sehen.

Bis Anfang 1995, einige Monate vor der Einführung von Windows 95, hatte jedes Team bei Microsoft seine Aufgaben für das Internet definiert und mit der Entwicklung begonnen. Schon bald kamen wir mit neuen Internet-Produkten auf den Markt.

In einem E-Mail-Memo von Mai 1995 mit dem Namen »Die Internet-Welle«, fasste ich unsere strategischen Anweisungen und Entscheidungen zusammen und kündigte eine Reorganisation des Unternehmens an, um unsere auf das Internet gerichteten Ziele für jeden einzelnen Bereich darzulegen. Ich stellte sicher, dass dem gesamten Unternehmen die Bedeutung unserer Ausrichtung auf das Internet bewusst war: »Die Entwicklungen im Internet in den nächsten Jahren werden den Kurs unserer Branche auf lange Zeit hinaus bestimmen (...) Das Internet ist die wichtigste Einzelentwicklung seit der Einführung des IBM-PC im Jahre 1981 (...) Aufgrund der raschen Veränderungen des Internets müssen wir von Zeit zu Zeit unsere Strategien überprüfen und eine bessere interne Kommunikation entwickeln als jemals zuvor. Aber nicht nur unsere Produkte werden sich verändern. Sowohl die Art, wie wir Informationen und Software vertreiben, als auch die Art, wie wir mit den Kunden kommunizieren und sie unterstützen, wird sich verändern.«[12]

Als wir im Dezember 1995 unsere Internet-Strategie der Öffentlichkeit präsentierten, wurde die Situation für uns trotzdem immer bedrohlicher. Wie ich mehrfach gesagt hatte, würde man uns nicht aus dem Geschäft drängen, weil wir das Internet vernachlässigten, sondern weil wir uns zu sehr darauf konzentrierten.

Die Bedeutung von E-Mail

Die wichtigsten Entscheidungen während dieser Krise erzielten wir durch direkte Gespräche. Aber diese wurden durch einen gründlichen Meinungsaustausch vorbereitet, der über E-Mail stattfand. Die elektronische Zusammenarbeit ist kein Ersatz für direkte Besprechungen. Sie bietet aber eine Möglichkeit, sich entsprechend vorzubereiten, damit diese persönlichen Unterredungen produktiver ablaufen. Die Zeit für Meetings ist so wertvoll, dass man schon vorher alle wichtigen Fakten und Empfehlungen kennen sollte, die auf soliden Analysen und nicht nur auf zufälligen Detail-Informationen beruhen. Es sollte gewährleis-

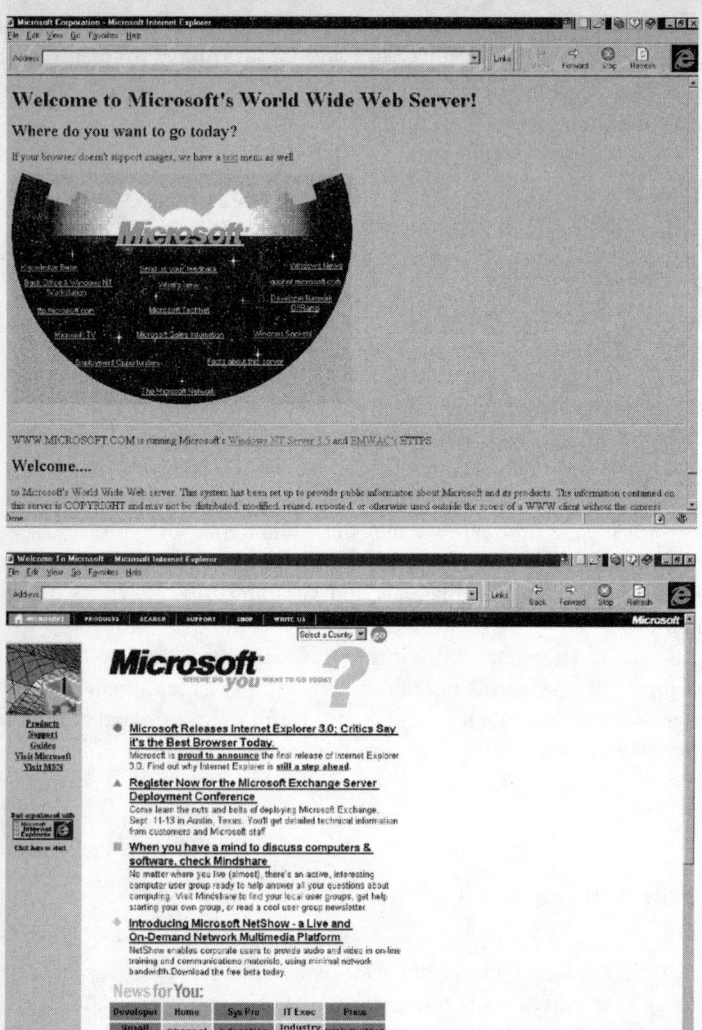

Elektronische Rückmeldungen von Kunden haben Microsoft dazu veranlasst, ständig Design, Organisation und den Inhalt der Internetseite des Unternehmens unter der Adresse *www.microsoft.com* zu verbessern und zu verfeinern. Die Webseite wird mehr als einmal im Jahr gründlich überarbeitet, neben der Veränderung der vier vorherigen Versionen. Die ursprüngliche Internetseite, ähnelte zu sehr »Death Star« und wurde schnell ersetzt. Eine

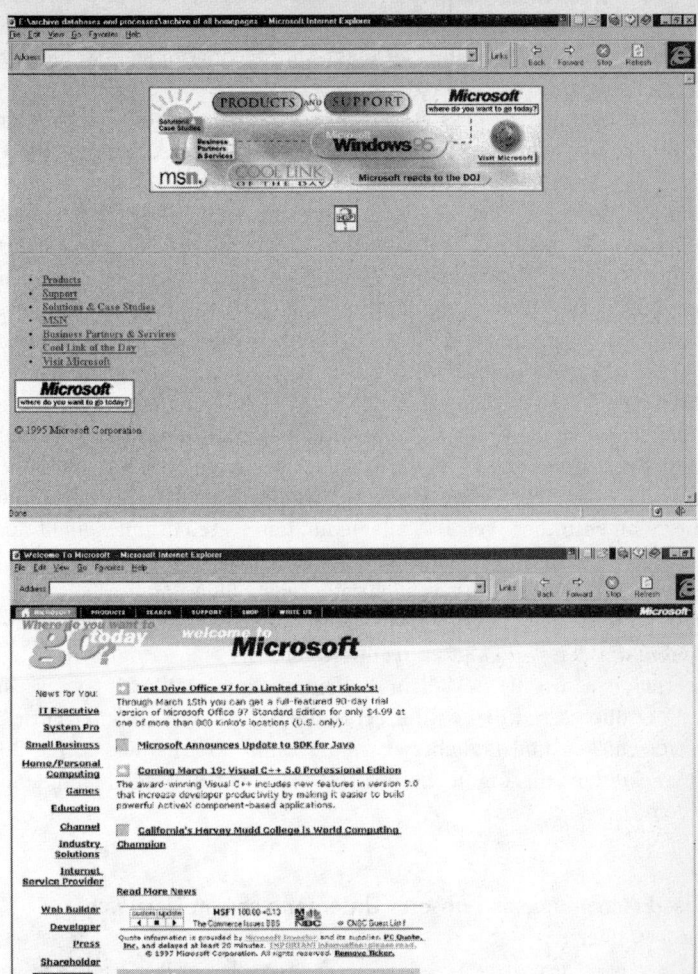

andere, siehe unten vorherige Seite, trieb die Zielsetzung einer sauberen, übersichtlichen Seite zu weit, was dazu führte, dass die Benutzer auf zu viele Verbindungen klicken mussten, um Informationen zu erhalten. Neuere Versionen, siehe oben stehend, erleichtern es den Benutzern durch eine bessere Aufteilung, das Gewünschte zu finden.

tet sein, dass durch die Besprechungen Ergebnisse erzielt werden, die umsetzbar sind und dass die Zeit nicht mit Spekulationen oder philosophischen Gedanken vertrödelt wird.

Um sicherzugehen, dass Besprechungen effektiv gestaltet werden, verwenden auch unsere Konkurrenten schon lange elektronische Werkzeuge. In der High-Tech-Industrie wird die E-Mail als alter Hut betrachtet. Wir betrachten sie als so selbstverständlich wie die Personal Computer. Für uns ist die E-Mail schon so etwas derart Normales, dass mir Ende 1996, als ich in meiner Zeitungskolumne vorhersagte, dass bis Ende 1997 eine Mehrheit der Unternehmen E-Mail benutzen würden – einer Voraussage, die dann auch Wirklichkeit wurde – zwei Journalisten einen Dämpfer gaben. »Bill Gates sagt die Vergangenheit voraus« schrieben sie.

Jene von uns, die in der Computer-Industrie arbeiten, hatten E-Mails schon seit 15 bis 20 Jahren verwendet, aber diese Autoren erkannten nicht, dass sogar im Jahre 1996 nur wenig mehr als die Hälfte aller Unternehmen in der Welt E-Mails benutzten. Es reicht indes nicht aus, eine große Menge von Angestellten von den Vorteilen von E-Mail überzeugt zu haben. Solange nicht alle regelmäßig damit arbeiten, solange werden die Unternehmen nicht genug Nutzen daraus ziehen können, um den Aufwand zu rechtfertigen. Als Maßstab gilt: In einem Unternehmen, wo die E-Mail in die Unternehmenskultur integriert ist, wird der durchschnittliche Mitarbeiter am Tag fünf bis zehn Nachrichten verschicken und täglich zwischen 25 und 50 erhalten; eifrige Benutzer werden am Tag mehr als 100 Nachrichten senden und empfangen.

Das Erscheinungsbild unseres Unternehmens im Netz war besser, aber ...

1995 entwickelten wir nicht einfach nur Produkte für das Internet. Wie andere Unternehmen lernten wir das Internet auch zur Förderung vorhandener Produkte und Dienstleistungen einzusetzen. Am Abend des 2. November 1995 verbrachte ich mehrere Stunden damit, die Homepage von Microsoft im World Wide Web zu studieren, und dann schickte ich eine E-Mail an dreizehn leitende Angestellten, deren Gruppen für größere Teile des Netzinhaltes verantwortlich waren. Das Thema lautete »Microsofts Marketing im Internet« und meine Hauptanliegen waren komplizierte Seitenentwürfe, Widersprüchlichkeiten bei verschiedenen Webseiten und die zu reichliche

Verwendung umfangreicher grafischer Darstellungen, deren Ladezeit den Zugang zu den wichtigen Information verlangsamte.

»Obwohl ich der Ansicht bin, dass das Erscheinungsbild unseres Unternehmens im Internet besser geworden ist, denke ich, dass es noch immer weit von dem entfernt ist, was wir tun sollten. Es reflektiert nicht unseren Wunsch, den Menschen zu zeigen, dass wir uns wirklich für das Internet interessieren (...) Die Webseite unseres Unternehmens ist noch immer sehr schwach. Wir haben umfangreiche Pixelgrafiken, die in allen Farbnuancen schillern. Es sieht so aus, als ob der Maßstab für eine gute Webseite das visuelle Erlebnis und nicht so sehr die gebotene Information ist. Wir brauchen jemanden mit der Mentalität eines Redakteurs für Titelseiten, der versucht, so viele Informationen wie möglich auf eine Seite zu bringen, statt ein Labyrinth zu schaffen, das nur von einer Seite auf die nächste führt.«

Ich verwies die leitenden Angestellten auf die Webseite des *Boston Globe*. »Sie verwenden kleine Bilder, damit die Geschwindigkeit des Seitenaufbaus nicht leidet. Und im Gegensatz zu unserer Webseite locken sie die Besucher mit zusätzlichem Text und nicht mit einer Schaltfläche, mit der man eine andere Ebene erreicht.«

Ich hatte noch einiges mehr zu bemängeln. Vor allem waren für die Benutzer zu viele Schritte erforderlich, um die gewünschten Informationen zu bekommen. Wichtige Nachrichten waren oft an Stellen zu finden, wo man sie nicht erwartete, vieles war unübersichtlich.

In diesen Fall kamen die schlechten Nachrichten direkt vom Chef. Und sie wurden verstanden. Bis zum Zeitpunkt unseres Internet-Strategie-Tages, einen Monat später, waren die schlimmsten dieser Probleme in Ordnung gebracht worden.

Wir in der PC-Industrie vergessen manchmal, dass unsere eigenen Werkzeuge ein Grund dafür sind, warum sich die ganze Branche so schnell entwickelte. Wir können alle ziemlich schnell reagieren, wenn wir einen wichtigen Kundenwunsch oder die Aktivitäten eines Konkurrenten erkennen. Ist ein großes Unternehmen in der Lage, genauso gut oder in einigen Fällen auch besser als kleinere Konkurrenten zu agieren, ist das dem Engagement der Mitarbeiter und dem Gebrauch digitaler Systeme zu verdanken. Persönliche Initiative und Verantwortung werden in einer Umgebung, die Diskussionen ermutigt, gesteigert. Die E-Mail-Komponente, ein entscheidender Bestandteil unseres digitalen Nervensystems, tut genau das. Sie hilft dabei, Manager der mittleren Führungsebene zum Handeln zu veranlassen, anstatt Informationen zu filtern. Es gibt keinen Zweifel daran, dass E-Mails die hierarchische

Struktur einer Organisation glätten. Sie ermutigen die Mitarbeiter, sich zu Wort zu melden. Und sie ermutigen die Manager, zuzuhören. Das ist der Grund, warum ich auf die Frage der Kunden, was sie als erstes tun können, um einen größeren Nutzen aus ihren Informationssystemen zu erzielen und die Zusammenarbeit in ihren Unternehmen zu stärken, stets sage: »Verwenden Sie E-Mail!«

Beachten Sie schlechte Nachrichten

Schlechte Neuigkeiten können wirklich entmutigend sein. Wenn Sie Nachrichten vom Scheitern eines Produktes bekommen, sind Sie vielleicht versucht zu denken, »Darüber möchte ich eigentlich gar nichts wissen. Ich sollte nach Hause gehen und an etwas anderem arbeiten.« Wenn Sie einen Kunden verlieren, könnten Sie sich sagen: »Dieser Kunde ist nicht besonders schlau. Er hat schlicht eine falsche Entscheidung getroffen.« Besprechungen, in denen Kollegen versuchen, den Misserfolg eines Produktes oder einen verlorenen Kunden hinwegzuerklären, gehören zu den allerschlechtesten Besprechungen. Aber sie sind natürlich immer noch besser als Meetings, die gar nicht stattfinden. Denn Schweigen und Untätigkeit, wenn Ihnen niemand mitteilt, dass etwas Unerfreuliches abläuft, ist das Schlimmste, was Ihnen in einer solchen Situation passieren kann. Wenn ein Konkurrent ein überlegenes Produkt einführt oder wenn Sie einen Kunden verlieren, müssen Sie der Versuchung widerstehen, das Problem einfach nicht zu beachten. Das Ignorieren von schlechten Nachrichten ist ein Weg in den Niedergang.

In seinem Buch *Nur die Paranoiden überleben* schreibt Andrew Grove, der Gründer von Intel, über die Notwendigkeit für ein Unternehmen, in Zeiten »großer Wendepunkte im Markt« auf Veränderungen zu achten. Grove erläutert, wie wichtig es für die Manager der mittleren Führungsebene eines Unternehmens ist, (»oft die Ersten, die merken, dass etwas, das zuvor noch funktionierte, jetzt nicht mehr läuft«), das Unternehmensmanagement mit schlechten Nachrichten zu konfrontieren. Sonst, so meint er, »erkennt die Führungsspitze manchmal zu spät, dass sich die Welt für sie ändert – und der Vorstandsvorsitzende eines Unternehmens ist oft der Letzte, der es erfährt«.

In einem Beispiel für einen strategischen Wendepunkt beschreibt Grove die langsame Reaktion von Intel während einer Krise wegen ihrer ersten Versionen des Pentium Chips Ende 1994. Einige Mikroprozessoren hatten einen kleineren technischen Fehler. Intel reagierte auf das Problem, als handele es sich um ein belangloses »Fehlerchen«, das nur eine sehr kleine Anzahl von Benutzern betraf. Die Kunden sahen das aber anders. Technisch anspruchsvolle Benutzer interessierten sich für »geringfügige« Rechenfehler. Und die Verbraucher auf den Massenmärkten, die Intel jetzt umwarb, waren schon von der Vorstellung alarmiert, dass etwas an ihrem Personal Computer grundsätzlich »falsch« sein könnte. Intel ertrug das »unaufhörliche Bombardement«, wie Andrew Grove es nannte, – vieles davon war das Ergebnis von Kunden, die sich im Internet zusammengeschlossen hatten – bevor sie jedem, der danach verlangte, einen kostenlosen Austausch anboten. Nur wenige Kunden nahmen die Offerte des Unternehmens an, aber die öffentliche Verärgerung ebbte sofort ab.

Andrew Grove, der selber Ingenieur ist, räumte ein, dass er als einer der Letzten begriffen hatte, dass sein Unternehmen jetzt auf eine Krise reagieren musste, in einer Art, wie es für ein Unternehmen, das Konsumprodukte herstellt, angemessen ist – nicht innerhalb eines Monats, sondern binnen weniger Tage. »Ein Trommelfeuer harter Kritiken war nötig, damit ich erkannte, dass sich etwas geändert hatte – und dass wir uns an die neue Umgebung anpassen mussten (…) Die Konsequenz daraus ist, dass wir uns alle den Veränderungen stellen müssen. Wir müssen uns unseren Kunden öffnen, sowohl jenen, die bei uns bleiben als auch jenen, die wir verlieren, wenn wir in der Vergangenheit verharren. Wir müssen uns auch unseren Angestellten öffnen, denn wenn man sie dazu ermutigt, werden sie uns eine Menge dessen mitteilen, was wir wissen sollten.«[13]

Einige Experten meinen, dass Unternehmen mit den erforderlichen Veränderungen Mühe haben werden, weil sie nicht auf diese neuen Bedingungen ausgerichtet sind. Die Hierarchie stellt sich ihnen in den Weg. Die Unternehmenskultur empfindet Innovationen als riskant und verdächtig. »Kostenverursachendes« Experimentieren wird bestraft. Eine ähnliche Reaktion kann man auch gegenüber schlechten Nachrichten einnehmen. Die Mitarbeiter der unteren Ebene zögern dann vielleicht, schlechte Nachrichten weiterzugeben, und viele Manager wollen auch gar nichts davon hören. Die alte Unternehmenstruktur und -kultur kann fraglos ein echtes Hindernis sein.

Eine Änderung in der Einstellung eines Unternehmens gegenüber schlechten Nachrichten muss von oben kommen. Der Firmenchef und die anderen leitenden Angestellten müssen darauf bestehen, schlechte Neuigkeiten zu erfahren, sie müssen einen regelrechten Appetit darauf haben. Der Überbringer sollte belohnt, nicht bestraft werden. Die Geschäftsführer müssen auf die alarmierenden Nachrichten von Verkäufern, Produktentwicklern und Kunden hören. Sie können nicht einfach den Wecker ausschalten und dann weiterschlafen. Jedenfalls nicht, wenn sie wollen, dass Ihr Unternehmen überlebt.

Die meisten der hervorragenden Computer-Unternehmen, von denen Tom Peters und Robert Waterman 1982 in ihrem vorzüglichen Buch *In Search of Excellence*[14] berichteten, haben seit dem Erscheinen des Buches herbe Rückschläge erfahren. IBM musste mit ansehen, wie in den 80er und 90er Jahren das Geschäft mit Großrechnern und Minicomputern durch die Personal Computer unterhöhlt wurde. Die Firma Digital Equipment Corporation unterbot IBMs Großrechner mit seinen kleineren Minicomputern, um später durch die noch kleineren Personal Computer, die Digital (und viele andere Computerunternehmen) als Spielzeug abgetan hatte, Marktanteile zu verlieren. Wang verkannte die kommende Revolution durch den PC und verlor auch den Markt für Textverarbeitungsprogramme an Unternehmen, die Programme eher für Personal Computer als für aufwendigere Hardware lieferten.

Diese Unternehmen redeten noch mit ihren Kunden. Sie hatten noch intelligente, aufgeschlossene Menschen, die für sie arbeiteten. IBM's eigenes Skunkworks-Team hatte den IBM-PC im Jahre 1981 hervorgebracht und ihn als Standardgerät im Unternehmen etabliert. Aber IBM betrachtete für zwei volle Jahrzehnte den Personal Computer weiterhin durch die Linse seiner größeren Computersysteme. Diese Ansicht verzerrte und verlangsamte seine Antwort auf eine grundlegende Technologieveränderung. Nachdem sie es zugelassen hatten, dass Compaq als Erster mit einem 32-bit-PC-System auf dem Markt erschienen war, schaute IBM zu, wie sein Marktanteil im Bereich der Personal Computer innerhalb weniger Jahre von 55 Prozent auf 15 Prozent fiel. Der Marktanteil des Unternehmens liegt mittlerweile unter zehn Prozent. Digital musste trotz seines Rufes für Qualitätsprodukte und hochwertigen Service während der PC-Ära hart kämpfen, bis sie schließlich im Jahre 1998 von Compaq aufgekauft wurden. Wang machte Bankrott und tauchte später als System-Integrator wieder auf.

Diese Fälle aus der Computer-Industrie sind nur die jüngsten Beispiele für den Unwillen, auf schlechte Nachrichten zu hören. Im Jahre 1920 hatte die Ford Motor Company einen Marktanteil von 90 Prozent bei den preisgünstigen Fahrzeugen und produzierte 54 Prozent der landesweit verkauften Automobile. Fords Stellung schien unanfechtbar zu sein. Doch im Mai 1927 hatten technische Weiterentwicklungen bei der General Motors Corporation und anderen Autoherstellern Henry Ford zu dem drastischen Schritt gezwungen, seine Hauptfabrik für ein ganzes Jahr zwecks Umstellung auf neue Entwicklungen zu schließen. Heute ist Ford noch immer eines der weltweit führenden Unternehmen bei der Herstellung hochwertiger Fahrzeuge, aber sie haben niemals ihre Position von 1927 zurückgewonnen. Jemand bei Ford erkannte die aufkommenden Veränderungen in den zwanziger Jahren. Ein Ingenieur, der ein neues Design entworfen hatte, wurde für seine Kühnheit entlassen. Die Unternehmensführung wollte nichts davon hören.

In der kommerziellen Luftfahrt hatte Douglas Aircraft mit seiner DC-Serie unmittelbar nach dem Zweiten Weltkrieg eine deutliche Führung vor Boeing inne. Douglas war so sehr darauf konzentriert, alle Bestellungen für die durch Propeller angetriebene DC-7 zu erfüllen, dass sie es versäumten, sich rechtzeitig mit den Düsentriebwerken zu befassen. Boeing baute die durch Düsentriebwerke angetriebene 707 aufs Geratewohl, ohne dass eine einzige Kundenbestellung vorlag. Heute ist Douglas Teil von Boeing.

Die fehlende Bereitschaft, schlechte Nachrichten zu hören und Gegenmaßnahmen zu ergreifen, ist aber nicht auf die Geschäftswelt beschränkt. Es gibt in der Geschichte zahlreiche noch schwerwiegendere Beispiele. Viele Bücher sind darüber geschrieben worden, warum die USA nicht auf den Angriff auf Pearl Harbor vorbereitet waren, der das Land in den Zweiten Weltkrieg trieb. Nach Auffassung des bekannten Historikers Gordon Prange konnte das amerikanische Militär das »psychologische Unvorbereitetsein« nicht überwinden. Auch die Übermittlung der schlechten Nachrichten hinsichtlich eines möglichen Krieges war mangelhaft. Ein Telegramm nach dem anderen warnte die amerikanischen Admirale und Generäle im Pazifikraum vor der drohenden Wahrscheinlichkeit des Krieges. Doch kryptische Telegramme sorgten für verwirrende Befehle bei den Streitkräften auf Hawaii. In den letzten vierundzwanzig Stunden vor dem Angriff hasteten untere Offiziersränge mit quälend ungenauen Hinweisen auf Zeitpunkt und Ort des Angriffes herum und transportierten Papierakten quer durch die Befehlskette. Niemand konnte alle Mosaiksteine der Information zusammentragen – bis es zu spät war.[15]

Es hat keinen Sinn, empfänglich für schlechte Nachrichten zu sein, wenn Sie nicht die negativen Neuigkeiten innerhalb Ihrer Organisation weitergeben und schnell etwas dagegen unternehmen können. Die digitale Technologie ist heutzutage in der Lage sicherzustellen, dass Sie die Nachrichten bekommen und dass Sie Ihr Unternehmen schnell zum Handeln bringen können.

Auf schlechte Nachrichten reagieren

Wie schnell ein Unternehmen in einem Notfall reagieren kann, ist ein Maßstab für seine unternehmerischen Reflexe. Die Menschen innerhalb der Organisation werden sich durch schlechte Nachrichten miserabel und bedroht fühlen, aber das ist in Ordnung, solange sie es als eine Gruppe fühlen. Es war eine Entscheidung der Führungsspitze, als ich in den Jahren 1994 und 1995 in meinem Unternehmen ein Krisengefühl in Bezug auf das Internet verbreitete. Meine Mitarbeiter sollten nicht gelähmt und unentschlossen bleiben, sondern ich wollte sie dafür begeistern, aktiv zu werden. Die Führungsspitze muss eine Umgebung schaffen, in der die Menschen die Situation analysieren und eine geeignete Reaktion entwickeln können.

Ich mag gute Nachrichten genauso wie jeder andere, aber sie lassen mich auch immer skeptisch werden, und ich frage mich, welche schlechten Nachrichten ich nicht zu hören bekomme. Wenn mich jemand per E-Mail darüber informiert, dass wir einen neuen Großkunden hinzugewonnen haben, hoffe ich immer, dass wir nicht auf der anderen Seite Stammkunden verloren haben und man mich nur nicht darüber informiert. Diese Reaktion mag ungerechtfertigt erscheinen, aber ich habe herausgefunden, dass es bei den Menschen einen psychologischen Impuls gibt, gute Nachrichten zu verschicken, wenn sich schlechte Neuigkeiten zusammenbrauen. Es ist, als ob sie den Schock verringern wollen. Ein gutes E-Mail-System stellt sicher, dass schlechte Nachrichten schnell reisen können, aber Ihre Mitarbeiter müssen bereit sein, Ihnen diese Informationen auch zu schicken. Sie selbst müssen konsequent empfänglich für schlechte Nachrichten sein und entsprechend handeln. Manchmal denke ich, dass es meine wichtigste Aufgabe als

Unternehmer ist, auf schlechte Nachrichten zu hören. Wenn Sie nicht dafür empfänglich sind, werden Ihre Angestellten schließlich damit aufhören, Ihnen unangenehme Neuigkeiten vorzulegen. Und das ist der Anfang vom Ende.

In drei Jahren wird jedes Produkt, das mein Unternehmen derzeit herstellt, veraltet sein. Die einzige Frage ist, ob wir sie obsolet machen, oder ob es jemand anderes tun wird. Wenn Microsoft in den nächsten zehn Jahren noch Marktführer sein soll, werden wir mindestens drei größere Krisen zu meistern haben. Das ist der Grund, warum wir immer versuchen, noch besser zu werden. Fragen Sie irgendjemanden, der jemals bei Microsoft gearbeitet hat, und er wird Ihnen sagen, dass wir uns immer als eine Art Underdog betrachtet haben. Ich sehe uns heute noch genauso als Außenseiter wie vor zwanzig Jahren. Wenn wir dieser Perspektive nicht weiter folgen, wird irgendein Konkurrent uns überflügeln. Ich bestehe darauf, dass wir weiter im Mittelpunkt des Interesses stehen. Wir werden uns vor allem im Bereich der Forschung weiter an der Spitze etablieren. »Schlechte Nachrichten« werden wir nutzen, um innovative Merkmale in unsere Produkte zu bringen. Eines Tages erwischt uns jemand beim Dösen. Eines Tages wird uns ein eifriger Emporkömmling aus dem Geschäft drängen. Ich hoffe nur, dass dies erst in 50 Jahren passieren wird, nicht in zwei oder fünf.

Schlüsselinformationen

▲ Die Fähigkeit eines Unternehmens, auf ungeplante, gute oder schlechte Ereignisse zu reagieren, ist ein entscheidendes Merkmal seiner Konkurrenzfähigkeit.

▲ Zu den strategischen Aufgaben eines Firmenchefs gehört es, nach schlechten Nachrichten zu suchen und die Organisation zu ermutigen, darauf zu reagieren. Die Mitarbeiter müssen dazu ermutigt werden, negative Neuigkeiten genauso wie gute Nachrichten weiterzugeben.

▲ Je flacher die Unternehmenshierarchie ist, um so wahrscheinlicher ist es, dass die Angestellten schlechte Nachrichten übermitteln und darauf reagieren.

▲ Persönliche Initiative und Verantwortung blühen in einer Umgebung, die Diskussionen fördert.

▲ Belohnen Sie achtbare Experimente, auch wenn sie scheitern.

Prüfen Sie Ihr digitales Nervensystem

▲ Versetzen Sie die digitalen Systeme in die Lage, schlechte Nachrichten aus allen Abteilungen Ihres Unternehmens zu erfahren und diese schnell weiterzugeben?

▲ Ermöglichen es Ihre digitalen Systeme, die notwendigen Daten zusammenzutragen und Teams schnell an Lösungen arbeiten zu lassen?

▲ Können Sie virtuelle Teams aus verschiedenen Abteilungen und Standorten einsetzen?

Machen Sie schlechte zu guten Nachrichten

Die herausragenden Unternehmen in der Dienstleistungsbranche unterscheiden sich von anderen durch die Qualität, die sie ihren Kunden bieten. Dies führt unweigerlich zu positiven Ergebnissen.

James Heskett, W. Earl Sasser
und Christopher W. L. Hart,
BAHNBRECHENDER SERVICE

Sobald es Ihnen gelingt, unangenehme Nachrichten nicht nur als etwas Negatives, sondern als Anstoß für Veränderungen zu betrachten, werden sie Ihnen nicht mehr viel anhaben können. Sie lernen daraus. Es ist ganz entscheidend, wie Sie mit Misserfolgen umgehen. Und glauben Sie mir, wir bei Microsoft wissen eine Menge über Misserfolge. In den 80er Jahren hatte unsere Tabellenkalkulation Multiplan kaum eine Marktchance gegenüber Lotus 1-2-3. Wir verbrachten die zweite Hälfte der 80er Jahre damit, an einer Datenbank namens Omega zu arbeiten, bevor wir schließlich das Projekt im Jahre 1990 aufgaben. Unsere langfristige Strategie bei den Betriebssystemen beruhte auf der gemeinsamen Entwicklung von OS/2 zusammen mit IBM, aber dieses Projekt wurde 1992 beendet, nachdem wir Millionen von Dollar und unzählige Stunden Entwicklungszeit darin investiert hatten. In den frühen 90er Jahren mussten wir unseren persönlichen digitalen Assistenten zu den Akten legen, weil die Technologie nicht gut genug war. Im Jahre 1993 verfolgten wir ein Projekt, von dem wir dachten, dass es Büromaschinen wie Kopiergeräte und Telefaxe revolutionieren würde, aber »Microsoft at Work« hat nie funktioniert. Mitte der 90er Jahre erwiesen sich unsere fernsehartigen Internet-Shows auf MSN als Reinfall.

Die Last all unserer Misserfolge hätte mich auch dazu bringen können, in Depressionen zu versinken und mit der Arbeit aufzuhören. Stattdessen begeisterte ich mich jeden Tag an neuen Herausforderungen und beschäftigte mich mit der Frage, wie wir die schlechten Nachrichten von heute dazu nutzen konnten, die Probleme von morgen zu lösen.

Die Erfahrungen bei unseren Anstrengungen für eine Tabellenkalkulation halfen uns bei der Entwicklung von Microsoft Excel, einer grafischen Anwendung, die 1985 auf den Markt kam. Es galt schon damals als das fortschrittlichste Produkt seiner Art, und liegt noch heute vor der Konkurrenz. Viele unserer Erfahrungen mit dem Datenbank-Projekt Omega zahlten sich aus, als wir mehrere Jahre später Microsoft Access auf den Markt brachten, das zum beliebtesten Datenbank-Programm wurde. Aus dem modernen, völlig neu konzipierten Betriebssystem, das ursprünglich OS/2 Version 3.0 werden sollte, wurde Windows NT. Unsere frühen Erfahrungen mit kleinen digitalen Endgeräten und ihren Anwendungen halfen uns dabei, die technischen Erfordernisse für einen wachsenden Markt zu verstehen, den wir jetzt mit unserem Windows CE Betriebssystem bedienen. Und unsere Multimedia-Investitionen im Internet lehrten uns, dass unsere Kunden die Lieferung praktischer, software-intensiver Produkte wie Expedia (Reisen), Microsoft Investor (Finanzen) und Sidewalk (Freizeit) wünschen.

Wir wurden so erfolgreich, weil wir aus Fehlern lernten und unsere Produkte konstant verbesserten. Wir sind stets darum bemüht, unseren Geschäftspartnern zuzuhören. Sie müssen ständig über die Probleme der Käufer informiert sein. Halten Sie sich diesbezüglich immer auf dem Laufenden. Beobachten Sie vor allem Ihre Großkunden, damit Sie künftige Bedürfnisse vorausahnen.

Bei der Software wollen die Kunden immer mehr. Wenn Sie die Zuverlässigkeit der Software verbessern, sagen die Käufer, großartig, aber was ist mit der Skalierbarkeit. Wenn Sie die Skalierbarkeit verbessern, wollen sie mehr Integration. Unsere Kunden haben ständig neue Wünsche.

Den Kunden zuzuhören, bedeutet, ihre Beschwerden über unsere gegenwärtigen Produktmängel zur Kenntnis zu nehmen. Aber früher war es überraschend schwierig, die schlechten Nachrichten von Käufern an unsere Produkt-Entwicklungsgruppen weiterzugeben. Die meisten Unternehmen haben eine lange, ineffiziente Kette von Leuten und Papier zwischen den Kunden und den Personen, die wesentliche Verbesserungen vornehmen können. Wenn die Kundendaten schließlich die

Produkt-Entwicklungsgruppe erreichen, ist es für das Team meist nicht leicht, ihre Bedeutung zu verstehen und die entsprechenden Prioritäten zu setzen. Alle diese Verzögerungen zusammengenommen bedeuten, dass Verbesserungen nicht so schnell realisiert werden, wie es sein sollte.

Ich empfehle den folgenden Ansatz, um Beschwerden und Wünsche der Kunden bei der Entwicklung von Produkten und Dienstleistungen zu berücksichtigen.

> Konzentrieren Sie sich auf Ihre unzufriedensten Kunden.
> Verwenden Sie die digitale Technologie, um reichlich Informationen über negative Erfahrungen der Kunden mit Ihrem Produkt zu sammeln und um herauszufinden, was sie von Ihnen an zusätzlichen Produktleistungen erwarten.
> Nutzen Sie die Technologie, um die Nachrichten schnell an die richtigen Leute zu übermitteln.

Wenn Sie diese drei Punkte berücksichtigen, dann werden negative Nachrichten und schlechte Erfahrungen in Aktivitäten umgesetzt, die zur Verbesserung Ihres Produkts oder Ihrer Dienstleistungen führen. Unzufriedene Kunden sind immer ein Anlass zur Sorge. Sie sind aber auch eine große Chance. Wenn Sie daraus lernen, anstatt sie passiv hinzunehmen, können die Kundenbeschwerden zur besten Quelle bedeutsamer Qualitätsverbesserungen werden. Der Gebrauch der richtigen Technologie wird Ihnen die Kraft geben, Beschwerden aufzufangen und schnell in bessere Produkte und Dienstleistungen zu verwandeln.

Geben Sie den Kundengarantien mehr Substanz

Hotels und Fluggesellschaften bieten normalerweise eine »Zufriedenheitsgarantie« an. Wenn Sie mit dem Service des Unternehmens unzufrieden sind, erhalten Sie beim nächsten Mal einen Rabatt oder eine zusätzliche Leistung. Diese Garantie ist in der Tat ein Verkaufsmittel, das den Konsumenten dazu bringen soll, auch ein nächstes Mal zu kommen.

Einen völlig anderen Ansatz verfolgen die Promus Hotels, deren Zentrale in Memphis, Tennessee, liegt. Zur Promus Hotelgesellschaft, die im Jahre 1997 Einnahmen von mehr als fünf Milliarden Dollar erzielte, gehören viele Hotels überall in den Vereinigten Staaten. Die bekanntesten sind die Hampton Inns, Embassy Suites und Doubletree Inns. Promus war die erste Hotelkette, die ihren Gästen garantierte, keinerlei Entgelt für die gegenwärtige Übernachtung zu nehmen, wenn sie irgendeine Beschwerde hätten. Und jeder Promus-Angestellte kann diese Garantie einlösen – ein Empfangsangestellter, ein Zimmermädchen, ein Wartungsingenieur –, jeder.

Aus offensichtlichen Gründen lieben Kunden die Promus-Garantie. Debbi Felder, Präsidentin und Vorstandsvorsitzende von Mrs. Fields, Inc., einer Kette von Bäckereien, übernachtete einmal in einem Hampton Inn und erwähnte bei ihrer Abreise, dass sie bei ihrer Ankunft keine Seife vorgefunden hätte. Die Empfangsmitarbeiterin zerriss daraufhin ihre Rechnung und sagte ihr, dass ihr Aufenthalt gratis gewesen sei. Debbi Felder war davon so beeindruckt, dass sie die Hampton Inns zum Vertragshotel ihres Unternehmens machte und schließlich im Vorstand von Hampton/Promus landete.

Eine Gewährleistung dieser Art eignet sich nicht nur hervorragend, um dem Kunden ein gutes Gefühl zu geben, obwohl dies allein schon ein guter Grund wäre. Wichtiger noch ist es, dass man mit einer derartigen Garantie eine Umgebung schafft, in der die Beschwerden der Kunden die Verbesserung des Service vorantreiben. Die dahinter stehenden Gedankengänge finden sich in dem Buch *Bahnbrechender Service: Standards für den Wettbewerb von morgen*. Darin heißt es, eine Garantie ermutigt »die ganze Organisation, sich darauf zu konzentrieren, wie die Kunden selbst einen guten Service definieren und nicht darauf, was die leitenden Angestellten unter einem guten Service verstehen«. Zuverlässige Daten über die Service-Leistungen der Firma identifizieren Mängel und die Garantie »bringt unvermeidlich ein Gefühl der Dringlichkeit für alle diese Aktivitäten. Das Ergebnis ist natürlich die unerschütterliche Loyalität der Kunden«.[16]

Eine derartige Garantie ohne irgendwelche Nachfragen bei einem Dienstleistungsunternehmen wie Promus führt dazu, dass die Beschwerden der Gäste ernst genommen werden. Die Gäste schätzen eine solche Gewährleistung hoch ein, sind möglicherweise aber skeptisch, ob eine solche Zusage auch tatsächlich eingehalten wird. Ist dies dann tatsächlich der Fall, haben Sie einen wirklich zufriedenen Kunden gewonnen.

Von gleicher Bedeutung ist der Umstand, dass die Garantie auch einen finanziellen Anreiz schafft, um das zugrunde liegende Problem umgehend in Ordnung zu bringen. Weil es das Hotel sofort Geld kostet, wird das Problem umgehend aus der Welt geschafft. Es landet nicht einfach in den Akten. Beschwerden mit unmittelbaren Ausgaben zu verbinden, »senkt den Wasserstand und entblößt die Felsen« im Hinblick auf die Qualität des Services.

Weil jeder Angestellte ermächtigt, aber auch aufgefordert ist, bei Inanspruchnahme die Garantie zu erfüllen, bemüht er sich um Qualität. Die Angestellten des Hotels, die für den Service verantwortlich sind und für Qualität sorgen oder sie beeinträchtigen, sind stolz auf ihre Tätigkeit und stolz auf das Hotel. Und gruppendynamische Abläufe sorgen dafür, dass jede einzelne Gruppe das Ihre tut, weil sie nicht hinter anderen zurückstehen will. Und wenn Sie allen Hotelangestellten das Recht geben wollen, einen Kunden umsonst nächtigen zu lassen – eine Menge Macht für Service-Personal – dann sollten Sie sie sehr gut schulen, damit sie ihre Aufgaben richtig erfüllen.

Als Promus zum ersten Mal diese Vorgehensweise vorschlug, meinten einige Franchise-Nehmer: »Sie sind verrückt. Schmarotzer werden es ausnutzen. Sie werden uns damit vom Markt fegen.« Daher begann Promus diese Politik mit einer Mischung von unternehmenseigenen und Franchise-Hotels. Es stellte sich schließlich heraus, dass die Rückerstattungen viel niedriger als erwartet lagen und durchschnittlich nur 0,3 Prozent der Erträge ausmachten. Promus ermittelte aber auch, dass die »Absicht der Rückkehr« um 50 Prozent höher bei jenen Kunden lag, denen man die neue Garantie gegeben hatte, als bei den anderen.

Auch die restlichen Franchise-Nehmer übernahmen das Programm bald.

Gewährleistung und neue Technologie

Wie können Sie so mit Ihrem Geld umgehen und dabei nicht pleite gehen? Die neue Technologie liefert die Lösung. Promus verwendet Informationstechnologie, um die Erfahrungen unzufriedener Kunden zu verfolgen und sie in ständige Service-Verbesserungen umzuwandeln. Damit verhindern sie, dass ihre Garantieversprechen zu häufig in Anspruch genommen werden.

Die Kundenbeschwerden werden zentral in der Datenbank der Hotelkette erfasst, sodass das Management von Promus sehen kann, in wel-

chen Bereichen sie anfallen. Promus kann schnell die Hotels identifizieren, bei denen wiederholt dieselben Beschwerden (zum Beispiel un-
freundliche Empfangsmitarbeiter oder schmutzige Zimmer) geäußert
werden, sodass das Unternehmen mit den Hotelmanagern zusammenarbeiten kann, um den schwachen Punkt in Ordnung zu bringen. Dieselbe
Technologie gibt Promus die Möglichkeit, jeden Gast aufzuspüren, der
versucht sein könnte, die Großzügigkeit der Kette auszunutzen. Das
Unternehmen kann schnell irgendjemanden identifizieren, der von Hotel zu Hotel reist, sich über den schlechten Service beklagt und gratis
übernachtet. Wenn ein solcher Kunde aufgespürt worden ist, sendet
Promus ihm sofort einen netten Brief, in dem sie ihr Bedauern darüber
ausdrücken, dass sie den Qualitätsansprüchen des Gastes nicht genügen, und ihn deshalb auffordern, doch die Dienste der Konkurrenten in
Anspruch zu nehmen.

Die zentrale Kunden-Datenbank ermöglicht es Promus auch, die
Wege seiner Stammgäste zu verfolgen. Wenn Sie ein Geschäftsmann
sind, der regelmäßig in vier oder fünf Hotels der Promus-Kette wohnt
und plötzlich damit aufhören, dann erhalten Sie eine Vergünstigung,
um Sie wieder zurückzulocken.

Die Kunden-Datenbank mit etwa 30 Millionen Aufzeichnungen, die
jede Nacht aktualisiert wird, hilft Promus, einen Aufenthalt für den
Gast persönlicher zu gestalten. Jeder – das Hotel, das Reisebüro und die
zentrale Reservierungsabteilung wissen von den Vorlieben der einzelnen Kunden. Wenn Sie in einem Promus-Hotel eintreffen, weiß die
Empfangsdame, dass Sie ein Nichtraucherzimmer oder ein Doppelbett
statt zwei einzelnen Betten bevorzugen, oder dass Sie aufgrund Ihrer
Allergien ein spezielles Kopfkissen benötigen.

Das Reservierungssystem wird mit jeder Buchung intelligenter

Die Franchise-Nehmer von Promus haben heute Zugang zu den Daten über die Erträge des Unternehmens. Dies hilft ihnen bei der Festlegung ihrer eigenen Preise. Mit
den Reservierungsdaten für die ganze Hotelkette und einem Parameter, den so genannten »Erträgen pro verfügbarem Raum« (RevPAR) benennt das »System 21« den
besten Preis, den Franchise-Nehmer für jedes Zimmer pro Nacht verlangen können.

Das »System 21« überwacht den aktuellen Bestand an freien Zimmern und die Anzahl von Tagen vor dem Reservierungsdatum und vergleicht diese Daten mit Zahlen
aus der Vergangenheit. Wenn die Reservierungen nachlassen, macht das System preis-

günstigere Zimmer verfügbar, wenn genügend Buchungen vorliegen, wird es mehr Räume zum Standardpreis anbieten. Die Software kann die voraussichtlichen Kosten einer Buchung für zwei Nächte heute mit der Wahrscheinlichkeit einer Buchung für vier Nächte ab dem nächsten Tag vergleichen. Sie kann den Angestellten warnen, dass die Buchungen für diese Nacht schlecht liegen und empfehlen, dass ein Stammgast in einer besseren Suite untergebracht werden sollte. Das System berät den Empfangsmitarbeiter bei allen möglichen Buchungsentscheidungen.

In einem Business, wo »Schnäppchenjäger« die Portiers häufig in eine schwierige Lage bringen, indem sie ihnen sagen, dass sie auf der anderen Straßenseite einen günstigeren Preis erhalten können, entlastet das »System 21« die Mitarbeiter und Kunden von dem Zwang, über Zimmerpreise zu feilschen. Die Mitarbeiter von Promus können den niedrigsten Preis nennen, der möglich ist, ohne die Rentabilität zu opfern, und den Kunden wird versichert, dass sie den besten Preis in Anbetracht der gegenwärtigen Situation bekommen. Jede Reservierung und jede Übernachtung findet Eingang in die zentrale Datenbank, auf welche die Mitarbeiter und die Franchise-Nehmer von Promus Zugang haben. Durch die dadurch gewonnenen Kenntnisse sind sie in der Lage, intelligentere Entscheidungen zu treffen. »Dies gibt unseren Franchise-Nehmern eine breitere Basis, mit denen spontane Reservierungsentscheidungen besser zu machen sind, als wenn man aus der Hüfte schießt oder einfach Mutmaßungen anstellt,« meint Tim Harvey, der IT-Vorstand von Promus. »Wir wollen, dass jeder Franchise-Nehmer den Nutzen der Erfahrungen der gesamten Kette erhält.«

Promus gestaltete und realisierte eine komplette Infrastruktur für den Informationsfluss. Diese Infrastruktur ermöglicht es der Hotelkette, ihre Informationen nicht nur dazu zu verwenden, um Reservierungen zu bearbeiten oder Service-Garantien zu betreuen. Die Systeme wurden dahingehend erweitert, dass nun auch das Finanz-Management und andere Betriebsabläufe einbezogen werden, die es den Hotelangestellten und den Managern ermöglichen, bessere Entscheidungen zu treffen und besser zu wirtschaften. Aufgrund der leicht verständlichen Art, mit der sie die Franchise-Nehmer bei ihren täglichen Arbeitsabläufen unterstützen, nennt Promus diese Managementsysteme »Hotel-Management aus der Kiste«. Die Schulungskosten für einen Empfangsmitarbeiter – eine Position mit 100 Prozent Umsatz – sind von 11 000 Dollar auf 3000 Dollar pro Angestellten gesunken. Anstatt zwei Wochen zur Schulung in Klassenräumen in Memphis verbringen zu müssen, benötigen neue Empfangsmitarbeiter heute nur noch zwei bis drei Trainingsstunden in ihren jeweiligen Hotels und bringen Promus auf diese Weise seinem Ziel, der »Leistung vom ersten Tag an«, näher.

Die Angestellten jedes Hotels haben die gleichen Aufgaben und arbeiten alle auf dieselbe Weise. Sie planen Konferenzen, nehmen Abrechnungen vor, verfassen Berichte, betreuen die Rezeption. Viele dieser Aufgaben sind durch die neue Technologie erleichtert worden. So sind für das Auschecken nur noch drei Bildschirmmasken erforderlich, während es vorher zwanzig gab. Einzelne Hotel-Manager haben jetzt Zugang zu Informationen über die Geschäftsabläufe und das Einnahme-Management, mit denen sie auf Daten zurückgreifen können, die zuvor nur für die leitenden Angestellten in Memphis verfügbar waren. Ein Franchise-Nehmer, der zehn Embassy-Suites besitzt, kann sich zum Beispiel auf seinem Personal Computer jeden Morgen einwählen und sehen, wie jedes seiner Hotels die Nacht zuvor abgeschnitten hat, wie sie im Hinblick auf den Plan stehen und wer hinter den Zielvorgaben zurückliegt. Wenn die Zahlen für eines der Hotels nicht so gut aussehen, kann der Franchise-Nehmer eine E-Mail an seine Hotelmanager schicken, um alle Beteiligten anzutreiben, Pläne für eine Steigerung der Belegungsrate oder der Einnahmen zu entwerfen. Die Betriebswirtschaftler bei Promus können dieselben Information sehen, sich entsprechend einschalten und jenen Hotels Hilfe anbieten, die zurückliegen.

Da sich die Anforderungen der Unternehmen verändern, wird die PC-Architektur neue Anwendungen ermöglichen, die bei nur schrittweise steigenden Kosten entwickelt werden, um die Informationen und Aktivitäten in den Häusern von Promus und den Franchise-Nehmern weiter zu integrieren.

Schlechte in gute Nachrichten verwandeln

Die meisten Produktionsunternehmen verfolgen einen anderen Ansatz gegenüber Garantien als Service-Unternehmen mit ihrem »vergänglichen Inventar« einer bestimmten Anzahl freier Zimmer zu einem vorgegebenen Zeitpunkt. Microsoft bietet seinen Kunden die übliche dreißigtägige Geld-zurück-Garantie. Wie Promus haben jedoch auch wir die Notwendigkeit erkannt, die digitale Technologie zu verwenden, um das Feedback der Kunden zu erfassen und so schnell wie möglich in Verbesserungen umzusetzen.

Wir begannen 1985 damit, von unseren Support-Mitarbeitern Daten über Kundenprobleme zu sammeln und unternahmen 1991 die ersten Schritte, eine reguläre Rückmeldeschleife einzurichten. Zunächst verwendeten wir ein Telefonsystem und entwickelten später verschiedene Methoden, um Daten aus diversen Quellen wie E-Mails, den Internet-Newsgroups und dem World Wide Web zusammenzutragen. Danach fingen wir damit an, die Daten zu verarbeiten. Wir sind jetzt bei der dritten Generation von rechnergestützten Hilfsmitteln zur Auswertung der Rückmeldungen von unseren Kunden. Das Team, das sich besonders darum bemüht, mit Hilfe des Kunden-Feedbacks schlechte Nachrichten in gute zu verwandeln, ist das Product Improvement Team (PI), das zu Microsoft Technical Services gehört.

Die Abteilung Product Improvement ist die Stimme des Kunden. Diese Gruppe sichtet täglich zahlreiche schlechte und einige gute Nachrichten. Sie konzentriert sich ausschließlich darauf, was unsere Kunden uns sagen, und was wir vielleicht gar nicht hören wollen – aber hören sollten. Sie analysieren das Feedback der Kunden und beeinflussen Entscheidungen zu Gunsten der Konsumenten im Hinblick auf Modifikationen und neue Produktmerkmale, damit unsere Kunden mit der von uns gelieferten Software noch bessere Erfahrungen machen können. Obwohl sie sich um den Support der Kunden bemühen, ist ihr erstes Anliegen, die Produkte zu verbessern und auf diese Weise die Anwender zu unterstützen.

Das Product Improvement Team verwendet ein Programm, mit dem jährlich sieben bis acht Millionen Kundendaten verwaltet werden können. Sechs Millionen Daten kommen aus Support-Fällen, hauptsächlich über das Telefon, aber auch über das World Wide Web. Eine Million dieser Informationen stammen von Premier, unserem hochentwickelten Unterstützungsdienst für Unternehmenskunden. Der Rest der Kundendaten kommt aus einer Vielzahl anderer Quellen. Support-Ingenieure tragen Probleme, über die sie telefonisch informiert werden, in die Datenbank ein, noch während sie mit den Kunden sprechen. Problemfälle, die online ankommen, werden direkt weitergeleitet. E-Mails werden einfach in ein strukturiertes Format für die Eingabe umgewandelt.

Aus dieser Datenbank werden statistisch aussagekräftige Zufallsproben herausgezogen und auf ihre Genauigkeit und Klassifizierung analysiert. Weil jeder Problembericht nach der Häufigkeit und dem Arbeitsaufwand, der für die Lösung des Problems nötig erscheint, gewichtet wird, gelangen die schwerwiegendsten Angelegenheiten nach oben.

Nicht jedes Feedback der Kunden ist negativ. Wir erhalten auch eine Menge »Wünsche«. Einige Kunden äußern recht ungewöhnliche Bitten, wie jemand, der um eine Verabredung mit der Schauspielerin Sandra Bullock bat. Manche Wünsche könnten wir erfüllen, ziehen es aber vor, es nicht zu tun, wenn jemand beispielsweise mein Haus besichtigen will. Und dann gibt es jene, die uns nur verulken wollen, wie einer, der den Microsoft Flugsimulator dazu bringen wollte, ihn auf die Fidschi-Inseln zu fliegen. Wir entdeckten schließlich, dass die Flugdaten, die er in das Programm eingab, von einer Landkarte auf seinem Duschvorhang stammten und keinerlei Bezug zu realen Koordinaten hatten.

Weitaus mehr Aufmerksamkeit richten wir auf konkrete Verbesserungsvorschläge für Produkte. Diese Nachrichten erreichen uns über das Internet, per E-Mail, über Telefax und per Post, und sie belaufen sich auf über 10 000 pro Monat.

Durch die Analyse der Gesamtdaten entwickelt das PI-Team nach Prioritäten abgestufte Listen von Problemen und empfiehlt jedem Entwicklungsteam eine Vielzahl von Lösungen, wozu auch neue Produkt-Features gehören. Diese strukturierte Rückmeldung erreicht unsere Entwicklungsteams früh genug im Entwicklungszyklus, damit entsprechende Korrekturen oder neue Merkmale in die nächste Version integriert werden können. So lieferten wir zum Beispiel im September 1997 den Internet Explorer in der Version 4.0 aus. Zwei Monate später stellten wir ein geringfügig verändertes Update zur Verfügung, um den Browser mit zusätzlichen Merkmalen zu versehen, der behinderten Menschen eine leichtere Bedienung des Internet Explorers gestattete. Aber dieses Update enthielt neben anderen Software-Korrekturen auch die Lösungen für sechs der zehn wichtigsten Probleme, die wir in dem kurzen Intervall zwischen den beiden Versionen aus den Beschwerden der Kunden herausgefiltert hatten.

Wir konnten so schnell handeln, weil das PI-Team jeden Morgen einen Bericht vorlegte, um die schwerwiegendsten und zeitraubendsten Probleme der Kunden zu analysieren, und seine Ergebnisse dem Team für den Internet Explorer präsentierte, das dann die Programmierer einteilte, um die wichtigsten Schwierigkeiten zu beheben. Als Ergebnis der erfolgten Software-Reparaturen ging die Zahl der Support-Anfragen nach Auslieferung des Updates um 20 Prozent zurück.

In einem größeren Rahmen und über einen längeren Zeitraum wird diese Form der Kontrolle und Reaktion bei allen unseren wichtigen Projekten durchgeführt. Der Prozess bleibt konstant und wiederholt sich ständig.

Wir verwenden unser Unternehmens-Intranet auch, um Informationen per E-Mail an alle interessierten Gruppen weiterzuleiten und auf unseren Webseiten zu verbreiten. Für unsere wichtigeren Produkte kann jeder Angestellte unsere Webseite aufrufen, um sich über den gegenwärtigen Status der Beschwerden und Kundenwünsche zu informieren. Wenn ein Produkt in den Handel gebracht wird, schickt das PI-Team Informationen über die ersten Kundenreaktionen. Detailliertere Berichte werden monatlich verschickt, geordnet nach größeren Produktgruppen. Diese monatlichen Reports enthalten die Merkmale eines Problems, eine kurzfristige Lösung, Empfehlungen für weit reichende Software-Verbesserungen und alle Reaktionen von der Produktgruppe. Bei Microsoft registrierte Kunden erhalten E-Mails mit Verknüpfungen zu neuen monatlichen Berichten, sobald diese erstellt sind. Andere Angestellte lesen die aktuellsten Berichte, wenn sie die Intranetseite überfliegen. Die häufigsten Besucher sind Programm-Manager, Entwickler und Tester für verschiedene Produkte. Verfasser von Online-Artikeln überprüfen die Seite regelmäßig, um sicherzustellen, dass ihr Inhalt sich auf die wichtigsten Angelegenheiten der Konsumenten konzentriert. Das Technologie-Team für den Support nutzt die Intranetseite, um zu beurteilen, welche Hilfsmittel die Kunden benötigen. Der Status der Kunden-Angelegenheiten ist Teil der wichtigen vierteljährlichen Produktübersichten, die selbstverständlich auch der Unternehmensspitze zur Verfügung gestellt werden.

Führen Sie die Benutzer sicher zur Problemlösung

In den letzten Jahren haben Microsoft und andere Software-Entwickler sich weniger auf technisch versierte Kunden und mehr auf Verbraucher konzentriert, die sich nicht für technische Einzelheiten interessieren, sondern hauptsächlich auf die Benutzerfreundlichkeit achten. Da Software immer stärker in Unternehmen eingesetzt wird, verwenden immer häufiger auch Mitarbeiter Computer, die nicht unbedingt Einblick in Details haben. Und viele Unternehmen, die niemals behaupten würden, dass sie selber im Software-Geschäft tätig sind, engagieren sich dort zunehmend, indem sie Webseiten herausgeben und elektronisch mit ihren Kunden kommunizieren. Für weniger erfahrene Käufer reicht es nicht aus, dass wir uns darum bemühen, Software-Fehler in Ordnung zu bringen, intelligente Werkzeuge zu liefern und nötigenfalls Probleme zu beheben. Sie wollen, dass wir die Dinge in erster Linie einfach gestalten. Ein Ziel für Unternehmen in vielen Branchen liegt heute darin, das Feedback der Kunden zu verwenden, um in jeden Aspekt ihrer Produkte mehr Intelligenz einzubauen, sodass es immer weniger Anlass für »schlechte Nachrichten« gibt.

Fehlermeldung »Hilfe«

Wir konnten viele Hilferufe von Kunden bei Microsoft ausschalten, indem wir solche einfachen Dinge wie den Text von Fehlermeldungen verbesserten. Es ist ziemlich erschreckend, wie verwirrend oder kryptisch sie oft sind. Hier folgt einer meiner Lieblingstexte, die vielleicht einer von tausend Benutzern verstehen mag: »Der DHCP-Client konnte keine IP-Adresse erhalten. Wenn Sie in Zukunft weiter DHCP-Meldungen erhalten wollen, dann wählen Sie ›Ja‹, ansonsten wählen Sie ›Nein‹.«

Ich liebe dieses »Ansonsten wählen Sie ›Nein‹«. Die Meldung geht davon aus, dass jeder die Bedeutung des Begriffes »DHCP« – einer Methode für die Verteilung von Computer-Adressen auf einem Netzwerk – kennt, aber dass niemand den Unterschied zwischen ja und nein kennt. Ich verstand nicht, was diese Nachricht bedeutete. Daher wählte ich wie die meisten anderen Benutzer »Nein« – denn ich wollte diese Meldung niemals wieder sehen. Vor kurzem zeigte ich die Fehlermeldung während einer Präsentation, in der ich darauf hinwies, dass wir auf Einfachheit in unserer Software dringen müssen und einige Leute dachten, dass ich mitten in der Rede auf ein technisches Problem gestoßen wäre! Wir haben uns dieser Fehlermeldung in unserer letzten Version von Windows 2000 angenommen.

Haben Sie jemals die Meldung gesehen, die lautet, dass das System eine Datei nicht mit der richtigen Anwendung verknüpfen kann? Das ist wirklich frustrierend. Wenn das System nicht weiß, welche Daten mit den Programmen verbunden sind, wie wahrscheinlich ist es dann, dass Sie es wissen? Und wie viele verschiedene Fehlermeldungen haben Sie bekommen, wenn Sie erfolglos versucht haben, sich mit einer Webseite verbinden zu lassen? Kann irgendjemand mit Hilfe einer solchen Information den wirklichen Grund für den Fehler begreifen?

Das liegt nicht nur daran, dass die Meldungen verwirrend sind. Entscheidend ist, dass das ganze System nicht intelligent genug ist, um dem Anwender zu helfen, wenn er auf eine Schwierigkeit stößt. Statt ihn vor irgendeinem unergründlichen Fehler zu warnen, muss die Software das Problem automatisch beheben oder den Benutzer durch die notwendigen Schritte führen, um es in Ordnung zu bringen. Wir haben jetzt inzwischen so genannte Software-Wizards entwickelt – zum Beispiel eine Hilfe beim Ausdrucken – bei denen wir den Benutzern Abkürzungen für bestimmte Verfahren an die Hand geben. In Zukunft werden wir zahlreiche Wizards und Troubleshooter entwickeln und zur Verfügung stellen.

Wenn Sie sich im elektronischen Handel engagieren wollen, werden viele Ihrer Aktivitäten damit beginnen müssen, elektronische Werkzeuge zu verwenden, um für jene Art der Kundenunterstützung zu sorgen, um die wir uns bei Microsoft bemühen. Potenzielle Käufer brauchen oft eine ziemlich lange Bedenkzeit, bevor sie sich entschließen, ein elektronisches Produkt oder eine digitale Dienstleistung zu erwerben. Sie stellen sich vorher meist eine Menge Fragen: Wie schwer ist es zu installieren? Wird es meinen Erwartungen entsprechend funktionieren? Und wenn ich Probleme habe, wie bekomme ich Hilfe? Und Benutzer verbinden eine Erfahrung mit einer anderen. Wenn sie Schwierigkeiten haben, ihren Online-Dienst einzurichten, dann werden sie auch zögern, ihre Bankgeschäfte online zu tätigen. Wenn sie Probleme mit dem elektronischen Handel auf einer Webseite haben, werden sie denken, dass dies ein generelles Merkmal der Technlogie für den elektronischen Handel ist, und nicht die Schuld dafür bei einer schlechten Internetseite suchen.

Kümmern Sie sich um das Feedback der Kunden

Die Gewährung einer Garantie zu nutzen, um die Aufmerksamkeit des Unternehmens auf die Kunden zu richten, und die Informationstechnologie zu verwenden, um sicherzustellen, dass man schnell auf Kundenprobleme reagieren kann, ist eine Strategie, die im Fall der Promus Hotels funktioniert, und die bei jedem anderen Dienstleistungsunternehmen genauso funktionieren kann. Die Nutzung der Informationstechnologie, um Kundenbeschwerden sofort bei der Produktentwicklung umzusetzen, wie wir es bei Microsoft getan haben, ist bei jedem anderen Produktionsunternehmen ebenfalls möglich. Ob Sie Versicherungen, Immobilien, Lastkraftwagen oder Müsli verkaufen, das Prinzip, digitale Systeme zu verwenden, um Verbraucher an Ihr Kerngeschäft zu binden, ist in all diesen Bereichen gleich und von zentraler Bedeutung für den zukünftigen Erfolg.

Sie können Informationen von Ihren Kunden erhalten, selbst wenn Sie kein digitales System haben, aber Sie können sie dann nicht schnell analysieren. Informationen, die nicht in digitaler Form vorliegen, sind nur sehr schwer in den Entwicklungsprozess für eine Dienstleistung oder ein Produkt zu integrieren. Analoge Systeme ermöglichen es nicht, Informationen direkt an den Produktentwickler weiterzuleiten. Digitale Systeme dagegen erlauben es, all diese Dinge zu tun und sich dadurch in anpassungsfähige, ständig lernende Organismen zu verwandeln. Der Kundenservice ist dann keine abgetrennte, zusätzliche Aktivität, sondern integraler Bestandteil der Produktentwicklung.

Langwierige Telefonanrufe

Elektronische Rückmeldeschleifen werden den Kundendienst erheblich verbessern. Als wir unsere Online-Hilfsdienste bei Microsoft einführten, entdeckten wir, dass unsere Webseiten die meisten einfachen Fragen der Konsumenten beantworten. Mit dem Telefon handhaben wir jetzt die schwierigeren Probleme. Wir erhalten immer weniger Anrufe pro verkaufter Produkteinheit, aber jedes Gespräch benötigt im Durchschnitt mehr Zeit.

Zunächst könnten Sie bei einer solchen Entwicklung erschrecken, denn längere Anrufe bedeuten normalerweise, dass die Support-Probleme zunehmen. Doch in dieser Situation sind längere Telefonate ein gutes Zeichen. Ihre Internetseite betreut die Fragen der Anfänger und fortgeschrittenen Benutzer, und die schwierigeren Probleme werden von Ihren Support-Mitarbeitern bearbeitet, welche die Ausbildung und Erfahrung haben, um sie zu lösen. Die Dell Computer Corporation hat dasselbe Phänomen erlebt, als sie mehr und mehr Support online zur Verfügung stellte. Ich glaube, der Trend zu längeren, aber wenigen Anrufen, wird vielen Unternehmen Probleme bereiten, die Online-Hilfe ohne Rücksicht auf das Produkt anbieten. Am Ende mögen Sie mehr erfahrene Support-Mitarbeiter für den Kundenservice am Telefon als in der Vergangenheit benötigen, aber Sie werden den Kunden dafür viel umfassender helfen.

Dieser Prozess muss mit der Entscheidung des Unternehmens beginnen, den Konsumenten in das Zentrum aller Lösungen zu platzieren. Sobald

Sie dies tun, geben Ihnen die digitalen Informationen die Möglichkeit, eine enge Verbindung zwischen den Kundenbedürfnissen und den Reaktionen Ihres Betriebes zu schaffen. Die Mitarbeiter von Promus können sich auf die Bereiche konzentrieren, für die sich die Gäste am meisten interessieren. Und bei Microsoft setzen wir unsere Software-Ingenieure so ein, dass sie an den Problemen arbeiten, die den Käufern den meisten Kummer bereiten, statt sich mit Fragen zu beschäftigen, die für die Programmierer die »technisch interessanten« sind.

Stellen Sie den Kunden in den Mittelpunkt

Wenn Sie das Feedback der Kunden in elektronischer Form akzeptieren, müssen Sie darauf vorbereitet sein, schnell zu antworten. Wenn ein Käufer einen Brief an ein Unternehmen schickt, erwartet er keine Antwort binnen Wochenfrist. Aber wenn ein Kunde eine Anfrage per E-Mail sendet, weiß er, dass die Nachricht in wenigen Minuten, wenn nicht gar Sekunden eintrifft. Die Gepflogenheiten des Business verlangen es, eine E-Mail innerhalb weniger Stunden oder über Nacht zu beantworten. Einige Tage sind schon zu viel, und wenn Sie gar Wochen für die Antwort benötigen, werden die Verbraucher ihre Geschäfte mit einem Unternehmen machen, das sich in dieser Hinsicht aufgeschlossener zeigt. Da E-Mails so viel leichter als Papierpost zu verschicken sind, werden Sie wahrscheinlich auch viel mehr Nachrichten bekommen. Wenn Sie also auf das elektronische Feedback setzen, müssen Sie sicherstellen, dass Sie über die Mitarbeiter und die internen Systeme verfügen, um prompt damit umzugehen.

Hören Sie Ihren Kunden zu. Nehmen Sie unangenehme Nachrichten als Chance, um aus Misserfolgen konkrete Verbesserungen zu machen, die von den Kunden gewünscht werden. Unternehmen, die früh in ein digitales Nervensystem investieren, um die Beiträge der Käufer aufzunehmen, zu analysieren und zu kapitalisieren, werden sich von der Konkurrenz absetzen. Sie sollten die Kundenbeschwerden häufiger prüfen als die Finanzen Ihres Unternehmens. Und Ihre digitalen Systeme sollten Ihnen helfen, schlechte Nachrichten in verbesserte Produkte und Dienstleistungen zu verwandeln.

Schlüsselinformationen

▲ Akzeptieren Sie schlechte Nachrichten, um zu erfahren, in welchen Bereichen Sie sich am meisten verbessern müssen.

▲ Ihre unzufriedensten Kunden sind die wichtigste Quelle für Verbesserungen Ihrer Produkte und Dienstleistungen.

▲ Realisieren Sie innerbetriebliche Abläufe, bei denen Beschwerden direkt zu einer schnellen Lösung führen.

Prüfen Sie Ihr digitales Nervensystem

▲ Können Sie das Feedback der Kunden elektronisch erfassen und analysieren, um herauszufinden, welche Verbesserungen der Produkte oder Dienstleistungen die Kunden von Ihnen erwarten?

▲ Ermöglichen es Ihre digitalen Systeme, das Feedback der Kunden schnell jenen Mitarbeitern zukommen zu lassen, die das Problem in Ordnung bringen können?

▲ Sind Sie in der Lage, schnell auf Mitteilungen Ihrer Kunden zu antworten?

▲ Können Sie einfache Kunden-Anfragen auf Ihre Webseite lenken und Ihren Support per Telefon für die schwierigen Kundenfragen reservieren?

▲ 12

Sie müssen Ihre Zahlen kennen

*Um das Nirwana zu erreichen, müssen Sie umfassend über jede (neue und alte)
Kundenbestellung und jeden Vermögenswert in Ihrem Unternehmen (sowohl die
permanenten Vermögenswerte als auch die wechselnden Inventarbestandteile)
informiert sein. Und wissen Sie wie? Die einzige Art, diese Information zu erhalten und zu sichern, ist die aggressive Verwendung der Informationstechnologie.*

J. William Gurley,
ABOVE THE CROWD

Wenn Sie Ihren Wagen in eine Service-Station von Jiffy Lube bringen,
um einen Ölwechsel durchführen zu lassen und nach einem 10W-40,
einem guten Öl für Fahrten bei hohen Temperaturen, fragen, wird der
Service-Techniker, bevor er irgendetwas an Ihrem Wagen macht, zuerst
sein Computer-Terminal benutzen, um sich zu vergewissern, dass der
Hersteller Ihres Wagens Öl vom Typ 10W-40 und nicht ein anderes Öl
für dieses Fabrikat und Modell empfiehlt.

In der Tat kann der Techniker Ihnen die Empfehlungen der Hersteller
für Service-Intervalle und alle Fahrzeugteile mitteilen, für die Jiffy
Lube die Wartung übernehmen kann: Öl, Filter, Scheinwerfer, Wisch-
blätter, Keilriemen – selbst die Zahl der geeigneten Schmiermittel. Alles
mit einem POS (Point-of-Sale)-System auf PC-Basis für die Service-
Techniker.

Die Fahrzeuge kommen und gehen schnell. Eine typische Jiffy Lube
Service-Station kann 45 Wagen am Tag versorgen, und sie kann es mit
dem neuen System noch schneller und effizienter tun. Techniker müssen nicht mehr in gedruckten Betriebsanleitungen nachschlagen. Das
System hilft den Managern, die Anzahl von Angestellten zu berechnen,
die benötigt werden, um das Kundenaufkommen je nach Tageszeit und
Wochentag zu regeln. Dadurch wird auch die Zahl der Überstunden
reduziert. Am wichtigsten ist, dass sich die Warteschlangen verkürzen.

Denn in diesem Geschäft fahren die Kunden einfach weiter, wenn sie eine Schlange sehen. Mit dem alten Papiersystem war die Produktivität weitaus geringer.

Drei Monate nach Ihrem Besuch werden Sie von der Service-Station an Ihren nächsten Ölwechsel erinnert, eine der 300 000 bis 350 000 Gedächtnisstützen, die Jiffy Lube jede Woche verschickt. Dieser Kundenservice, der heute eine Voraussetzung für erfolgreiche Geschäfte in vielen Dienstleistungsbranchen ist, wird durch die Kenntnis von in der Vergangenheit erbrachten Dienstleistungen ermöglicht. Das System von Jiffy Lube registriert die Anzahl der gefahrenen Meilen zwischen den einzelnen Service-Intervallen und ermittelt auf diese Weise die Gewohnheiten des Autofahrers. Wenn ein Unternehmen den Zeitpunkt und die Art jeder Kundeninteraktion kennt, kann es auch den Vorteil zusätzlicher Verkaufsmöglichkeiten nutzen.

Jiffy Lube war der weltweit führende Franchiser von Service-Stationen – allerdings unprofitabel – als sie 1991 von Pennzoil aufgekauft wurden. Im Jahre 1997 erzielte Jiffy Lube einen Gewinn von 25 Millionen Dollar, den höchsten in seiner Unternehmensgeschichte, und einen Zuwachs von 14 Prozent im Verhältnis zum Gewinn ein Jahr zuvor, bei einem Gesamtumsatz von 765 Millionen Dollar. Jiffy Lube wartete dabei 21 Millionen Wagen, eine Steigerung von 1,2 Millionen gegenüber dem Vorjahr.

Ein täglicher Informationsfluss von jeder Service-Station zum Hauptquartier und zurück treibt diesen Erfolg voran. Jede Nacht werden die Kundendienstinformationen von jedem der 600 unternehmenseigenen und den 1000 Service-Stationen der Franchise-Nehmer in der Zentrale von Jiffy Lube zusammengetragen. Durch die Fusion mit den Niederlassungen von Quaker State's Q Lube wird die Gesamtzahl der Service-Stationen auf mehr als 2100 steigen. Die Daten werden von mehreren Servern verwaltet, wozu die 120 Gigabyte umfassende Kundenbank des Unternehmens gehört, dessen Großrechner vor Kurzem durch einen PC-Server ersetzt wurde. Die Zentrale führt umgehend Analysen über eine Reihe von betrieblichen Maßnahmen – die Anzahl der gewarteten Fahrzeuge, Kosten, Einnahmen, den aktuellen gegenüber dem erwarteten Umsatz – und über Verkaufstrends durch. Schon um fünf Uhr morgens stehen aktuelle Leistungsvergleiche allen Managern von Jiffy Lube landesweit zur Verfügung, die Zugriff auf die Datenbank haben. Jeder Manager verwendet die Informationen täglich, um sich über den gegenwärtigen Ertragsstatus, den durchschnittlichen Preis jeder Service-Leistung, die für jeden Wartungsdienst notwendige Zeit und den Gesamtumsatz des Tages zu informieren.

Das Unternehmensmanagement kann Zahlen für alle Service-Stationen von Jiffy Lube aus der Vergangenheit zum Vergleich heranziehen. Die Franchise-Nehmer mehrerer Service-Stationen können sich einen Überblick über alle ihre Filialen verschaffen. Die regionalen Manager von Jiffy Lube, die normalerweise jeweils zehn Service-Stationen beaufsichtigen, verwenden die Betriebsdaten, um den Leitern der einzelnen Wartungsstationen zu helfen, ihr Unternehmen auszubauen und profitabler und effizienter zu arbeiten. Das System ist ziemlich flexibel. Wenn ein regionaler Manager einen speziellen Bericht erstellt – zum Beispiel über irgendwelche Betrügereien oder Manipulationen – kann er ihn elektronisch an verschiedene Niederlassungen verschicken, die ihn dann entsprechend berücksichtigen werden.

Der Jiffy Lube Manager ist normalerweise kein Experte im Bereich der Marktforschung, sodass die Unternehmenszentrale die Marketing- und Trendanalyse vornimmt. Die Informationen, die sie verwenden, umfassen Statistiken, Landkarten und Profile der Kunden von Jiffy Lube. Die Daten zeigen Verkäufe nach unterschiedlichen Gegenden, darunter auch regionale Bereiche, in denen eine Niederlassung von Jiffy Lube nicht so viel Umsatz erzielt, wie sie es könnte; oder Gegenden, die angesichts der statistischen Daten reif für eine Werbeaktion sein könnten.

Wenn die Kunden eine Service-Station von Jiffy Lube in ihrer Nähe nicht nutzen und stattdessen zu einer anderen, weiter entfernten fahren, gibt das System den Managern von Jiffy Lube die Möglichkeit, die Gründe dafür zu untersuchen. Es könnte am Verkehrsfluss liegen oder spezifische Probleme bei der nähergelegenen Niederlassung signalisieren.

Jiffy Lube beginnt damit, sein Informationssystem für Werbeaktionen zu verwenden. Ein Manager, der sich an einem Dienstagnachmittag die Wettervorhersage ansieht und beschließt, in einem bestimmten Markt eine Verkaufsaktion für Scheibenwischer zu veranstalten, kann das System im Hinblick auf die Werbedetails und Preise der lokalen Service-Stationen aktualisieren. In Zukunft helfen ihm weitere Informationen bei der Beurteilung, ob die Werbemaßnahmen profitabel genug waren, um es auch an einem anderen Ort zu versuchen oder ob eine Sonderaktion für Getriebe bessere Ergebnisse gebracht hat.

Seine weit reichende demographische Datenanalyse- und Kartographierungssoftware hilft Jiffy Lube auch bei der Auswahl und dem Aufbau potenzieller Standorte für weitere Niederlassungen. Die Software vergleicht bereits vorhandene Standorte von Jiffy Lube, die Konkurrenten und potenzielle neue Standorte entsprechend den demographischen Daten von Niederlassungen, die bereits erfolgreich waren. Das Unternehmen kann eine Landkarte mit Marktdaten versehen, um festzustellen, wo es zwar eine beträchtliche Anzahl möglicher Kunden, aber noch keine Service-Station gibt. Diese Art der Analyse stärkt die Beziehung des Unternehmens zu seinen Franchise-Nehmern, da Jiffy Lube ihnen Informationen über die Grundstückskosten, die Entfernung zu anderen Niederlassungen und andere Variablen liefern kann, die sie normalerweise nicht haben würden.

Heute sind die Informationen über den einzelnen Kunden in jeder Service-Station in einer Datenbank gespeichert. Je nach Größe des Wartungsdienstes umfasst eine Datenbank 8000 bis 50 000 Kunden. Jiffy Lube hat erste Schritte eingeleitet, um seine Aufzeichnungen über 18 Millionen Fahrzeugdaten und 85 Millionen Protokolle der Wartungsdienste zu einer nationalen Datenbank zu vereinigen, die mit allen Zweigstellen verbunden ist. Ein Kunde kann bald in jede beliebige Service-Station in den Vereinigten Staaten fahren und diese wird die Wartungsgeschichte des Fahrzeuges kennen. Wenn die Service-Leistung vorgenommen worden ist, werden die Daten aktualisiert und für die Niederlassungen im ganzen Land verfügbar sein.

Diese Form von Kundendienst hat die Art und Weise, wie Jiffy Lube seine Geschäfte macht, verändert. Die Mitarbeiter sitzen nicht herum und warten darauf, dass die Kunden zu ihnen kommen. Sie lernen stattdessen so viel wie möglich über ihre Kunden und Märkte und passen sich dementsprechend an. Jiffy Lube stellt fest, auf welche Arten von Werbung die Kunden reagieren und knüpft dann mit speziellen Werbemaßnahmen an die demographischen Kundendaten an. Das Ergebnis sind zielgerichtetere Werbeaktionen. Sie können zum Beispiel eine bestimmte Form der Werbung an Kunden mit einer vorher festgelegten Einkommenshöhe schicken, die in einem Umkreis von zwei Meilen um eine bestimmte Niederlassung wohnen.

Das Unternehmen stellt auch Daten über die Vorlieben von einzelnen Kunden zusammen, sodass Hinweise auf die nächste fällige Inspektion oder Werbemaßnahmen per E-Mail an die Kunden geschickt werden können. Das Verschicken solcher Gedächtnisstützen in Form von E-Mails ermöglicht es Jiffy Lube, die Werbung persönlicher zu gestalten und die Kosten zu reduzieren, während es gleichzeitig die Annehmlichkeiten für die Kunden verbessert.

Jiffy Lube überlegt auch, eine Webseite einzurichten, wo ein Kunde, ob eine Einzelperson oder der Verantwortliche für einen ganzen Wagenpark, online die bei Jiffy Lube in Anspruch genommenen Service-Leistungen für ein Fahrzeug und die Empfehlungen der Automobilhersteller einsehen kann. Die Internetseite könnte Details über jede derzeit laufende Werbeaktion liefern und zu einem Besuch bei der nächstgelegenen Service-Station von Jiffy Lube auffordern. Jiffy Lube hat die dafür nötige Infrastruktur, weil er seinen Informationsfluss um die Kundendaten herum aufgebaut hat.

Die Kenntnis der Zahlen verbessert die Arbeitsabläufe

Der Grundsatz »Man muss die Zahlen kennen« ist von fundamentaler Bedeutung für Ihre Geschäftsführung. Sie müssen die Daten Ihres Unternehmens, der innerbetrieblichen Abläufe und jeder Interaktion mit Ihren Kunden und Partnern zusammentragen. Und Sie sollten sie natürlich auch verstehen. Ich meine damit nicht, dass sie sich dabei ausschließlich auf die Ergebnisse konzentrieren oder nur nach den elementaren Bedürfnissen ausrichten sollen. Ich meine damit, dass Sie objektiv jeden Aspekt Ihres Unternehmens, soweit möglich, verstehen sollten. Wenn Sie zum Beispiel daran denken, statt kurzfristiger Profite langfristige Gewinne machen zu wollen, müssen Sie die Kosten dieser Strategie ganz genau kennen. Unternehmen können mit den von ihnen gesammelten Daten die Effizienz ihrer Kerngeschäfte verbessern, ihre Beziehungen sowohl zu den Kunden als auch zu den Partnern stärken, ihre Geschäftsbereiche erweitern und bessere Dienstleistungen und neue Produkte entwickeln.

Das Beispiel von Jiffy Lube unterstreicht die beiden Dimensionen einer solchen Verwendung von Kundendaten. Die erste besteht in der Zusammenfassung für Statistiken, um Trends und Muster aufzuspüren, auf denen Analyse, Planung und Entscheidungen basieren. Die zweite betrifft das Sammeln von detaillierten Informationen über jeden einzelnen Kunden, sodass Sie individuelle Dienstleistungen liefern können.

Die meisten noch folgenden Beispiele erläutern diese beiden Arten, Kundendaten zu verwenden – oft anhand desselben Datensatzes. Durch einen digitalen Informationsfluss von Beginn an können Unternehmen eng miteinander verbundene Schleifen zwischen Wissensmanagement, Handel und Geschäftsoperationen schaffen.

Um alle Arten von Daten effizient zu verwenden, müssen Sie diese an ihrem Ursprungsort digital erfassen und sie an jeder Nahtstelle Ihrer betrieblichen Abläufe in digitaler Form analysieren. »An jeder Nahtstelle« bedeutet, nicht nur innerhalb der Wände Ihres Unternehmens, sondern auch auf Kunden- und Lieferantenseite. Die Kenntnis der Zahlen kann Ihre gesamten Geschäftsbeziehungen verändern und Ihnen einen wichtigen Wettbewerbsvorteil verschaffen.

Das Sammeln von Daten

Um für Genauigkeit zu sorgen, sollten Sie Ihre Daten schon am Ausgangspunkt in eine digitale Form bringen. Eine solche digitale Datenerfassung am Ursprungsort reduziert die Arbeit des erneuten Eingebens und schließt damit Fehlerquellen aus. Wenn heute ein neuer Kunde in einer Service-Station von Jiffy Lube auftaucht, nimmt ein Mitarbeiter die Kundeninformationen handschriftlich auf und trägt sie dann in sein Terminal ein. Zukünftig wird man dafür einen Handheld-PC verwenden, und es erübrigt sich damit, die Daten noch einmal einzugeben. Die erneute Eingabe dauert zwar nur eine Minute, aber sie erhöht das Risiko eines Fehlers. Zudem muss der Kunde während dieser Prozedur warten.

Bei Microsoft erzielten wir unmittelbare, dramatische Verbesserungen, als wir die Bestellungen der Kunden nicht mehr per Fax, sondern in digitaler Form entgegennahmen. Unsere Anwendung für die digitale Bestellung mit dem Namen MOET (Microsoft Order Entry Tool) entwickelte sich schnell zu einer modernen Webseite für den weltweiten elektronischen Handel. MOET ermöglichte es, dass unsere Vertriebspartner ihre Aufträge digital eingaben, indem sie entweder Bestellungen online machten oder sie mit Batch-Files hochluden. Weil MOET über alle Produktnummern verfügt und alle Bestellungen auswertet, ist die Fehlerquote bei den Aufträgen von 75 Prozent auf Null gefallen, und die Bestellung wird automatisch mit den entsprechenden Preisen versehen. Die Vertriebspartner können Liefertermine, weitere Produkte und Dienstleistungen auch auf der MOET-Webseite finden. Heute liefert sich diese Webseite, mit der 1998 ein Umsatz von 3,4 Milliarden Dollar bearbeitet wurde, ein Kopf-an-Kopf-Rennen mit der Bestellseite des Cisco-Systems um diejenige Internetseite, mit der weltweit die höchsten Einnahmen verarbeitet werden.

Sobald MOET einen Auftragseingang erfasst und bestätigt hat, wird die Bestellung elektronisch zum entsprechenden regionalen Verarbeitungssystem von Microsoft weitergeleitet. Unsere Produktionsfirmen verwenden die MOET-Informationen, um automatisch Produktionspläne zu erstellen und sparen damit Zeit, die früher mit dem manuellen Erstellen von Produktionsplänen verbracht wurde. Es gibt keine andere Möglichkeit, einen solch hohen Nutzen zu erzielen, als die Daten in eine elektronische Form zu bringen.

Wenn man die Daten von Anfang an digitalisiert, kann man eine ganze Reihe positiver Effekte erzielen. Die Coca-Cola Company, deren Informationssysteme ich detaillierter im nächsten Kapitel beschreiben werde, sammelt Daten direkt von intelligenten Getränke-Automaten mit Hilfe von Funktelefonen oder Infrarotsignalen. Diese Maschinen, die bereits in Japan und Australien eingesetzt werden, übertragen Informationen wie die Anzahl der verkauften Dosen, den Münzstatus und jedes Problem mit eventuell vorhandenen Lecks. Ein Wiederauffüllungsprogramm auf PC-Basis im Büro der örtlichen Niederlassung analysiert die Daten und produziert einen Auftragszettel, der die Fahrer darüber informiert, welche Produkte und Standorte am nächsten Tag wieder aufgefüllt werden müssen. Die bedarfsorientierte Lieferung hat in Australien die Anzahl der leeren Verkaufsapparate von 20 Prozent auf weniger als ein Prozent reduziert und die Verkäufe von Coca-Cola entsprechend gesteigert. Auch die Fahrer sind zufrieden. Sie werden pro Einsatz bezahlt, und ihre Produktivität hat um 50 Prozent zugenommen. Diese Effizienz bei der Vorratshaltung und der Streckenbetreuung hat Coca-Cola auf einen guten Weg gebracht, um ihr Geschäft im Mittleren und Fernen Osten in drei bis fünf Jahren zu verdoppeln, ohne dabei weitere Produktionsstätten errichten zu müssen.

Die Nutzung der digitalen Daten an ihrer Quelle kann sogar neue Vertriebsperspektiven in bereits entwickelten oder scheinbar gesättigten Märkten, wie etwa im Bereich der Softdrinks, schaffen. Die Bedienungselemente auf den neuen Coke-Verkaufsautomaten verwenden interaktive Technologien, um Werbung, Wettervorhersagen und sogar U-Bahn-Streckenpläne anzuzeigen. Ein Pilotprogramm in Texas gestattet den Kunden beim Einkauf eine Kredit- oder Kundenkarte zu verwenden, um Getränke von Coca-Cola während des Auftankens an einer Tankstelle zu bezahlen. Da die meisten Leute, die am Zapfhahn zahlen, nicht in das Gebäude gehen, schafft das digitale System, das einen Verkauf direkt an der Zapfsäule ermöglicht, Zugang zu neuen Kundenkreisen für Coca-Cola.

Intensivieren Sie Ihre Verkaufsprozesse

Die Siemens Informations- und Kommunikationsnetzwerke sind Teil des globalen Technologie-Riesen Siemens AG und ein führendes Unternehmen im Bereich Telekommunikationssysteme, die unter dem Namen Private Branch Exchange oder PBX bekannt geworden sind. Jeder Kunde wählt aus einem Angebot verschiedener Optionen für die PBX-Ausrüstung, um ein an seinen Bedarf angepasstes internes Telefonsystem zu erhalten. Siemens hat ein vollständig digitales Verkaufssystem geschaffen, das schnell Preisangaben liefert, eingehende Bestellinformationen erfasst, die Kompatibilität der Teile garantiert und die Auftragsdaten bis zum Herstellungsprozess weitergibt.

In den frühen 90er Jahren verlangten die komplexen Produkt-Konfigurationen von Siemens, dass ein Verkäufer erst eine Menge komplizierter Details zusammentragen musste, bevor er einen Preis nennen konnte. Jede Preisangabe erforderte Kontakt mit den Technikern, die sicherstellen mussten, dass alle Teile in einer Bestellung miteinander kompatibel waren. Jede Veränderung des Auftrags war kompliziert, kostete Verkaufszeit und führte oft zu einem Neubeginn bei der Produktion. Dadurch verzögerte sich die Lieferung an den Kunden.

Um diese Probleme zu lösen, richtete Siemens ein Team von etwa 200 Leuten aus dem Verkauf, der Systemtechnik, der Kundenunterstützung, der Produktion, der Logistik, den Finanzen und der Informationsabteilung ein, um eine Reihe neuer Werkzeuge zu entwickeln, die den Verkaufsprozess schneller und leichter gestalten sollten. Das Team entwickelte einige Anwendungen auf PC-Basis, die den Namen CRAFT (Customer Requirements And Fulfillment Tools) erhielten. CRAFT erlaubt den Verkäufern, dem Kunden eine Vielzahl von Preisangaben zu präsentieren, ohne dabei auf detaillierte Berechnungen oder vorherige technische Analysen angewiesen zu sein. Ingenieure, die bisher an Auftragskonfigurationen arbeiteten, können nun ihre Arbeitszeit für die Entwicklung neuer Produkte verwenden. Mit CRAFT kann ein Verkäufer eine Bestellung innerhalb einer Stunde statt in mehreren Stunden und zudem mit größerer Zuverlässigkeit zusammenstellen. Die Zeit, die sie durch dieses Hilfsmittel sparen, können die Verkäufer nun für ihre Kunden verwenden. CRAFT liefert eine Reihe von Auswahlkriterien, die grafisch anzeigen, welche Bestandteile zusammenpassen. Wenn der Verkäufer eine Bestellung ausfüllt, werden Inkompatibilitäten von Einzelteilen in Einklang gebracht, sodass der endgültige Auftrag in Echtzeit eingetragen, konfiguriert und gebucht werden kann.

CRAFT wird landesweit von 400 bis 500 Vertretern genutzt, und die Bestellungen gelangen direkt in das Produktionssystem. Das reduziert Eingabefehler und vermindert gleichzeitig die Anzahl der Auftragsänderungen, was erhebliche Kosten einspart. Zuvor begleiteten Bestellmodifikationen den Produktionsprozess noch fast bis zur Fertigstellung. Diese Änderungen waren kostspielig, da sie oft dazu führten, die Produktion abzubrechen und noch einmal von vorne zu beginnen. Rabatte sind jetzt nicht mehr an eine bestimmte Option, sondern an die Gesamtbestellung gebunden und werden automatisch angepasst, wenn der Bestellung Teile hinzugefügt oder daraus entfernt werden. Die Produktionsmitarbeiter können besser über langfristige Zeiträume planen und erhalten früher zuverlässigere Daten. Die schnellere Verfügbarkeit der Daten verringerte die Zeit, ein kleines System zu produzieren, von fünf oder sechs Tagen auf weniger als drei. Dringende Anfragen können in knapp vierundzwanzig Stunden bearbeitet werden. CRAFT hat zu einer deutlichen Umsatzsteigerung geführt, ohne dabei die Anzahl der Vertreter zu erhöhen.

Die Kunden treiben das Geschäft an

Digitale Daten haben noch einen weiteren Vorteil. Die Verarbeitung und Analyse von digitalen Informationen in Echtzeit kann einen Informationskreislauf zwischen einem Geschäft, seinen Partnern und seinen Kunden schaffen, der das ganze Erscheinungsbild eines Unternehmens umformt. Die Einzelhandelskette Marks & Spencer, ein britisches Unternehmen mit 300 Geschäften in Großbritannien und weiteren 400 weltweit, verteilt die Kundeninformationen, um sofort auf Vorlieben der Verbraucher zu reagieren, und um einen persönlichen Kundenservice zu erreichen, der für eine normale Ladenkette unmöglich ist. Marks & Spencer versucht, die Kaufmuster der Kunden in die Unternehmenspolitik zu integrieren, sodass diese Kundenprofile ihre Arbeitsprozesse in Echtzeit vorantreiben.

Die Einzelhandelskette verkauft eine einzigartige Mischung verschiedener Waren, hauptsächlich Kleidung, Haushaltswaren und Gourmet-Spezialitäten überall in der englischsprachigen Welt. In den Vereinigten Staaten firmieren sie unter dem Namen Brooke Brothers. Der Gesamtumsatz lag 1998 bei 8,2 Milliarden Pfund. Wie die Zeitschrift *Forbes* im gleichen Jahr berichtete, war bei Marks & Spencer die Gewinnspanne mit 15 Prozent damit beinahe fünfmal so hoch wie bei einem durchschnittlichen amerikanischen Einzelhändler, bei dem sie lediglich 3,2 Prozent beträgt.[17] Das Unternehmen führt einen großen Teil seines Erfolgs auf die Fähigkeit zurück, Informationen so zu verwenden, dass sie den Konzern sehr aufgeschlossen für die Wünsche der Kunden machen.

Noch vor wenigen Jahren war die Informationssituation des Unternehmens nicht so gut. Wie die meisten Einzelhändler bestellten und verteilten die Einkäufer von Marks & Spencer die Waren nach ihren eher intuitiven Einschätzungen der Kundenwünsche. Ihr Informationssystem lieferte nur eine Grundanalyse auf der Basis von Daten aus der Vergangenheit. Es war unmöglich, Verkäufe genau genug vorherzusagen, um zu verhindern, dass Artikel ausverkauft, rabattiert oder gar aus dem Inventar aussortiert werden mussten. All das beeinträchtigte die Rentabilität.

Mit ihrem 1980 eingerichteten »Point-of-Sales«-System verfügte Marks & Spencer täglich über die nötigen Informationen wie zum Beispiel, dass die Kette 3000 marineblaue Anzüge, 10 000 Baguettes und 300 000 Roastbeef-Sandwichs verkauft hatte, aber sie besaßen damit noch keine Daten darüber, wer diese Sandwichs und Anzüge gekauft hatte, was die Kunden außerdem erworben und auf welche Weise sie ihre Einkäufe bezahlt hatten. Das System konnte das Unternehmen nicht darüber informieren, ob die Konsumenten andere Artikel kauften, wenn die Waren, die sie ursprünglich wollten, ausverkauft waren, oder ob die erworbenen Waren der Stammkunden mit ihrem gewohnten Kaufverhalten übereinstimmten. Das System konnte dem Geschäft einfach nicht dabei helfen, ein verändertes Kundenverhalten aufzuspüren.

Als dann die Konkurrenten von Marks & Spencer ihre Preispolitik offensiver gestalteten und die Öffnungszeiten verlängerten – manche waren sogar rund um die Uhr geöffnet – konnte dieses alte Verarbeitungssystem nicht dafür sorgen, dass Marks & Spencer die Preise in Echtzeit veränderte oder die Öffnungszeiten ihrer Läden über 21 Uhr hinaus verlängerte. Als die Kette in den 90er Jahren in verschiedenen Zeitzonen Niederlassungen eröffnete, mussten die Verkaufzahlen des Unternehmens rund um die Uhr verarbeitet werden. Als die Entwicklungskosten für Software stiegen und sie schließlich sogar gebrauchte Geräte kaufen mussten, um ihr Equipment aufzustocken, begann das Unternehmen nach einem besseren Weg zu suchen.

Entschlossen, sich nicht wieder in die Abhängigkeit eines einzigen System-Lieferanten zu begeben, rüstetete Marks & Spencer seine 300 Filialen in Großbritannien mit PC-Technologie aus, die dem Unternehmen konkurrenzfähige Angebote für alle Hardware- und Software-Lösungen offerierte. Jedes Geschäft verfügt heute über einen zentralen PC-Server mit vier Prozessoren und vierzig bis fünfzig modernen Pentium II PCs für das Verkaufsstellen-System. Auf jedem dieser Rechner läuft eine vollständige Preisgestaltungsdatenbank, sodass die Kunden jeden Gegenstand an jedem Standort in den Geschäften kaufen können – wenn sie wollen, können sie auch in der Lebensmittelabteilung Socken bezahlen. Weil die Arbeitsplatz-Rechner die Absätze schneller als die alten POS-Geräte verarbeiten, benötigt Marks & Spencer davon jetzt weniger Maschinen pro Filiale. Die Personal Computer haben keine Mühe mit der Verwaltung der Millionen englischer Pfund an Tageseinnahmen, die von den größten Geschäften erzielt werden. Und auch mit den 15 000 Verkäufen pro Minute in allen Läden weltweit werden sie ohne Probleme fertig. Was immer in dem System fehlschlägt, das Kassensystem läuft weiter.

Marks & Spencer testete das neue System im Weihnachtsgeschäft des Jahres 1996 und wird es bis 1999 weltweit in allen Filialen eingerichtet haben.

Wie man Kundenprofile anhand der verkauften Waren entwickelt

Nach der Einrichtung dieser neuen digitalen Infrastruktur erhält Marks & Spencer eine unglaubliche Datenfülle über Kunden-Kaufmuster. Die Informationen werden von jedem Geschäft elektronisch in das Hauptdatenzentrum in London geschickt. Vollständig durchgeführt, ermöglicht der dynamische Informationsfluss der Verkaufsabteilung von Marks & Spencer, einen Kauf in dem Moment zu analysieren, wo er geschieht, anstatt bis zum nächsten Tag zu warten. Marks & Spencer wird in der Lage sein, seine Vorräte während des ganzen Tages dem gesamten Filialsystem an die erzielten Verkäufe anzupassen. Zuvor orientierte sich das Unternehmen hierbei an der Menge der verkauften Waren vom Vortag. Die 400 Nahrungsmittel-Lieferanten des Einzelhändlers können künftig zunächst weniger produzieren und dann ihre Lieferungen aufgrund der regelmäßigen Verkaufsberichte von Marks & Spencer ergänzen. Eine Filiale wird nicht mehr ausverkauft sein oder auf Überschuss-Inventar sitzen bleiben, und die Kunden bekommen frischere Waren. Das System wird sogar automatische Daten von lokalen Wetterdiensten erhalten und kann so geeignete Vorschläge machen, welche Waren angeboten werden sollten – so zum Beispiel Suppen, wenn die Vorhersage auf stürmisches Wetter hinweist oder Fleisch für eine Grillparty, wenn der nächste Tag sonnig sein wird.

Eine ähnliche Anwendung der Informationstechnologie ermöglicht es Marks & Spencer, enger mit seinen mehr als 300 Bekleidungsherstellern zusammenzuarbeiten. Wenn Marks & Spencer ein Kleid in zwei Farben einführt, wissen sie schnell, welches sich in welchen Märkten besser verkauft. Die Lieferanten arbeiten auf einer am aktuellen Bedarf orientierten Basis. Sie fertigen zunächst nur kleinere Mengen und stellen dann die Produktion auf die tatsächlichen Verkaufszahlen ein.

Andere Industriezweige haben Just-in-time-Methoden für die Herstellung von Komponenten und mechanischen Teilen verwendet. Marks & Spencer ist das erste Unternehmen, das Just-in-time auch für die Lagerung verderblicher Nahrungsmittel und Massenkonfektionsware anwendet.

Die ständig wachsende Datenbank mit genauen Kundendaten des Unternehmens analysiert nicht nur, welche Ware ein einzelner Kunde an einem bestimmten Tag kaufte, sondern auch, was er in anderen Abteilungen erwarb und zu welchem Zeitpunkt des Tages. Marks & Spencer kann diese Informationen zusammenfassen, um gezielte Marketing-Initiativen durchzuführen. Mit dem Wissen, dass britische Kunden oft Erdbeeren und Schlagsahne oder auch Kaffee und Kekse zusammen kaufen, kann das Unternehmen diese Waren gemeinsam in Anzeigen bewerben und zusammen anbieten. Wenn Ihr bevorzugtes Lebensmittelgeschäft weiß, dass Sie ein Liebhaber von guten Weinen und Meeresfrüchten sind, kann es Ihnen eine Postkarte oder eine E-Mail senden, um Sie zu einer speziellen Weinprobe einzuladen. Wenn Ihre Vorliebe für die Kleidung eines gewissen Designers bekannt ist, kann man Ihnen mitteilen, wann die neue Kollektion dieses Modeschöpfers eintrifft.

Genaue Zahlen sorgen für einen objektiven Ausgangspunkt

Der geschäftliche Aspekt jedes Unternehmens beginnt mit der sorgfältigen Analyse der Zahlen und endet auch mit ihr. Was auch immer Sie tun: Wenn Sie nicht verstehen, was in Ihrem Unternehmen tatsächlich vor sich geht, und wenn Sie geschäftliche Entscheidungen treffen, die nur auf anekdotischen Daten oder einem vagen Gefühl beruhen, dann werden Sie teuer dafür bezahlen müssen. Microsoft ist ein Produktionsunternehmen, und ich kümmere mich intensiv um die Entwicklung neuer Programme. Aber jeder, der an einer Budget-Überprüfung mit der Führungsspitze von Microsoft teilgenommen hat, weiß, dass wir stets auf exakten Zahlen und der sorgfältigen Analyse dieser Daten bestehen. Die Zahlen geben Ihnen eine reale Basis für die Entwicklung, die Ihre Produkte nehmen sollen. Die Zahlen zeigen Ihnen in objektiver Form, was die Kunden mögen und was nicht. Die Zahlen helfen Ihnen, Ihre Prioritäten zu setzen, sodass Sie schnell taktische oder strategische Maßnahmen ergreifen können.

Sie können Ihre Zahlen nur auf einer aktiven Ebene verstehen und umsetzen. Manchmal überrascht mein Freund Steve Ballmer, Präsident von Microsoft, die Mitglieder einer Produktgruppe durch eine bessere Kenntnis ihrer Preisgestaltungsschemata und Verkaufszahlen – und jener der Konkurrenten – als die Leute, die ihm einen Plan präsentieren. Er hat so eine Art, ein Büro zu betreten und sofort die Frage zu stellen, auf die das Team keine Antwort kennt. Er hat seine Hausaufgaben gemacht, und er denkt gründlich über die wichtigen Punkte nach, die sich aus den Zahlen ergeben. Er setzt hohe Prioritäten bei Entscheidungen, die auf Tatsachen beruhen.

Die untere Management-Ebene eines Unternehmens muss die Zahlen analysieren. Andere Gruppen können helfen, aber die Leute, die mit Kunden und mit Wettbewerbsproblemen umgehen, müssen sich bei ihrer Arbeit täglich auf jede nur mögliche Weise damit beschäftigen. Und die Analyse sollte immer Handlungen nach sich ziehen und nicht nur weitere Analysen. Sie müssen denken, handeln, prüfen und sich anpassen.

Wer frühzeitig digitale Daten verwendet, vermeidet nicht nur unnötige Anstrengungen und Fehler, sondern schafft es auch, die Daten anschließend zu verarbeiten. Wenn man von Beginn an digital arbeitet, wird man die Effizienz bei Produktion, Vertrieb, Rechnungswesen und anderen betrieblichen Arbeitsabläufen vorantreiben. Der Erhalt der Daten in digitaler Form ist auch der einzige Weg, um sicherzustellen, dass Sie die Informationen schnell genug bekommen, um auf den Kundenbedarf zu antworten, bevor es Ihr Konkurrent tut.

Dieser Bedarf an präzisen und rechtzeitigen Informationen, ist ein Grund dafür, dass mich »Papierzahlen« ebenso stören wie Papierformulare. Eine gedruckte Verkaufszahl oder eine Zahl über Kundentrends bleibt statisch. Sie haben keine Möglichkeit, sich damit näher zu befassen und sich Details anzusehen oder die Zahl per E-Mail an jemanden zu schicken, um darüber zu diskutieren. Sie können nicht analysieren, was diese Zahl bedeutet. Bei einer Papierzahl, die aus dem Rahmen fällt, müssen Sie jemanden ansprechen und ihm sagen: »Ich schaue mir gerade diesen Bericht an, und diese Zahl überrascht mich«. Häufig erklärt sich eine derartige Anomalie leicht: Einige Kunden haben eine große Bestellung gemacht oder sind ausgestiegen. Darin steckt noch kein Aufruf zum Handeln, aber Sie wollen wissen, warum die monatlichen Zahlen so schlecht sind. Wenn Sie einen Trend in einem Papierbericht entdecken, ist es schwer, das Papier herumzuschicken und Mitarbeiter dazu zu bringen, sich näher damit zu befassen. Mit der Zeit lässt Ihr Interesse nach, weil die Dinge so schwer zu untersuchen sind.

Wenn die Zahlen dagegen in elektronischer Form vorliegen, können die Experten sie studieren, kommentieren, in jeder Detailstufe oder aus jeder gewünschten Perspektive betrachten und sie weitergeben, um gemeinsam daran zu arbeiten. Eine Zahl auf einem Stück Papier ist tot, in digitaler Form hingegen bedeutet sie den Anfang sinnvoller Gedanken und Handlungen.

Erweitern Sie Ihr Geschäftsfeld

Die Digitalisierung verändert Ihr Unternehmen. Ohne ein modernes Informationssystem hätte eine Service-Station keine Chance, ihre Dienstleistungen zu erweitern, mit regelmäßigen Sonderleistungen Kunden anzulocken oder spezielle Werbeaktionen für Zielkunden durchzuführen. Die Bemühungen von Coca-Cola mit den intelligenten Verkaufsapparten sind ein gutes Beispiel, »digital zu beginnen« und haben zudem ein neues Geschäftsmodell geschaffen. Die Verkaufsautomaten von Coca-Cola entwickeln sich zu selbstverwaltenden Geschäften, die für ihre eigenen Waren werben, ihre eigenen Aktionen durchführen und ihre Bestände selbst nachbestellen. Nichts davon wäre ohne einen digitalen Ausgangspunkt möglich. Intelligente Maschinen, die von fernen Standorten aus kommunizieren, werden sich mehr und mehr durchsetzen.

Schaffen Sie ein Netz von Partnerschaften

Die digitale Technologie bietet einem Unternehmen auch die Möglichkeit, ein Netz von Partnerschaften zu entwickeln, das seinen Kunden besser dient. Sie können ein virtuelles Unternehmen schaffen, in dem Handel, Wissensmanagement und Geschäftsoperationen jeden einzelnen Mitarbeiter und Partner integrieren. Ihre Partner werden besser auf Sie abgestimmt, erhalten einen größeren Nutzen aus Ihrem Erfolg und werden dazu gebracht, auf dieselben Kundenmuster genauso wie Sie zu reagieren. Wenn Ihre Informationssysteme dafür entworfen werden, einen Informationsfluss zu und von Ihren Kunden zu fördern, richten sich die Geschäftsprozesse der ganzen Versorgungskette ganz natürlich in effizienten Richtungen aus. Die Just-in-Time-Lieferung kann Realität für jedes Unternehmen werden.

Durch den digitalen Informationsfluss kann ein Unternehmen eine scheinbar grenzenlose Organisation schaffen, aber es erfordert einen neuen unternehmerischen Geist und eine neue Unternehmenskultur, um Lieferanten nicht als externe Teile, sondern als Bestandteil der eigenen Organisation zu betrachten. Im traditionellen Geschäftsverständnis werden Partner oft nur als bloße Lieferanten und nicht als integraler Teil des gesamten Unternehmensprozesses betrachtet. Die alte Phrase »Versorgungskette« impliziert Verbindungen in einer linearen Beziehung, vom Einzelhändler über den Vertrieb und die Auslieferung zurück zur Produktion. Der heutige Ansatz ist der eines »Werte-Netzwerkes«, eines Geflechtes von Partnerschaften auf der Basis des digitalen Informationsflusses. Jeder, der das Produkt in Händen hält, muss zusätzliche Werte schaffen. Die Kommunikation geht immer in beide Richtungen.[18] Unternehmen im Werte-Netzwerk sind nicht auf ihren Platz in der Produktionskette beschränkt, sondern können interagieren und je nach Bedarf mit verschiedenen Anbietern Geschäfte machen.

Das Unternehmen Wal-Mart liefert ein Beispiel für den veränderten Umgang mit den Lieferanten. Sie gaben Procter & Gamble Zugang zu ihren Verkaufsdaten, sodass P&G das tun konnte, was sie am besten können – Lagerhaltung und Vertrieb – und Wal-Mart das tun konnte, was das Unternehmen seinerseits am besten kann – viele Produkte zu verkaufen. Dieser Grad der Offenheit ist der einzige Weg, um den vollen Nutzen aus umfangreichen Zahlen zu ziehen. Nach einem Bericht von *Forbes* verringerte Wal-Mart durch bessere Inventar-Verwaltung seine Ausgaben um zwei Milliarden Dollar 1997. Ein großer Teil dieser Ersparnisse entstand durch das kontinuierliche Bestreben, Informationen zu verwenden, um besser mit den Lieferanten zusammenzuarbeiten. Marks & Spencer hat demonstriert, dass der Informationsaustausch nicht nur die Kosten, sondern auch die Reaktionszeit überall auf der ganzen Welt auf nur noch wenige Stunden reduziert.

Der Vorstandsvorsitzende von General Electric Company, Jack Welch, war einer der ersten, der über die »Grenzenlosigkeit« sprach, die Idee, dass Lösungen für Geschäftsprobleme jeden einbeziehen sollten, einerlei ob innerhalb oder außerhalb der formellen Grenzen des Unternehmens. Es war nicht überraschend, als General Electric, der größte industrielle Konzern in den Vereinigten Staaten, damit begann, für seine zwölf Betriebseinheiten das wahrscheinlich größte Extranet der Welt zu schaffen. Dies ist ein privater Internet-Standort, der es mehreren Unternehmen ermöglicht, sicher ihre Informationen auszutauschen und Geschäfte abzuwickeln. General Electric erwartet, dass sie im Jahr 2001 mehr als fünf Milliarden Dollar oder 14 Prozent ihres erwarteten Gesamtumsatzes von 35 Milliarden Dollar über das Extranet erzielen werden. Heute machen sie weniger als ein Prozent Umsatz mit dem elektronischen Handel. Vollständig entwickelt könnte das Extranet sogar 40 000 Handelspartner zusammenschließen. Das Extranet von General Electric wird außerdem Software bereitstellen, die eine Zusammenarbeit in Echtzeit ermöglicht. Die Angestellten und Partner werden in der Lage sein, dieselben elektronischen Dokumente einzusehen und zu verfassen und sie zur selben Zeit über das Internet zu diskutieren.

In einem Werte-Netzwerk können Unternehmen ihr Kapital, das ansonsten in Lagerkosten stecken würde, neu investieren und die Kosten für die Inventar-Verwaltung dramatisch reduzieren, wie es Wal-Mart getan hat. General Electric erwartet, dass sie zwischen 500 und 750 Millionen Dollar mit ihrem Extranet durch eine geringere Fehlerquote und andere Effekte sparen können. Die Unternehmen sind damit in der Lage, auch ihre Qualität zu verbessern. Etwa 70 Prozent der Produkte der Ford Motor Company entfallen auf Komponenten, die von unabhängigen Ersatzteil-Herstellern geliefert werden. Das digitale Netzwerk von Ford bringt das Unternehmen dazu, schnell mit diesen Zulieferbetrieben zusammenzuarbeiten, um Qualitätsprobleme bei den Ersatzteilen anzusprechen. Unternehmen in einem Werte-Netzwerk können schneller und exakter auf den Markt reagieren.

Die Intensivierung der digitalen Informationsarbeit

Wenn der Nutzen, der aus der Kenntnis der Zahlen resultiert und die Einrichtung eines Werte-Netzwerkes so überzeugend ist, warum greifen dann nicht mehr Unternehmen darauf zurück? Warum verarbeiten nicht mehr Unternehmen ihre Gesamtzahlen digital, um Trends zu verfolgen? Warum sammeln sie keine Kundendaten?

Der Hauptgrund liegt darin, dass zu wenige Geschäfte mit der digitalen Eingabe beginnen. Lebensmittelgeschäfte gehörten zu den Vorreitern der digitalen Technologie. Die ursprüngliche Anwendung des Strichcodes basierte auf einer beschleunigten Preiskontrolle, aber der größere Wert lag schließlich in der Inventar-Verwaltung und der Trendanalyse. Der Start mit digitalen Daten erforderte jedoch Sorgfalt. Wenn Sixpacks mit Softdrinks mit jeweils 1,99 Dollar ausgezeichnet sind, könnte ein Controller »zwei« für Sixpacks eingeben, selbst wenn der eine von Dr. Pepper und der andere von Pepsi ist. Die Summe würde für den Kunden richtig sein, aber die Inventurnummer für beide Getränkemarken wäre dabei nicht berücksichtigt.

Auch die Verbindung der digitalen Informationen zwischen verschiedenen Anbietern mit Hilfe von Großrechnern und privaten Netzwerken war bisher zu teuer. Obwohl der Nutzen des Datentausches offensichtlich ist, verwenden weniger als fünf Prozent aller Unternehmen in den Vereinigten Staaten den alten EDI-Standard. Manchmal ist nur eine Seite des Geschäftsablaufs elektronisch. Die meisten Unternehmen verwenden EDI ausschließlich für Bestellungen und für die Abrechnung. Sie tauschen keine Verkaufs- und Logistikdaten aus, um die Lager- und Transportverwaltung zu optimieren. Die Kosten und die technische Komplexität hielten die Leute ab, aber der Personal Computer und das Internet geben uns eine Infrastruktur, die den Austausch aller Arten von digitalen Informationen sehr preisgünstig macht. Je homogener die Software-Plattform ist, desto weniger komplex ist die Verbindung einzelner Systeme und um so eher kann ein Werte-Netzwerk gestaltet werden.

Bisher verwenden nur wenige Menschen digitale Daten im Büro. Die vorhandenen Papiersysteme lassen die Menschen vermuten, dass Daten schwer zu erhalten und auf die eigenen Bedürfnisse anzupassen sind. Weil ihre Informationen nicht digital sind, müssen sie mit Papierbergen arbeiten, die sie nicht handhaben oder analysieren können. Sie können keine Muster in ihren Daten finden und die Papierinformationen nicht aktiv umsetzen. Weil so wenige Unternehmen heute intern oder mit ihren Partnern digitale Werkzeuge verwenden, haben jene Firmen, die schnell handeln, um ein digitales Nervensystem zu schaffen, die Gelegenheit, sich von ihren Konkurrenten abzusetzen.

Um den Übergang zu einem leistungsfähigen, virtuellen Unternehmen zu meistern, muss sich ein Vorstandsvorsitzender oder Geschäftsführer zunächst das ganze Papier auf den Schreibtischen der Angestellten ansehen und sich fragen, wie digitale Systeme diese Stapel ersetzen könnten. Als Teil dieser Prüfung sollten Sie daran denken, die Arbeitsprozesse außerhalb Ihres Unternehmens zu erweitern, um ein Gesamtnetz Ihrer Partner und Kunden zu schaffen. Sie müssen Arbeitsabläufe entwickeln, die von einem prompten, zuverlässigen Informationsfluss unterstützt werden. Dann kommen Sie in die Lage, alle Reaktionen der

Kunden und der Anbieter so zu integrieren, als ob alles eine Einheit wäre. Wenn Sie der Meinung sind, dass Ihre Anstrengungen sich darauf beschränken sollten, die Verbindungen mit ihren Partnern nur am Laufen zu halten, anstatt auf die Entwicklung von Lösungen für zusätzliche Geschäftswerte zu setzen, dann überprüfen Sie Ihr Vorgehen. Sie müssen noch einmal nachdenken und einen neuen Ansatz entwickeln.

Schlüsselinformationen

▲ Die Kenntnis Ihrer Zahlen bedeutet mehr als nur die Überprüfung Ihrer Buchhaltung. Es bedeutet die Verwendung der Zahlen für Marketing, Verkauf und Finanzplanung.

▲ Eine Zahl auf einem Stück Papier ist ohne große Aussagekraft; eine Zahl in digitaler Form ist der Anfang von sinnvollen Gedanken und Handlungen.

▲ Schnelle, exakte Zahlen schaffen die Voraussetzung dafür, dass Kundenaktivitäten zu unmittelbaren Reaktionen von Ihnen und Ihren Partnern führen.

Prüfen Sie Ihr digitales Nervensystem

▲ Erfassen Ihre digitalen Systeme die Daten Ihres Unternehmens bei jedem Schritt und bei jeder Interaktion mit Ihren Kunden und Partnern?

▲ Können Sie die Zahlen Ihrer Partner mit Ihren eigenen verknüpfen?

▲ Haben Sie eine komplette Kundendatenbank, die Sie vollständig nutzen?

Befähigen Sie Ihre Mitarbeiter zu anspruchsvolleren Tätigkeiten

Wir betrachten diesen Stapel von Daten als einen Schatz, von dem wir lernen müssen. Je größer der Stapel, um so besser – wenn Sie über die Mittel verfügen, um ihn zu analysieren, zu synthetisieren und sich selber kreativer zu machen.

Britt Mayo,
LEITER DER ABTEILUNG INFORMATIONSTECHNOLOGIE
BEI PENNZOIL

Die zwangsläufige Konsequenz besserer Computersysteme ist eine sinnvolle Verwendung der Zeit Ihrer Mitarbeiter. Intelligente Software kontrolliert ständig die Verkaufszahlen, spürt Trends auf und stellt fest, was verkauft wird und was nicht. Marks & Spencer kann seine 500 bis 600 Einkäufer weitaus wirksamer einsetzen. Anstatt sich durch Papierberge mit Berichten vom vorherigen Tag zu kämpfen, können die Einkäufer sich darauf konzentrieren, was die aktuellen Daten aussagen. Wenn die Verkaufszahlen sich innerhalb der erwarteten Größenordnungen bewegen, ist kein menschliches Eingreifen erforderlich, aber das neue System überwacht die Verkaufsdaten und meldet sich, wenn die Zahlen die zuvor festgelegten Grenzen überschreiten oder darunter liegen. Über besondere Fälle werden automatisch Berichte erstellt, und die Einkäufer beschäftigen sich nur noch mit den Ausnahmen.

»Durch den Einsatz dieser intelligenten Systeme sind wir in der Lage, unsere Mitarbeiter statt für sich ständig wiederholende, langweilige Arbeiten für anspruchsvollere Tätigkeiten einzusetzen«, sagt Keith Bogg, der Direktor für Informationstechnologie und Logistik bei Marks & Spencer. »Sie nutzen ihre Intelligenz, um sich mit den Ausnahmen zu befassen und lassen die Computer die Entscheidungen in allen anderen Fällen treffen. Wir können diese Leute für sinnvolle Aktivitäten einsetzen, so bei der Auswahl neuer Produkte und der Marktanalyse, anstatt sie jeden Tag die Zahlen im Lager überprüfen zu lassen. Die Einkäufer verbringen ihre Zeit viel effektiver und leisten eine wertvollere Arbeit als je zuvor.«

Der Einsatz von Software, um Routinearbeiten mit Daten zu handhaben, gibt Ihnen die Gelegenheit, die menschliche Komponente dort ins Spiel zu bringen, wo sie wirklich wichtig ist. Die meisten Menschen erhalten lieber eine persönlich geschriebene Notiz oder einen Telefonanruf statt einer Nachricht über den Computer. Deshalb ist es wichtig, dass sich jemand persönlich mit den Anfragen und Beschwerden der Kunden beschäftigt. So kann intelligente Software zum Beispiel in einem Hotel die Zeiten für Anmeldung und Abreise dramatisch verkürzen und für die routinemäßige Rückmeldung sorgen. Damit bekommen die Mitarbeiter Zeit für andere, wichtigere Dinge. Wieviel mehr würden die Gäste ihren Hotelaufenthalt genießen, wenn es dort ein halbes Dutzend weiterer Leute geben würde, die sich intensiv um sie kümmern?

Doch der elektronische Handel birgt noch weitere Herausforderungen. Bei einem Verkaufsgespräch von Angesicht zu Angesicht kann der Verkäufer sowohl die Körpersprache des Kunden deuten als auch seine eigene Gestik einsetzen. Diese persönliche Begegnung ist bei einem Geschäft im World Wide Web nicht möglich. Die Anbieter im Internet leisten deshalb eine interessante Detektivarbeit. Wie entwickeln Sie auf der Basis des Kundenverhaltens im Internet und bisher getätigter Einkäufe eine Vorstellung davon, was Sie für einen Konsumenten vor sich haben? Dazu ist eine hochentwickelte Datenanalyse nötig.

Die Erweiterung der Kundenanalyse

Digitale analytische Werkzeuge wie sie bei Marks & Spencer verwendet werden und mit denen sich die Mitarbeiter vorwiegend auf die Ausnahmen statt auf die Routinearbeiten konzentrieren können, verändern auch die Natur der Arbeit. Die Hilfsmittel sind so mächtig, dass einige Angestellte von Marks & Spencer anfangs fürchteten, durch die Computer ersetzt zu werden. Es gibt einen natürlichen Widerstand dagegen, eine Entscheidung einer Maschine zu übertragen. Doch wenn eine Datenbank groß und komplex genug geworden ist, kann der Computer die erste Such- und Sortierarbeit weit gründlicher als ein

Mensch verrichten. Wir sind einfach unfähig dazu, Muster in großen Datenmengen zu erkennen. Und die verfügbaren Informationen – in Datenbanken, Dateisystemen, Nachrichtensystemen und auf Webseiten – wachsen exponentiell. Die einzige Möglichkeit, wie wir all diese Daten voll ausschöpfen können, liegt im Einsatz von Computer-Werkzeugen.

Den Einsatz von Software-Algorithmen, um nützliche Muster in riesigen Datenmengen aufzuspüren, nennt man *data mining*. Der erste größere Schritt in diese Richtung war die online-analytische Verarbeitung (OLAP), die viele Formen der Befragung effizienter machte. Ursprünglich für Buchführungs- und Buchhaltungszwecke gesammelte Daten wurden als potenzieller Informationsschatz für den Entwurf, die Prognose und die Entscheidungsfindung betrachtet. Die Unternehmen begannen, Daten aus verschiedenen Systemen zusammenzuführen und zu analysieren und schufen so genannte *data warehouses* um diesen neuen Bedarf zu erfüllen. Datenteilmengen, die auf einen Aspekt oder eine Abteilung eines Geschäftes fokussiert sind, werden oft als *data marts* bezeichnet.

Das Verlagshaus HarperCollins verwendet ein OLAP-System auf PC-Basis, um Buchverkäufe in Echtzeit festzustellen, sodass sie nur soviel Bücher drucken müssen, wie es der Nachfrage der Vertriebspartner entspricht. Auf diese Weise gelangen keine großen Mengen an unverkauften Exemplaren in die Vertriebskanäle, welche die Verleger schließlich wieder zurücknehmen müssen. Nachdem das neue System ein Jahr in Betrieb war, half es HarperCollins dabei, die Remittendenquote der beliebtesten Titel von über 30 Prozent auf etwa zehn Prozent zu reduzieren. Und das bedeutet Einsparungen in Millionenhöhe.

Digitale Werkzeuge

In den meisten Unternehmen müssen Mitarbeiter Informationen auf vielfältige Weise betrachten. Leitende Angestellte wollen oft eine konsolidierte Ansicht der Verkaufszahlen und danach einen Überblick nach Region und Land. Verkaufsleiter wollen die Zahlen aufgeschlüsselt nach den Teams und den individuellen Ergebnissen oder im Hinblick auf die Kundenkonten sehen. Die Produktmanager wollen die Zahlen in Bezug auf die Vertriebskanäle untersuchen oder sich genauer ansehen, welche Produkttypen und -varianten sich gut oder schlecht verkaufen. Verschiedene Mitarbeiter brauchen die Verkaufszahlen für den Monat oder das laufende Jahr, oder sie benötigen den gegenwärtigen Umsatz im Vergleich zu den Kosten, die Veränderungen der Verkaufs-zahlen im Vergleich zum letzten Jahr und Daten über die Umsätze in amerikanischen Dollar oder in anderen Währungen. Normalerweise erstellt die Finanzabteilung eines Unternehmens eine sehr große Anzahl verschiedener Berichte, um all diesen unter-schiedlichen Bedürfnissen zu entsprechen.

Häufig können alle diese Berichte digital mit einem elektronischen Arbeitsblatt ver-fasst werden. Mit Hilfe von Übersichten können die Mitarbeiter sich zuerst einen Ge-samtüberblick verschaffen und dann auf jeden einzelnen Punkt klicken, um weitere Detailinformationen zu erhalten. Mit einer anderen Technik, den aus verschiedenen Blickwinkeln einsehbaren Tabellen, können die Menschen dieselben Daten auf jeweils unterschiedliche Weise betrachten. Wenn Sie sich als Verkäufer Verkaufszahlen anse-hen und dann die Zahlen aus der Sicht des Kunden anschauen wollen, genügt ein einziger Mausklick. Wenn diese Fähigkeiten mit Schablonen verbunden werden, mit denen die zugrunde liegenden Daten in Standardformate eingebaut werden, erhält man als Ergebnis mächtige, flexible digitale Berichte, die jede Person für den eigenen Bedarf aufbereiten kann. Solche Berichte können auch per E-Mail für weitere Analy-sen und Diskussionen weitergeschickt werden.

Die Tabellen sind besonders wirkungsvoll, wenn sie mit dem Datenbestand eines Unternehmens verbunden werden. Jede einzelne Datenbank hat normalerweise be-grenzte Berichtsfähigkeiten. Deswegen ist die Erstellung auf das technische Personal beschränkt. Gewöhnlich sind die Mitarbeiter nicht sicher, wann sie zusätzliche Infor-mationen benötigen, sodass sie umfangreiche Datenbankabfragen vornehmen, die zwanzig bis dreißig Minuten dauern können.

Die aus verschiedenen Sichtweisen einsehbaren Tabellen werden mit einer Daten-bank kombiniert, die allen berechtigten Benutzern den Zugang zum Datenbestand er-möglicht, und eine Schnittstelle zum Arbeitsblatt gestattet den Benutzern, Abfragen auf der Ebene der Zusammenfassung zu machen und sie dann schrittweise zu verfei-nern, um weitere Details zu erhalten. Durch die kleinen Datenmengen, die mit jeder Aktualisierung verbunden sind, sind rasche Antworten möglich. Diese Schnittstelle kann auch für die Eingabe in Echtzeit von Daten aus dynamischen Datenquellen wie der Börse verwendet werden.

Den Managern ermöglichen digitale Werkzeuge eine schnellere und tiefergehende Analyse. Buchhalter brauchen mit der digitalen Technologie weniger Zeit für das An-fertigen von Berichten und können deshalb ihre Energie darauf verwenden, Geschäfts-analysen zu erstellen und günstige Gelegenheiten zu erkunden. Für die Mitarbeiter, die diese Unternehmensdaten verwalten, stellen digitale Werkzeuge weitaus schnellere und qualitativ wertvollere Informationen bereit, sodass der Monatsabschluss nur noch ein paar Tage anstatt Wochen dauert. Mit derselben Personalstärke können Finanz-

234

abteilungen dann Aufgaben durchführen, zu denen langfristige Planungen und die Analyse des Personaleinsatzes oder der festen Vermögenswerte gehören.

Digitale Werkzeuge geben im Gegensatz zu Papierberichten jedem die Möglichkeit, die nächste Frage zu stellen. Weil Sie nie wissen, wie diese Frage lauten wird, benötigen Sie Werkzeuge, die Ihnen dabei helfen, die Antworten selbst zu finden.

Mit dem OLAP-System kann HarperCollins Fragen stellen, wie die nach der Rentabilität eines Titels in einer Woche bei einem bestimmten Vertriebspartner. Aber OLAP benötigt menschliche Intelligenz, um die Befragung durchzuführen, und weder traditionelle Datenbanken noch das OLAP-System können Antworten auf weniger genau definierte, dennoch aber sehr wichtige Geschäftsfragen finden wie: Welcher meiner Kunden wird wahrscheinlich Produkt A dem Produkt B vorziehen? Was unterscheidet meine zufriedenen Kunden von meinen unzufriedenen Kunden? Welche Kunden in meiner Datenbank »ähneln« anderen Kunden? Die Ergebnisse von derat unspezifischen Befragungen würden dem Benutzer eines OLAP-Systems nutzlose Informationen liefern, die er in keinster Weise verwenden könnte. Während hochentwickelte Formen der Datenanalyse mit einer Software arbeiten, um in einer informationsreichen Umgebung zu navigieren. Das hilft den Benutzern bei der Beantwortung von geschäftlichen Problemen, ohne dass sie Experten für Statistiken, Datenanalysen oder Datenbanken sein müssen.

Bei den folgenden Aufgaben kann Sie die Datenanalyse unterstützen:

> Prognosen über den Kauf einer bestimmten Ware, abhängig vom Alter, dem Geschlecht und anderen Eigenschaften des Kunden.
> Identifikation von Kunden mit ähnlichem Kaufverhalten im Internet.
> Aufspüren spezieller Kundenvorlieben, um einen besseren individuellen Service liefern zu können.
> Feststellen von Datum und Tageszeit des Zugriffs auf häufig besuchte Webseiten oder bei telefonischen Aktionen und der sich daraus ergebenden Muster.

Die Datenanalyse ist auch ein wertvolles Werkzeug für die Verkaufsprognosen und den Austausch dieser Analyse mit Partnern und Kunden. Datenanalyse wird bei der Produktion, im Bankwesen, in der

Telekommunikation, und bei interaktiven Geschäften im Internet eingesetzt. Durch das Erkennen von Mustern in den Verbraucheraktivitäten
auf einer Webseite kann zum Beispiel der Microsoft Site Server Commerce 3.0 Konsumentenwünsche vorhersagen und die Online-Kaufer-
fahrung für jeden Besucher persönlich anpassen. Die Internet-Unter-
nehmen können maßgeschneiderte Werbeanzeigen und Angebote aus
anderen Bereichen für jeden Benutzer erstellen. Methoden der Datenanalyse können auch sicherstellen, dass ein Online-Geschäft keine
E-Mails mit Angeboten in großen Mengen an Kunden verschickt, die
allem Anschein nach nicht daran interessiert sind. Damit wird ein Fehler vermieden, der oftmals nicht genug Beachtung findet: Den Kunden
mit unwichtigen Informationen zu verärgern.

Weitere weniger typische, aber interessante Anwendungen der Datenanalyse reichen von der Auswertung von Berichten über Adoptivkinder,
um bessere soziale Leistungen zu entwerfen, bis hin zur Suche nach
Basketballspielern für die NBA. Mit Hilfe der Datenanalyse erhielten die
Basketballspieler des Utah Jazz Teams ein vollständiges Profil aller Be-
wegungsabläufe des Spielers Michael Jordan von den Chicago Bulls.
Darunter war auch ein Einzelspiel, in dem er zwei oder drei Dribblings
vor dem Korbwurf machte. Jede Analyse ist jedoch nur so gut wie die
Fähigkeit, danach zu handeln. Selbst mit dem Wissen über Michael Jordan konnte Utah nicht verhindern, dass Jordan genau damit den spiel-
entscheidenden Wurf in jenem Spiel erreichte, das im Jahre 1998 den
Chicago Bulls die Meisterschaft brachte.

Im Bereich Business wird die Datenanalyse am häufigsten im Direkt-
Marketing eingesetzt, wobei Unternehmen Informationen analysieren,
um Kundenvorlieben zu entdecken, und dann zielgerichtete Angebote
an bestimmte Verbrauchergruppen zu machen. So verwenden zum
Beispiel die American Airlines Informationen über die 26 Millionen
Mitglieder ihres Vielfliegerprogrammes – genau wie die von ihnen
benutzten Mietwagen-Unternehmen, Hotels und Restaurants – um
zielorientierte Marketing-Kampagnen zu entwickeln, die mehr als
100 Millionen Dollar an Kosten eingespart haben.

Kostenersparnisse entstehen durch die Fähigkeit, genauere Kundenprofile anzulegen und die Anzahl von Mailings zu reduzieren. Eine
direkte Marketing-Kampagne für Kreditkarten würde zum Beispiel normalerweise nur zu einer Erfolgsquote von etwa zwei Prozent führen.
Mellon Bank USA verfolgte 1997 das Ziel, 200 000 neue Kunden zu

gewinnen, eine Zahl, die normalerweise den Versand von zehn Millionen Direkt-Mailings erfordern würde. Stattdessen arbeitete die Bank mit Methoden der Datenanalyse, um 3000 Modelle über die wahrscheinlich aussichtsreichsten potenziellen Kunden zu erstellen. Eine Teilmenge dieser Modelle wurde verfeinert, um zu einer kleineren Anzahl zu gelangen, die, wie ein Test ergab, zu einer Erfolgsquote von zwölf Prozent führen könnte. Diese Rate ermöglichte es der Bank, nur etwa zwei Millionen Angebote zu verschicken, um die gewünschten 200 000 Neukunden zu bekommen. Neben der Reduzierung der Kosten lag die durchschnittliche Rentabilität eines neugeworbenen Kunden dreimal höher als üblich, denn die Datenanalyse zielte auf Kunden, deren Bedarf am besten zu den von der Mellon Bank angebotenen Dienstleistungen passte.

Dieses Beispiel erläutert zwei wichtige Aspekte der Datenanalyse. Der erste betrifft das reine Ausmaß: die Menge der involvierten Daten und die Anzahl der durchgespielten Modelle liegen weit über traditionellen statistischen Analyse-Methoden. Der zweite Aspekt ist, dass sogar hochtrainierte Spezialisten von der Datenanalyse profitieren können, wie man am Beispiel der Mellon Bank sieht, die die sechsfache Menge an Ergebnissen in einem Viertel der Zeit erreichte, welche die statistische Analyse-Abteilung der Bank mit traditionellen Methoden benötigt. Ein wichtiges Ziel liegt darin, dass die Werkzeuge so leicht zu verwenden sind, dass der entsprechende Mitarbeiter und nicht nur ein Spezialist damit umgehen kann.

Datenanalyse wird auch zu einer Notwendigkeit bei der Online-Interaktion. Lars Nyberg, der Vorstandsvorsitzende von NCR, beschrieb mir das Standardmenü (ATM), das sein Bankautomat ihm präsentierte: Möchte er die Anweisungen in englischer oder spanischer Sprache, welches Konto wünscht er einzusehen, welche Form der Transaktion möchte er vornehmen und will er danach noch eine weitere Überweisung machen? Am Ende zeigte ein Display ein Inserat mit einer Telefonnummer an, die er anrufen kann, wenn er eine Hypothek von dieser Bank will. Die meisten Benutzer von ATM haben sich durch ein derartiges Menü durchgearbeitet.

Doch jedes Mal wenn Lars ATM nutzt, hebt er den gleichen Geldbetrag vom selben Konto ab. Er hat schon eine Hypothek von dieser Bank und bezahlt ihnen jeden Monat viel Geld dafür. Wenn er seine Bankkarte einschiebt, warum fragt ihn die Maschine dann nicht sofort in seiner Muttersprache: »Möchten Sie Ihre übliche Abbuchung von Ihrem

Hauptkonto vornehmen?« Und warum wirbt sie nicht für eine Dienstleistung, die zu seinem Kundenprofil passt? Eine so spezialisierte Dienstleistung wäre besser für ihn und besser für die Bank. Die Information, die gebraucht wird, um diese wichtigen Fragen stellen zu können, steckt schon irgendwo in einem Computer. NCR stellt tatsächlich selbst das ATM-System für seine Bank her und hat dabei gute Erfahrungen mit der Datenanalyse gemacht. Darum ist Lars Nyberg eifrig darum bemüht, diese Art von Problemen zu lösen.

Die Datenanalyse ist Teil des Customer Relationship Management (CRM), bei der Informationstechnologie genutzt wird, um Unternehmen dabei zu unterstützen, die Beziehungen zu den Kunden auf einer Eins-zu-Eins Basis statt auf dem Massenmarketing-Modell zu verwalten. Mit der Datenanalyse ist es möglich, den einzelnen Kunden zu erreichen, wenn es einen Kanal für die Lieferung maßgeschneiderter Leistungen gibt, ob es sich dabei nun um ein ATM-System, eine Webseite oder direktes Marketing über E-Mail-Werbung und -angebote handelt. Mit den durch die Datenanalyse gelieferten Mustern können Sie Ihre Produkte einem Kunden auf eine Weise präsentieren, die sich am ehesten dazu eignet, Ihre gegenseitige Wertschätzung zu steigern.

Dieser persönliche Zuschnitt hat weit reichende Auswirkungen auf die Werbung in allen Medien, einschließlich im Fernsehen und in Zeitschriften. Wenn sich das digitale Fernsehen durchgesetzt hat und auf elektronischem Weg Zeitschriften und Zeitungen gelesen werden, wird sich praktisch die gesamte Werbung von der Massenwerbung hin zu einer persönlichen Werbung entwickeln. Die Inserate, die auf dem Bildschirm erscheinen, werden sich entsprechend den demographischen Profilen des Zuschauers unterscheiden.

Statt jeden Haushalt in den Vereinigten Staaten mit Massenmedien bewerben zu müssen, um auf ein Auto oder ein anderes Produkt aufmerksam zu machen, können die Unternehmen zukünftig auf demographische Daten zugreifen, die am effizientesten sind, um ihre potenziellen Kunden zu erreichen. Wenn zum Beispiel jemand schon einen bestimmten Wagentyp gekauft hat und Sie glauben, dass es jetzt an der Zeit für ihn ist, dass er sich ein neues Fahrzeug zulegt, dann können Sie Ihr Angebot genau an jenen Kunden richten. Ein großer Autohersteller wird auch weiterhin auf andere demographische Daten zugreifen, um sein Markenimage hochzuhalten, aber er wird seine Werbemaßnahmen auf die besten demographischen Informationen abstimmen.

Wir sehen bereits heute erste Ansätze einer individuellen Ansprache im Internet. Wenn ein Benutzer auf der Webseite einer Suchmaschine zum Beispiel »San Francisco«, schreibt oder wenn er angibt, dass er ein Buch über ein bestimmtes Thema kaufen will, erscheint ein Inserat dazu zusammen mit den anderen Informationen. Eine Anzeige, die sich auf den Kontext bezieht und die Sie mit der Vorliebe eines Kunden oder seinen Wünschen und Absichten in Verbindung bringen können, ist weitaus wertvoller als ein herkömmliches, auf Verdacht geschaltetes Inserat mit großen Streuverlusten.

Die Fähigkeit, Inserate zu personalisieren, bedeutet, dass verschiedene Gegenden oder sogar verschiedene Haushalte in demselben Bereich verschiedene Inserate sehen. Große Unternehmen können mit ihrer Werbung effizienter werden, und kleine Unternehmen zum ersten Mal beginnen, Fernseh- und Zeitschriften-Werbung zu machen, die ansonsten zu teuer wären. Sogar der Lebensmittelhändler an der Ecke würde die Möglichkeit erhalten, sich Fernsehwerbung im Einzugsgebiet seines Geschäftes zu leisten.

Zielgerichtete Anzeigen sollten Verbraucher zufrieden stellen. Es besteht dann eine größere Wahrscheinlichkeit, dass sie einen Bezug zum Inhalt herstellen. Einige mögen darüber besorgt sein, dass Werbefachleute zu viele Informationen über sie bekommen, aber wie ich in dem Kapitel über den Web Lifestyle erläutert habe, wird es die Software ermöglichen, dass Verbraucher nur die Informationen offen legen, die sie auch weitergeben wollen. Es ist nicht verkehrt, den Inserenten Zugang zu Kundenprofilen zu geben. Dazu nur ein Beispiel: Die meisten Abonnenten einer Fachzeitschrift – ob das Thema nun Sport, Wissenschaft, Gartenarbeit oder Autos ist – schenken den Inseraten genauso viel Beachtung wie den Artikeln. Das gleiche gilt fürs Fernsehen, vorausgesetzt es gäbe Werbespots, die Ihre eigenen Interessen ansprechen.

Seifenopern – dieser Kernbestandteil des täglichen Fernsehprogrammes in den Vereinigten Staaten – heißen so, weil traditionell Werbespots von großen Seifen-Herstellern gezeigt wurden, die auf das größtenteils weibliche Publikum abzielten. Also ist die Vorstellung eines zielgerichteten Fernsehmarketings keine neue Idee. Die Dimensionen sind jedoch ganz anders, wenn die Datenanalyse Informationen zur Verfügung stellt, die über digitales Fernsehen und elektronische Bücher so zusammengebracht werden, dass sie das Publikum auf eine persönlichere Weise direkt ansprechen. Diese Kombination wird für das

Verständnis von Werbung und Marketing eine Revolution bedeuten. Denn durch individuelle Ansprache steigert sich der Wert jeder Werbemaßnahme erheblich.

Wie man am meisten aus der Datenanalyse herausholt

Heute sind die meisten Datenanalyse-Systeme ziemlich teuer und reichen von 25 000 Dollar bis 150 000 Dollar für ein kleines oder mittelgroßes Unternehmen bis zu einem Preis von mehreren Millionen Dollar für einen Großkunden wie Wal-Mart. Eine Versicherung gab vor fünf Jahren für eine Datenanalyse-Lösung mehr als zehn Millionen Dollar aus. Der Vorstandsvorsitzende war sich darüber im Klaren, dass er die gleiche Lösung für viel weniger Geld mit der heutigen Technologie hätte bekommen können, aber die Ergebnisse waren ihm letztlich die Investition von zehn Millionen Dollar wert. Diese Bemerkung gibt einen Hinweis auf den Wert der Datenanalyse, aber diese hohen Preise reflektieren die althergebrachte Ansicht, dass die Software ungeheuer komplex sei, sodass nur die größten Unternehmen, die über viele Mitarbeiter verfügen oder spezialisierte Verkäufer einstellen, einen effektiven Nutzen aus den Daten erzielen könnten.

Mit dem Wachstum der Konkurrenz in unserer auf Informationen basierenden Wirtschaft sind Kundendaten ein zunehmend wichtiger Vermögenswert geworden. Jedes Unternehmen und jeder Experte in einem Unternehmen folgt dem Imperativ, das meiste aus den Datenschätzen des Betriebes herauszuholen. Diese neuen Benutzer können sich keine großen Datenbank-Budgets oder spezialisierten Datenbank-Experten leisten. Glücklicherweise werden mit der Verfügbarkeit von Datenanalyse-Fähigkeiten auf den normalen PC-Betriebs-Systemen die Preise jedoch gewaltig fallen, und der Einsatz der Datenanalyse wird über kurz oder lang in Unternehmen aller Größenordnungen Einzug halten. Bald ist jeder Benutzer in der Lage, umfangreiche Analysen durchzuführen, die zuvor jenen Unternehmen vorbehalten waren, die dafür große Summen investieren konnten. Die Datenanalyse wird sich immer weiter verbreiten, alles durchdringen und zu einer Standardfähigkeit der Informationssysteme jedes Unternehmens werden.

Der größte Nutzen der Datenanalyse wird für die Unternehmen darin liegen, dass sie dabei unterstützt werden, die Entscheidung zu treffen, welche Produkte sie entwickeln und welchen Preis sie dafür verlangen sollen. Die Unternehmen werden in der Lage sein, eine Vielfalt von Verpackungsoptionen und Preisfestsetzungen auszuwerten, um zu sehen, welche am ansprechendsten für die Kunden und am profitabelsten für sie selber sind. Solche Fähigkeiten sind von speziellem Interesse für Unternehmen, die Informationsprodukte verkaufen. Im Gegensatz zu einem Wagen oder Stuhl verursachen Produkte wie Versicherungen, Finanzdienstleistungen und Bücher weitaus mehr Kosten bei der Entwicklung als bei der Produktion, und der Wert ihrer Angebote wird mehr vom Kunden als vom physischen Warenwert bestimmt. Das Geheimnis des Erfolges von Informationsprodukten liegt deshalb darin, Profile und Kaufgewohnheiten der potenziellen Kunden zu erkennen.

Versicherungsunternehmen vertreiben zum Beispiel Produkte, die bei einigen Kunden sehr profitabel, bei anderen dagegen weniger oder gar unprofitabel sind. Der Unterschied liegt in den Verlusten, die durch die Ansprüche der Versicherungsnehmer entstehen. Die Datenanalyse kann einem Versicherungsunternehmen die Kundenprofile und Bereiche aufzeigen, wo ihre Verluste sehr niedrig oder sehr hoch liegen. Die Versicherung kann entscheiden, ob man bei den Menschen oder in dem Umfeld, wo die Verlustrate gering ist, umfangreiche Marketing-Maßnahmen durchführt und attraktive Preise anbietet, oder ob man dort, wo große Verluste entstehen, das Marketing einschränkt und die Preise anhebt. Wenn es in Ihrem Geschäft diese Art der Variabilität gibt, dann lohnt die Mühe der Datenanalyse, um Ihre Produktstrategie zu entwickeln. Banken können die Ergebnisse der Datenanalyse auf ähnliche Weise verwenden, um neue Kunden zu gewinnen. Die Menschen sind heute eher dazu bereit, ihre Bank zu wechseln und es gibt zahlreiche neue Finanzdienstleister. Banken müssen künftig eine Menge mehr im Bereich des Marketing tun, um Kunden zu gewinnen, und dieses Marketing wird sich nur dann bezahlt machen, wenn sie herausfinden, welche Klienten über das höchste Potenzial verfügen.

Aber Sie müssen sich dabei ständig fragen, was umsetzbar ist. Wenn Ihre Kundenprofile sich sehr ähneln, oder Ihre Kundenbasis klein ist, dann gestaltet sich die Datenanalyse nicht annähernd so praktikabel. Ein Lebensmittelhändler, der einem kleinen Kundenstamm in seiner Umgebung spezielle Waren verkauft, braucht wahrscheinlich keine Datenanalyse. Eine landesweit tätige Lebensmittelkette hingegen schon.

Die vielseitigen Fähigkeiten der Datenanalyse werden den Unternehmen helfen, neue Kunden zu gewinnen, ihre Produkte auf die Kunden zuzuschneiden und die Preise zu gestalten. Menschliche Kreativität und Fertigkeit sind nötig, um Ansatzpunkte für neue Produkte in den Mustern zu erkennen, die der Computer aufzeigt, und auf neue, faszinierende Angebote zu kommen. Je besser die Werkzeuge sind, über die Sie verfügen, desto kreativer können Sie damit arbeiten. Das Management muss deshalb in fortschrittliche Werkzeuge investieren, die die Arbeit der Angestellten verbessern. Sie sollten drei bis vier Prozent des Gehaltes Ihrer Experten dafür einplanen, um sicherzustellen, dass sie mit den besten Werkzeugen arbeiten, und dass sie dadurch befähigt werden, ihre intellektuellen Fähigkeiten darauf zu richten, kreativ auf die vom Computer identifizierten Muster und Trends zu reagieren. Es wird immer eine dem Menschen vorbehaltene Aufgabe sein, Informationen zu verwenden, um innovative Produkte und Dienstleistungen zu entwickeln und enger mit Partnern und Kunden zusammenzuarbeiten. Da die Software mehr und mehr Erz aus der Mine der Informationen herausholt, werden auch immer Menschen gebraucht, dieses Erz in Gold zu verwandeln.

Schlüsselinformationen

▲ Analytische Software ermöglicht es Ihren Mitarbeitern, sich statt mit Routinearbeiten mit dem Service und dem Support zu beschäftigen, bei denen der persönliche Kontakt zum Kunden eine große Rolle spielt.

▲ Wenden Sie die Software-Analyse zuerst auf die Bereiche Ihres Unternehmens an, wo Sie am ehesten die Ergebnisse praktisch umsetzen.

▲ Berücksichtigen Sie, wie die Entwicklung von Massenwerbung zu zielgerichteter Werbung Ihre Marketing-Maßnahmen verändern wird.

Prüfen Sie Ihr digitales Nervensystem

▲ Können Sie hochspezialisierte Analysen von Kunden-Kaufmustern vornehmen und die Ergebnisse für die Trendanalyse oder den individuellen Kundenservice verwenden?

▲ Können Sie bestimmen, welche Kundengruppen für Sie – aufgrund von Einkommen, Altersgruppe, Geographie oder anderen demographischen Daten – die profitabelsten und die unprofitabelsten sind?

▲ Ermöglichen es Ihre digitalen Systeme den Mitarbeitern, sich anstatt mit Routineaufgaben mit speziellen Aufgaben zu beschäftigen?

▲ Haben Ihre Mitarbeiter einfachen, digitalen Zugang zu Zahlenmaterial? Können sie von Zusammenfassungen auf Details wechseln? Können sie das Datenmaterial in verschiedenen Dimensionen betrachten und zwischen diesen wechseln?

▲ 14
Steigern Sie den IQ Ihres Unternehmens

Die Lernfähigkeit einer Organisation und ihr Vermögen, das Gelernte schnell aktiv umzusetzen, ist der entscheidende Wettbewerbsvorteil.

Jack Welch,
AUFSICHTSRATSVORSITZENDER VON GENERAL ELECTRIC

Vor ein paar Jahren vermissten wir auf einmal einige Baupläne für die vorhandenen Gebäude auf unserem Redmond Campus. Wir brauchten diese Blaupausen als Grundlage für weitere Baumaßnahmen. Der langjährige Verantwortliche für die Immobilien und alle weiteren Einrichtungen war gerade in Ruhestand gegangen, sodass wir ihn zu Hause anrufen mussten, um ihn nach den Plänen zu fragen. Er verwies uns an einen Elektriker, der glücklicherweise noch immer mit einem unserer Verkäufer im Außendienst zusammenarbeitete. Und in der Tat war dieser Handwerker die einzige Person auf der ganzen Welt, die die gesamten Pläne für alle unserer Gebäude hatte.

Traditionelle Gesellschaften verlassen sich oft auf eine einzige oder zwei Personen, um sich an die Geschichte und an althergebrachte Verhaltensweisen einer Gruppe zu erinnern. Moderne Organisationen hingegen suchen einen besseren Weg, um ihre spezifische Kultur festzuhalten und zu überliefern. Dennoch verließen wir uns auch bei Microsoft in hohem Maße auf mündliche Überlieferung. So waren wir, der größte Projekt-Entwickler von Büroraum im Bereich von Seattle, im Begriff, in eine Phase von Bauaktivitäten einzutreten, in der wir pro Jahr zwischen 50 und 100 000 Quadratmeter neuer Büroflächen schaffen würden, und unsere gesamte »Wissensbasis« an entscheidenden Informationen befand sich in den Köpfen einiger weniger Leute und in ein paar Stapeln von Bauplänen, die uns nicht einmal als Datei vorlagen.

Durch diesen Vorfall alarmiert, entschied die bei Microsoft verantwortliche Gruppe für Immobilien und Einrichtungen, dass wir eine digitale Ablage brauchten, um all das Wissen, das wir in zwei Jahrzehnten des Bauens angesammelt hatten, zu verwahren und zu erweitern. Wir brachten alle unsere Baupläne, Diagramme und andere Daten über die Baumaßnahmen auf CAD-Dateien und schufen damit auch für unsere Anbieter einen CAD-Standard für die Durchführung weiterer Maßnahmen. Wir integrierten vorhandene elektronische Dokumente von den Systemen der Anbieter in unser internes System. Dann entwickelten wir eine Extranetseite, auf die unsere Partner zugreifen können, solange sie Teil eines Projektes sind. Jeder hat Zugang zu den Berichten über Probleme bei früheren Bauphasen und deren Lösung. Weil wir die Kontrolle über die Informationen zurückgewonnen haben, können wir Projekte in einem größeren Umfang ausschreiben lassen, um damit bessere Preise und höhere Flexibilität zu erzielen.

Unsere geschäftlichen und finanziellen Planer verwenden die Extranetseite, um die Gründung einer neuen Tochtergesellschaft vorzubereiten. Das Personal von Microsoft kann im Hinblick auf mögliche Problemstellungen und die Kosten größerer Immobilienprojekte geschult werden und internationale Gruppen können unser Fachwissen im Bereich Immobilien für sich nutzen, wenn sie expandieren wollen. Die Grundrisse werden auch in unserem Intranet abgebildet, sodass Büroraumplaner in unterschiedlichen Gebäuden auf unserem Hauptcampus dieselben Baupläne einsehen können, wenn sie größere Umzüge planen. Die meisten Angestellten verwenden die Seite mit den Grundrissen, um festzustellen, wo ihre neuen Büros nach einem Umzug sein werden. In der Tat ist diese Seite die am häufigsten besuchte Seite in unserem Intranet, abgesehen von einem kurzzeitigen Ansturm auf unsere Verpflegungsseite, als die Pächter der Kantine wechselten.

Die Definition des Begriffes »Wissensmanagement«

Unsere elektronische Immobilien-Bibliothek und eine ähnliche über Warenzeichen und das Patentgesetz sind Beispiele für korporatives Wissensmanagement. Als allgemeines Konzept – Informationen zu sammeln und zu organisieren, Daten an jene Personen zu übermitteln, die sie benötigen und Informationen ständig durch Analyse und Zusammenarbeit zu verfeinern – zeigt sich der Nutzen des Wissensmanagements. Aber wie der Begriff der Umstrukturierung ist auch der Terminus Wissensmanagement mit fast jeder Bedeutung versehen worden, die man nur damit in Verbindung bringen konnte. Es erscheinen regelmäßig Artikel über dieses Thema, Analysen und sogar Überprüfungen dieser »Kategorie«. Berater und Webseiten widmen sich diesem Sujet und Mitte 1998 erschien zum ersten Mal eine »Wissensmanagement«-Zeitschrift. Wenn Reporter mit Anbietern von Datenbanken reden, stellen sie fest, dass Wissensmanagement das neueste Thema bei Datenbanken ist. Wenn Reporter mit einem Groupware-Unternehmen reden, glauben sie, dass Wissensmanagement ein wichtiges Merkmal der nächsten Generation von Groupware sein wird.

Daher lassen Sie mich zunächst ein paar Dinge klar stellen. Der Begriff Wissensmanagement meint in diesem Zusammenhang kein Software-Produkt oder eine Software-Kategorie. Wissensmanagement beginnt noch nicht einmal mit der Technologie. Es beginnt mit Unternehmenszielen und Arbeitsabläufen und der Erkenntnis über die Notwendigkeit, Informationen auszutauschen. Wissensmanagement ist nichts anderes als die Verwaltung des Informationsflusses, der die richtigen Daten zu denjenigen Menschen bringt, die sie für die Durchführung ihrer Tätigkeiten brauchen, um mit diesen Informationen schnell und effektiv zu arbeiten. Der Begriff geht auf Michael Dertouzos' Idee zurück, dass Information als Verb, nicht als statisches Substantiv behandelt werden sollte. Und Wissensmanagement ist ein Mittel, nicht das Ziel.

Das Ziel liegt in der Steigerung der institutionellen Intelligenz oder des Intelligenzquotienten ihrer Organisation. In den dynamischen Märkten von heute braucht eine Firma einen hohen unternehmerischen Intelligenzquotienten, um Erfolg zu haben. Damit ist mehr gemeint, als viele intelligente Menschen in einem Betrieb zusammenzubringen – obwohl es sicherlich hilfreich ist, über intelligente Mitarbeiter zu verfügen. Dieser Unternehmens-IQ ist vielmehr ein Maßstab dafür, wie leicht Sie Informationen in großem Umfang austauschen können, und wie gut die Menschen innerhalb Ihrer Organisation auf den Ideen anderer aufbauen und damit arbeiten können. Der Unternehmens-IQ verlangt den Austausch von Erfahrungen aus der Vergangenheit mit dem gegenwärtigen Wissensstand. Er wird durch individuelles Lernen auf der einen und dem gegenseitigen Ideenaustausch auf der anderen Seite gefördert.

Die Mitarbeiter in einem Unternehmen mit einem hohen Intelligenz-Quotienten arbeiten effektiv zusammen, sodass alle für ein Projekt entscheidenden Personen gut informiert und voller Energie bei der Arbeit sind. Das Ziel besteht darin, dass ein Team die besten Ideen aus allen Bereichen einer Organisation zusammenträgt und dann mit derselben Einheit von Zweck und Ziel handelt, die eine einzelne, gut motivierte Person einbringen würde, um eine Aufgabe zu meistern. Der digitale Informationsfluss kann dieser Gruppe Kohäsionskraft verleihen.

Die leitenden Angestellten eines Unternehmens sollten vom Wert dieses Wissensaustausches fest überzeugt sein, denn sonst wird jede Anstrengung im Bereich Wissensmanagement fehlschlagen. Die Verantwortlichen müssen auch deutlich machen, dass sie nicht in einem Elfenbeinturm sitzen und von allen anderen isoliert sind, sondern sie müssen zeigen, dass sie bereit sind, sich mit ihren Angestellten zusammenzutun. Jacques (Jack) Nasser, der Präsident und Vorstandsvorsitzende der Ford Motor Company, verschickt jeden Freitagnachmittag E-Mails weltweit an 89 000 Angestellte des Konzerns, in denen er die wöchentlichen Neuigkeiten – die guten und die schlechten – mit allen anderen teilt. Er redet ganz offen mit den Angestellten. Er liest auch die unzähligen Antworten, die er jeden Monat bekommt. Zudem hat er einem Mitglied seines Teams die Aufgabe übertragen, sich mit allen offenen Fragen zu befassen.

Ich verschicke keine wöchentlichen Berichte, aber ich informiere die Angestellten weltweit per E-Mail über wichtige Themen. Wie Jack Nasser lese ich alle E-Mails, die Mitarbeiter an mich senden, und ich gebe einzelne Angelegenheiten für die weitere Bearbeitung an andere weiter. Ich halte das Versenden unaufgeforderter Nachrichten für eine unglaublich gute Methode, um über die Einstellungen und Probleme der vielen bei Microsoft arbeitenden Menschen auf dem Laufenden zu bleiben. Wir verwenden auch den Media Player von Windows, der ständig Audio- und Videodaten über das unternehmenseigene Netzwerk oder das Internet verschickt, um Presseveröffentlichungen und wichtige Industrieberichte an die Angestellten zu senden. Weil der Computer des Adressaten nicht erst den gesamten Inhalt herunterladen muss, bevor er abgespielt wird, reduzieren Streaming Media die Wartezeit und den Speicherbedarf auf dem Personal Computer des Benutzers.

Nachdem die Verantwortlichen in den Unternehmen die Basis geschaffen haben, welche die Zusammenarbeit und den Austausch von

Informationen fördert, müssen sie bestimmte Projekte für den Wissensaustausch in der Organisation einrichten und diesen Datenaustausch zu einem integralen Bestandteil der Arbeit selber machen – und nicht zu einer Verzierung, die genauso gut ignoriert werden könnte. Anschließend muss die Unternehmensführung dafür Sorge tragen, dass jene, die ihr Wissen miteinander teilen, auch dafür belohnt werden. Die alte Redensart, »Wissen ist Macht«, bringt die Menschen manchmal dazu, Wissen zu horten. Sie glauben, dass das Ansammeln und Verbergen von Informationen sie unentbehrlich macht. Doch Macht entsteht nicht durch zurückgehaltenes Wissen, sondern durch miteinander geteiltes Wissen. Das Gehalts- und Beförderungssystem eines Unternehmens sollte diese Auffassung widerspiegeln.

Wissensmanagement kann jedem Unternehmen in vier wichtigen Bereichen helfen: Planung, Kundenservice, Schulung und Projekt-Arbeit. Wenn Sie bisher noch keine konkreten Bemühungen im Hinblick auf Wissensmanagement in Ihrem Unternehmen unternommen haben, sollten Sie einen oder zwei Bereiche für einzelne Vorhaben auswählen. Den Erfolg Ihrer Projekte in jenen Segmenten können Sie nutzen, um ähnliche Bestrebungen in anderen Geschäftsbereichen zu fördern. Innerhalb von wenigen Jahren werden alle führenden Unternehmen im Hinblick auf den Wissensaustausch ein Niveau erreicht haben, das jenem entspricht, das ich in diesem Kapitel beschreibe.

Die Planung von Markenprodukten

Es gibt kaum ein Unternehmen mit einem bekannteren Markenzeichen als Coca-Cola, das vier der fünf meistverkauften Softdrinks herstellt. Etwa zwei Drittel der Verkäufe von Coca-Cola und fast 80 Prozent der Gewinne kommen von internationalen Märkten. Coca-Cola verwendet die digitale Technologie, um einen Informationsfluss zu schaffen, der ihre wichtigsten Geschäftspläne und die weltweite Vermarktung unterstützt. Das betrifft nicht nur die mit Kohlensäure versetzten Getränke, schließlich vertreibt Coca-Cola weltweit mehr als 160 verschiedene Getränke, zu denen Säfte, Tees, Kaffee und Mineraldrinks gehören.

Coca-Cola hat als eines der ersten Unternehmen in den 80er Jahren die weltweite Kommunikation mit ihrem selbstentwickelten E-Mail-System eingeführt. Im Jahre 1997 leitete das für die Informationstechnologie verantwortliche Vorstandsmitglied Bill Herald die erste Strategiesitzung des Konzerns, um sicherzustellen, dass seine modernen Technologien auf die Geschäftsstrategie des Unternehmens ausgerichtet wurden. Im Verlauf der Überprüfung merkten sie, dass sie trotz frühzeitiger Investitionen die Informationstechnologie oft nur zur Kostenkontrolle und nicht als Hilfsmittel für bessere Umsätze verwendeten. Aus dieser Erkenntnis heraus veränderte Coca-Cola seinen Standpunkt. Hieß es vorher: »Wieviel können wir sparen?«, so lautete die entscheidende Frage jetzt: »In welchem Ausmaß können wir den Informationsaustausch global steigern, sodass wir nicht gezwungen sind, das Rad neu zu erfinden?« Infolge dieser Diskussionen entstanden Initiativen, um die weltweite Desktop-Umgebung, die Anwendungen, das Betriebssystem für das Netzwerk, das Datenbankensystem und die ganze Technologie-Architektur zu standardisieren.

Das weltweite System für den Informationsfluss hat die Geschäftsprozesse des Unternehmens in den Bereichen, Markenplanung und globales Marketing zusammengeführt. Nicht mehr die Finanzabteilung, sondern das Marketing greift bei Coca-Cola am häufigsten auf die Informationstechnologie zurück. War zuvor die Kostenanalyse das Hauptmotiv für das Sammeln von Informationen, so ist es jetzt die Verbraucher- und Marktanalyse.

Wenn Coca-Cola heute verstehen will, warum Menschen in der Bronx nur halb so viel Coke wie Verbraucher auf Staten Island trinken, oder wenn sie den Konsum von Coca-Cola in Frankreich mit Umsätzen in Belgien vergleichen wollen, nutzen die Marketingmitarbeiter das Analysewerkzeug »Information for Marketing«, kurz »Inform«, um die Daten zu prüfen: die Marktdurchdringung der zuckerhaltigen oder mit Kohlensäure versetzten Getränke, die Markenrelevanz und andere demographische Daten. Inform vereinigt Daten aus den eigenen Verkäufen und Marketingquellen mit weiteren Daten von Forschungsinstituten wie Nielsen, Zielgruppenanalysen und Informationen der UNO über das Pro-Kopf-Einkommen des belieferten Landes. Inform zeigt das Geschehen in einem Land oder in mehreren Ländern sortiert nach den Daten über die einzelnen Produkte – Angaben über den Marktanteil und eine Aufschlüsselung der Kundenpräferenzen, warum Verbraucher bestimmte Marken kaufen und konsumieren.

Die Verkaufsdaten sind bei Inform nach den Kriterien Markt, verkaufte Einheiten, Zeitraum oder Standort aufgeschlüsselt. Inform enthält mehr als 1000 Forschungsstudien darüber, wie Daten über die Unternehmens- oder Markenpräferenzen in einem bestimmten Land festgestellt werden können. Dieses Hilfsmittel kann Ihnen genau sagen, welche Typen von Menschen in einem bestimmten Township in Südafrika täglich Sprite trinken, und wie hoch ihr Gesamtkonsum im letzten März war.

All diese Informationen erlauben es Coca-Cola, bessere Marketingpläne für viele Länder und sehr zielgerichtet neue Produkte zu entwickeln. Die Niederlassung von Coca-Cola in Japan produziert zum Beispiel im Jahr mehr als 25 neue Softdrinks, Tee- und Kaffeeprodukte. Gute Informationswerkzeuge sind erforderlich, um diese Produkte zu planen und ihren Erfolg zu beurteilen.

Während Coca-Cola schon seit Jahrzehnten eine Planung für die einzelnen Marken betreibt, sammelten die verschiedenen Niederlassungen ihre Forschungsdaten auf unterschiedliche Weise. Einige Daten waren quantitativer Natur, andere richteten sich nach der Qualität, wieder andere waren eine Mischung aus beidem. Die verschiedenen Arten der Informationen führten in den 200 Ländern, in denen Produkte von Coca-Cola verkauft werden, zu riesigen Schwankungen in der Markenplanung. Heute basiert die Entwicklung einzelner Erzeugnisse auf den von Inform gelieferten Daten. Ein neues Planungssystem enthält 150 Fragen und organisiert die Informationen entsprechend der sich wiederholenden Abläufe. Wie hoch liegt das Pro-Kopf-Einkommen? Wie hoch liegt der Prozentsatz des verfügbaren Einkommens, das für Getränke ausgegeben wird? Wie hoch ist das Ausmaß der Marktsättigung bei den mit Kohlensäure versetzten Softdrinks? Inform sorgt dafür, dass jeder Planer diese Fragen bedenkt, da es ihm die betreffenden Informationen zur Verfügung stellt. Dieser unmittelbare Datenzugang erlaubt es dem Benutzer, einen Markenplan schnell zu entwickeln. Ein Planer benötigt nur selten manuell erstellte Forschungsergebnisse. Darüber hinaus hat er Zugriff auf frühere Untersuchungen und auf das gesamte Wissen des Unternehmens.

Ein Planer in Simbabwe, der nach der besten Methode sucht, um Sprite in seinem Land einzuführen, könnte feststellen, dass ein Coca-Cola-Anbieter in Thailand dasselbe Produkt vor sechs Monaten auf den Markt brachte. Der Marketingexperte in Simbabwe kann die Ergebnisse der früheren Markteinführung prüfen und eine E-Mail an die zuständige Person in Thailand schicken, um die Details zu erörtern. Nach Abschluss der Planung wird der Geschäftsentwurf und das Begleitmaterial digital aufbewahrt. Durch Inform wird sichergestellt, dass jeder Planer die gleichen umfassenden Schritte bei der Einführung eines neuen Produktes unternimmt, doch Aufgabe jedes Planers ist es, seine eigenen besonderen Überlegungen dem früheren Vorgehen hinzuzufügen. Coca-Cola bemüht sich dabei um die kontinuierliche Verbesserung der intellektuellen Fähigkeiten des ganzen Systems.

Der Informationaustausch unterstützt auch die globalen Werbekampagnen des Unternehmens – etwa 250 Aktionen im Jahr, fünfzig davon allein für die Marke Coke. Der globale Markenprozess des Unternehmens verwendet eine Standardmethode, um Werbeaktionen am Markt zu testen. Mit Inform kann ein Marketingmanager das globale Resevoir der getesteten Inserate durchsuchen, um Werbemaßnahmen herauszufinden, die sich für die Merkmale einer bestimmten Zielgruppe oder eines Landes besonders eignen. Der Marketingexperte kann in der Regel sogar bestimmen, ob man das Endprodukt noch verändern muss, um bei der Werbeaktion regionale Besonderheiten zu berücksichtigen.

Da Informationswerkzeuge wie Inform die Lernprozesse in der gesamten Organisation unterstützen, passen sich neue Angestellte von Coca-Cola oder Mitarbeiter, die erst vor kurzer Zeit versetzt wurden, schneller an die jeweiligen innerbetrieblichen Abläufe an. Die betreffenden Mitarbeiter sind nicht davon abhängig, Leute in der Forschungsgruppe oder in einer bestimmten Stadt zu kennen. Dieselben Informations- und Planungsschablonen stehen weltweit zur Verfügung. Das Unternehmen kann einen Marketingmanager aus Frankreich nach Argentinien versetzen und damit schon von Anfang an eine weitaus höhere Qualität der Arbeit erwarten, als das in der Vergangenheit der Fall gewesen sein mag.

»Wir verwenden unser Verbraucher-Informationssystem, um geschäftliche Richtlinien zu verfolgen und Routineabläufe über die Ländergrenzen hinweg verwalten zu können,« sagt Tom Long, Vizepräsident und Direktor für strategisches Marketing bei Coca-Cola. »Diese Informationen sollen uns dabei unterstützen, die besten Vorgehensweisen für immer wiederkehrende Aufgaben zu erhalten – Markenplanung, Geschäftsplanung, das Testen von Werbekampagnen und Imageanalysen. Die Technologie ermöglicht es uns, neue Leute einzustellen, sie darauf hinzuweisen, wo sie die Informationen bekommen können und ihnen die Mittel zu geben, damit sie uns einen vernünftigen Geschäftsplan liefern können.«

Inform wurde in den Jahren 1995 bis 1996 entwickelt und ist seit 1997 im Großeinsatz. Die Benutzerzahl von Inform wuchs von 400 Marktingexperten in der Hauptzentrale bis Mitte 1998 auf eine Zahl von mehr als 2500 Managern, Marktforschern, Markenmanagern und Angehörigen der mittleren Ebene in der ganzen Welt.

Das Informationssystem hat nicht zu kleineren, aber zu intelligenteren Stäben geführt, die sich darauf konzentrieren, das Marktgeschehen vorherzusehen, statt nur darauf zu reagieren. In der Tat legt Coca-Cola wegen des Hilfsmittels Inform einen höheren Wert auf die Ideen und Vorschläge seiner Mitarbeiter. Mit unterstützenden Daten können besonders qualifizierte Angestellte all ihre Fähigkeiten zum Nutzen des Unternehmens einsetzen. Information schafft Verantwortung und beseitigt Entschuldigungen. »Das Tool für Markenplanung hat keinen Verstand, aber Sie bekommen großartige Informationen, aus denen Sie etwas machen können,« meint Tom Long. »Dies hat unsere Erwartungen angehoben, wie Wissen gebraucht werden sollte. Wir bewegen uns von der Beschreibung zur Erklärung. Es sind die Aufschluss gebenden ›Warum-Fragen‹ zum Verbraucherverhalten, mit denen sich die Marketingexperten heute immer wieder beschäftigen müssen, um beständig gute Ergebnisse zu liefern. Inform erlaubt uns die Konzentration auf diese Dinge. Damit bringen wir die Information auf eine neue Ebene der Erkenntnis.«

Beschleunigen Sie die Kundenreaktion

Wenn Kunden Antworten auf wichtige Produktfragen benötigen, muss ein Unternehmen oft gewaltige Anstrengungen unternehmen, um ihnen die gewünschten Auskünfte zu erteilen. Sowohl Yamanouchi Pharmaceuticals Co., mit 3,9 Milliarden Dollar das drittgrößte pharmazeutische Unternehmen in Japan, als auch Microsoft haben auf dem Internet basierende Informationssysteme zu einem entscheidenden Bestandteil für die Verbesserung der Qualität und die Schnelligkeit der Antworten auf die schwierigen technischen Fragen der Kunden gemacht.

Das für die Produktunterstützung bei Yamanouchi eingesetzte Personal kann etwa die Hälfte der von Ärzten oder Apothekern eintreffenden

Fragen sofort beantworten. Um schwierigere Anfragen bearbeiten zu können, benutzen sie Yamanouchis webbasiertes *Product Information Center Supporting System*, abgekürzt PRINCESS. Mit Hilfe optischer Speichersysteme für einige Dokumente und einer Echtzeit-Suchmaschine ermöglicht PRINCESS den Mitarbeitern im Bereich Kundensupport das hochspezialisierte Suchen nach Produkten und Schlüsselwörtern. Dringende Fragen, die sie nicht beantworten können, übermitteln sie an die zuständigen Produktexperten. Weniger dringende Fragen werden per E-Mail an Experten geschickt, deren Aufgabe darin besteht, innerhalb von ein bis sieben Tagen eine Antwort zu erstellen. Die Ergebnisse werden an die Konsumenten übermittelt und im PRINCESS-System für die künftige Verwendung eingetragen. Darüber hinaus wird jede Anfrage noch elektronisch registriert.

1998 stellte Yamanouchi dieses Produktinformationssystem seinen Verkaufsrepräsentanten über seine interne Webseite zur Verfügung und verbesserte damit ihren Zugang zu den Informationen. Gleichzeitig wurde damit ein effektiver Kundenservice gewährleistet und die Belastung für das Call Center reduziert. Der naheliegende nächste Schritt wäre die direkte Bereitstellung der Daten für Ärzte und Apotheker, aber heute könnte ein derartiges Vorgehen noch durch die japanischen Gesetze als unerlaubte pharmazeutische Werbung aufgefasst werden. Die japanische Regierung arbeitet jedoch an Richtlinien, mit denen die Bereitstellung dieser Informationen möglich gemacht werden soll.

Die durch das Call Center zusammengetragenen Informationen erlauben Yamanouchi schon im Voraus, den Ärzten und Apothekern mehr Informationen über die Verwendung einiger Arzneien zu geben. In einem Fall haben sie auch zur zusätzlichen Untersuchung eines Medikamentes geführt. Auf lange Sicht gesehen setzt Yamanouchi hohe Erwartungen in die generelle Zusammenarbeit aller seiner Vertretungen in Japan, Europa und den Vereinigten Staaten. Das Unternehmen glaubt, dass es eines Tages möglich sein wird, ein System einzuführen, das automatisch die richtigen Leute benachrichtigen und Aufgaben und Termine hinsichtlich der vorliegenden Informationen festlegen wird.

Genauso wie Yamanouchi verwendet auch Microsoft ein Werkzeug, das auf dem Internet basiert, um für rechtzeitige Antworten auf komplexe Fragen zu sorgen, die bei unseren Verkaufsrepräsentanten, den Support-Ingenieuren und den technischen Managern in unseren Produktgruppen eintreffen. Solche Fragen können die Kaufentscheidung eines Kunden verzögern oder den Einsatz des Produktes verhindern. Aus diesem Grund hat Rich Tong, Vizepräsident für das Produktmanagement im Bereich Anwendungen, mehrere Jahre lang sein Team auf eine harte Zielvorgabe getrimmt: 90 Prozent aller Fragen aus diesem Bereich müssen innerhalb von 48 Stunden beantwortet werden. Die Produktmanager bei Microsoft haben vielfältige Aufgaben zu bewältigen. Sie führen Kunden Präsentationen vor, forschen, ermitteln Umsatzzahlen, fördern Verkäufe, sprechen mit der Presse, erstellen Marketingmaterial und arbeiten mit Programm-Managern zusammen, um Entscheidungen über künftige Produkte zu treffen. Die unter dem Druck der Geschäftsführung aufgestellte Forderung, dass die Produktmanager binnen 48 Stunden antworten sollen, war eine kühne Herausforderung, obwohl es möglich schien, die eintreffenden Fragen unter den Mitgliedern des Teams aufzuteilen.

Heute kann ein Verkaufsrepräsentant zur InfoDesk-Webseite gehen, ein Produkt oder ein Problemfeld aus einer Liste auswählen und die Frage abschicken. Die Frage wird zusammen mit den Kontaktinformationen des Vertreters in einer Datenbank protokolliert. Die Mitarbeiter können diese Anfragen sogar dann einreichen, wenn sie auf der Webseite eines Kunden oder auf Reisen sind, und erhalten als Bestätigung sofort eine E-Mail mit einer Protokollnummer und dem Namen des Teams, das sich mit dem Problem beschäftigen wird.

Wenn eine Frage eintrifft, veranlasst die Datenbank, dass das Nachrichtensystem eine E-Mail an den entsprechenden Produkt-Manager schickt. Wenn dieser Mitarbeiter nicht innerhalb von 48 Stunden geantwortet hat, erhalten sowohl er als auch sein Manager regelmäßige Erinnerungen per E-Mail, bis jemand antwortet. Jeder Manager kann InfoDesk befragen, um offene und ungelöste Probleme einzusehen – ja sogar um Anfragen zu verfolgen, die einmal oder mehrfach weitergeleitet worden sind. Wenn ein anderes Team-Mitglied darum gebeten wird, bei einer Antwort zu helfen, bekommt er eine E-Mail und eine Verbindung zur Webseite zwecks zusätzlicher Information. InfoDesk liefert genauso Statistiken über die Verwaltung der Anfragen. Wenn sich zum Beispiel ein Team darüber beklagt, zu viele Anfragen zu bekommen, können Rich Tong oder jeder andere aus dem Management erkennen, ob die Zahlen das belegen.

Neben einer Antwort erhält jeder Verkaufsrepräsentant einen Online-Fragebogen über den zeitlichen Rahmen, die Qualität und Verkaufswirksamkeit der Auskunft. Die Antworten müssen die Mitarbeiter im Verkauf zufrieden stellen. Eine schnelle, aber ungenügende Reaktion auf ein Problem reicht nicht. Die meisten der Bemerkungen, die zurückkommen, sind positiv. Wenn sie es nicht sind, haben die Manager die Informationen, die nötig sind, um sicherzustellen, dass es ein Produktmanager beim nächsten Mal besser macht.

Aber InfoDesk bietet mehr als nur Lösungsmöglichkeiten für bestimmte Probleme. Ein Abschnitt, der die häufig gestellten Fragen (FAQs) beantwortet, beschränkt die Anzahl der immer wieder gestellten Fragen. Verbindungen zu anderen internen Ressourcen und Informationen liefern einen reichen Wissensschatz für unsere Verkaufsmitarbeiter. InfoDesk schafft den Zugang auf etwa 20 000 Fragen und Antworten in einer Datenbank, die seit drei Jahren geführt wird. Diese reichhaltige Informationsquelle hat uns nicht nur bei Einzelfragen geholfen, sondern auch beim Aufspüren von Trends unterstützt. Die Analyse der Probleme ermöglicht es, unsere Webseite zu verbessern, so zum Beispiel mit der Einrichtung einer neuen Kategorie oder neuen Seite mit Informationen über verschiedenste Themen, wie beispielsweise die Umstellung auf das Jahr 2000. Besonders wertvoll ist sie für uns um die Aktivitäten einer Produktgruppe während der Phase von Betatests für neue Produkte zu verfolgen. Die Fragen dieses Teams haben uns veranlasst, Produktveränderungen vorzunehmen oder begleitende Dokumentationen zu verbessern, und sie haben uns geholfen, Lizenz- und Preisfragen zu entscheiden, bevor ein Produkt auf die Märkte gelangte.

Gestalten Sie Schulungen attraktiver

Schulung ist die grundlegendste und zuweilen die am wenigsten beachtete Form des Wissensaustausches, die in einem Unternehmen funktionieren muss. Dennoch finden Mitarbeiter manchmal kaum Zeit für zusätzliches Training, und die Suche nach dem richtigen Lehrgang gestaltet sich nicht immer einfach. Die Anmeldung für einen Kurs kostet Zeit und eine Schulung setzt oft voraus, dass Sie Ihr Büro für längere Zeit verlassen. Darüber hinaus nehmen extern durchgeführte Unterrichtsstunden auch keine Rücksicht auf unerwartet auftauchende Geschäftsprobleme.

Ein gut gestaltetes Tool für das Online-Training kann diese Hindernisse beseitigen. Ein Online-Katalog von Lehrgängen und ein Online-Registrierungssystem nehmen uns die Auswahl von Unterrichtsinhalten und der Anmeldung zu einem Kurs ab. Die Mitarbeiter können sich nähere Beschreibungen und die Daten und Zeiten der angebotenen Kurse ansehen und herausfinden, ob ein Lehrgang schon belegt ist und wie lang die Warteliste ist. Zudem können sie per E-Mail benachrichtigt werden, wenn ein Kurs angeboten wird, für den sie sich interessieren. Wenn sie sich online anmelden, fügen sie mit einem Tastenklick den Lehrgang in ihre elektronischen Tagespläne ein. Ist die Schulung abgeschlossen, nimmt jeder Teilnehmer an einer elektronischen Umfrage teil, die die Effizienz des Kurses beurteilt. Die Trainer und Anbieter sind auf diese Weise von vielen logistischen Aufgaben befreit und dadurch in der Lage, sich ganz auf den Inhalt des Lehrganges zu konzentrieren. Wir verwenden ein solches System bei Microsoft, aber auch Schulen und Universitäten richten ähnliche Systeme ein, um grundlegende Aufgaben wie die Kursanmeldung zu handhaben.

Wichtig dabei ist vor allem der Umstand, dass Online-Systeme einem Angestellten die Möglichkeit einräumen, Schulungen am Schreibtisch, in individuellem Tempo und abgestimmt auf den eigenen Zeitplan durchzuführen. Multimedia-Streaming ist ein großartiges Hilfsmittel für selbstbestimmtes Training. Diese Technologie ermöglicht die Verwendung von Audio- und Videoinformationen über Unternehmens-Netzwerke oder das Internet. Die Präsentationen können Power-Point-Grafiken und Video- und Audioelemente enthalten. Das Streaming-Media-Format eignet sich am besten für Lehrgänge, die wiederholt angeboten werden und ein breites Publikum im Unternehmen finden. Eine weitere gute Schulungstechnologie ist der Chat, der die Sitzung interaktiv macht. Zudem kann er aufgezeichnet werden, um die Inhalte zu einem späteren Zeitpunkt noch einmal zu verfolgen. Die Möglichkeit, Multimedia-Darstellungen mit Bemerkungen der Zuschauer ablaufen zu lassen, sorgt für einen lebendigen Inhalt.

Schulungsunternehmen verwenden selber Streaming Media, um Lehrgänge über das Internet durchzuführen. Die USWeb Corporation, ein Unternehmen, das darauf spezialisiert ist, Geschäftsleute auf die Verwendung der neuen Technologie zu trainieren, hat SiteCast entwickelt, eine Technik zur Übertragung interaktiver Seminare. Die Teilnehmer können sich die Sitzungen anschauen und sogar daran teilnehmen, und sie können nach Bedarf die Sitzungen später erneut abrufen.

Das Online-Training ist bei Microsoft sehr beliebt. 1998 nahm die Beteiligung an Online-Schulungen fünfmal schneller zu als die Anmeldung für die üblichen Kurse. Die gesamte Beteiligung lag doppelt so hoch wie die Teilnehmerzahl an unseren Lehrgängen in Schulungsräumen. Diese Zunahme zeigt uns, dass die Menschen ihre Wissens- und Arbeitsfertigkeiten verbessern wollen, aber dass es zuvor einfach keine effizienten Möglichkeiten für das Training der Mitarbeiter gab. Mit Techniken wie Streaming Media können unsere Produktexperten und leitenden Angestellten in der Zentrale jedem Mitarbeiter überall auf der Welt die gewünschten Informationen und Schulungen anbieten.

Die Produktentwicklung

Der digitale Informationsfluss kann in effektiver Weise zur Verbesserung der Produkte beitragen. Unter Benutzung von jahrelang intern und extern durchgeführten Leistungsvergleichen hat Nabisco weltweit führende Entwicklungsprozesse geschaffen, die zu einigen der beliebtesten Schokoriegeln der Welt führte und das Unternehmen zur Nummer 1 oder Nummer 2 in beinahe jeder Kategorie, in der es am Markt vertreten ist, machten. Der Gesamtumsatz lag 1997 bei 8,7 Milliarden Dollar.

In der Vergangenheit hatte Nabisco mit etwa einem Drittel der neuen Erzeugnisse große Erfolge, ein weiteres Drittel erbrachte ein zufrieden stellendes Ergebnis und das letzte Drittel lag unter den Erwartungen. Diese Ergebnisse liegen über dem Durchschnitt in diesem Industriezweig, denn nur 20 Prozent der im Lebensmittelhandel eingeführten neuen Produkte setzen sich auf dem Markt durch. Aber mit wachsender Konkurrenz und bei 40 bis 60 neuen Produkten, die ständig entwickelt werden, erkannte Nabisco, dass nur mit Hilfe der Informationstechnologie beim Produktentwicklungsprozess ein Wettbewerbsvorteil erzielt werden kann.

Viele Ideen für neue Nahrungsmittel werden von der Marktforschung, dem Verhalten der Konkurrenz und von der Entwicklung in der Ernährungswissenschaft vorangetrieben. Die schwierige Aufgabe liegt darin zu entscheiden, wie man mit den Ideen umgehen soll, nachdem sie erst einmal zum Vorschein gekommen sind. Aus diesem Grund wollte Nabisco die Auswahl und die Umsetzung der Ideen verbessern.

Dabei brauchte Nabisco gar keinen neuen Produktentwicklungsprozess, sondern Informationstechnologie, um die vorhandenen Betriebsabläufe zu unterstützen und die Erfolgsquote dramatisch zu verbessern. Die Technologie musste wohldefinierte Kontrollpunkte liefern, die Kommunikation zwischen Team-Mitgliedern verbessern und den Mitarbeitern Instrumente an die Hand geben, um auf der Grundlage aller verfügbaren Fakten Entscheidungen zu treffen. Um diesen Anforderungen genügen zu können, richtete Nabisco ein elektronisches Produkt-Entwicklungssystem mit dem Namen Journey ein. Dieses System nutzt E-Mail- und Datenbank-Technologie und organisiert damit die Projekt-Informationen, die zuvor in Aktenordnern steckten oder auf den Festplatten der Team-Mitglieder und in den Köpfen der Leute verstreut waren.

Nehmen wir einmal an, dass Nabisco die Möglichkeit untersucht, einen neuen Keks mit Ingwer-Zitronengeschmack auf den Markt zu bringen. Die wichtigsten Angestellten in dem dafür eingerichteten Team vertreten die Abteilungen Produktentwicklung, Herstellung, Marketing, Verkauf und Finanzen. Daneben sind noch weitere 20 Leute daran beteiligt – Manager, Vertreter, Finanzexperten, Teams, die an ähnlichen Ideen arbeiten und dieses Vorhaben unterstützen sollen. Jedes Mal, wenn ein Mitglied des Projekt-Teams mit den anderen Mitgliedern oder mit der größeren Gruppe der zusätzlichen Kräfte kommunizieren will, geschieht das mit Hilfe von Journey.

Wenn der Produktmanager auf das Projekt »Ingwer-Zitrone« klickt, kann er alle mit diesem Vorhaben in Zusammenhang stehenden Informationen durch Klicken auf die entsprechende elektronische Tabelle überprüfen. Dadurch erhält er den nötigen Einblick in die Finanzanalysen und Ergebnisse der Marktforschung. Er kann Beschreibungen des Ist-Zustandes mit einer chronologischen, hochaktuellen Auflistung aller wichtigen Schritte der Vergangenheit, Gegenwart und Zukunft betrachten. Zudem kann er sich über gegenwärtige Aktivitäten informieren – der Keks wird heute zum ersten Mal von der Zielgruppe getestet; die finanziellen Berechnungen werden am Freitag abgeschlossen sein; die Forschungsabteilung testet eine Füllung mit mehr Zitronengeschmack. Ein elektronisches Diskussionsforum könnte sich mit aktuellen und wichtigen Themen beschäftigen: »Wie soll die Werbestrategie aussehen?«, »Wieviel Zitronengeschmack soll das Produkt enthalten?«, »Wie hoch soll der Fettanteil liegen?« Genauso werden alle für das Vorhaben wesentlichen Dokumente dort verwahrt. Zudem wäre es ohne

Aufwand möglich, eine andere Tabelle hinzuzufügen, um über die Projekt-Software den Zugang auf Gantt Charts oder andere visuelle Darstellungen zu ermöglichen. Mit diesen grafischen Elementen wird deutlich, welche Aufgaben von anderen abhängen. Die Software gestattet auch, detaillierte Analysen für Auswertungen über die Dauer des Projektes und die Verteilung der Ressourcen einzusehen.

Vor kurzem, während der Entwicklung eines Produktes, berichtete das Herstellungsteam von einem Problem: Das Erzeugnis entwickelte eine unerwünschte Konsistenz während der Backtests. Anstatt einen traditionellen und eingeschränkten Dialog mit wenigen Personen zu führen (»Versuchen Sie, die Ofentemperatur anders einzustellen«), verbreitete die Produktionsabteilung das Problem auf dem Diskussionsforum von Journey. Daraufhin informierte Journey alle Projektbeteiligten mit E-Mails, die mit dem Zusatz »Dringend« gekennzeichnet waren. Die Forschungsabteilung schaltete sich ein und bot eine Lösung an – eine neue Zutat beizugeben, um die Konsistenz zu verändern. Ein anderes Team-Mitglied erinnerte die anderen daran, dass eine neue Zutat auch eine Veränderung der Verpackung nach sich ziehen würde. Die für diesen Bereich zuständigen Mitarbeiter wurden daraufhin hinzugezogen und gestalteten die Verpackung um. Am Ende wurde das Problem in wenigen Tagen behoben, im Gegensatz zu Wochen oder Monaten, die der alte sequentielle Prozess benötigt hätte, um alle diese Schritte vorzunehmen.

»Geht – Geht nicht«

Journey ist weit mehr als nur eine Abspeicherungsmöglichkeit für Projektdokumente und Informationen über die Aktivitäten bei einzelnen Vorhaben. Es integriert auch die geschäftlichen Richtlinien, die Nabiscos Bemühungen bei der Entwicklung neuer Produkte beeinflussen – wie der finanzielle Erfolg definiert wird, für welche Aufgaben und welche Größenordnungen die Bäckereien des Unternehmens eingerichtet sind, welches Ergebnis ein Produkt in Verbrauchertests erreichen muss, wie hoch die Herstellungskosten sein sollten usw. Journey prüft, ob neue Ausrüstungsgegenstände gekauft werden müssen und ob dieses Equipment auch für andere Produkte verwendet werden kann. Die Anwendung ist in der Lage zu kontrollieren, ob ein bestimmter Plan im

Einklang mit den Geschäftsregeln steht. Es führt das Projekt von einem Schritt zum nächsten, informiert dabei alle beteiligten Personen über die weiteren Maßnahmen und stellt sicher, dass das Produkt sofort überprüft wird, wenn es an einem kritischen Punkt nicht den Ansprüchen genügt. Wenn die Ingwer-Zitronenkekse zum Beispiel bei Verbrauchertests ein schlechtes Ergebnis erzielten, benachrichtigt Journey die entscheidenden Mitglieder des Projekt-Teams und die zusätzlich eingesetzten Kräfte mit einer E-Mail, sodass eine sofortige Überprüfung vorgenommen werden kann. Wenn die Ergebnisse der erneuten Beurteilung vorliegen, benachrichtigt Journey alle wichtigen Personen über die Ergebnisse, sodass sie entscheiden können, ob das Projekt in die nächste Phase eintreten soll.

Bevor es Journey gab, konnte ein begeistertes Team Wege finden, um schlechte Ergebnisse bei den Verbrauchern einfach zu übergehen oder Warnungen der Bäckerei, dass ein Produkt für die Herstellung zu kompliziert ist, einfach außer Acht lassen. Heute gibt es dank Journey konkrete »Geht - Geht nicht«-Kriterien, die jedes Team vor dem Übergang zum nächsten Schritt meistern muss. Ausnahmen sind möglich. Nabisco könnte zum Beispiel entscheiden, einem Projekt grünes Licht zu geben, das zwar im Allgemeinen nur ein geringes Volumen haben wird, aber in einigen bestimmten Regionen gute Ergebnisse erzielen kann.

Ist ein neues Vorhaben abgeschlossen, dient Journey als zentrales Archiv und verwahrt alle diesbezüglichen Dokumentationen. Wenn später einmal jemand über einen anderen Zitronenkeks nachdenkt und sich über frühere Aktivitäten in dieser Richtung informieren will, kann er dort alle Daten, organisiert nach dem jeweiligen Thema, finden.

In den ersten 18 Monaten, nachdem das System eingeführt worden war, sanken die Forschungsausgaben von Nabisco um ein Drittel. Seitdem dieses neue System benutzt wird, kann Nabisco unwichtige Projekte schon vor Beginn der Testphase einstellen und sich ganz auf die Arbeit an einer kleineren Anzahl von Produkten konzentrieren, die bessere Aussichten versprechen. Eileen Murphy, die bei Nabisco verantwortliche Direktorin für die Produktentwicklung, sagt dazu: »Jedes gute, neue Produktprogramm sollte sich einer Darwinschen Auswahl unterwerfen, bei dem Projekte um knappe interne Ressourcen kämpfen. Einige Projekte leben und entwickeln sich und andere sterben, weil sie von stärkeren Projekten verdrängt werden. Journey hat die Regeln des

Wettbewerbes verändert. Beruhten sie zuvor zum Teil auf Fakten und zum Teil auf der Überzeugungskraft des Teamsleiters, so basieren sie heute in erster Linie auf Fakten – dieselben Fakten für jedes Projekt.«

Blicken Sie in eine Kristallkugel

Ein unerwarteter Nutzen von Journey liegt in dem Umstand, dass Nabisco mit seiner Hilfe heute über die nötigen Informationen verfügt, um eine »vollständige Aktenansicht« von neuen Entwicklungsprojekten zu schaffen. Die leitenden Manager können schnell und leicht erkennen, was derzeit in der Planung ist, und sie können entscheiden, ob das Unternehmen die richtige Produktpalette für die nächste Zeit und auf lange Sicht gesehen anbieten kann. Einen Produktplan für 18 Monate zu erstellen und zu aktualisieren war eine gewaltige Aufgabe, die es erforderlich machte, sich mit allen Projekt-Teams in Verbindung zu setzen, die Zahlen sorgfältig zu untersuchen und Informationen manuell einzubauen. Journey tut dies automatisch. Das Programm erstellt einen Bericht, und alle Abschnitte eines Projektes werden entlang einer Zeitschiene ausgelegt. Zusätzlich zu dieser verbesserten Übersicht können die Manager projektspezifische Informationen bis ins letzte Detail erhalten.

Mit dem Einsatz von Journey war Nabisco in der Lage, Lücken in der Produktpalette schon zwei bis drei Jahre im Voraus zu erkennen. Das Unternehmen konnte so rechtzeitig Projekte beschleunigen oder neue Ideen entwickeln, um einen Leerlauf zu vermeiden und für eine ausgewogene Mischung der angebotenen Erzeugnisse zu sorgen. Diese Fähigkeit einer umfassenden Ansicht aller Produktpläne, stellte sich als eine unerwartete, aber gewaltige Entdeckung heraus. »Lücken in der Produktpalette beeinflussen unsere Einnahmen direkt«, erklärt Eileen Murphy. »Mit Journey können wir früh genug Maßnahmen ergreifen, um sicherzustellen, dass wir so gut positioniert sind, um Kapital aus potenziellen Veränderungen bei den Vorlieben der Verbraucher zu schlagen.«

Nabisco stellt bei jedem neuen Vorhaben die drei Schlüsselfragen: Will es der Verbraucher? Können wir es machen? Können wir es zu einem Erfolg machen? Mit Hilfe von Journey kann Nabisco sicherstellen, dass die Antworten »Ja« lauten, bevor ein neues Produkt entwickelt wird.

Investieren Sie in Ihren größten Vermögenswert

Neben den Vorteilen für das Management und die Finanzplanung hat Journey auch positive Auswirkungen auf die Arbeitsmoral der Angestellten. Ein Mitarbeiter in einem Unternehmen kann viel Zeit damit vergeuden, wenn er lediglich herausfinden will, was gerade vor sich geht und sich dann darum bemühen muss, dass auch andere darüber informiert werden. Sinnlose Tätigkeiten erzeugen die größte Frustration bei der Arbeit. Mit Hilfe einer Anwendung wie Journey können die Team-Mitglieder sich mit ein paar Tastenklicks über den aktuellen Stand informieren. Sie können herausfinden, wo die Probleme liegen und Vorschläge unterbreiten, die nicht unbeachtet bleiben. Dank dieses Systems können sie erkennen, wie alle Teile eines Projektes zusammenpassen. Jeder, nicht nur der Projektleiter, hat den gesamten Überblick. Die Bedeutung dieser Vorteile sind schwer einzuschätzen, aber sie haben eine nachhaltige Wirkung auf die Motivation der Mitarbeiter.

Um intelligente Leute zu rekrutieren und sich ihrer langfristigen Mitarbeit zu versichern, müssen Sie für die nötigen Rahmenbedingungen sorgen. Dies sorgt für stimulierende Arbeitsbedingungen. Eine durch den Informationsfluss gestärkte Unternehmenskultur schafft die Möglichkeiten dafür, dass alle fähigen Angehörigen einer Organisation ständig miteinander in Kontakt stehen. Wenn Sie eine große Anzahl von hochintelligenten Mitarbeitern dazu bringen können, gemeinsam an einer Aufgabe zu arbeiten, wird der Energiepegel nach oben schießen. Gegenseitige Stimulierung führt zu neuen Ideen – und weniger erfahrene Angestellte werden auf ein höheres Level gebracht.

Wissensmanagement wird jedoch nur dann funktionieren, wenn es Grundlage der Geschäftsplanung und der Arbeitsabläufe eines jeden Teams ist, und wenn die Angestellten für den Austausch von Informationen belohnt werden. Am Ende umfangreicher Diskussionen veröffentlichen wir stets die Technologie-Lösungen von Microsoft auf einer zentralen Webseite mit dem Namen InSite zum Nutzen aller anderen Mitarbeiter. Wir empfehlen die Benutzung von InSite, um die Zeit der Vorbereitung zu reduzieren und Probleme bei Beratungen zu vermeiden. Bei Leistungsüberprüfungen werden Produktmanager für die Geschwindigkeit und Qualität der Antworten ihrer Teams auf Fragen von außerhalb ausgezeichnet. Die Verkäufer werden danach bewertet, wie gut sie für aktuelle Informationen in unserem Kundenbestandssystem sorgen. Bei Coca-Cola ist Wissensmanagement ein wichtiges Kriterium der Arbeitsleistung, und leitende Manager, die Marketingpläne beurteilen, überprüfen auch die zu einem Projekt gehörenden Hilfsmittel wie Inform. Bei Nabisco gibt es »360 Grad«-Leistungsbewertungen, bei denen die Angestellten von allen anderen beurteilt werden. Wenn jemand Informationen nicht austauscht oder nicht auf der Grundlage der Daten von anderen arbeitet, wird das in seiner Beurteilung vermerkt.

Benutzen Sie Ihren Einfallsreichtum, um die Leute dafür zu belohnen, eine »Informations-Investition« in das Unternehmen zu tätigen. Texas Instruments verleiht den »Nicht-hier-erfunden-aber-trotzdem-von-mir-verwendet«-Preis (einen speziellen Innovationspreis), um den Informationsaustausch zu fördern. Einige Unternehmen bieten Anreize wie Feiern, Geschenkzertifikate oder Handheld-Computer, um die Verkäufer zu ermutigen, sich die Zeit dafür zu nehmen, Daten in die Kundenbestandssysteme einzutragen. Wir verschenkten Polohemden mit dem Aufdruck »InSite« an die hundert ersten Personen, die uns Beiträge lieferten, um die Webseite mit hochwertigen technischen Inhalten zu füllen. Für die wichtigsten zehn Artikel vergaben wir Geldpreise. Die eingereichten Beiträge wurden von den Angestellten beurteilt, die den Nutzen der Vorschläge durch die elektronische Abstimmung auf der Webseite bewerten können. Bei Nabisco gibt es ein so genanntes Success-Sharing-Programm, das jeden Monat den Informationsaustausch belohnt. Daneben findet noch eine jährliche Prämierung für hervorragende Teamleistungen durch den Aufsichtsratsvorsitzenden statt, und die Gewinner erhalten Geldprämien. Die breite Anerkennung und die Geldpreise können auf lange Sicht gesehen eine generell positive Haltung zum Wissensaustausch in jedem Unternehmen schaffen.

Vielleicht liegt der wichtigste Anreiz für die ständige Aktualisierung unserer Kundendatenbank durch die Verkaufsmitarbeiter darin, dass die leitenden Manager, einschließlich meiner Person, regelmäßig die von den Verkäufern gelieferten Kundeninformationen überprüfen und dass auch die Budget-Überprüfungen auf diesen Daten basieren. Die Verkäufer wissen, dass ihre Informationen genutzt werden. Sie betrachten die Arbeit an der Datenbank nicht als sinnlose und zeitraubende Beschäftigung, sondern als einen Weg, unser Geschäft und ihre Verkäufe voranzubringen.

Betrachten Sie das Wissensmanagement als eine Investition in intellektuelles Kapital, die letztlich zu einem höheren Unternehmens-IQ führen wird – und Ihr Unternehmen befähigen wird, die besten kollektiven Gedanken und das beste kollektive Handeln zustandezubringen. Die Vorstellung von intellektuellem Kapital ist mehr als ein Management-Konzept. Intellektuelles Kapital stellt einen entscheidenden Wert Ihres Unternehmens dar. Dazu gehört das Wissen, über das Ihre Mitarbeiter verfügen. Wenn Sie dieses Kapital angemessen nutzen, werden Sie Ihren Unternehmens-IQ anheben, was wiederum große Auswirkungen auf den Wert Ihrer Organisation haben kann. Finanzanalytiker schauen immer mehr über die physischen Vermögenswerte und die gegenwärtige Marktsituation eines Unternehmens hinaus und widmen sich der Frage, wie diese intellektuellen Fähigkeiten und Ressourcen genutzt werden. Diese Finanzexperten sind sicher, dass Unternehmen mit einem effektiv geführten intellektuellen Kapital ungeachtet ihrer heutigen Situation die Marktführer in den kommenden Jahren sein werden, und diese Einschätzung ist auch die Grundlage ihrer Bewertung.

Die Technologie für den Wissensbedarf nutzen

Jede hochentwickelte Anwendung im Bereich des Wissensmanagements wird eine Reihe verschiedener Bausteine beinhalten. Die Systeme für Wissensmanagement in den Beispielen dieses Kapitels verwenden verschiedene Kombinationen numerischer Analyse-Technologie (Datenbanken), Dokumente für die Produkt- oder Marketinginformation (Dateien) und formelle Wegeplanungs- und Aufgabenüberprüfungs-Software (E-Mail und Arbeitsprozess-Anwendungen), und die meisten beinhalten zweckgebundene Suchfähigkeiten (Webtechnologien). Als die hier angeführten Projekte gestartet wurden, war die Welt der Datenbanken von der Welt der E-Mails getrennt, die ihrerseits getrennt war von der Welt des World Wide Web. Jedes dieser Vorhaben beruhte auf der Technologie, die am ehesten seinen Bedürfnissen entsprach, und war erfolgreich bei der Integration der anderen Technologien.

In der Zukunft müssen Sie nicht darüber nachdenken, mit welchem Baustein Sie beginnen sollen. Die Software-Technologie bringt eine Fülle von Anwendungen in den Bereichen Datenbank, Dokument-Archivierung und Arbeitsprozesse zusammmen, um zu Lösungen zu gelangen, die viel leichter als jemals zuvor erreichbar sind. Im Hinblick auf die heutige Situation sollten Sie sicherstellen, dass jede Lösung, die Sie entwickeln oder erwerben, PC- und Internet-Standards unterstützt, sodass das Resultat bei zunehmenden Anforderungen leicht mit anderen Technologien (nach dem Prinzip »Plug and Play«) verbunden werden kann. Eines Ihrer Ziele kann beispielsweise darin liegen, dass Sie einen einfachen Zugang auf numerische und nichtnumerische Daten haben wollen. Sehr häufig sind objektive Informationen wie die monatlichen Verkaufszahlen nur in einem starren Format vorhanden, und Sie können nicht gleichzeitig verschiedene Zahlen und Daten, wie Untersuchungen über Zielgruppen oder nachträgliche Diskussionen über ein Projekt, einsehen. Wenn Sie nicht die gesamten Informationen zusammenbringen können, entwickeln sich gesonderte Kommunikationskanäle, und zusätzlicher Aufwand ist nötig, um die verschiedenen Arten von Daten zurückzuverfolgen.

Der weltweite Informationsaustausch bei Coca-Cola oder der beständige Fluss von Produkt-Entwicklungsarbeit in den Reihen von Nabisco ist ohne den digitalen Informationsfluss unmöglich. Coca-Cola wollte eine grundlegende kulturelle und wirtschaftliche Veränderung durchführen und entwickelte sich von einem Unternehmen, das eine globale Vision hatte, aber lokal geführt wurde, zu einem, das eine globale Vision verfolgt und auch global geführt wird. Die Verwendung von E-Mail und anderen digitalen Werkzeugen bei der täglichen Arbeit integriert die Mitarbeiter schneller in die Organisation und hat allen Wissensarbeitern des Unternehmens deutlich vor Augen geführt, dass sie ein globales Publikum haben. »Global zu führen« bedeutet nicht, dass ein Manager in Atlanta die Entscheidungen für den Manager in Nairobi trifft. Es bedeutet, dass der Manager in Nairobi denselben Zugang zu Informationen hat wie der Manager in der Hauptzentrale, und dass ihn dieselben Werkzeuge für die Analyse und die Kommunikation zum Teil einer weltweit integrierten Einheit machen. Das feudale Denken macht Platz für ein Bewusstsein des globalen Kontextes. Der Management-Prozess für Markenprodukte nahm völlig neue Formen an, als die digitalen Werkzeuge aus den Händen der Geschäftsführung in die der weltweit tätigen Marketing-Teams gelangten. Die Technologie hat lokale Geschäftsteams bei Coca-Cola zu neuen Taten beflügelt, ohne dass es dabei zu Unverträglichkeiten und Widersprüchlichkeiten innerhalb des Unternehmens gekommen wäre. So war Coca-Cola durch die Digitalisierung der Informationen in der Lage, statt der vierteljährlichen Planung und Berichterstattung die ständige Planung durchzuführen.

Ich sage »Computer«, der Computer sagt »Kartoffel«

Jede Art von Wissensmanagement sollte dem Benutzer die Möglichkeit geben, mühelos nach Informationen zu suchen. Das können spezielle numerische Daten sein oder alle Dokumente und Unterlagen, die mit einem bestimmten Projekt oder Thema in Verbindung stehen, aber auch ein breites Sortiment von Informationen aus dem World Wide Web.

Heute kann man auf viele Arten suchen, doch keine ist wirklich effektiv. Die meisten Suchmethoden im World Wide Web machen nur Dokumente ausfindig, die im HTML-Format vorliegen. Die Benutzer müssen verschiedene Suchwerkzeuge verwenden, wenn die von ihnen gewünschten Informationen in anderen Formaten – Texten, Arbeitsblättern, Datensätzen oder E-Mails – vorliegen.

Darüber hinaus ergibt die Suche im Internet normalerweise auch zu viele oder zu wenige Ergebnisse. Zunächst bekommen Sie Tausende von Antworten. Dann gestalten Sie die Suche ein wenig präziser und erhalten fast gar keine mehr. Wenn Sie etwas über den schnellsten Computerchip, der heute erhältlich ist, wissen wollen, bekommen Sie am Ende vielleicht sogar Informationen über Kartoffelchips, die in schnellen Lastwagen ausgeliefert werden.

Microsoft und andere System-Anbieter arbeiten an Technologien, um Material über eine Vielzahl von Dateiformaten zu katalogisieren – das World Wide Web, Dateien, Datenbanken und E-Mails –, sodass eine einzelne Suche eine größere Wahrscheinlichkeit bieten wird, dass Sie schnell das finden können, wonach Sie suchen. Microsoft unterstützt auch den XML (eXtended Markup Language) genannten Industriestandard, eine aktualisierte Version des Internet-Standards HTML (Hyper Text Markup Language).

Während der HTML-Standard dem Personal Computer mitteilt, wie der Inhalt auf einer Internetseite für die Anzeige oder den Ausdruck darzustellen ist, beschreibt das XML-Format außerdem auch die Natur des Inhaltes. XML liefert einen Weg, Daten für das Abrufen der Information und für andere Formen der Manipulation zu kennzeichnen. So kann es zum Beispiel »Bill Gates« als einen Kundennamen und »1 Microsoft Way« als eine Geschäftsadresse markieren. Andere Anwendungen können Metadaten oder Metatags (Daten, die andere Daten beschreiben) bearbeiten – zum Beispiel die Kundeninformation in die korrekten Felder einer Aufzeichnung kopieren, die in einer anderen Anwendung aktualisiert werden müssen.

Der XML-Standard löst die beiden miteinander verbundenen Probleme der Informationssuche in verschiedenen Dateiformaten und die Integration von Anwendungen in unterschiedlichen Systemen. Die Flexibilität von XML trägt dem Umstand Sorge, dass die Menschen Inkompatibilitäten durch unterschiedliche Beschreibungen von Daten erzeugen. Ist »Bill Gates«, formal gesehen, ein »Name« oder ein »Kunde«? Diese Gefahr von inkompatiblen Definitionen ist der Grund dafür, warum wir mit führenden Vertretern in Industrien wie dem Einzelhandel, dem Finanzwesen und dem Gesundheitswesen zusammenarbeiten, um eine Vereinbarung über die einheitlichen Definitionen der Zeichenketten in allen Branchen zu erzielen.

Wenn Computer-Software natürliche Sprache besser verstehen kann, verfügen wir über eine weitere Möglichkeit, um das Suchen zu verbessern. Experimentielle Software, die Fragen in natürlicher Sprache versteht, kann schon jetzt, wenn sie Sätze syntaktisch analysiert und in sinnvolle Einheiten zerlegt, die Zahl der Anworten im Vergleich zu den heutigen Suchmaschinen um zwei Drittel reduzieren, wobei auch eine weitaus größere Wahrscheinlichkeit der Übereinstimmung festzustellen ist.

Weitere Fortschritte auf diesem Gebiet werden dazu führen, dass wir in der Zukunft Anfragen in den Computer eingeben (sprechen oder schreiben) können. Der Computer wird den Kontext verstehen und mit der wahrscheinlichsten Übereinstimmung aus allen verschiedenen Datenformaten antworten. Wenn Sie im World Wide Web nach der Geschwindigkeit von Chips suchen, wird das Suchergebnis mit Computern zu tun haben – und nicht mit Kartoffeln.

Wissensmanagement ist ein hochtrabender Ausdruck für eine einfache Idee. Sie verwalten Daten, Dokumente und die Arbeit Ihrer Mitarbeiter. Ihr Ziel sollte darin bestehen, die Art zu verbessern, wie die Menschen zusammenarbeiten, Ideen teilen, miteinander streiten und auf den Ideen anderer aufbauen – und schließlich zusammen für einen gemeinsamen Zweck handeln. Deshalb ist es Aufgabe der Führungsspitze, den Unternehmens-IQ anzuheben und eine Atmosphäre zu schaffen, die den Wissensaustausch und die Zusammenarbeit fördert; die Prioritäten in den Bereichen zu setzen, in denen der Austausch von Informationen am wertvollsten ist; die digitalen Werkzeuge zur Verfügung zu stellen, die den Wissensaustausch ermöglichen und letztlich die Menschen dafür zu belohnen, wenn sie ihren Beitrag zu einem uneingeschränkten Fluss der Information leisten.

Schlüsselinformationen

▲ Fördern Sie den Austausch von Informationen durch allgemeine Richtlinien, Belohnungen und bestimmte Projekte, die für eine Kultur des Wissensaustausches sorgen.

▲ Alle Teams sollten in der Lage sein, mit derselben Einheit von Zweck und Ziel wie eine hochmotivierte Einzelperson zu handeln.

▲ Jedes neue Projekt sollte direkt auf den Erfahrungen eines ähnlichen Projektes aufbauen, das bereits irgendwo in der Welt durchgeführt worden ist.

▲ Schulung sollte sowohl am Schreibtisch des Angestellten als auch im Schulungsraum zur Verfügung stehen. Alle Trainingsressourcen sollten online erreichbar sein und auch Systeme für die Rückmeldung enthalten.

Prüfen Sie Ihr digitales Nervensystem

▲ Verfügen Sie über digitale Speichermöglichkeiten für die Verwahrung und Nutzung des gesamten Wissens Ihrer Organisation?

▲ Erlauben Ihre digitalen Systeme den Zugriff auf numerische und nicht-numerische Daten?

▲ Können Angestellte, Partner und Lieferanten mit einigen wenigen und einfachen Befehlen den Zugang zu den richtigen Informationen des Unternehmens erhalten?

▲ Stellen Ihre Informationssysteme sicher, dass die richtigen Überprüfungen bei der Entwicklung neuer Produkte vorgenommen werden?

▲ 15
Große Gewinne erfordern große Risiken

Erst wenn wir bereit sind, das Unternehmen aufs Spiel zu setzen, werden wir wirklich erfolgreich sein.

T. Wilson,
1972–88 VORSTANDSVORSITZENDER VON BOEING

Um ein Marktführer zu sein, müssen Sie das haben, was der Autor und Consultant Jim Collins »große, kühne Ziele« nennt. Sie dürfen sich nicht nur den vergangenen oder den gegenwärtigen Zustand des Marktes ansehen. Sie müssen auch Überlegungen anstellen, wie es aller Wahrscheinlichkeit nach weitergehen wird, und wo es unter bestimmten Umständen hingehen könnte, und dann Ihr Unternehmen auf der Basis Ihrer besten Voraussagen führen. Um große Gewinne zu machen, müssen Sie manchmal große Risiken auf sich nehmen.

Hohe Einsätze können zu Fehlschlägen, aber auch zu großen Erfolgen führen. In Kapitel 11 habe ich einige Fehlschläge von Microsoft aufgezählt und darüber berichtet, wie uns diese Lektionen dabei halfen, unsere Produkte und unsere Strategie zu verändern. Rückblickend betrachtet könnte man glauben, dass der gegenwärtige Erfolg von Microsoft vorherbestimmt war. Dennoch trafen wir gerade zu der Zeit die wichtigsten Entscheidungen – wozu auch die Umwandlung des Unternehmens zur ersten Mikrocomputer-Software-Firma gehörte – als viele Leute über uns spotteten. Zahlreiche Unternehmen zögerten, sich der neuen Technologie zuzuwenden, weil sie fürchteten, damit den Erfolg ihrer vorhandenen Technologien zu beeinträchtigen. Sie erhielten eine deutliche Lektion. Wer nicht bereit ist, frühzeitig Risiken einzugehen, wird später auf den Märkten scheitern. Doch wenn man mutig auf neue Optionen setzt, müssen nur einige davon zum Erfolg führen, um die Zukunft zu garantieren.

Die gegenwärtigen kühnen Ziele von Microsoft betreffen die Leistungssteigerung der Personal Computer weit über alle vorhandenen Systeme, die Entwicklung von Computern, die »sehen, hören und lernen« können, und die Entwicklung von Software, um die neuen »persönlichen Begleiter« zu fördern. Diese Initiativen sind die Antwort von Microsoft auf die digitale Konvergenz, mit der alle Geräte digitale Technologie benutzen und miteinander arbeiten müssen. Ungeachtet ob diese Initiativen Erfolg haben werden, steht doch eines fest: Wir müssen diese Risiken auf uns nehmen, um langfristig erfolgreich zu sein.

Es ist nur natürlich, dass eine Branche, die sich gerade erst entwickelt, Risiken eingehen muss. Die Computer-Industrie ist etwa so weit in ihrer Entwicklung, wie es die Automobil-Branche in den Jahren um 1910 und die Flugzeug-Industrie in den 30er Jahren waren. Letztere erlebten radikale und häufig chaotische, technische und geschäftliche Veränderungen, bevor sie sich durchsetzten, und dasselbe Phänomen ist derzeit in der Computer-Industrie zu beobachten. Der Begriff »entwickelte Industrie« impliziert, dass weniger Risiken eingegangen werden, doch in gut entwickelten Branchen, wo die Anbieter in den meisten Bereichen etwa gleich stark sind, ist der beste Weg, Produkt- und Marktdurchbrüche zu erzielen, die Regeln durch den Einsatz der digitalen Technologie zu verändern. Ein wichtiger Wettbewerbsfaktor wird die Art sein, wie die Unternehmen den Web Workstyle einsetzen.

Alle 20 Jahre auf neue Technologien setzen

Boeing, einer der größten Produktionskonzerne der Welt, verfolgt eine Unternehmenstradition, bei der Herstellung seiner Flugzeuge alle zwei Jahrzehnte auf neue Technologien zu setzen. In den 30er Jahren verließ sich Boeing auf einen neuen Bomber, der als B-17 im Zweiten Weltkrieg berühmt wurde. In den 50er Jahren baute das Unternehmen in den Vereinigten Staaten das erste Passagierflugzeug mit Düsentriebwerken, die 707, und im Jahre 1968 entwickelten sie den ersten Jumbo Jet, die 747, ohne dabei schon genügend Bestellungen zu haben, die ihnen den Break-Even-Point garantierten. Wenn nur ein einziges dieser Projekte fehlgeschlagen wäre, hätte sich Boeing vermutlich nicht am Markt halten können.

In den 90er Jahren bestand Boeings Option für die Zukunft in der

nächsten Generation ihrer Passagierflugzeuge, der 777. Dieser Flugzeugtyp, das erste Produkt von Boeing, das ausschließlich mit digitalen
Mitteln entwickelt worden war, war auch das erste Boeing-Flugzeug,
das die Fly-By-Wire-Flugsteuerung (der Computer betätigt hierbei die
Kontrollsysteme, wodurch die von mechanischen Systemen benötigten
schweren Kabelstränge entfernt werden können) verwendete. Zudem
war es das erste Boeing- Flugzeug, das gemeinsam mit größeren internationalen Lieferanten gebaut wurde. Aus diesem Grund schien eine digitale Zusammenarbeit notwendig, die ein derartiges Ausmaß annahm,
dass Boeing für die Bewältigung des Informationsaustausches ein neues
Glasfaserkabel für die Verbindung über den Pazifik nach Japan benötigte. Dieses weit reichende Informationsproblem erforderte soviel Pionierarbeit, dass sich das Risiko drastisch erhöhte, aber auch das Potenzial an Profit.

Das entscheidende Ziel des Projektes lag in einer um 50 Prozent reduzierten Rate der Fehler, Überarbeitungen und Modifikationen. Das
777-Team hatte Erfolg. Das digitale Modell identifizierte mehr als
10 000 Punkte möglicher Störungen, die in Ordnung gebracht werden
konnten, bevor die Produktion begann. Ohne einen digitalen Entwurf
wären diese Fehlerquellen bis zur Herstellung nicht gefunden worden.
Gegen Ende des 747-Projektes gab Boeing fünf Millionen Dollar am Tag
für Ingenieurkosten aus, vorwiegend aufgrund von Änderungen. Derartige Kosten gab es bei der 777 nicht. Als dieser neue Flugzeugtyp gebaut wurde, stellte man mit Hilfe von Lasern fest, dass ein Flügel perfekt ausgerichtet war, während der andere ein wenig von der Vorgabe
abwich, aber nur um zwei Tausendstel eines Zolls. Weiterhin stellte man
fest, dass bei einer Gesamtlänge von 209 Fuß der Rumpf nur drei bis
acht Tausendstel eines Zolls von den Plänen abwich. Diese virtuelle
Umsetzung der Planvorgaben führte zu einer gesteigerten aerodynami-
schen Leistung, einer besseren Treibstoffeffizienz und zu verringerten
Modifikationen während des Produktionsprozesses.

Automatisiertes Design statt automatisierter Verschwendung

Zwei Ereignisse überzeugten Phil Condit davon, dass Boeing digital werden musste.
Beide geschahen zu dem Zeitpunkt, als Condit, der heutige Vorstandsvorsitzende von
Boeing, Mitte der 80er Jahre das 757-Projekt leitete. Bei dem ersten handelte es sich
um eine Kapitalnachfrage für eine mehrere Millionen Dollar teure Maschine zur auto-

matischen Produktion von Einlegstücken. Dies sind dünne Scheiben, die zwischen Teilen verkeilt werden, um einen festen Sitz zu garantieren. Die neue Maschine konnte in kurzer Zeit Unmengen davon herstellen. Er verwarf die Anfrage, die er als »automatisierte Verschwendung« bezeichnete. Wäre es nicht sinnvoller, fragte er sich, wenn Boeing Flugzeuge so gestalten könnte, dass die Einzelteile ohne Einlegstücke zusammenpassen?

Das zweite Ereignis geschah etwa zur selben Zeit. Boeing nutzte das Computerdesign schon bei kleinen Projekten. In einem davon wurden durch eine numerische Hardware-Einheit hydraulische Röhren aus Titanium in bestimmte, durch das digitale Design festgelegte, Formen gebracht. Die ersten damit angefertigten Teile mussten nochmal überarbeitet werden, weil sie nicht zu dem Modell passten. Einige Tage danach zeigte jemand Condit eine Korrektur. Nach der Überarbeitung passten die durch den Computer gestalteten Röhren perfekt. Sie waren von Anfang an richtig hergestellt worden. Es war das Modell, das falsch war. Als sich herausstellte, dass digital gestaltete Teile die Genauigkeit der physikalischen Modelle überprüften, anstatt umgekehrt, wusste Condit, dass ein neuer Ansatz erforderlich war.

Der digitale Informationsfluss veränderte die Zusammenarbeit mit den japanischen Lieferanten, die Rumpfabschnitte und andere Bestandteile bauten. Ohne die digitalen Werkzeuge hätte Boeing alle Pläne in Seattle erstellen und per Ausdruck nach Japan schicken müssen. Boeing hätte auch nichts von eventuellen Problemen erfahren, bis die Teile gebaut und geliefert worden wären. Jetzt erstellte das Unternehmen den Konzeptentwurf und sandte diese Zeichnungen elektronisch nach Japan, wo die dortigen Ingenieure dann den detaillierten Entwurf anfertigten. Sie konnten schnell bei den Mitarbeitern in der Produktion nachfragen, wenn Schwierigkeiten beim Bau der Teile auftraten, und sie frühzeitig über alle Probleme informieren. Die elektronische Zusammenarbeit definierte die Aufgaben der Partner ganz neu und rationalisierte den Prozess für jeden der daran Beteiligten.

Doch obwohl der Einsatz von digitalen Prozessen beim Design der 777 gut funktionierte, stellt die Entwurfsphase nur 20 Prozent der tatsächlichen Arbeit dar, die für die Produktion eines komplexen modernen Flugzeuges erforderlich ist. Der Einsatz der digitalen Informationen stand bei Boeing noch ganz am Anfang. Mit dem nächsten Schritt wollte man sich um die übrigen 80 Prozent kümmern – die Produktionsprozesse, die sich seit den Tagen der B-17 kaum verändert hatten.

Dieses Produktionssystem bestand aus mindestens 1000 speziell angefertigten, miteinander verbundenen Computersystemen – einige stammten noch aus dem Jahre 1959 – entwickelt in »jeder jemals bekannten Computersprache«, wie es Mitarbeiter des Unternehmens ausdrückten. Durch die Ineffizienzen des Systems war es möglich, dass die falschen Teile hergestellt wurden, oder, was noch schlimmer war, dass die richtigen Teile nicht produziert wurden.

Als der Bedarf an Boeings beliebtestem Flugzeug, der 737, in den Jahren 1997 bis 1998 stark anstieg, verursachte das Produktionssystem einen Engpass. Dieses Problem verschlimmerte die Tatsache, dass sich Boeing in einem heftigen Preiskrieg mit dem rivalisierenden Unternehmen Airbus im kommerziellen Sektor befand. Das Unternehmen erneuerte seine wichtigen Produktionsprozesse, während es gleichzeitig versuchte, die Produktionskosten niedrig zu halten. Die Käufer von Flugzeugen treffen rein ökonomische Entscheidungen. Sie kennen die Wartungs- und Treibstoffkosten ihrer vorhandenen Flotte, und Flugzeughersteller müssen Flugzeuge entwickeln, die diese Kosten senken. Nur dann werden die Kunden die alten Flugzeuge ersetzen.

Boeings Herausforderung – immer bessere Flugzeuge bei reduzierten Produktionskosten zu entwickeln – konnte nur mit neuen Arbeitsabläufen und neuen Methoden des Einsatzes der Informationstechnologie, der Annahme des Web Workstyles während des gesamten Produktionsprozesses, bewältigt werden.

Der Entwurf eines neuen Flugzeuges oder Raumfahrzeugs bedeutet eine riesige Integrationsaufgabe. Jedes Fortbewegungsmittel ist zunächst einmal von der Struktur her komplex. Antriebssysteme, Klimaanlage, elektrische Systeme, hydraulische Vorrichtigungen, die Bordelektronik und andere Systeme müssen aufeinander abgestimmt werden. Mit den digitalen Werkzeugen können die Ingenieure von Boeing etwas so »Einfaches« betrachten, wie die Frage, ob die elektrischen und hydraulischen Designer verschiedene Leitungen durch jeweils dasselbe Loch führen können, bis hin zu etwas derart Komplexem wie dem Gesamtentwurf der neuen internationalen Raumstation, die erst im Weltall physikalisch zusammenmontiert wird. Die digitalen Mittel erlauben die Lösung mehrdimensionaler, multivariabler Probleme, wie beispielsweise der Bestimmung der strukturellen Wirkung extremer Hitze und Kälte, indem eine Vielzahl von Experten zusammengebracht werden, die ihr eigenes Fachgebiet, aber nicht unbedingt die anderer Spezialisten verstehen. Die zu erledigende Arbeit bleibt komplex. Es ist keineswegs so, dass Sie nur einen Knopf drücken müssen und schon bekommen Sie ein großartiges Flugzeugdesign. Mit digitalen Mitteln können die Ingenieure Konflikte frühzeitig erkennen und beheben.

Ein neuer digitaler Prozess wird auch die gesamte Produktionskette von Boeing weiter vorantreiben, beginnend mit der Anlieferung der Rohmaterialien über die Konstruktion der Einzelteile, den Entwurf des Flugzeuges und die maschinelle Erstellung der Teile bis zur Kontrolle der Konfiguration und Montage. Das neue System, das bereits von 25 000 Mitarbeitern benutzt wird, ist die einzige Quelle für Produktionsdaten, die früher aus 13 voneinander unabhängigen Systemen zusammengestellt werden mussten. Das Ziel besteht darin, dass zukünftig alle 100 000 Produktionsarbeiter dieses System verwenden.

Was Boeings Bemühungen so einzigartig macht, ist das Ausmaß, mit dem sie digitale Daten von Beginn an integrieren. Dazu gehört auch die Zusammenarbeit mit ihren Partnern. Das Unternehmen benutzt schon heute das weltweit größte webbasierte Einzelteil-Bestellsystem sowie digitale Mittel, um virtuelle Teams zusammenzubringen, wie beispielsweise bei der gemeinsamen Arbeit mit Lockheed Martin an der Entwicklung des neuen Kampfflugzeuges, der F-22. Boeing schätzt, dass all diese Anstrengungen die Produktionskosten um 30 bis 40 Prozent verringern werden.

Vernetzte Personal Computer sind von zentraler Bedeutung für Boeings Absicht, einen Informationsfluss im gesamten Unternehmen zu schaffen. Als die 777 mit der als CATIA bekanntgewordenen computergestützten Design-Anwendung entwickelt wurde, unterstützten acht Zentralrechner in der Puget Sound Area und einige andere in Japan, Kanada und anderen Standorten in den Vereinigten Staaten 10 000 spezialisierte Workstations, die von Designern und Herstellungsingenieuren für den Entwurf und die Produktion des Flugzeuges verwendet wurden. Die in der nahen Zukunft einzuführende Technologie wird den Datenzugang von jedem Personal Computer erlauben. Sogar Kunden werden über eine speziell zugeschnittene CD-ROM mit allen Einzelteilen und Systemen der von ihnen erworbenen Flugzeuge auf einige Daten zugreifen können.

Phil Condit hat einen ziemlich rauen Rat für andere Hersteller, die

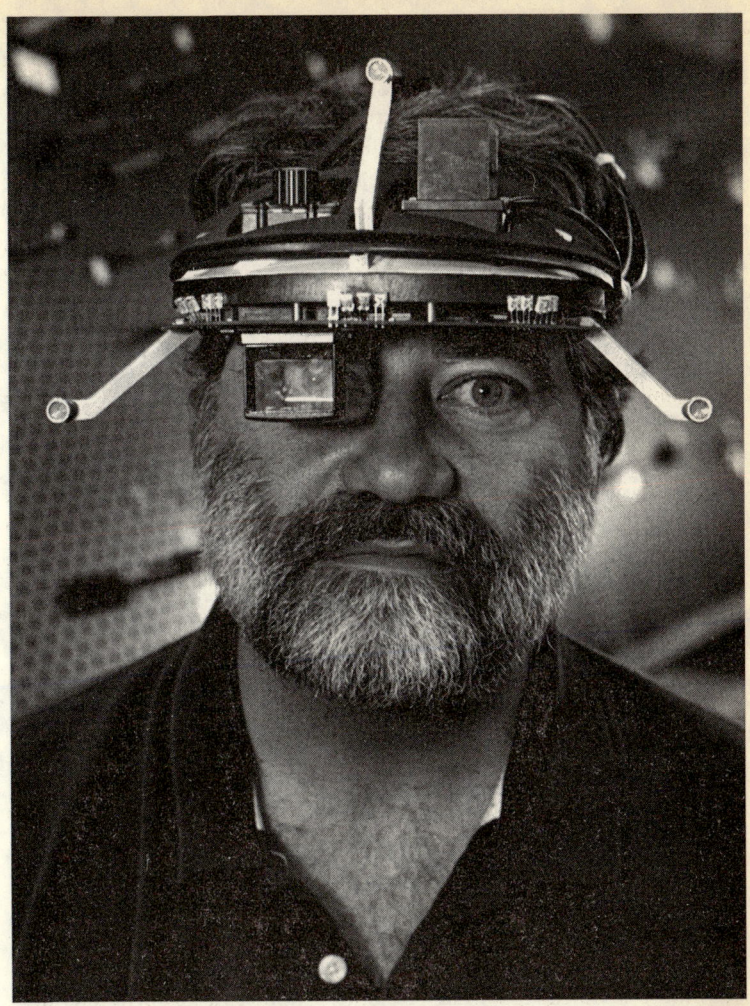

Die Nutzung der digitalen Information erstreckt sich bei Boeing nicht nur auf das Design und die Herstellung der Flugzeuge, sondern genauso auf die Installation der Flugzeugsysteme. In einer Fabrik sehen die Arbeiter mit Hilfe von Darstellungen der virtuellen Realität, wie hydraulische und elektrische Kabel durch den Rumpf des Flugzeuges geführt werden sollen. Boeing setzt darauf, dass abgeschlossene digitale Systeme die Kosten für die Produktion der Flugzeuge um 30 bis 40 Prozent reduzieren werden, Einsparungen, die notwendig sind, damit Boeing auf dem heftig umkämpften Markt für Zivilflugzeuge erfolgreich bleibt.

sich mit der Frage beschäftigen, wie und wann sie die neue Technologie einführen sollen: Wenn Sie digital werden wollen, müssen Sie sich komplett umstellen. Wenn Sie versuchen, das alte Papiersystem neben dem neuen digitalen aufrechtzuhalten, dann werden Sie eine Menge nutzloser Anstrengungen und Kosten haben, und die Mitarbeiter werden nicht mit ganzem Herzen dabei sein, sodass jeder weiter das alte System verwenden wird. Zum Fortschritt gehört Vertrauen und das Vertrauen in die Leute, die das neue System entwickelt haben, aber »Sie müssen harte Entscheidungen treffen und jedem die alten Krücken wegnehmen«.

Schnellere Suche nach Krebsheilmitteln

Während digitale Information neues Leben in vorhandene Branchen bringen kann, hilft sie auch bei der Schaffung neuer Industriezweige. Ein gutes Beispiel ist das mit vielen Risiken behaftete Feld der Genforschung, wo die Unternehmen jahrelang große Investitionen ohne jede Erfolgsgarantie tätigen müssen. In einem reinen Wissensfeld wie der genetischen Forschung kann der digitale Informationsfluss die Geschwindigkeit der Forschung verdoppeln und das Erfolgspotenzial verbessern. Genetische Forschung konzentriet sich auf die DNA, ein komplexes Molekül, das im Allgemeinen als Baustein des Lebens bezeichnet wird. Die Gene in der DNA kontrollieren jeden Lebensprozess in der Zelle, wie die Anpassung der Nährstoffe, die zellulare Atmung oder den Aufbau der physischen Strukturen der Zelle. Durch einen als »Verschlüsselung« bezeichneten Prozess dirigieren Gene die Art und die Menge des geschaffenen Proteins. Diese Proteine führen die tatsächlichen chemischen Prozesse in der Zelle durch. Wenn die DNA jedoch beschädigt oder mutiert ist, kann sie fehlerhafte Anweisungen generieren, die falschen Mengen oder veränderte Formen der verschiedenen Proteine produzieren und chemische Reaktionen in der Zelle aus dem Gleichgewicht bringen. Die Zelle leidet, und der Organismus als Ganzes wird krank oder stirbt.

Doch die Genforschung, wie die Wissenschaft im Allgemeinen, entwickelt sich aufgrund einer unerwarteten Zusammenarbeit. Je mehr Informationen Wissenschaftler über die Arbeit anderer Forscher haben, desto wahrscheinlicher werden sie Wissenslücken füllen und die Verbindungen zwischen scheinbar unzusammenhängenden Daten verknüpfen können. So gehörten Wissenschaftler zu den technologischen Vorreitern, da sie vor mehr als zwei Jahrzehnten das Internet aktiv gebrauchten, um Informationen untereinander auszutauschen. Heute nutzen vor allem Genetiker in besonderem Maße die einzigartigen Möglichkeiten des Internets zur Zusammenarbeit.

Die Intensität dieser digitalen Kollaboration ist erstaunlich. Wissenschaftler tauschen ständig Ideen aus und kritisieren sich via E-Mail. Das Internet ermöglicht es ihnen, wichtige Foschungsberichte schnellstmöglich einzusehen. Sie sind in der Lage, sich stets über die Konkurrenz und über die neuesten Forschungsergebnisse zu informieren. Als ICOS, eine Biotech-Firma, in deren Aufsichtsrat ich sitze, über das Internet Berichte über neue genetische Forschungen publizierte, zog sie damit schnell das Interesse von Forschern auf sich. Immer wenn ich bei ICOS bin, höre ich, wie die Wissenschaftler beiläufig über ihre gemeinsame Arbeit mit anderen Forschern in New York, St. Louis oder in Großbritannien sprechen.

Innerhalb einer Biotech-Firma verbessert eine methodische Zusammenarbeit den Austausch von Informationen unter den DNA-Forschern und Chemikern. Diese arbeiten gemeinsam daran, neue Gene aufzuspüren und Bestandteile zu entdecken, die mit den Genprodukten reagieren, um nützliche Medikamente zu entwickeln. Die Genetiker, die neue Gene isolieren oder mutierte Gene entdecken, sind normalerweise nicht dieselben Leute, die die Funktionen der Gene herausfinden. Beide Fertigkeiten sind nötig, um praktisch anwendbare Medikamente zu entwickeln. Digitale Mittel helfen beiden Seiten. Sie dienen den Wissenschaftlern in der Forschungsphase und den Chemikern in der Phase der Analyse. Chemiker können die chemische Struktur möglicher Medikamente mit bekannten Zusammensetzungen grafisch vergleichen, um die angenommene chemische Reaktion des neuen Mittels einzuschätzen. Eine Medikamentzusammensetzung, die Ähnlichkeiten mit einer anderen aufweist, deren toxische Wirkung bekannt ist, würde so zum Beispiel aus weiteren Forschungen herausgenommen.

Eine der aufregendsten Entdeckungen bei den Forschungsarbeiten von ICOS war der Umstand, dass ein zu häufiges Auftreten eines bestimmten Gens mit dem Namen Atr eine wichtige Rolle bei vielen Krebsarten spielen konnte. ICOS suchte nach einem Weg, um Tumorzellen anfälliger für Röntgenstrahlen zu machen und damit die Röntgenbestrahlung für die Krebsbehandlung wirksamer einzusetzen. Röntgenstrahlen schaden den Zellen, weil durch sie die DNA auseinander bricht. Die von Atr kodierten Eiweiße sind Teil der Zellstruktur, die feststellt, ob die DNA beschädigt ist, sodass die Zelle mit der Reparatur beginnen kann. Wäre ICOS in der Lage, die Bildung von Atr in Tumoren zu hemmen, dann könnte sie den Reparaturmechanismus verlangsamen und Tumore anfälliger für die Zerstörung durch Röntgenstrahlen machen.

Als ICOS mit diesem Projekt begann, wusste man relativ wenig über den DNA-Reparaturmechanismus in menschlichen Zellen. Aber das Gen, das bei Hefezellen zu Problemen bei der Reparatur von durch Strahlen geschädigten DNA-Strängen führte, war bekannt. ICOS und ihre Mitarbeiter in Großbritannien benutzen hochentwickelte Suchmuster und Analyseverfahren aus einer der DNA-Datenbanken im Internet, um das äquivalente menschliche Gen, Atr, auf Chromosom 3 der dreiundzwanzig menschlichen Chromosomen zu finden.

Inzwischen hatte das Vollum Institut vom Oregon Health Sciences Center in Portland ein Fragment des menschlichen Chromosoms gefunden, das viele Gene enthielt. Dieses Fragment hinderte die originalen undifferenzierten Zellen des Körpers, die so genannten »Stammzellen«, daran, sich zu Muskelzellen zu entwickeln. Die Wissenschaftler lokalisierten den Standort des verantwortlichen Gens auf Chromosom 3i und nutzten das Internet, wo sie die Forschungsdaten von ICOS fanden. Die beiden Forschungsinstitute arbeiteten dann zusammen und entdeckten, dass Atr tatsächlich das Gen war, das die Zellen dazu veranlasste, mit der Vermehrung undifferenzierter Zellen fortzufahren, anstatt sie zu spezialisierten Körperzellen wie Muskel- oder Nervenzellen reifen zu lassen. Die zwei Teams besuchten eine Internetseite mit einer Datenbank über Tumore und stellten fest, dass sich bei Brust- und Prostatakrebs und in kleineren Lungenkarzinomen zu viele Kopien von Atr fanden. Die Schlussfolgerung lautete: Eine Überproduktion von Atr kann viele Krebsarten verursachen oder fördern.

Das Internet vermittelte ein wissenschaftliches Zusammenspiel in einem Umfang, der bei keinem anderen Medium möglich ist. Ohne das World Wide Web wären die DNA-Forscher wohlmöglich jahrelang nicht in Verbindung gekommen, wenn überhaupt. In der Vergangenheit waren solche Kontakte oft reine Glückssache. Das Internet schafft eine weltweite »Tafel«, an der Wissenschaftler zusammenarbeiten können. ICOS versuchte das »Torschließer«-Gen zu finden, das eine Zelle mit beschädigter DNA dazu veranlasst, sich vor der Reproduktion selbst zu reparieren. Durch die Zusammenarbeit mit dem Vollum Institut bekamen die Forscher ein unerwartetes »Aha-Erlebnis«: Das Hemmen von Atr könnte mehr verursachen, als Tumore nur zu schwächen – es könnte aus Tumoren wieder gewöhnliche Zellen machen.

Noch wissen wir nicht, ob die Arbeit an Atr zu einem wichtigen Antikrebsmittel führen wird. ICOS hat das Atr-Gen entdeckt und es »gereinigt«, aber nun muss das Unternehmen einen wirksamen Hemmstoff für Atr finden. Ein solcher Hemmstoff wäre dann tatsächlich ein Antikrebsmittel. Es ist so, als ob man den Fuß von Aschenputtel in Händen hält und versucht, den einen von Hunderttausenden Schuhen zu finden, in den er passt.

Weitere Entwicklungen

Das Wissen, welche Projekte man nicht weiterverfolgen soll, kann über den Erfolg oder Misserfolg eines Biotech-Unternehmens entscheiden. Digitale Informationen helfen dabei, die gewaltigen Kosten unnötiger Forschungen zu minimieren und verbessern die Entscheidungsfindung in einem frühen Stadium – ein wichtiger Effekt, da jeder nachfolgende Schritt in Forschung und Entwicklung und bei der Produktion dazu tendiert, teurer als der letzte zu werden. Digitale Systeme ermöglichen einem Biotech-Unternehmen, mehrere unterschiedliche Ansätze zu verfolgen. Das wiederum verbessert die Chance auf einen medizinischen Durchbruch. Mit einem noch weiter verbesserten Informationsaustausch unter den Wissenschaftlern über solche Dinge wie der inhärenten Toxizität von molekularen Zusammensetzungen, wird auch die Häufigkeit von Erfolgen mit jedem Versuch weiter zunehmen. Biotech-Unternehmen müssen die Qualität der in Frage kommenden Mittel jedes Mal verbessern und wenn sich eines als ungeeignet erweist, es so schnell wie möglich aufgeben, um mit einem anderen Inhaltsstoff weiterzuarbeiten. Informationswerkzeuge können die Anzahl von falschen Anfängen dramatisch reduzieren und die Überprüfungseffizienz verbessern, sodass der Vorrat von wahrscheinlich guten, neuen Inhaltsstoffen steigen wird.

In dem Maße, wie immer mehr Wissenschaftler damit beginnen, E-Mails und das Internet zu benutzen, fallen allmählich die Grenzen zwischen Forschung und Entwicklung und kommerziellen Anwendungen weg. Elektronische Mittel helfen bei klinischen Versuchsreihen, beschleunigen die Patentsuche und automatisieren einen großen Teil des für die Überprüfung durch die obersten amerikanischen Behörden für die Zulassung neuer Medikamente erforderlichen Dokumentationsprozesses. Die Unternehmen haben damit begonnen, digitale Anwendungen an die FDA zu schicken. In zwei Fällen stellten sie sogar einen technischen Arbeitsplatz zur Verfügung, sodass die Mitarbeiter der FDA die Daten einsehen und die Berichte überprüfen konnten – vielleicht ein wenig ungewöhnlich, aber besser als Berge von Papier. Digitale Vorlagen, die heute mit Floppies, CD-ROMs oder digitalen Bändern gemacht werden können, sind immer noch freiwillig, doch sie werden wahrscheinlich bis zum Jahre 2003 alle Papierberichte ersetzt haben. Ein durch das Pharmazie-Unternehmen für seine Forscher und für die Kontrolleure der FDA eingerichtetes Extranet, das die Vorteile von E-Mails, Videokonferenzen und Online-Diskussionen nutzt, würde die Interaktivität und Geschwindigkeit der Überprüfungen in dramatischer Weise verbessern.

Mit den im Internet erhältlichen Informationen und Tools können auch Biotech-Firmen, die noch am Anfang stehen, gegen weitaus größere Unternehmen in den Wettbewerb treten. Aber kleinere Firmen könnten gar nicht ohne preisgünstige Computer-Technologie existieren. Gleichzeitig ermöglicht der digitale Informationsfluss den größeren Unternehmen, ihre intellektuellen Ressourcen weltweit zu ordnen. Das kleine Unternehmen kann mit den großen in Konkurrenz treten; das große Unternehmen kann sich so leichtfüßig wie ein kleines bewegen.

Der Sinn und Zweck von Informationstechnologie in der Wissenschaft ist es, den größten Nutzen aus den intellektuellen Fähigkeiten von begabten Wissenschaftlern zu ziehen. In der Vergangenheit haben Wissenschaftler – noch weitaus mehr als andere Geistesarbeiter – den größten Teil ihrer Zeit damit verbracht, Daten zusammenzutragen und nur einen kleinen Teil ihrer Arbeitszeit, Daten zu analysieren. Es ist aufregend, sich den möglichen Fortschritt vorzustellen, wenn die Forscher mit besseren Werkzeugen den größten Teil ihrer geistigen Fähigkeiten auf die wirklichen Probleme statt auf die Datenerfassung und deren Überprüfung verwenden können. Wie die Suche nach Atr demonstriert, hat der Web Workstyle auch neue Methoden der Forschung möglich ge-

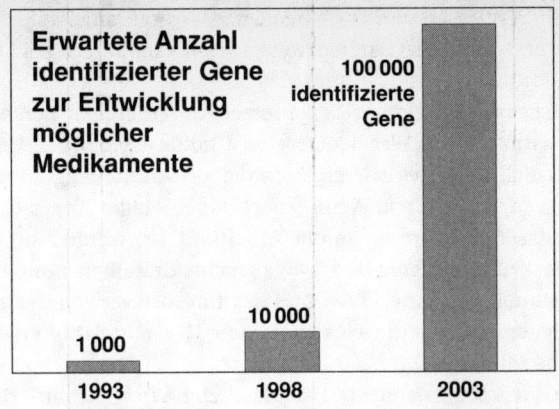

Erwartete Anzahl identifizierter Gene zur Entwicklung möglicher Medikamente

100 000 identifizierte Gene

1 000
10 000

1993   1998   2003

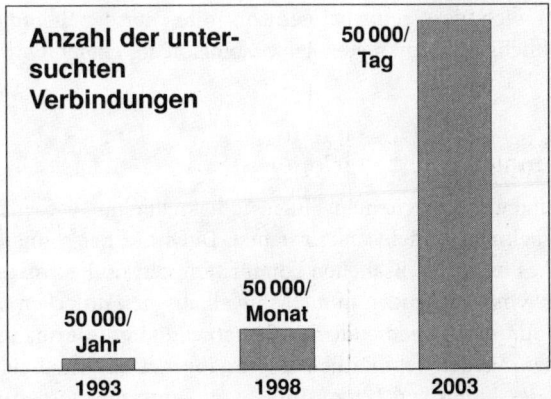

Anzahl der untersuchten Verbindungen

50 000/ Tag

50 000/ Jahr

50 000/ Monat

1993   1998   2003

Mit Hilfe der Informationstechnologie gelangt man zu exponentiellen Verbesserungen bei der Suche nach Mitteln für die Krebsbekämpfung. Auf diese Weise können Gene mit Fehlfunktionen, die die Ursache für die meisten Krebsarten sind, identifiziert und ausgeschaltet werden. In gerade mal zehn Jahren (zwischen 1993 und 2003) werden die Forscher durch die Unterstützung digitaler Werkzeuge die meisten, wenn nicht sogar alle der 100 000 bis 150 000 verschiedenen menschlichen Gene aufgespürt haben. Digitale Werkzeuge helfen den Wissenschaftlern auch bei der Suche nach Verbindungen, die chemisch mit bestimmten Genen reagieren. Darüber hinaus werden sie diese Zusammensetzungen im Hinblick auf ihre Wirksamkeit und mögliche Nebenwirkungen untersuchen können und damit die Forschung nach effektiven Antikrebsmitteln eingrenzen. Eine große pharmazeutische Firma erwartet, dass sie die Untersuchung von Zusammensetzungen von jährlich 50 000 Verbindungen im Jahre 1993, über monatlich 50 000 im Jahre 1998 auf eine Zahl von täglich 50 000 Verbindungen im Jahr 2003 steigern wird.

macht. Die Vergleiche von DNA-Sequenzen wären auf Papier unmöglich, doch eine derartige Datenanalyse ist mit Computern leicht durchführbar.

Aus diesem Grund eignen sich Biotech-Unternehmen hervorragend zur Demonstration des Web Workstyles. Und da viele dieser Unternehmen noch nicht lange existieren, konnten sie von Anfang an mit digitalen Werkzeugen arbeiten. Wenn Sie irgend einen der Angestellten fragen, was das Besondere an ihrem Arbeitsstil ist, werden sie mit den Achseln zucken und sagen, dass sie gar nichts Besonderes tun – und lediglich Personal Computer, LAN und das Internet verwenden. Biotech-Angestellte empfinden die elektronischen Hilfsmittel als etwas ganz Selbstverständliches.

Digitale Werkzeuge und die Fähigkeit von Wissenschaftlern, durch das Internet auf den Ergebnissen von anderen aufbauen zu können, werden ein wichtiger Faktor bei der Kontrolle oder der Heilung einiger der schrecklichsten Krankheiten sein, die bis heute existieren.

Die Zusammenarbeit stärken

Auf den ersten Blick scheinen Flugzeughersteller nur wenig mit Biotech-Unternehmen gemeinsam zu haben. Doch auf der grundlegenden Ebene gibt es in beiden Branchen komplizierte physische Prozesse – die Herstellung von Flugzeugen und das physikalische Entdecken und Produzieren von Chemikalien – die den Einsatz digitaler Informationen zur Rationalisierung der geschäftlichen Vorgänge erfordern. Beide Branchen sind der intensiven Überprüfung von Kontrollbehörden im Hinblick auf kurz- und langfristige Sicherheitsfragen ausgesetzt. Flugzeughersteller und große pharmazeutische Unternehmen verwenden den E-Commerce, um engere Beziehungen zu Lieferanten und Partnern in weit voneinander entfernten Regionen zu schaffen.

Und im digitalen Zeitalter, wo Informationsarbeit ein Kernpunkt von fast jedem Geschäft ist, gibt es viele Übereinstimmungen auf einer tieferen Ebene. Der Kern beider Geschäfte ist intellektueller Art. Für Boeing besteht die intellektuelle Herausforderung beispielsweise in der Entwicklung eines Flügels, der einen maximalen Auftrieb und einen minimalen Abtrieb hat und preisgünstig hergestellt werden kann. Das Unternehmen schafft riesige, hochentwickelte Maschinen aus Abertausenden von Einzelteilen, die zusammenpassen und fehlerfrei funktionieren müssen. Für ein Biotech-Unternehmen liegt die intellektuelle Herausforderung in der Entwicklung einer Verbindung, die auf eine genau bestimmte Krankheit zielt, die normalerweise genetischer Natur ist, ohne dabei zu unerwünschten Nebenwirkungen zu führen. Das Unternehmen schafft äußerst winzige chemische Teile, die genau mit den Hunderttausenden von anderen aktiven chemischen Teilen harmonieren müssen, die die biologische Maschinerie des Körpers ausmachen. Die intellektuellen Aufgaben erfordern die Zusammenarbeit von Menschen im gesamten Unternehmen mit Partnerfirmen und anderen Organisationen außerhalb des Unternehmens. Das Wissensmanagement ist deshalb von entscheidender Bedeutung.

Aufgrund dieser Faktoren müssen die beteiligten Unternehmen große Risiken auf sich nehmen. Ein einziges erfolgreiches Flugzeug kann die Zukunft eines Flugzeugunternehmens für viele Jahre garantieren – wie beispielsweise die Boeing 747, die 1998 ihren dreißigsten Geburtstag feierte. Ein einziges erfolgreiches Medikament kann einem pharmazeutischen Unternehmen riesige Gewinne einbringen und viele seiner anderen Forschungsbemühungen finanzieren. Die Risiken sind allerdings genauso groß. Boeing investierte eine Milliarde Dollar für die Entwicklung der 747 ohne Garantie auf eine mögliche Rentabilität. Ein Biotech-Unternehmen kann schnell 250 bis 350 Millionen Dollar ausgeben, bevor es ein konkurrenzfähiges Produkt in Händen hält.

In vielen Branchen kann die angemessene Verwendung digitaler Informationen der einzige Weg für ein Unternehmen sein, um sich von der Konkurrenz abzuheben. Im Bereich der Hochtechnologie bieten digitale Informationen die einzige Möglichkeit, um neue Durchbrüche zu erzielen. Um Wissensprobleme, mit denen man sich zuvor nicht befasst hat, zu definieren und zu lösen, verlangen große Gewinne nach großen Risiken – und nach einem digitalen Nervensystem, um die Erfolgschancen zu maximieren. Das Ausmaß, in dem die genannten Unternehmen digitale Werkzeuge integrieren, demonstriert, wie alle großen und kleinen Unternehmen den Web Workstyle verwenden werden, um ihre Arbeit in Zukunft zu leisten.

Schlüsselinformationen

▲ Um große Gewinne zu erzielen, müssen Sie manchmal große Risiken eingehen.

▲ Wer neue Produkte entwickeln und sich am Markt durchsetzen will, muss zuweilen Risiken eingehen. Der gesamte Arbeitsprozess sollte aber unbedingt vom digitalen Informationsfluss unterstützt werden.

▲ Bei der Produktion tauschen Sie Informationen gegen Inventar. In Branchen, die auf intellekutellen Fähigkeiten beruhen, tauschen Sie Informationen gegen Risiken.

Prüfen Sie Ihr digitales Nervensystem

▲ Gehen Sie den ganzen Weg oder nur einen Teil davon digital? Können Sie Wissensmanagement, Geschäftsoperationen und Handelssysteme digital miteinander verbinden, um eine nahtlose digitale Umgebung zu schaffen?

▲ Können Sie mit Ihrem digitalen System Produkte in der ganzen Welt testen, bei gleichzeitiger Gewährleistung einer angemessenen Überprüfung und Kontrolle?

Teil IV

Machen Sie Arbeitsabläufe transparent

▲ 16
Setzen Sie
neue Kräfte frei

Der Mensch ist im Grunde für jedes mechanistische System ungeeignet.

Thomas Peters und Robert Waterman, jr.
AUF DER SUCHE NACH SPITZENLEISTUNGEN

In einem Wirtschaftsunternehmen laufen ähnliche Prozesse wie im menschlichen Organismus ab. So erhält beispielsweise die Atmung den Menschen am Leben. Einer dieser »autonomen« Prozesse in einer Organisation hat die Funktion, den Daseinsgrund des Unternehmens zu definieren – wie dies beispielsweise beim Produktionsprozess der Fall ist. Er muss so effizient und zuverlässig wie der Herzschlag funktionieren. Ein weiterer autonomer Prozess im Unternehmen ist administrativer Natur – wie zum Beispiel, Zahlungen zu erhalten und Rechnungen und Gehaltsschecks zu begleichen. Die administrativen Prozesse sind so grundlegend für ein Unternehmen wie die Atmung für den menschlichen Organismus. Wenn sie nicht reibungslos laufen, funktioniert auch das Unternehmen nicht.

Weil die grundlegenden Prozesse so wichtig – und so teuer – sind, begannen die meisten der großen Unternehmen schon vor Jahren, in diesem Bereich erheblich zu investieren. Doch zu oft wurden die Betriebsabläufe unabhängig voneinander automatisiert. Daher war die Gesamteffizienz nicht optimal. Bis vor Kurzem waren bei der Herstellung einiger Flugzeugteile nur zehn Prozent des ursprünglich verwendeten Stahls auch Bestandteil des Endproduktes. Der Herstellungsprozess war auf vielen einzelnen Stufen entlang des Weges optimiert worden statt im Ganzen, sodass es ein gewaltiges Ausmaß an einkalkulierter Verschwendung gab.

In diesem Kapitel möchte ich mich auf den Prozess der Herstellung konzentrieren. Ein automatisierter Produktionsprozess ist notwendig, aber nicht ausreichend, wenn ein Unternehmen heute konkurrenzfähig bleiben soll. Mit einem guten digitalen Nervensystem können Sie ihre Mitarbeiter zu Geistesarbeitern machen und die Produktionsprozesse Ihres Unternehmens für Ihre Konkurrenzfähigkeit nutzen.

Zunächst müssen Sie die Informationstechnologie nutzen, um die inneren Abläufe des Prozesses selbst besser zu verstehen. Nur dann können sie ihn effizienter und reaktionsschneller gestalten. Das Unternehmen Entergy Corporation aus New Orleans hat zum Beispiel die Betriebszeit und Rentabilität ihrer Mineralölfabriken- und Atomkraftwerke mit einem neuen grafischen Prozesskontrollsystem gesteigert. Damit können die Betriebsleiter die Effizienz der Fabrik besser abstimmen und Leistungstrends in Echtzeit analysieren. Die Fachkräfte haben einen unmittelbaren Einblick in den Stromerzeugungsprozess. Sie verstehen genau, wie die Maschinerie funktioniert und können bestimmen, ob eine geringfügige Reparatur oder eine Anpassung, eine kostspielige Wiederinstandsetzung und lange Ausfallzeit vermeiden könnte. Ein intelligentes Planungssystem auf Basis des Personal Computers stellt sicher, dass die Elemente mit der höchsten Priorität zuerst repariert werden. Das Prozesskontrollsystem zeigt dem Bedienungspersonal die Kosten der reduzierten Effizienz – wenn die Kesseltemperatur beispielsweise zehn Grad niedriger liegt, als es für die optimale Produktion vorgesehen ist. Indem Entergy seinen Betriebsparametern die finanzielle Komponente hinzufügte, machten sie aus ihrem Bedienungspersonal quasi Geschäftsleute. Entergy gab ihnen die Informationen, die sie brauchten, um ihre Einheiten effizient zu führen und sie erhielten dadurch mehr Verantwortung, selber Entscheidungen zu treffen. Und da die Produktionskosten für die Fabriken von Entergy jederzeit den Mitarbeitern des Unternehmens elektronisch zur Verfügung stehen, kann das Unternehmen seine Gewinne steigern, indem es die Stromerzeugung konstant auf jene Einheiten verlagert, welche die Energie mit den geringsten Kosten liefern.

Zudem müssen Sie in der Lage sein, Daten aus Ihrem Produktionsprozess herauszuziehen, um Ihre anderen Abteilungen zu informieren. Die Stepan Company, die spezielle Chemikalien produziert, die in den meisten Reinigungsprodukten enthalten sind, hat ein hervorragendes Prozesskontrollsystem entwickelt, das die Produktion der Fabrik verdreifacht und dem Unternehmen Millionen durch die effizientere Verwendung seiner Ausrüstung eingespart hat. Aber die außergewöhnlichen Vorteile sind für Stepan nicht so wertvoll wie die gewonnene Flexibilität seines Prozesskontrollsystems bei der Reaktion auf Kundenbestellungen und auch nicht so wertvoll wie die dadurch erreichte Basis zur Intergration des Systems in die anderen Geschäftssysteme des Unternehmens. Stepan hat seine PC-Infrastruktur verwendet, um alle die notwendigen »Haken« zu entwickeln, mit denen das Management Produktionsdaten in andere Prozesse wie Planung der Herstellungsressourcen und Lagerhaltung integrieren kann.

Zukünftig werden alle betrieblichen Einrichtungen von Stepan über eine gemeinsame Auftrags-, Inventar- und Planungssoftware verfügen, sodass die Manager in der Zentrale in Northfield, Illinois, einen Gesamtüberblick über die komplette Produktionskapazität der elf Fabriken haben. Wenn ein Kunde um eine Änderung bittet, wird Stepan in der Lage sein, die Änderung sofort für alle seine Fabriken vorzunehmen und weltweit für die gleichzeitige Lieferung des Produktes an die Kunden zu sorgen. Daneben wird alles, von der Büroklammer bis zum Schwefel, automatisch bestellt werden – der Schwefel und andere wesentliche Bestandteile der Chemikalien entsprechend der sich verändernden Tankstände. Die Verkäufer haben Zugang auf die Einkaufsdatenbank, um die Auslieferung der Produkte besser planen zu können. Die Kunden können das World Wide Web nutzen, um sich über die Verfügbarkeit eines Produktes zu informieren und Bestellungen aufzugeben. Die Auftragsinformationen ihrerseits werden in Echtzeit mit dem Inventarsystem von Stepan verbunden, um sicherzustellen, dass genügend chemische Bestandteile in den richtigen Standorten zur Verfügung stehen, um die Bestellungen auszuführen.

Schließlich, und das ist am wichtigsten, müssen Sie die Daten des Herstellungssprozesses an Ihre Mitarbeiter in der Produktion liefern, sodass Sie die Qualität des Produktes selbst verbessern können. Wenn Sie für die richtige Technologie sorgen, können die Produktionsarbeiter rechtzeitig Analysen durchführen, werden diese Daten in nutzbare Informationen verwandelt, um die Eigenschaften der Produkte zu verbessern und die Fehlerquote zu reduzieren. Mit der Entwicklung eines digitalen Nervensystems können Sie viele Ihrer Arbeiter in dieses System einbeziehen. Der Informationsfluss ist der Schlüssel dazu.

Hunderte von kleinen Geschäften zwischen Tür und Angel

Im Jahr 1985 ließ General Motors die Saturn Corporation wieder aufleben. Dabei ging es ihnen nicht nur um die Herstellung eines nagelneuen Autos, sondern um die Etablierung einer ganz neuen Art, Fahrzeuge zu produzieren und die Fähigkeiten der Arbeiter auszubauen. Das Ziel war ein Unternehmen, in dem Management und Arbeiter an einem Strang ziehen würden, um gemeinsame Ziele zu erreichen. Jeder sollte sich so sehr um die Qualität kümmern, dass eine gesonderte Qualitätssicherungsabteilung nicht mehr nötig wäre. Dieser Traum führte zu Ergebnissen. In acht aufeinander folgenden Jahren hat Saturn den J. D. Power Award für Qualität und Kundenzufriedenheit gewonnen und die Verehrung der Fahrzeughalter grenzt schon beinahe an Kult.

Die Angestellten von Saturn werden Team-Mitglieder genannt. Jeder der 8500 Mitarbeiter gehört zu einem Team und trägt ein Namensschild, das ihn einer Arbeitsgruppe zuweist. Die durchgehende Einstellung lautet: »Ich bin Teil einer größeren Operation. ›Wir‹ sind wichtiger als ›ich‹.« Die Teams sind straff geführte, autonome Einheiten. Manche haben nur vier Mitglieder, einige dagegen sechzig, aber die meisten Gruppen bestehen aus zwölf bis fünfzehn Mitarbeitern. Jedes Team übt eine bestimmte Funktion aus, etwa den Bau von Motoren oder Türen, und jedes Team-Mitglied ist dazu ausgebildet, etwa 30 verschiedene Aufgaben in diesem Bereich zu erfüllen, sodass die Menschen nicht durch sich ständig wiederholende Tätigkeiten abgestumpft werden. Ein Team stellt seine eigenen Mitglieder ein und hat die Befugnisse, jemanden zu entlassen, der ständig zu spät zur Arbeit kommt oder schlechte Leistungen zeigt. Da ihr Entgelt zu 20 Prozent von der Qualität, der Zufriedenheit der Kunden und den Verkäufen abhängt, agiert eine Arbeitsgruppe ein wenig wie ein unabhängiger kleiner Betrieb.

Wie Sie sicherlich bemerkt haben, habe ich bisher im Hinblick auf Saturn noch nichts über die Technologie gesagt. Wenn Sie nicht daran glauben, dass jeder Arbeiter das Potenzial hat, zum Erfolg Ihres Unternehmens beizutragen, würde alle Technologie der Welt sie nicht dazu befähigen. Wenn Sie davon ausgehen, dass jeder Angestellte ein Geistesarbeiter sein sollte, dann wird die Technologie dazu beitragen, dass jeder seine Fähigkeiten voll und ganz einsetzen kann, um im Interesse des Unternehmens zu handeln.

Verwenden Sie nicht »dieses alte Zeug«

Wie viele Hersteller braucht Saturn ein Supervisory Control und Data Acquisition System (Kontroll- und Datenerwerbsystem, SCADA), um seinen 1,9 Milliarden Dollar teuren Herstellungs- und Montagekomplex – etwa 150 000 Quadratmeter Arbeitsfläche auf einem Hektar Land – zu führen? Das SCADA System basiert auf der Überwachungs- und Kontrollanwendung CIMplicitiy von General Electric Fanuc. Es überwacht mehr als 120 000 verschiedene Datensätze von Sensoren, Motoren, Stromwandlern und elektrischen Schaltern. Jedes Gerät wird mindestens einmal pro Sekunde überprüft.

Als die Saturn-Fabrik in Betrieb genommen wurde, lief CIMplicity auf mehr als 100 VAX/VMS Minicomputern mit den Daten, die von programmierbaren Logik-Controllern (PLCs) kamen. Die Arbeiter hatten eine Abneigung gegen die geheimnisvollen Codes und zeichenorientierten Terminals des Systems. Wenn sie zum Beispiel eine beschädigte Türverkleidung protokollieren wollten, mussten sie »EPSV 1006« und spezielle Codes eingeben, die diesem besonderen Qualitätsproblem entsprachen. Die Arbeiter brachten das Problem dann in Ordnung, aber sie protokollierten die Reparatur nicht unbedingt, und Saturn verlor wichtige Daten für die Qualitätskontrolle.

In den frühen 90ern machte Saturn den Sprung zum Personal Computer und zu dem noch neuen Betriebssystem Windows NT in seinem Produktions- und Montagewerk. In Zusammenarbeit mit GE Fanuc musste der Übergang von CIMplicity zu Windows NT bewerkstelligt werden und Microsoft darüber informiert werden, welche Eigenschaften ein Betriebssystem für eine komplexe Produktionsumgebung benötigte. Während jener Anfänge verbrachten unsere Entwicklungsprogrammierer viele Tage und Nächte mit Telefongesprächen mit den Ingenieuren von Saturn.

Heute laufen in Saturns Herstellungssystem 19 PC-Server in der Produktion und drei auf einem Prüfstand. Daneben werden noch etwa 70 ältere VAX-Minicomputer eingesetzt. Die Herstellungssoftware von Saturn beinhaltet CIMplicity, eine Vielfalt von PC-Serveranwendungen und Entwicklungswerkzeugen sowie Standard-Betriebssysteme für Personal Computer, die auf etwa 3500 Desktop-Systemen und 500 Laptops laufen. Sogar die PLC-Sensoren sind durch Personal Computer ersetzt worden.

Ein Dispatcher kann alle physischen Operationen der Fabrik auf einem einzelnen Bildschirm sehen, bis hinunter zu einzelnen Sensoren. Wenn zum Beispiel ein Schalter bei Säule C, Anlage 500 im Zwischengeschoss ausfällt, kann der Dispatcher den Defekt sofort erkennen und einen Elektriker für die Reparatur hinschicken. Alle 120 000 Datensätze werden alle sechs Sekunden analysiert und den Dispatchern in einem grafischen Format geliefert.

Unterstützen Sie Ihre Mitarbeiter dabei, das Beste aus sich herauszuholen

Durch die einfache Maßnahme, allen Angestellten benutzerfreundliche grafische Computer zur Verfügung zu stellen, ergaben sich dramatische Auswirkungen bei Saturn. Jeder in der Abteilung kann die Intranetseite für die Produktion von Saturn aufrufen und beispielsweise eine detaillierte Liste der zehn wichtigsten Qualitätsprobleme einsehen, die in den vergangenen zwei Stunden bei den Endkontrollen der Fahrzeuge aufgetreten sind. Mit einer Schnittstelle zum World Wide Web kann der Arbeiter Daten aus einer Datenbank abrufen, automatisch die Daten in ein Arbeitsblatt laden und die Informationen aus vielen Perspektiven studieren, um sie im Hinblick auf das betreffende Einzelteil und die Art des Problems zu analysieren.

Durch den Vergleich mit Daten aus der Vergangenheit konnte ein Arbeiter aus dem Getriebe-Team eine fehlerhafte Schweißstelle im Motor aufspüren, ohne dass ein Programmierer Zeit und Kosten für den Spezialbericht investieren musste. Damit ersparte er Saturn 1,5 Millionen Dollar an potenziellen Reparaturkosten.

Drei bis sechs interne Computermodule kontrollieren alle Einzelteile eines Saturns, von den Bremsen bis zum Einsatz des Airbags. Ein Ingenieur kontrolliert auf dem Intranet von Saturn die Diagnosetests dieser Module. Vor kurzem konnte Saturn innerhalb von weniger als zwei Stunden das erste Auftreten eines besonderen Defekts in dem Getriebe-Kontrollmodul entdecken. Das Unternehmen informierte den Zulieferer, der die Module schnell umprogrammierte und sie zurück an Saturn schickte, ohne die Produktion aufzuhalten.

Saturn führt auch eine direkte Qualitätskontrolle seiner Fahrzeuge durch, indem jeden Tag per Stichprobe etwa ein Dutzend Wagen nach der Endmontage kontrolliert werden. Ein Handheld-PC mit dem Betriebssystem Windows CE zeigt eine dreidimensionale Übersicht mit den Einzelheiten der Produktion und des Wagentyps. Mit diesen Schemata als Leitfaden schauen sich Inspektoren den Wagen genau an und notieren jede Unregelmäßigkeit und jeden Fehler. Wenn es zum Beispiel ein Problem mit dem vorderen linken Kotflügel gibt, klicken sie auf das PC-Display, um eine Detailansicht dieses Teils zu bekommen. Mit Hilfe eines Menüs können sie das Problem dann auch registrieren.

Nach jeder Kontrolle verbinden die Inspektoren ihre Handheld-PCs mit dem Netzwerk, um die Daten automatisch mit der Originaldatenbank zu synchronisieren. Die Ingenieure und andere Angestellte analysieren die Tagesdaten und vergleichen sie mit den täglichen und wöchentlichen Ergebnissen aus der Vergangenheit. Ein Teil, das bei der Montage immer wieder Probleme gemacht hat, könnte entweder auf ein Problem der Arbeit des Teams hindeuten oder darauf hinweisen, dass es besonders schwer zu installieren ist. Mit diesen Qualitätskontrollen konnten die Inspektoren mit der Produktion zusammenarbeiten, um Montageprobleme zu lösen.

Alle Qualitätssicherungsdaten, ob von den Inspektoren nach der Endmontage oder den Qualitätsprüfungen, werden über die Informationssysteme von Saturn, die auf Personal Computer basieren, an die Produktionstechnik zurückgemeldet. Jeder, vom Manager über den Montagearbeiter bis zum Design-Ingenieur, hat Zugang zu den Daten, sodass Teams zusammenarbeiten können, um die »Einbaubarkeit« zu verbessern. Erfahrungen bei der Montage werden mit der Sachkenntnis der Ingenieure zusammengebracht, um ein besseres Design zu entwickeln. Alle Saturn-Arbeiter sind qualifziert, Vorschläge zu unterbreiten, denn sie verfügen über intelligente Informationen.

Die neue Aufgabe der Montagearbeiter

Alle drei Unternehmen, über die ich in diesem Kapitel gesprochen habe, demonstrieren den Wert eines verbesserten Informationsflusses, selbst in Fabriken, die bereits automatisiert waren. Es ist von entscheidender Bedeutung, qualitativ hochwertige Werkzeuge in die Hände jener Leute zu legen, die die Arbeiten ausführen und die gesamten Produktionssysteme um den Informationsfluss herum aufbauen. Im Idealfall integrieren die Hilfsmittel alle Schritte, anstatt sie als eine Abfolge von einzelnen Aufgaben zu behandeln. Michael Hammer sagt gerne, dass der »Auftragsarbeiter« das letzte Vermächtnis des alten industriellen Zeitalters ist. In einem modernen Unternehmen muss jeder Arbeiter mit dem ganzen Prozess – mit allen Schritten – verbunden sein. Ein Bekannter von mir hatte einen Onkel, der 25 Jahre in einer Autofabrik in Flint, Michigan, Chromleisten an Autos befestigte. Es war ein guter Job in den Jahren unmittelbar nach dem Zweiten Weltkrieg, aber er folgte dem klassischen Ansatz des Industriezeitalters: Ein Prozess wurde in kleine, einzelne Aufgaben zerlegt und jede davon einer Person zugeteilt, die sie immer wieder verrichtete. Vergleichen Sie diese Vorgehensweise mit der Art, wie die Arbeiter von Saturn heute ihre Aufgaben bewältigen.

In der neuen Organisation ist der Arbeiter nicht mehr ein Zahnrad in einer Maschine, sondern ein intelligenter Teil des Gesamtprozesses. Die Schweißer in einigen Stahlberufen müssen heute über Kenntnisse in Algebra und Geometrie verfügen, um computergestützte Produktentwicklung umzusetzen. Unternehmen, die Abwasser reinigen, schulen ihre Arbeiter in computerisierter Produktionsmessung und Mathematik. Neue digitale Kopiergeräte erfordern, dass das Servicepersonal Kenntnisse von Computern und vom Internet hat und nicht nur mit einem Schraubenzieher umzugehen versteht.

Die Menschen bleiben in Betriebsprozessen, die sich ständig verbessern und veränderten Bedingungen anpassen müssen, ein wesentlicher Bestandteil. Eine flexible Produktion braucht Arbeiter, die gut informiert sind und in die Verantwortung eingebunden werden. Wenn wir Einzelaufgaben zu Prozessen vereinigen, geben wir den Menschen mehr Verantwortung. Computer werden einige Aufgaben übernehmen, aber gleichzeitig machen sie viele andere Tätigkeiten weniger mühselig und eintönig.

Können die Mitarbeiter sich auf den ganzen Prozess konzentrieren, erhalten sie die Möglichkeit, interessantere Arbeiten anzugehen. Jede eindimensionale Aufgabe wird abgeschafft, automatisiert oder in einem größeren Prozess eingebaut. Gerade diese sich ständig wiederholenden Arbeiten können Computer, Roboter und andere Maschinen viel besser erledigen als die Menschen. Einen Prozess zu verwalten, statt Aufgaben auszuführen, macht jeden Mitarbeiter zu einem Arbeiter mit intellektuellen Aufgaben. Denn erst der effektive digitale Informationsfluss versetzt die Mitarbeiter in die Lage, ihre eigenen Fähigkeiten zu entfalten.

Aus dem Blickwinkel des Unternehmens kommt beim Einsatz digitaler Informationssysteme noch ein anderer Nutzen zum Vorschein. Nur aktuelle und genaue Informationen erlauben es, die Bezahlung direkt mit Leistung, Qualität und Kundenzufriedenheit in Verbindung zu setzen. Sie können nicht bis zum Ende des Monats warten, um zu sehen, wie jeder einzelne gearbeitet hat und dann die entsprechenden Anpassungen vornehmen. Sie wollen keine Spezialabteilung einrichten, um unabhängig die Leistung jedes Teams zu messen. Sie müssen Leistungsinformationen direkt und täglich zu jedem Team bringen. Ohne elektronische Rückmeldeschleifen funktioniert eine leistungsabhängige Bezahlung, die immer mehr Unternehmen einführen wollen, nicht effektiv.

Durch einen guten Informationsfluss bereitet sich Saturn auch auf die »individuelle Massenfertigung« vor. Diese kombiniert die Effizienz der Massenproduktion mit der Fähigkeit, genau das Modell zu bauen, das der Kunde will. Saturn produziert in einem größeren Umfang als andere Fahrzeughersteller bereits eine Anzahl von speziell angefertigten Wagen. Es ist für die Zukunft vorstellbar, dass sich ein Kunde an einem PC ein Fahrzeug mit den von ihm gewünschten Merkmalen über das Internet bestellt und in wenigen Tagen geliefert bekommt. Das Prinzip »nach Auftrag gebaut«, das in der PC-Industrie immer beliebter geworden ist, wird sicherlich ein wichtiger Teil in anderen Produktionsindustrien, von Autos über Kleidung bis hin zu Möbeln, werden.

Montagebänder müssen jedoch über eine gewisse Intelligenz verfügen, wenn sie viele verschiedene, speziell zugeschnittene Tätigkeiten für komplexe Maschinen umsetzen sollen. Weil es auf einem Montageband kein Zurück gibt, müssen die speziell bestellten Fahrgestelle und die Karosserie eines Wagens mit den richtigen Motoren in Einklang gebracht werden. Tritt ein Problem auf – zum Beispiel wenn eine speziell bestellte purpurrote Farbe auf einem Karosserieteil nicht richtig passt – benötigt man ein dynamisches Planungssystem, wie es Saturn zur Aufrechterhaltung der Produktion benutzt. Dieses System durchsucht alle Teile an der Montagestrecke, findet den ersten Satz von Karosserieteilen, die zu der Bestellung passen und weist sie dem purpurroten Wagen zu. Das Fahrzeug, für das die neuen Teile ursprünglich vorgesehen waren, wird in der Montage weiter nach hinten gesetzt, wo die Karosserieteile in der gewünschten Farbe gelagert werden. Ein Problem mit einer Spezialanfertigung hält das Montageband von Saturn nur 15 oder

20 Minuten auf, nicht Stunden, die sicherlich nötig wären, wenn Saturn keine dynamische Planungssoftware hätte.

Die dynamische Planungsanwendung ist ihr Geld wert, nicht nur, weil sie ein wichtiges Problem löste, sondern auch weil sie als Basis für ähnliche Anwendungen in anderen Bereichen der Fabrik dient. Mit einer einzigen Infrastruktur und Standard-Software braucht Saturn seine Berichtsysteme nicht komplett neu zu entwickeln, um den Montagearbeitern bestimmte Daten zu geben. Stattdessen verbindet die Informatik-Abteilung die Standard-Bestandteile auf eine Weise, die es den Arbeitern ermöglicht, selbst die richtigen Informationen herauszufinden. Jede neue Anwendung kann in kürzerer Zeit und für weniger Geld entwickelt werden. Das ist der Grund, warum in den letzten fünf Jahren die Projekte der Informationstechnologie von Saturn um den Faktor vier gewachsen sind, während ihr Budget nur halb so stark angestiegen ist.

Die Vorgehensweise von Saturn wird sich in Zukunft allgemein durchsetzen, aber der größte Teil der industriellen Welt arbeitet noch nicht auf diese Weise. Bis vor Kurzem verhinderten die Hardware- und Systemkosten die Einrichtung solcher Systeme bei der Produktion. Die Schnittstellen waren unverständlich. Man war nicht in der Lage, Daten über Fehler zu sammeln und sie schnell zu analysieren. Kleine, tragbare Geräte werden zukünftig das Sammeln von Daten erleichtern. Wie Saturn hat auch Boeing den papierbasierten Prozess zur Fehleranalyse in eine digitale Form für Handheld-PCs umgewandelt. Dadurch wird die Zeit verkürzt, um Qualitätsfragen bei der Flugzeugproduktion zu beantworten. Andere Unternehmen verwenden Handheld-PCs, um papierbasierte Inventarberichte zu ersetzen, was die Zeit für die Datenerfassung um die Hälfte verringert, die Genauigkeit verbessert und die Möglichkeit schafft, die Berichte in wenigen Stunden im Intranet bereitzustellen. Zuvor brauchte man eine Woche, um Papierberichte zusammenzustellen. Drahtlose Netzwerke gestatten es, diese Geräte praktisch überall einzusetzen und Informationen noch früher zu erhalten.

Saturn war das erste große industrielle Unternehmen, das sich in den frühen 90er Jahren an uns wandte. Sie wollten all ihre Geschäftsprozesse von den Fertigungshallen aufwärts mit Hilfe von Personal Computern umstrukturieren. Sie waren zu uns gekommen wegen der Vision, die wir verfolgten, nicht wegen der Produkte, die wir damals bereits anboten. Die PC-Hardware wurde immer leistungsfähiger. Das Gleiche galt für unsere Server und unsere Software für Handheld-PCs. Saturn lieferte uns eine Menge Information über die Erfordernisse für industrielle Software-Systeme. Die Einzelemente fügten sich zusammen als Ergebnis einer starken Beziehung zwischen den beiden Unternehmen, zwischen moderner Technologie und Produktionsprozessen.

Die meisten Unternehmen waren bereit, ihren hochbezahlten Experten, deren Beruf die Informationsarbeit ist, Informationswerkzeuge an die Hand zu geben. Entergy, Stepan und Saturn belegen, dass es einen enormen Wertzuwachs bringen kann, Informationssysteme einzurichten und diese Hilfsmittel dem Mitarbeiter in der Fertigung zur Verfügung zu stellen. Entergy überprüft immer wieder methodisch die entscheidenden Geschäftsprozesse und verlagert Informationen und Entscheidungsverantwortung auf die betriebliche Ebene hinunter. Stepan verwendet Informationen, um ihre Fabriken als Einheit zu führen und um sich an verändernde Kundenbedürfnisse anzupassen. Saturn verwendet Technologie, um die Sachkenntnis ihrer Montagearbeiter mit der ihrer Design-Ingenieure zu verbinden, um die Entlohnung direkt mit der Leistung zu verbinden und die Voraussetzungen für Spezialanfertigungen am Montageband zu schaffen. Alle drei Unternehmen nutzen Techniken des Wissensmanagements bei Geschäftsoperationen, um Daten-Durchsatz, Qualität und Ausfallraten ihrer Kernprozesse zu optimieren. Digitale Werkzeuge ermöglichen ihren Geschäftsoperationen mehr Intelligenz.

Geben Sie Ihren Mitarbeitern höherwertige Aufgaben zusammen mit besseren Werkzeugen, und Sie werden entdecken, dass sie ihre Arbeit mit größerer Verantwortung und Intelligenz erledigen. Im digitalen Zeitalter müssen Sie möglichst viele Beschäftigte zu Geistesarbeitern machen.

Schlüsselinformationen

▲ Je besser die Montagearbeiter den internen Aufbau der
Produktionssysteme verstehen, umso intelligenter können sie diese Systeme
bedienen.

▲ Mit Echtzeit-Daten über Produktionssysteme können Sie schon vor
einem eventuellen Produktionsausfall Gegenmaßnahmen planen.

▲ Nur wenn Qualitätsprobleme in Echtzeit zurückgemeldet werden, ist es
möglich, Vergütungen abhängig von Qualitätsverbesserung zu bezahlen.

▲ Arbeiter mit beschränkten Einzelaufgaben wird es nicht mehr geben.
Ihre Aufgaben werden in größeren Tätigkeitsfeldern automatisiert oder
kombiniert.

▲ Überlegen Sie, wie Sie mit tragbaren Geräten und drahtlosen
Netzwerken Ihre Informationssysteme in Fabrik, Lager und anderen
Bereichen einsetzen können.

Prüfen Sie Ihr digitales Nervensystem

▲ Haben die Montagearbeiter Zugang zu den Daten in Echtzeit, sodass sie
die Qualität des Produktes verbessern können?

▲ Können Sie Ihre Produktionssysteme mit anderen Systemen in Ihrem
Unternehmen so verbinden, dass Sie zum Beispiel bestimmte Daten
der Produktionsprozesse selektieren und für die Inventarkontrolle oder die
Koordination von Produktion mit dem Verkauf nutzen können?

Die Informationstechnologie macht Reengineering möglich

Ich betrachte die Informationstechnologie nicht als ein eigenständiges System. Ich betrachte sie als ein großes Hilfsmittel. Vielleicht am wichtigsten ist aber, dass sie die Ursache dafür ist, sich immer weiter die Frage zu stellen – warum, warum, warum.

Paul O'Neill,
VORSTANDSVORSITZENDER VON ALCOA

Seit Michael Hammer und James Champy 1994 das Konzept des Reengineering einführten, haben die Unternehmen in aller Welt ihre Arbeitsprozesse immer wieder überprüft. Sie versuchen, organisatorische Komplexität und interne Ineffizienz bei der Lieferung von Waren oder Dienstleistungen an den Kunden auszuschalten. Als ich das Buch von Hammer und Champy *Business Reengineering* las, waren für mich drei ihrer Thesen von herausragender Bedeutung. Die erste lautet, dass Sie von Zeit zu Zeit zurückblicken müssen, um sich Ihre Prozesse sehr genau anzusehen. Beheben sie die richtigen Probleme? Können sie vereinfacht werden? Die zweite Kernthese besagt, dass, wenn Sie eine Aufgabe in zu viele winzige Stücke zerschneiden und zu viele Leute beteiligen, niemand mehr den ganzen Prozess überblicken kann und die Arbeit steckenbleiben wird. Die dritte Idee, die eng mit der zweiten zusammengehört, betrifft den Umstand, dass bei der Beteiligung von zu vielen Leuten die Wahrscheinlichkeit eines Fehlschlags zunimmt.[19]

Wie es oft mit neuen Ideen der Fall ist, haben die einfachen, aber weit reichenden Gedanken von Hammer und Champy über die Reengineering-Maßnahmen zu einer Flut von Business-Seminaren, Schulungen, Zeitschriftenartikeln und Büchern von verschiedenen Experten geführt.[20] Eine Vielzahl von Geschäftsleuten haben den Ausdruck »Reengineering« verwendet, um beinahe jede organisatorische Veränderung zu rechtfertigen. Vor einigen Jahren begann ein großes Computerunternehmen eine solche Umstrukturierung damit, dass es die meisten Mitarbeiter der Personalabteilung entließ, sodass keiner mehr übrig blieb, um die restliche Arbeit effektiv zu erledigen. Ohne Personalexperten, die die Veränderungen kritisch begleiteten, leistete sich das Unternehmen eine Reihe von Fehlschlägen. Man kaufte sich aus Verträgen mit freiberuflichen Mitarbeitern heraus und schickte sie weg, bevor sie ihre Aufgaben erledigt hatten – obwohl das Unternehmen schon für ihre Dienste gezahlt hatte. Und hochqualifizierte, gerade beförderte Mitarbeiter wurden entlassen, weil sie zu dem Zeitpunkt die am wenigsten erfahrenen Leute waren. Eine derartige Vorgehensweise lässt sich schwer als eine Form rationaler Personaleinsparung betrachten, und es war sicherlich kein Reengineering. Michael Hammer sagte einmal in einem Gespräch, dass Reengineering heute manchmal beinahe alles außer Umstrukturierung bedeute. Doch obwohl manche Leute die Idee zu weit treiben oder sie nur als Vorwand für Entlassungen betrachten, ist der Grundgedanke, die Geschäftsabläufe von Zeit zu Zeit zu überprüfen, um sie wirksamer zu gestalten und Unzulänglichkeiten auszuschalten, heute wichtiger als jemals zuvor.

Es ist notwendig, neue betriebliche Abläufe zu schaffen. Dabei sollten Sie die Erfolgskriterien zuvor definieren und einen bestimmten Anfang und Zielpunkt in Bezug auf Zeit und Aufgaben, Zwischenschritte und Budget festlegen. Die besten Projekte sind jene, bei denen sich die Leute das Kundenszenario klar vor Augen führen. Das gilt auch für Prozessprojekte. Der Kunde mag außerhalb oder innerhalb des Unternehmens sein, doch der Kerngedanke bleibt stets der gleiche: Wie wird die Person das Produkt oder den Prozess gebrauchen, den Sie entwickeln? Was wird besser als zuvor sein?

Zudem benötigen Sie ein Verständnis für alle Ebenen des Ausgleichs. Bei jedem Projekt sind Kompromisse nötig. Bei Software-Projekten wünscht das Management, dass das Produkt viele Eigenschaften besitzt, dass es klein ist und möglichst über Nacht für wenig Geld programmiert werden kann. Wenn Sie sich dafür entschieden haben, das Produkt mit zusätzlichen Features zu versehen und es deshalb umfangreicher machen müssen, sind Sie nicht begeistert, wenn das Management auf Sie zukommt und Ihnen sagt, dass Sie einige Merkmale opfern sollten, um es klein zu halten. Wenn Sie auf die Kosten achten, möchten Sie nicht, dass das Management Ihnen sagt, dass Sie mehr hätten ausgeben sollen, um weitere Features zu integrieren. Dasselbe gilt auch für digitale Abläufe.

Sie müssen in Anbetracht sich entwickelnder Notwendigkeiten flexibel bleiben, ohne Ihre ursprünglichen Ziele durch zu langsame Veränderungen aufzugeben. Zudem sollten Sie über eindeutige Entscheidungsprozesse verfügen, um Veränderungen zu überprüfen, wozu auch die Möglichkeit gehören muss, Ihre ursprünglichen Projektziele neu zu beurteilen.

Erneuern Sie den Prozess für die Produktlieferung

Vor wenigen Jahren wurde eine wichtige neue Version von Windows NT einen Tag, bevor sie ausgeliefert werden sollte, fast noch zurückgehalten. Der Grund lag nicht in einem Software-Fehler oder einem anderen Problem bei der Produkt-Entwicklung, sondern in einem fehlenden Pappkarton. Das Bildmaterial für den Produktbehälter war auf dem Schreibtisch einer Person gelandet, als diese gerade in Urlaub ging. Dort lag es, bis man bei der Fertigung das Fehlen der Box bemerkte. Das ganze spielte sich zwei Tage vor dem Zeitpunkt der Auslieferung ab, und die Herstellung des Pappkartons erforderte normalerweise zehn Tage. Weil die Mitarbeiter der Produktion rund um die Uhr arbeiteten, bekamen wir die Verpackung noch rechtzeitig hin – die Farbe war kaum getrocknet –, um den vorgesehenen Plan zu erfüllen.

Nach diesem Vorfall brachte der Manager alle Mitglieder der für die Marketing-Unterlagen verantwortlichen Gruppe zusammen, um herauszufinden, was falsch gelaufen war. Das Team bestand aus fast einem Dutzend Personen aus zwei internen Abteilungen und zwei Verkäufern im Außendienst. Der Manager stellte eine Frage – eine übliche Frage bei Microsoft, die ich gerne stelle – »Warum sind so viele Leute in diesem Raum?« In jeder Besprechung will ich nur mit den wichtigsten Entscheidungsträgern reden. Alle anderen sollten sich mit sonstigen Problemen beschäftigen. Wenn sich mehr als drei oder vier Entscheidungsträger in einem Zimmer befinden, dann können Sie sicher sein, dass die reine Anzahl der beteiligten Leute schon eine Ursache des Problems darstellt.

Dieser Manager forderte die Gruppe auf, den betrieblichen Ablauf zu vereinfachen und nach ähnlichen Koordinierungsproblemen mit anderen der über ein Dutzend Produkte der Abteilung zu suchen. »Suchen Sie nach einem Muster und finden Sie eine Lösung für alle diese Fälle«, sagte er.

In kurzer Zeit führte das Team das Prinzip der »affirmativen Bestätigung« ein, was bedeutete, dass ein Auftrag nicht vollständig durchgeführt war, bis die nächste Person in der Produktionskette sagte: »Ich habe ihn bekommen« – kein blindes, »Informationen-einfach-weiterreichen« mehr.

Die Gruppe reduzierte auch die Anzahl der Übergaben von fünf auf drei. Die Reduzierung scheint nicht besonders wichtig zu sein, aber alles, was »persönliche Inaugenscheinnahme« beseitigen kann, verringert potenzielle Fehlerquellen und hilft bei der Verbesserung der Qualität. In einer neuen Fabrik gestaltete die Dell Computer Corporation ihre Produktion um und reduzierte die Anzahl der Arbeitsgänge für eine Festplatte um die Hälfte. Das Unternehmen verringerte damit die Quote von fehlerhaften Festplatten um 40 Prozent bei der Produktion und die der Defekte bei PCs insgesamt um 20 Prozent.

Bei Microsoft begannen die Leute aus allen Abteilungen, die für die Herstellung der Produkt-Bestandteile verantwortlich waren, mit einer Reihe von Besprechungen, um über die beste Vorgehensweise zu diskutieren. Die Betriebsleiterin aus Irland, wo wir unsere Produkte für den europäischen Markt herstellen, kam, um über Probleme zu reden, die der Fabrik in Irland durch den Einsatz amerikanischer Methoden entstanden waren. Im Laufe der Zeit entdeckten wir eine Reihe von betrieblichen Problemen bei der Vorbereitung der Materialien für die Fertigung. So hatten wir zum Beispiel in einem Fall spezielle Schrifttypen auf unseren Produktverpackungen verwendet und nicht gemerkt, dass diese Schrifttypen nicht weltweit verfügbar waren. Dies führte dazu, dass einige unserer Produkte zu spät für das Weihnachtsgeschäft in Australien auf den Markt kamen. Das führte zu schmerzhaften Verlusten.

Die für die Betriebsabläufe verantwortlichen Personen aus allen Abteilungen setzten sich zusammen, um einen globalen Produktionsprozess zu definieren, der den Vorteil der digitalen Werkzeuge für eine verbesserte Koordination ausnutzen würde. Wir entwickelten eine Anwendung, um alle Produktbestandteile aufzuführen, vom Pappkarton der Verpackung über die Etiketten und dem Bildmaterial bis hin zum Software-Code. Mit den im Netzwerk verfügbaren Informationen über alle diese Bestandteile können Produktmanager und andere Mitarbeiter den Status ihrer Produktionsprozesse leicht feststellen. Wir haben einen einzelnen, wohldefinierten elektronischen Herstellungsprozess, der neben vielen weiteren Vorteilen auch sicherstellt, dass Verbesserungen jeder Art überall im Unternehmen genutzt werden.

Im gleichen Zeitraum begannen wir auch damit, Produktionsaufgaben an externe Unternehmen zu vergeben. Diese Veränderung bedeutete, dass wir vollständige Materialien für die »schlüsselfertige« Herstellung liefern mussten. Der Herstellungsprozess musste noch klarer werden – und dabei von den Betriebsabläufen und nicht von den Personen abhängig sein. Unser Ziel lautete: »Abläufe sollten nicht für alle Zeiten bestimmend sein.« Die digitalen Werkzeuge, mit denen die interne Koordination verbessert wurde, ermöglichen es jetzt, die letzte Phase des Prozesses abzustimmen: die tatsächliche Fertigung des Produktes durch einen externen Hersteller. Neben der Anwendung für die interne Auflistung aller Produktkomponenten, entwickelten wir ein weiteres Hilfsmittel für Anbieter zur Bestimmung des Freigabestatus von Produktbestandteilen. Alle Anbieter, auch die externen Hersteller, verwenden dieses Werkzeug, um digitale Informationen herunterzuladen und auf elektronischem Weg nicht-digitale Materialien zu bestellen. In diesem Fall mussten wir aufgrund unserer digitalen Werkzeuge das Prozessproblem nicht intern in Ordnung bringen, sondern gaben auch einem auf die Produktion spezialisierten Unternehmen die Möglichkeit, neue Aufträge von uns anzunehmen.

Man könnte sich fragen, warum wir die Produktion früher überhaupt selbst durchführten. Vor der Einführung digitaler Prozesse hatten wir keine andere Wahl. Heute sind unsere Informationswerkzeuge so hochentwickelt, dass sie uns das Outsourcing der Herstellung erlauben, und wir können dabei noch immer sicher sein, dass unsere Produkte nach unseren Spezifikationen gefertigt werden. Wir verfügen über eine Kerngruppe von Angestellten in unserem Unternehmen, aber wir nutzen das World Wide Web, um mit weiteren Personen außerhalb unseres Hauses zusammenzuarbeiten.

Nach fünf oder sechs Monaten hatten diese Teams nicht nur die Betriebsabläufe, die bereits Probleme verursacht hatten, in Ordnung gebracht, sondern auch eine Reihe anderer mangelhafter Produktionsprozesse aufgedeckt, die bisher noch nicht zu irgendwelchen Problemen geführt hatten. Mit den neuen Werkzeugen können wir potenzielle

Konflikte aufspüren und alle Beteiligten zusammenbringen, um sie zu lösen, bevor sie zu Zusammenstößen oder Fehlern führen. Wie wertvoll sind für ein Unternehmen Probleme, die gar nicht erst auftreten?

Arbeitsabläufe sollten Lösungen aufzeigen

Die Entwicklungsgeschichte der internen Microsoft-Anwendung mit der Bezeichnung HeadTrax ist ein gutes Beispiel dafür, wie die Symbiose zwischen unternehmerischen Bedrüfnissen und Technologie funktioniert, um neue Prozesse zu ermöglichen, die in der vordigitalen Welt nicht möglich waren. HeadTrax ist eine Arbeitsablauf-Anwendung, die die Verarbeitung von Personal-Veränderungen regelt. Eine Personal-Veränderung kann die Einstellung eines Angestellten, eine Beförderung, eine Versetzung oder eine Veränderung in einer Abteilung sein.

Unsere Versuche mit HeadTrax zeigen, dass manchmal eine Reihe von sich wiederholenden Schritten erforderlich ist, um ein Problem zu verstehen und den Ablauf und die Technologie richtig darauf abzustimmen. Mangelhaftes Wissen über das Ziel stellt ein wichtiges Problem bei jedem Technologie-Projekt dar, und daher ist es meist besser, sich zunächst mit kleineren Prozessen zu beschäftigen und dann darauf aufzubauen. Ungeachtet wie gut Ihre Planung ist, werden Sie oft merken, dass Sie nicht alles verstanden haben, was Sie über die Bedürfnisse der Benutzer wissen sollten. Wenn Sie 18 Monate damit verbringen, eine vollständige Lösung zu entwickeln und dann erkennen, dass sie nicht funktioniert, oder dass sich in der Zwischenzeit Ihre Bedürfnisse verändert haben, dann sind Sie in einer ziemlich bedauernswerten Lage. Ein besserer Ansatz liegt darin, Software-Werkzeuge zu verwenden, mit denen Sie Ergebnisse in weniger als sechs Monaten erhalten und dann die Lösung zu verbessern, wenn Sie Rückmeldungen der Benutzer bekommen.

Die erste Version unserer Workflow-Anwendung machte einen großartigen Eindruck, bis die ersten elektronischen Genehmigungsformulare in den digitalen Posteingängen unserer Vizepräsidenten eintrafen. Einige leitende Angestellte liebten es, Personal-Veränderungen online durchzuführen, aber andere wollten nicht jede einzelne Veränderung überprüfen müssen, und zogen es vor, nur jene Vorgänge zu betrachten, die Neueinstellungen und Versetzungen auf höheren Ebenen betrafen.

Leitende Angestellte in großen Abteilungen kamen auch mit der ungeheuren Menge nicht zurecht. Das alte papiergebundene System machte es leichter zu delegieren, und diese Option mussten wir deshalb unserem digitalen System hinzufügen. Die zweite Version der Anwendung funktionierte problemlos, aber der Prozessablauf ließ immer noch ein wenig zu wünschen übrig. Mitunter wurden wichtige Genehmigungen auf niedrigere Ebenen fehlgeleitet und geringfügige Veränderungen landeten noch immer gelegentlich in der elektronischen Ablage eines leitenden Angestellten. Durch die Zusammenarbeit mit der Beratungsfirma Andersen Consulting erkannten wir, dass wir zwölf verschiedene Einverständnisprozesse in 15 Hauptgruppen durchliefen. Wir konzentrierten uns auf den reinen Prozessablauf und reduzierten diese Zahl von zwölf auf drei. Dies ist ein wichtiger Bestandteil der HeadTrax Version 3.0.

Heute regeln die Manager alle Personal-Angelegenheiten online. Jeder Beteiligte kann eine Anfrage »zurückschicken«, damit der Antragsteller die ursprüngliche Anfrage spezifiziert und anschließend erneut sendet. Oder er kann die Veränderung genehmigen, sodass sie weiter ihren Weg nimmt. Alle mit dem Antrag in Verbindung stehenden Personen erhalten eine E-Mail mit der Option, eine Veränderung vorzunehmen. In der Vergangenheit beruhten die meisten Ablehnungen von Personal-Anfragen durch die Personalabteilung auf unbedeutenden Details oder Missverständnissen. HeadTrax beseitigt diese Gründe für eine Ablehnung virtuell.

Ein Merkmal wie »Work On Behalf«, mit der ein Manager die Verantwortung zur Zustimmung für jede Form von Personal-Anfragen an andere Leute delegieren kann, hat sich als eine der wichtigsten Funktionen von HeadTrax herausgestellt. Ein Vizepräsident könnte einen Assistenten bevollmächtigen, routinemäßige Positions- oder Personaländerungen zu genehmigen, und leitende Angestellte bevollmächtigen, Ausgleichs- oder Beförderungsanträge für ihre Teams zu genehmigen. Das Prinzip »Work On Behalf« gibt den leitenden Angestellten die Möglichkeit, zeitsparende Ausnahmen zu schaffen und den Zustimmungsprozess trotzdem am Laufen zu halten. Wenn sich für eine Abteilung mit 1000 Personen die Kostenberechnung verändert, oder wenn ganze Teams im Rahmen einer Reorganisation umgebildet werden, kann ein Assistent die Gruppen hervorheben und die Veränderungen im Organigramm mit einem einzigen Mausklick vornehmen.

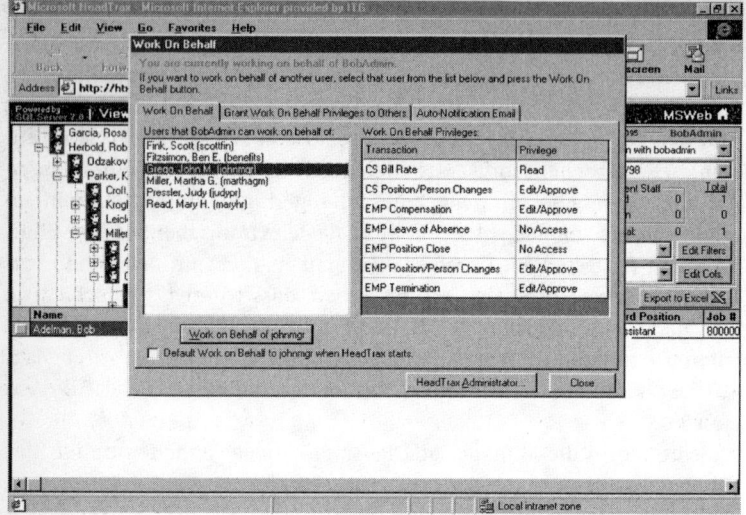

Mit HeadTrax können Manager alle personellen Veränderungen elektronisch verwalten. Ein Merkmal »Work On Behalf« gestattet den Verantwortlichen, die Zustimmung an andere Personen zu delegieren, wodurch mehr Flexibilität erzielt wird, ohne den Prozess zu verkomplizieren. Die Durchführung eines digitalen Prozesses deckt oft ähnliche Prozesse auf, die ebenso automatisiert werden könnten. Nachdem HeadTrax erfolgreich die Personalveränderungen für das Stammpersonal verwaltete, erkannten wir, dass es auch dazu benutzt werden könnte, um den Einsatz zusätzlicher Arbeitskräfte zu regeln.

Die Option Wegeplanung ermöglicht noch mehr Flexibilität. Der Manager kann jemanden der Überprüfungsschleife hinzufügen, bevor das Ersuchen an die Personalabteilung geht, zum Beispiel, wenn ein leitender Manager besondere Personalfragen wie Beförderungen überprüfen will.

HeadTrax eignet sich auch für die nicht-administrative Arbeit. Wenn Sie einen beliebigen Angestellten-Namen eingeben, zeigt HeadTrax die ganze Hierarchie für das gesamte Personal. HeadTrax ermöglicht Ihnen auch, rasch Organigramme anzufertigen und individuell angepasste Ansichten der Diagramme entsprechend einer Vielfalt von Eigenschaften wie Vor- und Nachname, Telefonnummer, Büronummer, Abteilungsnummer usw. zu erhalten.

Nun, nachdem das Programm eingeführt worden ist, scheint Head-Trax eine einfache Lösung zu sein, eine Anwendung, die jedes mittelgroße oder große Unternehmen verwenden kann. Es bedeutet mehr als nur die Entfernung des bei Personalfragen anfallenden Papierbergs von den Schreibtischen der leitenden Angestellten. Es ist eine Vorrichtung, die Personalveränderungen in unsere Buchführungs- und Budgetsysteme überträgt, sobald organisatorische Veränderungen erfolgen. Es stellt sicher, dass alle unsere Geschäftssysteme auf dem gleichen Stand sind.

Weil das HeadTrax-System neu ist, ist es schwierig, genaue Zahlen für die Einsparung an Zeit und Energie anzugeben, die wir durch das Eliminieren fehlerhafter oder unvollständiger Schreibarbeiten und unnötiger Datenerfassung erzielt haben. Doch Ende 1998 verarbeitete HeadTrax etwa 8000 Vorgänge pro Monat. Genehmigungen, für die keine Überprüfung durch die Personalabteilung nötig sind, und die 90 Prozent aller Personalanfragen ausmachen, werden mit dem System innerhalb von 24 Stunden bearbeitet. Zustimmungen durch die Personalabteilung benötigen aufgrund von Abläufen, die nicht mit der Technologie verbunden sind, mehr Zeit – so zum Beispiel, wenn noch ein Gespräch mit einer Person geführt wird, die das Unternehmen verlässt.

HeadTrax verbessert die Zuordnung von Verantwortung, weil die Manager der Personalabteilung mit diesem Hilfsmittel jederzeit den Status aller ausstehenden Personal-Veränderungen überprüfen können. Durch die Ansicht des Personal-Status kann ein Manager verfolgen, wie mit freien Arbeitsplätzen verfahren wird. Wenn er entdeckt, dass einer seiner direkten Bereiche mehr offene Stellen ausweist als die anderer Manager in der Abteilung, kann der Verantwortliche entscheiden, ob der für die Einstellungen Verantwortliche selbst mehr Zeit auf die Rekrutierung verwenden muss, oder ob er Hilfe von den dafür zuständigen Mitarbeitern benötigt.

Die Manager der Personalabteilung erkannten, dass es eine Zeitvergeudung war, wenn sie jeder routinemäßigen personellen Veränderung ihr okay hinzufügten. Statt dessen entwickelten sie ein elektronisches Werkzeug für Routineaufgaben und die Datenerfassung zur Trendanalyse in Personalfragen. Ein leitender Angestellter der Personalabteilung könnte die Revisionsfähigkeiten von HeadTrax benutzen und alle zurückgewiesenen Veränderungswünsche betrachten, um festzustellen, ob ein Muster die Notwendigkeit weiterer Schulung der Manager in Personal-Angelegenheiten oder einen Bedarf für zusätzliche Funktionalität in der HeadTrax-Anwendung aufzeigt. Oder die Personalabteilung könnte analysieren, ob eine Betriebseinheit einen höheren Umsatz als andere erzielt und ob es ein Muster dafür gibt. HeadTrax rationalisiert den Prozess nicht nur für unsere Manager, sondern gestattet es auch unserer Personalabteilung, ihre Aufgaben neu zu definieren. Die Fähigkeit, sofort Statistiken über Versetzungen oder Umsätze zu erhalten, ist weit wertvoller als die niedrigeren Kosten oder die Zeitersparnisse.

Die Identifizierung des eigentlichen Zieles jedes betrieblichen Ablaufes ist der erste Schritt auf dem Weg, Prozessprobleme zu lösen. Ob für Produktionsverfahren oder interne Arbeitsprozesse, das Ziel sollte immer eine grundlegende Vereinfachung sein, d.h. die kleinstmögliche Anzahl von Personen in die kleinstmögliche Anzahl von Aufgaben einzubinden. Es ist äußerst schwierig, einen Papierprozess zu optimieren. Digitale Technologie macht es möglich, viel bessere Verfahren zu entwickeln, statt an Varianten der alten Papierprozesse festzuhalten, mit denen nur schrittweise Verbesserungen erreicht werden können. Wirkliche Prozessdurchbrüche entstehen durch die Kombination sorgfältig überlegter Lösungen mit dem digitalen Informationsfluss.

Lösen Sie schwierige Probleme mit Hilfe von digitalen Prozessen

Einer der mühseligsten Arbeitsprozesse bei Microsoft ist die Einstellung, Verwaltung und Bezahlung der projektgebundenen Arbeitskräfte.

Für ein Unternehmen mit vielen Projekten, in dem die Aktivitäten zum Zeitpunkt des Erscheinens von neuen Produkten ihren Höhepunkt erreichen, ist die einwandfreie Führung projektgebundener Arbeitskräfte unerlässlich. Zeitarbeitskräfte helfen uns in Spitzenzeiten bei allen Aufgaben von der Entwicklung und dem Testen bis zum Marketing und der Administration. Fünf verschiedene Gruppen müssen bei der Verwendung vorübergehend beschäftigter Arbeitskräfte koordiniert werden: 1) die Aushilfskräfte; 2) die 110 Agenturen, für die diese Personen arbeiten; 3) die Manager, welche die Aushilfskräfte in verschiedenen Abteilungen einsetzen; 4) unsere internen projektgebundenen Arbeitskräfte, die unsere Beziehungen zu den Agenturen verwalten und ihre Stundenentlohnung ermitteln; und 5) die Buchhaltung, die die Rechnungen begleicht.

Unser Problem war vielfältiger Natur. Es lag nicht nur daran, dass eine Menge Schreibarbeit bei den Verträgen mit den vielen verschiedenen Agenturen und Aushilfskräften nötig war. Wir hatten auch Schwierigkeiten, einheitliche Abläufe für die Vertragsabwicklung aufzubauen, um die richtigen Leute zu einem angemessenen Stundensatz zu finden. Darüber hinaus mussten wir darauf achten, sie nicht für zu viele aufeinander folgende Projekte einzusetzen oder zu lange mit einem einzigen Projekt zu beschäftigten und zu entscheiden, wann wir sie zu Vollzeitkräften machten.

Eine Richtlinie der Personalabteilung, die wir vor einigen Jahren entwickelt hatten, führte zu strengen Vorschriften für den Einsatz von Aushilfskräften. Es wurde festgelegt, dass alle Aushilfskräfte durch Agenturen eingestellt werden mussten, und kein Auftragnehmer mehr als 340 Tage an verschiedenen Projekten arbeiten durfte, ohne eine zumindest 31-tägige Arbeitspause eingelegt zu haben. Aber mit einem Verfahren, das auf Papier basiert, kann man kaum sicherstellen, dass die Manager, von denen viele neu im Unternehmen waren oder neue Aufgaben übernommen hatten, sich bei den Verträgen für Aushilfskräfte an diese Richtlinien halten. Unsere Personalmanager handeln, wenn die Dinge getan werden müssen. Deshalb mussten wir möglichst viele Personen an der Lösung eines Problems beteiligen, um den Arbeitsanfall zu bewältigen und Fehler zu verhindern. Betriebsabläufe, für die viele Menschen nötig sind, machen aber keinen von uns glücklich.

Zudem behob der Papierprozess nicht das Budgetproblem für die leitenden Manager. Weil viele Manager Aushilfskräfte einstellten und diese Personen oft an mehreren Projekten arbeiteten, hatten die verantwortlichen Manager in den Abteilungen keinen Zugriff auf die Gesamtzahl der eingesetzten projektgebundenen Arbeitskräfte oder der Stundenzahl, die sie arbeiteten. Wir konnten nicht einmal mit einer gewissen Genauigkeit die Kosten für die Aushilfskräfte vorhersagen. Die Abrechnungsdaten über die Anzahl der Mitarbeiter, die Stunden und Kosten, welche die Abteilungsleiter von der Buchhaltung bekamen, trafen stets zu spät ein oder wurden nur aufgrund der aktuellen Stunden und Kosten geschätzt. Die Zahlungen variierten in einem gewaltigen Ausmaß von Monat zu Monat.

Zunächst dachten wir, dass das Problem bei der Finanzabteilung lag, aber als wir die Daten analysierten, merkten wir, dass auch die Finanzabteilung nur spärliche Informationen bekam. Bei unseren Zahlungsvorgängen gab es nur sehr wenige Kontrollen. Trotz zahlreicher Unterschriften – die Manager zeichneten die Zeitkarten für Aushilfskräfte ab und schickten sie an ihre Agenturen, die uns dann wiederum die Rechnungen schickten – gab es im Grunde keinerlei Finanzkontrolle. Ein Manager konnte den Stundensatz oder die Anzahl der in Rechnung gestellten Stunden nicht überprüfen. Eine Rechnung konnte ohne eine unterschriebene Zeitkarte abgeschickt werden. So war es denkbar, dass ein Manager mit der Gehaltserhöhung für eine Aushilfskraft einverstanden war, aber die Verwaltung die Information nicht bekam. Oder dass die Aushilfskraft eine Gehaltserhöhung für ein bestimmtes Projekt erhielt, die dann irrtümlich auch für andere Projekte wirksam wurde. Wir verfügten über keinerlei Möglichkeiten, doppelte Rechnungen zu verhindern.

Um eine Lösung für das Problem zu finden, betrachteten die Teams den gesamten Vorgang vom Anfang bis zum Ende, um festzulegen, wie digitale Informationen uns helfen könnten, dieser Komplexität Herr zu werden.

Es stellte sich die Frage, ob der Manager überhaupt die Befugnis hat, Personal für einzelne Projekte einzustellen. In unserem Papiersystem gab es keine Möglichkeit zu einer Überprüfung durch das Mangagement. Sobald die Entscheidung getroffen worden war, eine Aushilfskraft einzustellen, fehlten dem Manager die Informationen, ob die entsprechenden Richtlinien eingehalten worden waren. So musste zum Beispiel geklärt werden, ob der Manager über das Budget für zusätzliche Arbeitskräfte verfügte oder ob er bereit war, Überstunden für das Projekt zu genehmigen. Zudem war es sehr schwer, den entsprechenden Stundensatz für eine bestimmte Tätigkeit in Erfahrung zu bringen oder Informationen über die zur Verfügung stehenden qualifizierten Leute zu erhalten. Wenn der einstellende Manager nicht schon eine bestimmte Person im Sinn hatte, waren wir nicht in der Lage, potenzielle Ressourcen zu identifizieren, ob es sich nun um ein Unternehmen, die Aushilfskraft selbst, eine Agentur oder einen unabhängigen Auftragnehmer handelte. Wir benötigten eine neue flexible Software-Lösung, um automatisch die vollen Kosten für die Auftragsvergabe in unserem Budget berechnen zu können. Für jeden einzelnen Auftrag musste ein Vertrag aufgesetzt und unterzeichnet werden. Sobald der Vertrag genehmigt wurde, mussten die Chip-Card, der Telefonanschluss und der Netzwerk-zugang für die Person innerhalb von 48 Stunden zur Verfügung stehen. Anwender mussten in der Lage sein, ohne Probleme mehrfache, identische Anfragen für ähnliche Positionen zu erstellen. Dies ist eine typische Situation, wenn man sich auf ein großes Projekt vorbereitet. Während der Auftragnehmer arbeitete, brauchten die Manager einfache Hilfsmittel, um die Arbeitsstunden, den gezahlten Stundensatz und die verbliebene Geldmenge zu prüfen. Wenn sich die Arbeit dem Ende näherte, musste der für die Einstellungen verantwortliche Manager automatisch benachrichtigt werden. Er musste in der Lage sein, den Arbeitseinsatz der betreffenden Person automatisch zu erweitern. Dies war aber nur dann möglich, wenn es das Budget zuließ und wenn der Auftragnehmer an weniger als 340 aufeinander folgenden Tagen in irgendeiner Funktion bei Microsoft gearbeitet hatte. Zum Ende des Beschäftigungsverhältnisses musste dafür gesorgt werden, dass die Person zum Netzwerk, zu E-Mail, Telefon und den Gebäuden keinen weiteren Zugang hatte.

Der neue innerbetriebliche Ablauf sollte Veränderungen unterstützen, ohne dabei die Arbeit aufzuhalten. Wenn bei Vertragsunterzeichnung kein Manager, der die Genehmigung erteilen konnte, zur Stelle war, musste der zuständige Manager in der Lage sein, das Einverständnis von einer anderen Person einzuholen. Wechselte der Manager oder die Kostenstelle während der Aufgabe, mussten wir in der Lage sein, die Kosten ohne Mühen wieder neu zuzuordnen. Die Agentur hatte das Recht, den Aushilfskräften eine kleine Gehaltserhöhung zu gewähren, aber bei größeren Verdienststeigerungen war die Zustimmung des jeweiligen Managers erforderlich.

Die Frage der Zentralisierung

Ein Lösungsansatz für dieses Problem lag in der Einrichtung einer riesigen monolithischen Anwendung, um allen Anforderungen gerecht zu werden. Wir versuchten es einmal mit einer Anwendung, die ein Dutzend unserer internen Service-Organisationen – dazu gehörten Bibliothek, Sicherheit, Catering, Reisen, der Microsoft-Shop, die Kreditkarten-Abteilung der Firma und andere Einrichtungen – in die Lage versetzen sollte, die Wünsche der Angestellten zu erkennen und darauf zu reagieren. Letztlich wurde dieses Projekt aber bald wieder eingestellt. Der Bedarf der diversen Gruppen war so unterschiedlich, dass die Geschäftsregeln zu komplex für eine einzelne Anwendung wurden. Wir verbrachten so viel Zeit damit, das System zum Laufen zu bringen, dass zum Zeitpunkt, als wir damit fertig waren, die Anforderungen sich schon wieder verändert hatten. Dadurch lernten wir eine wichtige Lektion: Nur sehr wenige unternehmerische Anwendungen brauchen einen »zentralen« Fixpunkt. Wir gaben daraufhin jeder Gruppe die Freiheit, ihr eigenes Anfrage-System aufzubauen. Durch die Verkleinerung der Lösung ersparten wir uns eine Menge Komplexität und Entwicklungszeit. Heute verfügen alle internen Service-Gruppen über ihre eigenen »Anfrage«-Anwendungen, die sie immer wieder verbessern.

Wir vermeiden lange Entwicklungszyklen für interne Anwendungen. Ein zu großer Zeitaufwand macht oft jeden Nutzen zunichte, denn die Erfordernisse des Unternehmens ändern sich ständig. Kleine, dezentralisierte Prozesse sind normalerweise am besten. Nur einige wenige Anwendungen wie unser finanzielles Bericht-System erfordern eine Zentralisierung. Als wir andere Geschäftslösungen intern umorganisierten, haben wir Teams und Projekte bewusst klein gehalten.

Im Hinblick auf die Verwaltung der projektgebundenen Arbeitskräfte wollten wir einen monolithischen Ansatz vermeiden, aber gleichzeitig auch nicht mit einem halben Dutzend getrennter Anwendungen enden, die nicht zusammen passen würden. Unsere Strategie bestand darin, eine Reihe modularer Anwendungen zu schaffen, die von Anfang an auf der Idee der Verbindung ihrer digitalen Daten beruhte.

Die Hauptwerkzeuge sind MS Market, eine interne Einkaufs-Anwendung in unserem Intranet; MS Invoice, eine private Webseite im Internet oder »Extranet«, mit der unsere Vertragsagenturen und andere Partner Rechnungen auf elektronischem Wege einreichen können; und unser SAP-System für alle zentralen Finanz-Transaktionen. Da wir HeadTrax schon für die Personalverwaltung einsetzten, benutzten wir es auch als Benutzer-Schnittstelle, ohne Rücksicht darauf, welche Anwendungen im Hintergrund tatsächlich auf den Programm-Code zugriffen. Der Benutzer klickte einfach auf ein bestimmtes Merkmal bei HeadTrax, und die richtige Anwendung wurde gestartet.

Der Vertragsprozess beginnt mit dem digitalen Einkauf unter MS Market, das ich ausführlich im dritten Kapitel beschrieben habe. Das Einrichten, Einstellen und Verwalten der projektgebundenen Arbeitskräfte ähnelt sehr den elektronischen Kontrollen, die HeadTrax schon für die Verwaltung der Stammbelegschaft bereitstellt. MS Invoice sorgt für das elektronische Einreichen von Rechnungen und für die Kontrollen, um sowohl dem Personalmanager als auch dem Anbieter zu helfen, im Rahmen der vorgesehenen Budgets zu bleiben. Bei jeder Rechnung hat der Manager Zugriff auf eine Verknüpfung, die ihm den restlichen Betrag für den Auftrag anzeigt. Auch die Anbieter können erkennen, welche Beträge zu welchen Rechnungen gehören. Wenn ein Anbieter versucht, eine Rechnung abzuschicken, die den für dieses Projekt vorgesehenen Restbetrag überschreitet, wird die eingereichte Rechnung abgewiesen. Wenn der Anbieter einer Aushilfskraft eine Gehaltserhöhung gewährt, kann der Microsoft-Manager mit einem Mausklick zustimmen oder ablehnen.

Manche Leser werden sich vielleicht fragen, warum wir überhaupt Rechnungen verwenden, in elektronischer oder sonstiger Form. Immerhin sind die führenden Unternehmen im herstellenden Gewerbe in der Lage gewesen, Rechnungen vollständig abzuschaffen. Das klassische Beispiel dafür ist die Ford Motor Company, die gar keine Rechnungen mehr bei der Bestellung ihrer Zulieferteile ausstellt. Wenn eine Lieferung von Ersatzteilen akzeptiert wird, wird der Erhalt der Materialien elektronisch eingegeben und löst eine automatische Zahlung an den Lieferanten aus. Der Hersteller hat die Teile, der Zulieferer bekommt sein Geld. Wer braucht da noch eine Rechnung – selbst wenn sie digital ist?

Wir haben mit einem ähnlichen Ansatz experimentiert, aber dabei eine Reihe von Problemen entdeckt, wenn es um Dienstleistungen statt um Waren geht. Bei der Produktion hat jeder Gegenstand eine Nummer. Es ist weitaus schwieriger, eine Eins-zu-Eins-Beziehung zu der Arbeitszeit einer Aushilfskraft zu schaffen, wenn es sich bei dem Gegenwert, den man »empfängt«, um die in ein Projekt investierten Arbeitsstunden handelt. Es ist für den Anbieter schwierig, eine elektronische Zahlung auf eine bestimmte Arbeitskraft und eine bestimmte Woche zu beziehen, wenn keine Referenz wie die Rechnungsnummer vorliegt. Ein rechnungsloses Zahlungssystem, das für unsere Anbieter funktioniert, gibt es noch nicht. Das zentrale Problem lag für uns darin, den gesamten Vorgang mit den Aushilfskräften vollständig digital zu gestalten, sodass alle Informationen leicht verfügbar waren.

Eine altbewährte Regel lautet, dass ein schlechter betrieblicher Ablauf zehnmal so lange wie die Arbeit selber dauert. Viele Beispiele in der Fachliteratur beschreiben, wie durch Reengineering 30-tägige Prozesse auf drei Tage oder zehntägige Prozesse auf einen Tag reduziert wurden. Ein effektiver Betriebsablauf vermeidet Zeitverschwendung, und die Technologie wird die verbleibende Arbeit beschleunigen. Unsere neue Anwendung für die projektgebundenen Arbeitskräfte kann den innerbetrieblichen Arbeitsablauf vorantreiben, aber diese Verbesserung stellt nicht den wichtigsten Nutzen dar. Vielmehr ist es ein großer Vorteil für das Unternehmen, wenn das Management einen besseren Überblick über die Vertragsabschlüsse bekommt und wenn sichergestellt ist, dass sich jeder an die Richtlinien für Neueinstellungen und an das Budget hält. Noch wichtiger dabei ist, dass wir die Leistungen bei den verschiedenen Aufgaben miteinander vergleichen und damit zu besseren Beziehungen zu diesen Arbeitskräften gelangen können.

Die schrittweise Verbesserung

Sie sollten darauf vorbereitet sein, mit neuen innerbetrieblichen Arbeitsprozessen und Technologie-Lösungen zu experimentieren. Niemand kann jede mögliche Tücke oder jedes mögliche Problem bei einem neuen Prozess oder einer neuen Anwendung vorhersagen. Die Menschen müssen sie erst verwenden, bevor sie und die Entwickler entscheiden können, was wirklich funktioniert und was nicht. Die Benutzer werden ständig neue Wege entdecken, um eine Anwendung zu erweitern, sobald sie erst damit arbeiten. Nachdem wir erkannt hatten, dass HeadTrax für die Vollzeitkräfte geeignet war, merkten wir, dass wir projektgebundene Arbeitskräfte hinzufügen konnten. Als wir festgestellt hatten, wie großartig HeadTrax für Personal-Angelegenheiten funktionierte, waren wir auch in der Lage, zusätzlich Vergleiche aus der Vergangenheit zu integrieren, um damit von Jahr zu Jahr Veränderungen der Mitarbeiterzahl für die Budget-Planung zu untersuchen. Diese Fähigkeit wird Bestandteil der nächsten Programmversion sein.

Komplexität ist der Tod aller Umstrukturierungs-Projekte, insbesondere jener, die die Technologie betreffen. Laut eines Artikels im *Wall Street Journal* ergab eine 1996 von der Forschungsgruppe Standish Group International durchgeführte Umfrage unter 360 Unternehmen, dass 42 Prozent der Projekte in der Informationstechnologie noch vor der Fertigstellung von den Unternehmen wieder aufgegeben wurden. In dem Artikel wurde dafür vor allem die Komplexität verantwortlich gemacht. Zudem hieß es, dass die damit verbundene Verschwendung »erschütternd« sei: »Je größer und kostspieliger die Projekte sind, desto höher ist die Wahrscheinlichkeit, dass sie zu teuren Fehlschlägen werden«[21]

Projekte mit einer Dauer von nur drei bis vier Monaten laufen weniger Gefahr zu scheitern. Bei kurzfristigen Vorhaben sind Sie gezwungen, wichtige Zugeständnisse zu machen, die Sie zu Einfachheit und Konzentration zwingen. Sie werden sich Zielvorgaben setzen, die auch umgesetzt werden können. Wenn Projekte von kurzer Dauer fehlschlagen, ist der Verlust an Zeit und Geld viel geringer. Aus psychologischer Sicht scheint es viel leichter zu sein, Ihr Entwicklungsteam von dieser Aufgabe abzuziehen und auf eine andere anzusetzen, weil die Menschen nicht ein Jahr ihres Lebens an einem Projekt gearbeitet haben, das am Ende scheitert.

Sogar Projekte, die über mehrere Jahre laufen, können als eine Serie von kleineren Vorhaben mit definierbaren Kontrollpunkten laufen. Mit einem solchen Ansatz kann man Projekte parallel entwickeln und hat den Vorteil eines schnelleren digitalen Ablaufes in vielen Bereichen, selbst wenn es in dem einen oder anderen Fall zu einem Stillstand kommt. Dayton Hudson, die fünftgrößte Einzelhandelskette in den Vereinigten Staaten, wollte die Zykluszeiten – also die Zeit von der Bestellung einer Ware bis zur Präsentation im Verkaufsraum – für die Handelswaren ihrer 1100 Zweigstellen reduzieren. Das Unternehmen teilte jeden Arbeitsprozess in einzelne Schritte – Entwurf, Farbe und Stoffauswahl, Anbieterauswahl usw. – und führte dann jeden schnell und unabhängig voneinander durch. Die entstehenden digitalen Prozesse wurden miteinander verbunden und reduzierten die Zykluszeit für Haushaltswaren tatsächlich von 25 auf weniger als zehn Tage.

Projekte, die durchgeführt werden, sobald die digitale Umgebung eingerichtet worden ist, versprechen mehr Erfolg. Wenn das Umfeld noch hauptsächlich auf Papierprozessen beruht, wird die neue digitale Anwendung außerhalb der normalen geschäftlichen Aktivitäten laufen, bis genügend Erfahrungen mit der Anwendung gesammelt wurden. Wenn die Umgebung jedoch bereits digital ist, können Sie die Anwendung rasch umsetzen. Sie können in vielen Bereichen Schulungen durchführen. Arbeitskräfte, die sehr gute Fertigkeiten bei der Anwendung der

Technologie entwickeln, werden auch sehr anspruchsvoll im Hinblick auf die effiziente Funktionsfähigkeit neuer Anwendungen. Sobald Sie einige erfolgreiche Anwendungen installiert haben, werden die Leute fragen: Warum funktioniert unser Personalsystem nicht so wie das Verkaufssystem? Warum können wir nicht an dieser Stelle von der Zusammenfassung zu Detailinformationen wechseln? Haben Sie erkannt, dass es hier leicht möglich wäre, elektronische Alarmzeichen für die Leute einzufügen? Sie werden Ihren Blick auf andere Anwendungen oder Webseiten lenken, mit denen Sie auf einfache Weise Verbindungen herstellen könnten, und am Ende werden Sie über eine vollständigere Lösung verfügen.

Wenn Sie die Vorteile Ihrer vorhandenen technischen Investitionen nutzen, können Sie neue digitale Anwendungen entwickeln, die nur geringfügige Kosten verursachen, aber einen gewaltigen Gegenwert liefern. Sie benötigen E-Mail für die Telekommunikation und den Zugang zum World Wide Web, um allgemeine Informationen zu bekommen. Sie benötigen externe Webseiten, um sich bei Kunden und Partnern zu präsentieren und Sie benötigen interne Webseiten für die hauseigene Information. Warum verwenden Sie nicht diese Technologie für jeden geschäftlichen Vorgang? Nutzen Sie sowohl die Vorteile der Technologie als auch das vorhandene Know-how Ihrer Angestellten.

Alle Änderungen müssen von der Geschäftsführung ausgehen

Auf unserem zweiten Treffen mit Vorstandsvorsitzenden im Jahr 1998 richteten wir eine Diskussionsrunde ein, um über die Schnittpunkte von geschäftlichen Erfordernissen und der Technologie zu reden. Eine Frage an die Teilnehmer lautete: Was verursacht große technologische Fehlschläge? Ralph Larsen, Vorstandsvorsitzender von Johnson & Johnson, sagte, dass die häufigste Ursache von »spektakulären Fehlschlägen« darin liegt, dass die Verantwortlichen große Projekte einfach ihren Informatik-Abteilungen oder Beratern außerhalb des Unternehmens übergeben hätten »und sich dann davon abwandten, weil es eine so harte Arbeit ist«. Ralph Larsen meinte: »So dürfen Sie es auf keinen Fall machen. Alle Erfolge, die Sie sehen, kommen aufgrund der Leitung durch den Vorstand und nicht durch den IT-Bereich zustande. Denn das Projekt gehört nicht den Beratern oder der Informatikabteilung. Es gehört niemand anderem als allein den Inhabern des Unternehmens.«

Es ist unmöglich, einen betrieblichen Vorgang mit Hilfe der neuen Technologie angemessen umzustrukturieren, ohne ein Bindeglied zwischen der Geschäftsführung und den technischen Teams einzusetzen. Die Verantwortung muss nicht bei der Unternehmensspitze oder bei den in technischer Hinsicht Erfahrensten liegen, aber diese Person muss die unternehmerischen Notwendigkeiten und die Anwendung der Technologie in der praktischen Arbeit verstehen. Sie muss in der Organisation hinreichend respektiert werden, um Entscheidungen durchsetzen zu können. Es sollte jemand sein, der das größte Verständnis für neue Abläufe und Kompromisse zwischen geschäftlichen und technischen Erfordernissen schaffen kann.

Ralphs Antwort bekam starken Beifall von den anwesenden IT-Vorständen. Patricia Higgins, IT-Vorstandsmitglied von Alcoa sagte dazu, dass das einzige Mal, als bei einem Reengineering-Prozess die Kosten explodierten, es daran lag, dass sich die Unternehmensführung nicht hinreichend darum kümmerte. »Verwenden Sie nie die neue Informationstechnologie, um alte Arbeitsprozesse zu ersetzen oder die IT-Systeme zu rechtfertigen«, sagte sie. »Nutzen Sie stets die Gelegenheit, den Prozess zu überprüfen und zu rationalisieren. Fragen Sie sich, wo Ihre Prioritäten liegen.« Viele Unternehmen entdecken, dass Kosten entstehen, wenn Sie Ihre betrieblichen Vorgänge nicht als Teil der neuen Lösungen erneuern. Dann bleibt Ihnen oft nichts anderes übrig, als jemanden zu holen, um die Lösungen umzustrukturieren, damit sie funktionieren.

Wer sollte den Reengineering-Prozess führen? Derjenige Geschäftsführer, der heute die größten Schwierigkeiten hat oder morgen am meisten davon profitieren könnte, sollte die Verantwortung für die Entwicklung des neuen Prozesses und die sie unterstützende Technologie tragen.

Schlüsselinformationen

▲ Gehen Sie Probleme bei den Arbeitsabläufen aus einer Vielzahl von Perspektiven an, und nutzen Sie die neue Technologie, um rationalisierte Prozesse zu schaffen. Überprüfen Sie alle Prozesse in regelmäßigen Zeitabständen.

▲ Gestalten Sie Ihre Arbeitsabläufe so, dass sie für einen optimalen Informationsfluss sorgen. Dann werden Sie alle wichtigen Probleme lösen können.

▲ Probleme mit Arbeitsabläufen lassen sich durch Vereinfachung bewältigen: So wenige Angestellte wie möglich sollten mit so wenigen Aufgaben wie nur möglich betraut sein.

▲ Die Verantwortlichen eines Unternehmens und nicht alleine die Informatik-Abteilung müssen die Entscheidungen für den Einsatz der Technologie bei den innerbetrieblichen Abläufen treffen.

▲ Ein unzureichender Arbeitsvorgang wird zehnmal so viele Stunden wie die Tätigkeit selber benötigen. Ein effektiv gestalteter Ablauf wird keine Zeit verschwenden und die Technologie wird die tatsächlichen Aufgaben beschleunigen.

▲ Komplexität ist der Untergang aller Umstrukturierungsprojekte, besonders jener, bei denen die Technologie involviert ist.

Prüfen Sie Ihr digitales Nervensystem

▲ Ermöglichen Ihre digitalen Systeme die rasche Bereitstellung einer Anfangslösung sowie eine Berücksichtigung der im Laufe der Zeit entwickelten Verbesserungen? Kann jeder Angestellte mühelos den Status eines Projektes feststellen? Kann man auf einfache Weise Trends erkennen, auf die wiederum Reaktionen des Managements erforderlich sind?

▲ Können Sie einen umfangreichen Prozess in mehrere kleinere Abschnitte zerlegen und diese dann zusammenfügen, um ein effizientes System zu schaffen?

▲ Verwenden Sie den digitalen Informationsfluss, um einen ganzen Prozess von Anfang bis zu seinem Ende zu vereinfachen?

▲ Vermeiden Sie lange Entwicklungszyklen mit Hilfe kleiner, modularer Lösungen, die von vornherein für den Austausch digitaler Daten konzipiert sind?

▲ 18

Die Informationsabteilung als strategische Ressource

Bis heute war die Informationstechnologie eher dazu da, Daten als Informationen zu produzieren – geschweige denn neue und unterschiedliche Ansätze und Strategien. Die Führungskräfte nutzten die neue Technologie nur deshalb nicht, weil sie nicht die Informationen lieferte, die sie für ihre Aufgaben benötigten.

Peter Drucker

Da der Umgang mit Informationen ein entscheidender Kernaspekt aller Arbeitsbereiche ist, sollten Führungskräfte sich mit der Informationstechnologie wie mit jeder anderen wichtigen Unternehmensfunktion beschäftigen. Doch zu viele Führungskräfte kümmerten sich in der Vergangenheit nicht darum, weil sie die verwendeten Informationssysteme oft als zu komplex und unkontrollierbar empfanden. Es schien ein unlösbares Problem zu sein, die Informationstechnologie zu einem wichtigen Bestandteil der Unternehmensstrategie zu machen. Die Diskussionen kreisten häufig nur um technische Begriffe. Wie immer es der für Informationstechnologie Verantwortliche auch formulierte, die wichtigste Botschaft lautete stets, dass die alten Systeme zu komplex, zu teuer und zu unflexibel seien, um sich auf neue oder veränderte Bedürfnisse einstellen zu können.

Doch mit den technologischen Veränderungen der letzten Jahre entstanden auch Möglichkeiten, die Technologie eines Unternehmens in eine neue Richtung zu führen. Aber diese Neuausrichtung erfordert drei Dinge von dem dafür Verantwortlichen. Zunächst muss er sicherstellen, dass die Informationstechnologie als eine strategische Quelle betrachtet wird, die dem Unternehmen dabei hilft, einen größeren Nutzen aus der Arbeit seiner Mitarbeiter zu erzielen. Die Informationstechnologie sollte nicht nur als ein Kostenfaktor angesehen werden. Zweitens muss er so viel Kenntnisse über die neue Technologie erwerben, um in der Lage zu sein, dem IT-Vorstand fundierte Fragen zu stellen. Erst dann wird er beurteilen können, ob er die richtigen Antworten erhält. Die Informationstechnologie unterscheidet sich in dieser Hinsicht nicht vom Verkauf, den Finanzen oder der Produktion. Drittens muss er den IT-Vorstand in die Überlegungen und Strategien der Unternehmensführung einbeziehen. Es ist unmöglich, die Strategie der Informationstechnologie auf die Unternehmensstrategie auszurichten, wenn die für diesen Bereich zuständige Führungskraft nicht daran beteiligt ist.

Die Kenntnisse der Führungsspitze über die Technologie variieren in einem großen Umfang. Von Paul O'Neill, dem Vorstandsvorsitzenden von Alcoa, der seine Karriere mit der Entwicklung von Software für die Veterans Administration begann, bis zu vielen anderen wie zum Beispiel Ralph Larsen, der Verantwortliche bei Johnson & Johnson, die über gar keine technologischen Erfahrungen verfügen. Paul O'Neills technischer Kenntnisstand hatte zur Folge, dass er sich nicht von der Technologie einschüchtern ließ. Von Beginn an wusste er, dass die Informationssysteme eines Unternehmens ganzheitlich behandelt werden mussten. Im Gegensatz dazu erkannte Ralph Larsen seine unzureichenden technischen Kenntnisse, doch er war bereit, die wichtigsten Dinge zu lernen. Auf eigene Faust arbeitete er in einem Zeitraum von zwei Jahren an den Wochenenden, um auf diese Weise den Umgang mit einer Reihe von PC-Anwendungsprogrammen zu erlernen. Er wusste, dass er ohne ein besseres Verständnis der Technologie nicht die nötige Glaubwürdigkeit besitzen würde, um die Unternehmensspitze von Johnson & Johnson davon zu überzeugen, die Informationssysteme der 180 Unternehmen in 55 verschiedenen Ländern zu standardisieren. Zu dieser Zeit, Ende der 80er Jahre, ertranken Ralph Larsen und die anderen leitenden Angestellten bei J&J geradezu in einer Papierflut. Nicht Informations-, sondern Papierflut. Wenn Ralph Larsen Informationen brauchte, musste er in der Finanzabteilung einen speziellen Bericht anfordern. Larsen und Johnson & Johnson unterwarfen sich »einem schmerzhaften Prozess bei dem Versuch, dafür zu sorgen, dass alle verstanden, wie sehr ein einheitliches System zur Erhaltung unserer Konkurrenzfähigkeit erforderlich war«.

Als die neuen Systeme schließlich eingeführt wurden, traf Ralph

Larsen auf einen leitenden Angestellten und fragte ihn, »Haben Sie meine Nachricht bekommen?« Der Angesprochene entgegnete, dass er nichts erhalten habe. Daraufhin sagte Larsen: »Ich habe Ihnen eine E-Mail geschickt«, worauf der leitende Angestellte antwortete: »Gut, aber ich benutze keinen Computer.« Ralph Larsen meinte daraufhin nur: »Dann werden Sie nie wieder etwas von mir hören, denn das ist der einzige Weg, mit dem ich in schriftlicher Form mit der Unternehmensführung kommuniziere.« Am nächsten Tag hatte der Manager einen Computer auf seinem Schreibtisch.

John Warner, der bei Boeing als Vorstandsmitglied für die Verwaltung verantwortlich war, gebrauchte ebenfalls diese Strategie. Die ersten vier Leute, die Boeings neues E-Mail-System benutzten, waren, in dieser Reihenfolge, der Vorstandsvorsitzende, die zwei geschäftsführenden Vorstände und John Warner selbst. Er wusste, wenn die Führungskräfte das E-Mail-System benutzen würden, dann würden es auch alle anderen im Konzern verwenden. Die Unternehmensspitze von Boeing dachte, dass es mehrere Jahre dauern würde, bis E-Mail zu einem strategischen Kommunikationsmittel geworden wäre, aber sie machten dann eine ganz andere Erfahrung. Als ein leitender Manager in Seattle, nur wenige Monate nachdem das System installiert worden war, versuchte, sich mit einem Verkaufsteam in Europa abzustimmen, um eine große Bestellung für 1996 abzuschließen, schalteten Wartungsarbeiter aus Versehen den Strom auf dem Mail-Server ab. Weil das während Thanksgiving passierte, dauerte es mehrere Tage, bis man wieder online gehen konnte. Boeing bekam die Bestellung dann doch noch, aber von diesem Zeitpunkt an installierte das Unternehmen für sein E-Mail-System die gleichen Backup-Systeme, die bereits für andere wichtige Geschäftssyteme existierten.

Das Bemerkenswerte an diesen Beispielen ist, dass der Vorstandsvorsitzende die strategische Bedeutung der Technologie erkennen und selber die Leitung übernehmen muss. Sie brauchen kein Technologie-Experte zu sein. Tatsächlich werden Sie sich auf den falschen Aspekt der Technologie konzentrieren, wenn Sie zu viele technische Begriffe und Abkürzungen kennen. Um zu wissen, wie die technologischen Entwicklungen Ihrem Geschäft helfen können, müssen Sie nur mit einem Grundverständnis über Computer beginnen. Es ist auch nicht wichtig, wie Sie dazu kommen. Ich kenne einige leitende Angestellte, die einmal in der Woche einen Berater kommen ließen. Auf diese Weise lernten sie die Dinge, die sie über die Technologie wissen mussten. Eine andere Möglichkeit des Lernens liegt in einem guten Kontakt zu Ihrem IT-Vorstand.

Der IT-Vorstand muss sich auf das Geschäft konzentrieren

Als Patricia Higgins dazu aufgefordert wurde, den Posten des IT-Vorstandes bei Alcoa zu übernehmen, und als JoAnn Heisen der Vorschlag unterbreitet wurde, IT-Vorstand von Johnson & Johnson zu werden, verspürten beide Frauen das gleiche Bedürfnis: den angebotenen Posten abzulehnen. Sie betrachteten die Informationstechnologie als ein »Büro im Hintergrund«, als eine nur unterstützende Organisation, die nicht in die tägliche Arbeit integriert ist. Patricia Higgins hatte eine Reihe von Führungsaufgaben in einigen Telekommunikationsfirmen innegehabt: Bei ihrer letzten Tätigkeit hatte sie die Verantwortung für den Kommunikationsbereich bei Unisys. JoAnn Heisen war einige Jahre lang Finanzchefin und Unternehmenscontrollerin bei Johnson & Johnson. Kontakt mit der Technologiegruppe hatte sie lediglich, wenn sie die Budgetanträge der Abteilung für die Informationstechnologie bearbeitete und ihre Zweifel an der geschäftlichen Notwendigkeit dieser Ausgaben äußerte. JoAnn Heisen fragte Ralph Larsen: »Was haben Sie mir angetan? Steht CIO [die amerikanische Bezeichnung für den IT-Vorstand] für »Career is Over?«

Aber beide Frauen wurden davon überzeugt, dass die Vorstandsvorsitzenden den unternehmerischen Aspekt in den Tätigkeitsbereich des IT-Vorstands integrieren und dessen Aufgaben neu definieren wollten. Dieser Ansatz, dass Mitarbeiter aus dem Management die Position des IT-Vorstands übernehmen, ist ein Trend, der sich immer mehr durchsetzt. Patricia Higgins wurde für die diversen Geschäftseinheiten »zu einer Beraterin und Trainerin«, wenn es um die Frage ging, wie Informationen als strategischer Vermögenswert verwendet werden konnten, um für wachsende Umsätze und Gewinne zu sorgen. JoAnn Heisen war als Management-Expertin von Ralph Larsen ausgesucht worden, um für »die fehlende Verbindung« zwischen dem Management und der Informationsabteilung bei Johnson & Johnson zu sorgen. »Das Management war von dem Niveau der angebotenen Dienste enttäuscht und unsere technischen Experten fühlten sich diskreditiert und missachtet«, sagte Ralph Larsen. »Ich brauchte jemanden, der mit beiden Seiten reden konnte«.

Zunächst war JoAnn Heisen der Auffassung, dass es Bestandteil ihrer Arbeit sei, die technischen Fachbegriffe zu lernen. Dann erkannte sie, dass es um ein ganz anderes Problem ging. Die Mitarbeiter der Informationsabteilung mussten in der Lage sein, die Sprache des Unternehmens zu sprechen. Diese Erkenntnis führte zu einer Reihe von Sitzungen, in denen JoAnn Heisen die Probleme des Unternehmens beschrieb. Sie bestand darauf, dass der technische Stab in einfachen Worten und nicht mit dem üblichen technischen Kauderwelsch darlegen sollte, wie die Technologie hierbei helfen konnte. JoAnn Heisen, die zuweilen als »der wandelnde Jahresbericht« von Johnson & Johnson bezeichnet wurde, sorgte dafür, dass die Angestellten der Informationsabteilung Kenntnisse über die betrieblichen Ausgaben, die Geschäftsziele, die sich verändernden Probleme im Gesundheitswesen und die in Vorbereitung stehenden Produkte von Johnson & Johnson ewarben und sie bei ihrer täglichen Arbeit berücksichtigen. Sie stellte den jeweiligen Teams die folgende Aufgabe: Wie konnten die gegenwärtigen Bemühungen unterstützt werden, und wie konnten sie für künftige Umsätze sorgen? Dieser Dialog war der erste größere Schritt bei der Neudefinition der Rolle der Informationstechnologie bei Johnson & Johnson.

Weil die für die Informationstechnologie verantwortlichen Vorstandsmitglieder in der Vergangenheit nicht immer den besten Zugang zum Vorstandsvorsitzenden gehabt haben, bestehen einige IT-Verantwortlichen heute darauf, dass sie direkt dem Vorstandsvorsitzenden berichten. Das ist nicht unbedingt erforderlich, aber wie auch immer Sie die Führung in Ihrem Unternehmen organisieren, wichtig ist dabei, für eine enge und funktionierende Beziehung zwischen der verantwortlichen Person in der Informationsabteilung und der Geschäftsführung zu sorgen. Zudem muss der Vorstandsvorsitzende an den Diskussionen beteiligt sein.

In den Unternehmen Alcoa und Johnson & Johnson sitzt der IT-Vorstand in der Unternehmensspitze, und die Verantwortlichen für die Informationsabteilung in den Tochtergesellschaften sind Mitglieder im Vorstand ihrer Unternehmen. Im Falle von Carlson Companies, einem international führenden Unternehmen in den Bereichen Hotellerie, Reisen und Marketingservice wird der IT-Vorstand an der strategischen

Planung, der Umsetzung der Geschäftsziele und der Finanzplanung beteiligt. Carlson beruft regelmäßig ein spezielles Gremium für Informationstechnologie ein, in dem der Leiter der Geschäftsplanung mit den wichtigsten Vertretern der Technologie aus den verschiedenen Abteilungen zusammentrifft. Das Unternehmen hat zwei formelle Besprechungen im Jahr, bei denen der Vorstandsvorsitzende und andere leitende Angestellte die Geschäftsstrategie und die damit verbundenen Auswirkungen für alle 750 Mitarbeiter der Informationsabteilung in der Zentrale darlegen. Die wichtigsten Vertreter der Technologie-Abteilung versammeln sich zweimal im Jahr, um über ein optimales Vorgehen bei der Unterstützung der Unternehmensziele zu sprechen.

Wenn die Struktur in Ihrer Organisation jedoch so angelegt ist, dass Ihr IT-Vorstand dem Finanzvorstand berichtet, sollten Sie diese Konstruktion noch einmal überdenken. Wenn der für die Informationstechnologie Verantwortliche dem Finanzvorstand berichtet, wird die Informationsabteilung wahrscheinlich als ein Kostenfaktor betrachtet werden und sich alles auf eine Reduzierung der Kosten konzentrieren. Doch die Informationstechnologie muss im Hinblick auf die von ihr geschaffenen Möglichkeiten betrachtet werden. Daher sollten ihre Berichte über die geschäftliche Hierarchie laufen. Wenn Sie als Finanzvorstand einen erfahrenen Geschäftsmann haben, könnte es effektiv sein, wenn der IT-Vorstand den Finanzvorstand informiert. Wenn dies bei Ihnen nicht der Fall ist, sollten Sie es mit einer anderen Anordnung versuchen. Bei Microsoft berichten sowohl der IT-Vorstand als auch der Finanzvorstand an Bob Herbold, unseren wichtigsten Mann für das operative Geschäft, der über langjährige Erfahrungen in beiderlei Hinsicht verfügt.

Seit der Gründung von Microsoft habe ich immer versucht, geschäftliche Probleme erst mit Hilfe der Technologie statt mit der Arbeitskraft meiner Mitarbeiter zu lösen. Die Koordinierung der Informationstechnologie mit unseren Geschäftszielen beginnt mit den Geschäfts-, Marketing- und Verkaufsplänen der leitenden Angestellten – Steve Ballmer, Bob Herbold, Jeff Raikes und anderen. Nach der Überprüfung ihrer Pläne entwirft John Connors, der IT-Vorstand von Microsoft, einen ersten Plan für die Informationsabteilung. Danach arbeitet er weiter an seinem Konzept, führt eine Reihe von Besprechungen mit Bob Herbold, den Vizepräsidenten von allen Geschäftsbereichen und den Leitern der Informationsabteilung. Dieser Plan, der dann alle technologischen Initiativen und einen Überblick über die finanziellen Kosten enthält, wird an Steve Ballmer zur Überprüfung geschickt. Eine Zusammenfassung geht an mich.

Für die Informationstechnologie wie auch für alle unsere anderen Geschäftseinheiten werden diese jährlichen Pläne stets zur Mitte des laufenden Jahres aktualisiert. Zusätzlich trifft sich John Connors viermal im Jahr mit dem Vorstand zu einem Gespräch über aktuelle Angelegenheiten. Die Themen im Finanzjahr 98 waren die geplante Fusion der technischen Systeme für unsere gesamten Internet-Aktivitäten, die langfristige Strategie für unsere Netzwerk-Infrastruktur, die Fortschritte bei der Verfügbarkeit und Zuverlässigkeit unserer wichtigen Betriebssysteme und die Vorteile und Schwächen unserer Kernprodukte beim Einsatz in großen Unternehmen.

Die Empfehlungen von John Connors zur Verbesserung unserer Produkte resultieren aus einem weiteren Begleitumstand seiner Tätigkeit: Er muss unsere Software verwenden, bevor es irgendjemand anderer tut. John Connors benutzt unsere große Informatik-Umgebung als ein echtes Laboratium. Wir nennen diese Vorgehensweise »Eating your own dogfood«, was soviel bedeutet wie »Versuchskaninchen spielen«. Dies ist ein wenig schmeichelhafter, aber liebevoller Name für eine ernste Aufgabe. Wenn wir unser eigenes Unternehmen nicht auf der Basis unserer Technologien führen können, können wir auch die Kunden nicht davon überzeugen, es zu tun. Vor der Einführung von Microsoft Exchange verwendeten unsere damals 14 000 Angestellten den Mail-Server als internes E-MailSystem.

Diese Selbstverpflichtung, Beta-Versionen im eigenen Unternehmen zu nutzen – und die Zusammensetzung unseres leitenden Managements, von denen viele mehr von Technologie verstehen als John Connors – bedeuten eine echte Herausforderung für unseren IT-Vorstand. Er bekommt wahrscheinlich mehr Hilfsmittel als die meisten anderen IT-Vorstandsmitglieder, aber es gibt auch mehr Leute, die ihm über die Schulter schauen. Die Erwartungen an seine Arbeit sind sehr hoch.

Natürlich hat es kein IT-Vorstand leicht. Diese Tätigkeit gehört zu den Aufgaben, wo Sie ein »ungenügend« bekommen, wenn Sie scheitern, aber nur ein »befriedigend«, wenn sie Erfolg haben – denn »man kann ja wohl davon ausgehen, dass dieses Zeug funktioniert, oder?« Einmal ging John Connors nach einer besonders schwierigen Situation nach Hause und zeigte seine Frustration in einem Gespräch mit seiner Frau.

»Sie meinte zu mir, dass mein Job doch genau das Gleiche sei, wie dazu beizutragen, Einzelteile für die Wagen von Henry Ford zu entwerfen«, sagt John Conors. »Das Feedback, das ich unseren Mitarbeitern in der Produktion weitergebe, wird das Leben von Kunden auf der ganzen Welt verbessern. Sie erinnerte mich daran, dass ich wirklich einen tollen Job habe – und mich dafür ja auch freiwillig gemeldet hatte.«

Als wir in den letzten Jahren unsere Unternehmensstrategien veränderten, um das Internet einzubeziehen, hat John Connors den Einsatz unserer Informationsabteilung an diese neue Aufgabe angepasst. Seine Prioritäten lagen in erster Linie darin, die für uns notwendigen Anwendungen zu entwickeln, um das Internet als ein Kommunikationsmittel für unsere Partner und Kunden benutzen zu können und unsere Bandbreite auszubauen, um den gewaltigen Ansturm beim Netzverkehr von Konsumenten, Partnern und unseren weltweit tätigen Mitarbeitern zu bewältigen.

In all den Jahren gab es bei uns nur wenige echte Probleme zwischen dem Management und der Informationsabteilung. Die meisten resultierten normalerweise aus neuen Initiativen innerhalb einer Abteilung, und stammten von Personen, die nicht wussten, welche Auswirkungen die Technologie auch für spezifische Tätigkeiten hatten. So kündigten sie der Öffentlichkeit ein Datum an, bevor die Informationsabteilung ihr Okay gab. Bei einem online registrierten Programm zwangen uns fehlende Informationen zum Gebrauch einer keineswegs perfekten technischen Lösung, mit der die Informationsabteilung eine Menge Mühe hatte, während sie das System für die nächste Veröffentlichung erfolgreich umgestaltete. Zuweilen sorgen die Kunden und der Druck des Marktes für das gleiche Dilemma. Ein Service mit der Bezeichnung »Windows Update«, womit die Benutzer einfach Upgrades und Software-Fixes über das World Wide Web erhalten können, musste sieben Tage in der Woche und 24 Stunden am Tag zur Verfügung stehen, die so genannte »7 × 24 Verfügbarkeit«. Für die Bereitstellung dieses Services blieb uns nur eine recht kurze Vorbereitungszeit. Glücklicherweise hatte das Team von John Connors im Jahre 1998 für unsere anderen Internetseiten genügend weitere »7 × 24«-Projekte durchgeführt, sodass er ausreichend Sachkenntis erhielt, um die notwendigen Arbeiten rechtzeitig zum Abschluss zu bringen.

Ein effektiver Mitarbeiterstab in der Informationsabteilung kann auch mit plötzlich auftretenden Problemen zurechtkommen, aber der

Vorstandsvorsitzende muss stets die Führung übernehmen, um sicherzustellen, dass die Abteilung nicht überfordert wird. Er muss sich vergewissern, dass sich alle leitenden Angestellten jedes Jahr auf die wichtigsten fünf bis acht Prioritäten innerhalb der Informationsabteilung einigen, und die Auswirkungen auf andere Projekte erkennen, um die wichtigsten Aufgaben durchzuführen. Je mehr der Vorstandsvorsitzende über die Möglichkeiten der Informationstechnologie weiß, umso mehr kann er dabei helfen, die richtigen Vorgaben zu stellen, wenn plötzlich andere dringliche Projekte auftauchen. Ohne die Entscheidungen des Vorstandsvorsitzenden für bestimmte Prioritäten werden der IT-Vorstand und die Mitarbeiter der Informationsabteilung versuchen, zu viele Dinge zur gleichen Zeit zu machen. Und dann wird am Ende alles nur halb getan sein.

Legen Sie die Verantwortung in die richtigen Hände

Die Anfangskosten für jede Computer-Infrastruktur sind hoch. Die Informationstechnologie ist und wird ein großer Teil der Kostenstruktur eines Unternehmens bleiben. Während die Ausgaben für die Informationsabteilung vor 30 Jahren lediglich 5 Prozent der gesamten Betriebskosten ausmachten, werden sie im Jahr 2000 mehr als 50 Prozent betragen. In einigen Bereichen wie dem Versicherungswesen und den Finanzdienstleistungen machen die Ausgaben für Informationstechnologie mehr als 80 Prozent der Kosten für das gesamte Equipment aus. Ein Unternehmen muss den größtmöglichen Nutzen aus diesen Investitionen ziehen, um Erfolg zu haben. Häufig ewartet man vom IT-Vorstand, dass er die Kosten dieser Infrastruktur rechtfertigt, aber diese Verantwortung ist deplatziert. Da die Infrastruktur allen Unternehmensbereichen zugute kommt, ist letztlich der Vorstandsvorsitzende die verantwortliche Person, die über die Investitionen in die Informationstechnologie entscheidet. Der IT-Vorstand hat die Aufgabe, den Vorstandsvorsitzenden zu beraten. Sobald die Entscheidung getroffen ist, muss er die Umsetzung der vorgesehenen Maßnahmen durchführen und die geschäftichen Operationen darauf aufbauen. Der IT-Vorstand muss für das Verständnis und die Kenntnisse über die unternehmerischen Erfordernisse in den Reihen des technischen Stabs sorgen. Sie müssen so organisiert werden, dass sie diese Aufgaben unterstützen können. Doch die Informationen über das Unternehmen können nur dann an die Mitarbeiter der Informationsabteilung weitergegeben werden, wenn der IT-Vorstand darüber unterrichtet ist.

Erhält die Informationsabteilung davon keine Kenntnis und beteiligt der Vorstandsvorsitzende den IT-Vorstand nicht an den wichtigen geschäftlichen Entscheidungen, liegt der Fehler beim Vorsitzenden. Wenn die Informationsabteilung keine Ahnung von den Bedürfnissen des Unternehmens hat, der Vorstandsvorsitzende jedoch den IT-Vorstand in die Geschäftsstrategie einbezieht, dann liegt der Fehler beim IT-Vorstand. Vielleicht ist dies der Grund, dass die Aufgabe des IT-Vorstandes manchmal als das Ende der Karriere und dann wieder als Sprungbrett für die Position eines Vorstandsvorsitzenden beschrieben wird. Jemand, der weiß, wie man die Technologie in den Dienst des Unternehmens stellt, ist von großem Wert für dieses Unternehmen; jemand, der das nicht kann, ist dagegen nicht hilfreich.

Grundvoraussetzung ist die Einrichtung einer modernen digitalen Infrastruktur. Manchmal muss sich der Vorstandsvorsitzende gegen die Interessen der Abteilungsleiter oder anderer Manager stellen, die gewohnt sind, Entscheidungen im Hinblick auf die Technologie unabhängig zu treffen. Sie werden dann stets sagen, dass ihre eigenen Bedürfnisse ganz »anders« seien. Die größeren Consulting-Firmen können in diesem Bereich Hilfe bieten. Eine Methode mit dem Namen »IT Advisor«, die in eine Anwendung intergriert worden ist, hilft dem Management, die eigene Situation im Hinblick auf die Informationstechnologie zu beurteilen, um nicht in »den Abgrund der Informationstechnologie« zu stürzen bzw. wieder herauszugelangen. Ein Unternehmen, das in diesen Abgrund gefallen ist, sieht sich mit wachsenden Ausgaben für die Technologie, unverhältnismäßig hohen Wartungskosten, einer explodierenden Komplexität und geringen Erträgen bei neuen Entwicklungen konfrontiert.

Auf der Basis von Untersuchungen der Unternehmensberatung McKinsey & Company hilft IT Advisor, den gegenwärtigen Zustand, die Führungsprozesse und die Leistungsfähigkeit der Informationstechnologie auf der Grundlage von 69 Auswertungskriterien zu beurteilen. Dadurch können Sie erkennen, wo Ihr Unternehmen im Hinblick auf die Effektivität der Informationsabteilung steht und bekommen hilfreiche Informationen, wo Sie Ihre Anstrengungen konzentrieren müssen, um, sollte es nötig sein, wieder aus dem Abgrund herauszuklettern. Ziel ist

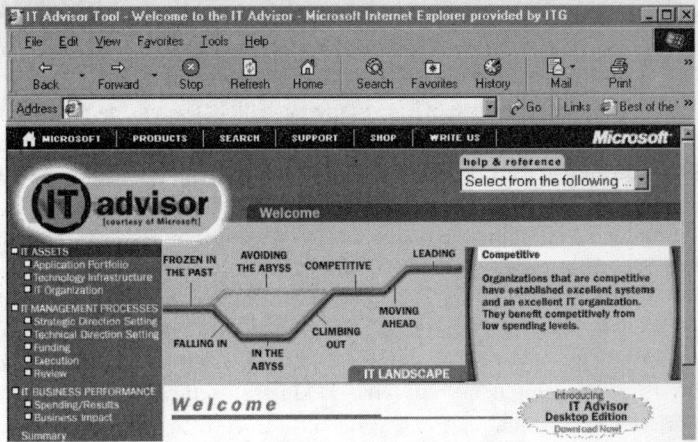

IT Advisor ist ein Online-Tool, mit dem Unternehmen die Leistungsfähigkeit ihrer Informationsabteilung überprüfen können. Durch die Beantwortung einer Reihe von Fragen über die Anwendungen eines Unternehmens, seine technische Infrastruktur, die Organisation und Fertigkeiten der IT-Abteilung können Unternehmen erkennen, ob sie ins Hintertreffen geraten sind, in den »Abgrund« hoher Ausgaben bei geringen Ergebnissen der Informationsabteilung gefallen sind, oder ob sie die Informationstechnologie zum Erzielen eines Wettbewerbsvorteils benutzen. Die Anwendung, erhältlich unter *www.Speed-of-Thought.com*, liefert den Unternehmen Richtlinien, wie sie mit ihrer Informationsabteilung zuammenarbeiten können, um eine führende Position bei der Anwendung digitaler Lösungen für ihre speziellen Anforderungen zu erlangen.

es, den Gipfel der Informationstechnologie zu erreichen, damit Sie über eine robuste und flexible Infrastruktur verfügen, die Ausgaben und Organisation der Informationsabteilung auf die unternehmerischen Lösungen auszurichten und einige herausragende Geschäftsanwendungen zu benutzen. Wenn Sie ein schnelles Gespür dafür bekommen möchten, wo Ihr Unternehmen heute steht, schauen Sie sich den interaktiven IT-Berater auf der Webseite für dieses Buch unter der Adresse *www.Speed-of-Thought.com* an.

Eine andere Möglichkeit, um Ihre Infrastruktur einzuschätzen, ist einen Blick auf den Prozentsatz Ihrer IT-Ressourcen zu werfen, die Sie für den Einkauf und den laufenden Betrieb der Computer, für Hilfe und Unterstützung sowie die im Hintergrund laufenden Anwendungen der Informationstechnologie ausgeben. Wenn mehr als ein Drittel des

IT-Budgets für diese Routineaufgaben verbraucht werden, sind Ihre Informationsoperationen ineffizient, vermutlich aus dem Grund, weil Ihre Infrastruktur übermäßig komplex ist. Im Rahmen einer Studie, die sich mit der Frage beschäftigte, wie man die Dienstleistungen für Staatsbürger verbessern könnte, stellte der Bundesstaat South Australia fest, dass 55 Prozent der Investitionen in die Informationstechnologie für administrative Tätigkeiten ausgegeben wurden. Im Vergleich dazu geben Unternehmen mit einer effektiven IT-Abteilung nur 30 Prozent für diese Routineaufgaben aus. Die Studie kam zu dem Ergebnis, dass eine bessere Infrastruktur in der Tat 25 Prozent der Investitionen für die Informationstechnologie freigeben würden, die in die Entwicklung von besseren Dienstleistungen für die Bürger investiert werden könnten. Daraufhin wechselten sie auf eine PC-Infrastruktur, standardisierten ihre Kommunikationswege und vergaben die Wartung an ein externes Unternehmen.

Carlson ging einen ähnlichen Weg beim Outsourcing des technischen Supports für ihre so genannten Legacy Applications. Wie South Australia wollte auch Carlson die Mitarbeiter von unnötigen Aufgaben befreien, um stattdessen Unternehmenslösungen zu entwickeln. Dennoch ist jede Situation ein bisschen anders. Eine Studie von Johnson & Johnson zeigte, dass dieses Unternehmen im Hinblick auf die Wartung der Großrechner bereits effizienter war, als dies ein externes Unternehmen sein konnte. Daher sah Johnson & Johnson auch keinen Anlass dafür, eine externe Firma mit dieser Tätigkeit zu beauftragen.

Wie diese Beispiele zeigen, funktioniert Outsourcing, wenn der Anbieter von außen eine Reihe bewährter Verfahren einbringt, die außerhalb der Sachkenntnis Ihres Unternehmens oder außerhalb Ihrer primären Zielrichtungen liegen. Aber ich rate Ihnen, nicht die Entwicklung strategischer Anwendungen nach außen zu verlagern. Ich sprach einmal mit den Vertretern eines Unternehmens, die darüber nachdachten, sämtliche Aufgaben der Informationsabteilung extern zu vergeben. Daraufhin fragte ich sie, was ihnen dann von ihrem Geschäft noch bliebe! Was würde dieses Unternehmen tun, wenn der externe Anbieter schlechte Arbeit leistete oder sich eines Tages von dem Projekt verabschiedete?

Natürlich sollten Sie die Kosten für die Informationstechnologie sorgfältig messen, aber letztlich müssen Sie Ihre Infrastruktur im Hinblick auf den Nutzen für Ihr Unternehmen beurteilen. Wenn Sie das Geld sowieso ausgeben werden, möchten Sie es dann nicht lieber in Lösungen investieren, als damit nur den laufenden Betrieb zu finanzieren? Eine gute Infrastruktur reduziert die Ausgangskosten, aber der Vorstandsvorsitzende sollte immer danach fragen, welche Möglichkeiten durch die Infrastruktur entstehen, anstatt darüber nachzudenken, welche Kosten damit reduziert werden. Es kommt darauf an, die richtigen Prioritäten zu setzen. Jedes Jahr sollte sich das Unternehmen darum bemühen, einen kleineren Prozentsatz der Kosten für die routinemäßigen Funktionen und einen größeren Prozentsatz für neue Geschäftslösungen auszugeben.

Bei der Überprüfung der Projektkosten sollten Sie auf jeden Fall vermeiden, die Kosten für die Verbesserung der Infrastruktur der ersten Anwendung zuzuschlagen, die einen Nutzen daraus zieht. Dieser Ansatz könnte dazu führen, dass eine wertvolle Geschäftslösung finanziell undurchführbar zu sein scheint. Stattdessen sollten Sie sich fragen, wieviel die zweite und dritte Anwendung kosten wird. Zusätzliche Lösungen sollten bei relativ geringfügig steigenden Kosten entstehen. So ist ein effektives Nachrichtensystem in der Regel recht teuer, doch zusätzliche für dieses System entwickelte Anwendungen für Arbeitsabläufe sollten relativ preiswert sein.

Bei den Ausgaben für die Infrastruktur sollte auch die Schulung berücksichtigt werden. Häufig investieren Unternehmen riesige Geldbeträge in Hardware und Software und vernachlässigen das Budget für das Training der Mitarbeiter, die sie nutzen sollen. Jede erfolgreiche Anwendung der Technologie bedingt eine umfangreiche und fortlaufende Schulung. Integrieren Sie die Kosten für Ausbildungsmaßnahmen in die jährlichen Budgets. Es wird die beste Investition sein, die Sie jemals gemacht haben.

Es ist kein Zufall, dass die meisten der von mir in diesem Buch beschriebenen Unternehmen sich darum bemühen, durch Informationstechnologie spezielle Projekte zu verfolgen, die zu wachsenden Umsätzen durch verbesserte Produkte, zu reduzierten Produktkosten, schnelleren Lieferungen und zu einem intensiveren Kundendienst beitragen. Diese Firmen haben eine wichtige Lektion gelernt: Der Zweck der Informationsabteilung liegt darin, Geld zu machen! Anstatt sich darauf zu konzentrieren, die Kosten für die Informationstechnologie niedrig zu halten, müssen Sie die Ausgaben im Hinblick auf die Wirksamkeit für das Gesamtergebnis prüfen. Das Geheimnis des geschäftlichen Erfolges im digitalen Zeitalter liegt im Erfolg der Informationstechnologie. Das Geheimnis des Erfolges der Informationstechnologie liegt in einer modernen, flexiblen Infrastruktur, die auf PC- und Internet-Standards beruht.

Schlüsselinformationen

▲ Der Vorstandsvorsitzende muss die Informationstechnologie genauso kennen und verstehen wie jeden anderen Bereich des Unternehmens. Die Verantwortung für den strategischen Gebrauch der Informationsabteilung kann nicht an den IT-Vorstand delegiert werden.

▲ Der Vorstandsvorsitzende muss die Informationstechnologie als strategische Reserve betrachten, um dem Unternehmen dabei zu helfen, Einnahmen zu erzielen.

▲ Der IT-Vorstand muss an der Entwicklung der Unternehmensstrategie beteiligt werden und er muss in der Lage sein, in einfachen Worten darzulegen, was die Informationsabteilung tun kann, um ihren Beitrag zu leisten, diese Strategie in die Praxis umzusetzen.

▲ Betrachten Sie Schulungskosten als Teil Ihrer grundlegenden Kosten für die Infrastruktur.

Prüfen Sie Ihr digitales Nervensystem

▲ Geben Sie jedes Jahr einen immer kleineren Prozentsatz der Ressourcen für den laufenden Betrieb des Systems und einen immer größeren Prozentsatz für neue Geschäftslösungen aus?

▲ Verfügen Sie über mehrere herausragende Anwendungen?

▲ Wie teuer ist es, Ihrer gegenwärtigen Infrastruktur neue Lösungen hinzuzufügen?

Teil V

Nutzen Sie die Erfahrungen öffentlicher Institutionen

Das Gesundheitswesen
ist keine Insel

Abgesehen von guten Manieren ist nichts so wichtig wie die richtige Diagnose.

Alfred Sloan,
VORSTANDSVORSITZENDER VON GENERAL MOTORS

Vor einigen Jahren wurde ein neuer Mitarbeiter von Microsoft nach Hause gerufen, weil seine Mutter einen leichten Schlaganfall erlitten hatte. Als sie soweit genesen war, dass sie das Krankenhaus wieder verlassen konnte, blieb Frau Jones (dies ist nicht ihr wirklicher Name) noch bei ihrer Schwester, während ihr Sohn die letzten Vorbereitungen für ihren Umzug in den Nordwesten traf, damit sie in seiner Nähe war. Frau Jones erholte sich wieder, aber sie war danach nie mehr in der Lage, allein zu leben, und die Zeiträume, in denen es ihr gut ging, wurden häufig von Krankenhausaufenthalten zur Behebung von immer akuteren Problemen unterbrochen.

Die medizinischen Vorfälle der letzten zwei Jahre im Leben von Frau Jones demonstrieren gleichermaßen die besten und die schlechtesten Aspekte des amerikanischen Gesundheitswesens. Von drei unterschiedlichen Krankenhäusern und mehr als einem Dutzend Ärzte in zwei verschiedenen Staaten erhielt sie eine gute Pflege, wozu auch eine Reihe modernster Behandlungsmethoden gehörten. Als sich ihr physischer Zustand verschlechterte, konnte ihre Familie, die dem Mittelstand angehört, geeignete Einrichtungen finden, die für eine noch umfassendere Betreuung sorgten. Medicare und ihre private Krankenversicherung bezahlten die meisten Rechnungen; für den Rest musste sie selbst und ihre Familie aufkommen. Die vielen behandelnden Ärzte, Krankenschwestern und die anderen Personen, die für ihre Pflege sorgten, versahen ihre Aufgaben auf professionelle Weise und waren sehr freundlich. Frau

Jones bewahrte daher ihre Würde bis zu ihrem Ende, als sie im Schlaf starb.

Dennoch war das System weit davon entfernt, perfekt zu sein. Als Frau Jones das erste Krankenhaus verließ, um in die etwa 50 Kilometer entfernte Stadt zu fahren, in der ihre Schwester lebte, führte ein Kommunikationsfehler zwischen den Ärzten dazu, dass sie noch die Medikamente in vollem Umfang erhielt, obwohl die Dosierung eigentlich hätte verringert werden müssen. Zu dem Zeitpunkt, als sie im Nordwesten ankam, führten die Nebenwirkungen der hohen Dosierung dazu, dass sie sofort ins Krankenhaus eingewiesen werden musste. Weil ihr Krankenbericht noch nicht vorlag, mussten eine Reihe teurer Tests erneut durchgeführt werden. Dasselbe geschah ein Jahr später noch einmal, als sie in ein anderes Krankenhaus ging. Während ihres letzten dreiwöchigen Krankenhausaufenthaltes wurden zwar keine chirurgischen Eingriffe vorgenommen, dennoch kostete er 25 000 Dollar. Einmal verwechselte sie ihr Arzt, der gerade seinen Dienst beendete, mit einem anderen Patienten und sagte während eines Telefongespräches mit einem anderen Mediziner, dass ihre letzten Behandlungen im Krankenhaus ein »Missbrauch des Systems« wären. Dies war nicht einmal eine Woche, bevor Frau Jones starb.

Solche Probleme traten fortgesetzt auf, obwohl in diesem Fall Frau Jones in ihrer Familie Hilfe fand, um sich durch den Irrgarten der verschiedenen medizinischen und sozialen Dienstleistungen durchzukämpfen. Ihr Sohn und ihre Schwiegertochter unterstützten sie dabei und verbrachten viele Stunden damit, sich irgendwo anzustellen oder mit jemandem zu telefonieren. Zudem dauerte es ein Jahr, bevor sie ein Krankenhaus davon überzeugen konnten, ihnen nicht länger Rechnungen für Leistungen zu schicken, die sie bereits in voller Höhe beglichen hatten.

Aufgrund der vielen beteiligten Krankenhäuser, Ärzte, Kliniken, Apotheken und Pflegeeinrichtungen war der Umfang der erforderlichen Schreibarbeit unglaublich. »Im Zeitraum akuter Behandlung wuchs der Papierstapel in einem Tempo von genau drei Zentimetern pro Monat«, sagte ihr Sohn.

Auf seinen Geschäftsreisen pflegte er einen zusätzlichen Aktenordner mit sich zu führen, der die für die Pflege seiner Mutter jeweils aktuellen schriftlichen Unterlagen enthielt. Wenn er mit seiner eigenen Arbeit beschäftigt war, achtete er penibel darauf, die verschiedenen Rechnungen nicht miteinander zu verwechseln. So benutzte er blaue Post-its, wenn eine Rechnung bei Medicare eingereicht worden war; gelbe, wenn Rechnungen an ein privates Versicherungsunternehmen gingen; rote, wenn er die Rechnung wegen Fehlern zurückgeschickt hatte und grüne, wenn die Rechnung ihren ganzen Weg durch das System genommmen hatte und er selbst einen Scheck für ihre Begleichung ausstellen musste.

Denken Sie dabei an die Anzahl der Leute, die von dieser Schreibarbeit betroffen war. Für jeden Arzt und für jede Krankenschwester, die Frau Jones behandelten, mussten ein Dutzend für die Abrechnung zuständige Personen unterschiedlichster Bereiche tätig werden – das Büro des Krankenhauses oder die Praxis des Arztes, die Apotheke, Medicare, das private Versicherungsunternehmen. Es war wie ein altmodischer militärischer Feldzug. Für jeden Soldaten im Feld benötigt man 20 Leute hinter der Front für die Logistik.

Die meisten Experten schätzen, dass 20 bis 30 Prozent der jährlichen Billionen Dollar an Kosten für das amerikanische Gesundheitswesen durch Schreibarbeiten verursacht werden. In den Krankenhäusern könnte der Anteil sogar bei 40 bis 50 Prozent liegen. Schon ein Aufenthalt von einer Woche kann zu mehr als 100 Seiten Papier führen. Wenn man alle Kosten zusammenträgt, werden etwa 13 Prozent der ein bis zwei Milliarden Rechnungen, die jedes Jahr in den Vereinigten Staaten abgelegt werden, wegen irgendwelcher Mängel zurückgeschickt.[22]

Schreibarbeit und Komplexität haben sogar noch zugenommen, seit sich das Gesundheitswesen der Vereinigten Staaten im Rahmen seiner Bemühungen, Kosten zu reduzieren, Betrügereien zu vermeiden und für eine einheitliche und angemessene Behandlung zu sorgen, auf die »verwaltete Pflege« verlegt hat. Unter dem Modell der verwalteten Pflege trifft eine Organisation, ob es sich dabei um Medicare oder ein privates Versicherungsunternehmen handelt, eine vertragliche Vereinbarung mit einer Gruppe von Ärzten für die Bereitstellung medizinischer Dienstleistungen zu festen Gebührensätzen – 1000 Dollar für eine Blinddarm-Operation, 15 Dollar für eine Grippe-Impfung, usw. Nach den Angaben des *1998 Source Book of Health Insurance Data* waren Anfang 1997, dem letzten Jahr, für das aktuelle Zahlen vorliegen, mehr als 160 Millionen Menschen in den Vereinigten Staaten in einen verwalteten Pflegeplan eingetragen.

Die Ärzte erkennen die Notwendigkeit der Ausgabenkontrolle an, aber sie fühlen sich durch die Bestimmungen gefesselt und von Bürokraten bevormundet. Sie befürchten, dass ihre medizinischen Möglichkeiten beschränkt werden und dass die Behandlung der Patienten darunter leiden könnte. Zudem müssen sie sich mit komplizierten Angelegenheiten beschäftigen, da sie Patientendaten als Geschäftsunterlagen betrachten und deshalb häufig zögern, sie an andere Ärzte weiterzugeben. Darüber hinaus standen sie der Verwendung von Computern größtenteils ablehnend gegenüber, obwohl ein großer Teil dieser Abneigung auf die Schwächen und die Kosten von frühen medizinischen Systemen zurückgeführt werden kann.

Es ist schon seltsam, dass sich die von vielen Ärzten abgelehnte verwaltete Pflege als wichtige Antriebskraft dafür erweisen könnte, dass Informationssysteme verstärkt Eingang in die Behandlung der Patienten finden und die Kontrolle über die Behandlung der Patienten zurück an die Ärzte geht. Wenn man den Medizinern genügend klinisch hilfreiche Informationen präsentiert, erkennen sie den Nutzen und verlangen nach mehr. Inzwischen haben auch die Patienten gemerkt, wie viel mehr Informationen für sie im Internet erreichbar sind und wie ihnen dieses Wissen Eigenverantwortung bei der Aufrechterhaltung ihrer Gesundheit einräumt.

Das Internet gibt Ihnen die Verantwortung für Ihre Gesundheit

Ich habe persönlich viele Stunden im Internet damit verbracht, Informationen über Gesundheitsfragen zu lesen, die für meine Freunde und meine Familie von Interesse waren. Der Detailreichtum von Informationen im World Wide Web ist geradezu erstaunlich. Doch es gibt auch eine Menge Quacksalberei im Internet, und daher sollten Sie nicht alles glauben, was Sie dort finden können. Berücksichtigen Sie stets die Glaubwürdigkeit der Personen oder der Organisation, von denen die Informationen stammen.

Mit der Zeit wird die Verfügbarkeit so vieler Daten den Menschen dabei helfen, in größerer Eigenverantwortlichkeit Entscheidungen in Gesundheitsfragen zu treffen. Hamilton Jordan, der Stabschef des früheren amerikanischen Präsidenten Jimmy Carter, hat mehrfach erfolgreich gegen den Krebs gekämpft. Als er beim ersten Mal im Begriff war aufzugeben, sagte ein Freund zu ihm: »Für niemanden steht bei deiner Gesundheitsfürsorge so viel auf dem Spiel wie für dich«, und er überzeugte Jordan davon, selber die Verantwortung für seine Erkrankung zu übernehmen. Bei dieser ersten Krebserkrankung, von der er glaubt, dass sie durch die Freisetzung des Entlaubungsmittels Agent Orange im Vietnamkrieg verursacht wurde, recherchierte Jordan in Bibliotheken. Ein Jahrzehnt später, als er an Prostatakrebs litt, eignete er sich Fachwissen über seine Krankheit über das Internet an und konnte so eine aktive Rolle bei der Behandlung übernehmen.

Der Vorsitzende von Intel, Andrew Grove, machte ähnliche Erfahrungen, als er vor mehreren Jahren an Prostatakrebs erkrankte. Nachdem er online gegangen war, um festzustellen, welche Informationen über die verschiedenen medizinischen Behandlungsmethoden zur Verfügung standen, merkte er schnell, dass es keine gültigen Vergleichsstudien gab. Da er selbst Wissenschaftler war, erstellte er daraufhin auf Basis der vorhandenen Daten seine eigene Vergleichsstudie!

Jordan, in dessen Familie bereits Fälle von Prostatakrebs vorgekommen waren, entschloss sich zu einem chirugischen Eingriff. Bei Grove lagen eine andere Krankengeschichte und andere Umstände vor und er wählte eine Kombination der üblichen Behandlung mit einer sanften Strahlungstherapie. Das Wichtige dabei ist, dass beide Männer auf der Grundlage guter medizinischer Beratung und eigener Recherchen eine angemessene Entscheidung treffen konnten.

Das Internet ist jedoch mehr als nur eine Quelle für medizinische Informationen. Patienten, die dasselbe Leiden haben, können miteinander in Kontakt treten und ihre Erfahrungen austauschen. Dadurch fühlen sie sich weniger isoliert. Die Gemeinschaft von Patienten existiert weltweit, und mit Hilfe von Online-Foren ist eine Verbindung untereinander ohne Schwierigkeiten möglich.

Das Fred Hutchinson Krebsforschungszentrum in Seattle experimentiert mit einem neuen Ansatz, um eine Internet-Gemeinschaft zu schaffen. Das Zentrum verwendet die virtuelle Realität, um ein Gefühl des »Für-Sie-Da-Seins« bei den Patienten und ihren Familien zu schaffen. Die virtuelle Erfahrung scheint besonders wertvoll zu sein in der Zeit, bevor ein Patient in das Zentrum kommt, da sie ein größeres Gefühl von Trost und Vertrauen fördert. Ein Patient und seine Familie können das Zentrum via Internet besuchen und einen dreidimensionalen virtuellen Spaziergang durch die Einrichtung machen. Sie können Darstellungen über verschiedene Themen anwählen und andere Patienten und ihre Familien in gemeinsam zugänglichen Bereichen treffen. Später kann ein Familienmitglied einen Termin vereinbaren, um einen Online-Chat mit einem bestimmten Mitglied des Zentrums zu führen, das er kennen gelernt hat. Diese virtuellen Erfahrungen ersetzen keinen direkten persönlichen Kontakt, aber sie erweitern ihn.

Dieser klinische Nutzen hat auch die Vorstandsvorsitzenden der im Gesundheitswesen tätigen Unternehmen ermutigt, sich für bessere Informationssysteme einzusetzen. Dabei mussten sie sich manchmal auch gegen den Widerstand ihres Aufsichtsrates durchsetzen, der während der Fusionswelle der letzten Jahre den Blick zu sehr auf die Reduzierung der Kosten richtete. Bis heute haben die Unternehmen im Gesundheitswesen nur 2 bis 3 Prozent ihrer Einnahmen in die Informationstechnologie investiert, während Banken im Vergleich dazu bis zu 15 Prozent dafür verwenden. Obwohl das Gesundheitswesen eine Hochtechnologie-Branche ist, richtete sich die Technologie mehr auf eigenständige Diagnose-Systeme und weniger auf den Informationsfluss.

Häufig sind die eingesetzten Informationssysteme nicht so konzipiert, dass sie mit anderen zusammenarbeiten können, ungeachtet all der Bereiche im Gesundheitswesen, in denen ein Austausch von Daten erfolgen sollte, wie dem Labor, der Apotheke, der Radiologie, der Blutbank, den medizinischen Überwachungsgeräten sowie den Systemen für die Auswertung und Berechnung. Die Organisationen müssen spezielle Schnittstellen zwischen allen Bereichen und jeder Anwendung entwickeln. Eine solche Organisation kann Hunderte dieser Schnittstellen haben, und eine von ihnen verwaltet gegenwärtig sogar 1800 verschiedene Schnittstellen. Diese Komplexität ist ein Grund dafür, dass eine Gesundheitsorganisation normalerweise zwei Jahre braucht, um ein neues System zu kaufen und weitere zwei Jahre für dessen Installation – zu lang in jeder Hinsicht.

Heute ist die Situation ermutigender. Die amerikanische Regierung hat Gesetze verabschiedet, die die Definition eines Standards für das elektronische Finanzwesen und für administrative Verfahren, einschließlich rechnergestützter Patientenakten, verlangen. Mehrere Organisationen arbeiten daran, um landesweit technische Normen für die Interoperabilität medizinischer Anwendungen einzuführen. Die Microsoft Healthcare Users Group, abgekürzt MS-HUG, bemüht sich darum, medizinische Anwendungen zu entwickeln, bei denen Standard-Bestandteile der Windows- und Internet-Technologie auf der Basis des Prinzips »einstecken und loslegen« miteinander kombiniert werden.

Ein besserer Umgang mit den Informationen im Gesundheitswesen wird in Zukunft zu einer Notwendigkeit werden. Einige Organisationen, die erkannt haben, dass die Bedürfnisse ihrer Patienten nicht warten können, setzen sich dabei an die Spitze der Entwicklung. Sie beweisen damit, dass ein digitales Nervensystem wertvolle Beiträge in allen Bereichen der verwalteten Pflege leisten kann: von Notfall-Dienst, über die Behandlung im Krankenhaus, der Nachbehandlung der Patienten bis zu langfristigen Trendanalysen.

Schnelle Reaktion in Notfällen

Mehr als 80 Ambulanzen und Feuerwachen in sechs Ländern sind mit Hilfe von PC-basierten Systemen in der Lage, eine schnelle Rettung durchzuführen. In Verbindung mit dem Global Positioning System (GPS) lokalisieren diese Systeme über Satelliten die nächste Ambulanz und ermitteln die schnellste Strecke dorthin. Die zwei größten landesweit operierenden Notfalldienstleister in den Vereinigten Staaten, die American Medical Response (AMR) und der Rural/Metro Ambulance Service, verwenden PCs, um den Einsatzleitern die beste Verwendung der Notfall-Fahrzeuge zu ermöglichen.

Rural/Metro in San Diego kann errechnen, wie viele ihrer 500 Feuerlöscheinrichtungen und welche Fahrzeugtypen für die Bekämpfung eines Feuers nötig sind. Ein Leiterwagen ist beispielsweise für einen Brand in einem Hochhaus erforderlich. Für ein Feuer in einer Fabrik wird eine umfangreiche Ausrüstung für gefährliche Stoffe bereitgestellt. Die Feuerwehr in Denver nutzt ein System auf der Basis von Personal Computern, um die Grundrisse von größeren Gebäuden und die Standorte von Hydranten anzuzeigen. Zudem werden die Mitarbeiter der Feuerwehr darüber informiert, ob in der Nähe eines Feuers Behinderte leben, die im Bedarfsfall evakuiert werden müssten.

Wahrscheinlich macht kein anderer Notfalldienst in den Vereinigten Staaten einen derart umfassenden Gebrauch von der PC-Technologie wie die Acadian Ambulance and Air Med Services in Lafayette, Louisiana, die im Begriff sind, einen vollständigen Informationsfluss um die von dem Unternehmen TriTech Software-Systems gelieferte Anwendung VisiCAD für Fire/EMS Software (CAD bedeutet hier computergestützter Einsatz, nicht Design) aufzubauen. Mit 1200 Angestellten und 90 Millionen Dollar Umsatz ist Acadian das größte unabhängige Ambulanz-Unternehmen in den Vereinigten Staaten. Von einem einzigen Einsatz-Zentrum in Lafayette versorgt Acadian 26 Gemeinden, eine Fläche von mehr als 27 000 Quadratkilometern mit Städten, kleineren Ortschaften, Zuckerrohrfeldern, Reisfeldern und Sumpfgebieten in den südlichen Regionen des Bundesstaates. An einem normalen Tag bearbeitet Acadian 500 bis 600 Anrufe, die zu Einsätzen von Ambulanzen und Rettungshubschraubern führen.

Die Benutzer des PC-basierten Notfallsoftware-Systems sagen, dass es die unmittelbaren Reaktionszeiten auf die Notrufnummer 911 um konstant 60 bis 90 Sekunden reduziert. In einem Geschäft, bei dem es um Leben oder Tod geht und bei dem es auf Minuten oder Sekunden ankommt, ist dies ein bedeutsamer Fortschritt.

Der größte Nutzen ist allerdings darin zu sehen, wie mit demselben System die Rettungssanitäter den Verletzten oder Kranken medizinische Hilfe geben können, sowohl während sie noch auf dem Weg zu ihnen sind als auch nach dem Eintreffen am Unfallort. Während die Ambulanz noch unterwegs ist, führt die Software den Einsatzleiter durch eine Reihe von Fragen, die dem Anrufer bezüglich der Umstände des Notfalls gestellt werden sollen. Der Einsatzleiter übermittelt die Antworten an die Mannschaft im Einsatzfahrzeug und berät den Anrufer über angemessene Erste-Hilfe-Maßnahmen bis zur Ankunft der Rettungssanitäter. Das System erinnert den Einsatzleiter sogar daran, nach der Anwesenheit eines Wachhundes oder anderer potenzieller Gefahren für die Sanitäter am Unfallort zu fragen.

Mit einem neuen Diagramm-System, das mit Stiften bedient wird und auf Laptops von Fujitsu läuft, wird sichergestellt, dass die Rettungssanitäter von Acadian der vorgesehenen standardisierten Vorgehensweise folgen. Der PC zeigt ein Schema des in sieben Bereiche aufgeteilten menschlichen Körpers. Der Rettungssanitäter klickt den Körperbereich an, wo das Problem vermutet wird. Je nachdem, um welche Erkrankung oder Verletzung es sich handelt, bietet der PC unterschiedliche Behandlungsmethoden an.

Durch das neue System werden Papierberichte ersetzt, Patientenakten können damit sehr rasch angelegt werden. Das System fragt nach Standard-Informationen, wandelt handgeschriebene Namen in Textform um und vervollständigt automatisch das Feld für die Anschrift des Krankenhauses. Wenn das Unfallopfer ein Mitglied des monatlichen Abonnement-Programms von Acadian ist, versieht das System das Diagramm mit medizinischen Informationen, die schon auf der Festplatte des Laptops gespeichert sind.

Intravenöse Behandlungen und einige andere Verfahren erfordern die Unterschrift eines Arztes, wenn die Ambulanz das Krankenhaus erreicht. Die Unterschrift wird mit einem Schreibgerät in einem speziellen Feld auf dem PC-Display eingetragen. Wenn später eine andere Behandlungsmethode eingeleitet wird, ist eine weitere Unterschrift von einem Arzt erforderlich, was die medizinische Überprüfung aller Verfahren sicherstellt.

Nachdem ein Bericht abgeschlossen worden ist, wird er via Remote Access in das Netzwerk von Acadian übermittelt. Eine Verschlüsselungstechnologie schützt die vertraulichen Patientendaten. Das System erinnert das Team jeden Tag an Daten, die noch unvollständig sind. Wenn ein Bericht nicht innerhalb von fünf Tagen abgeschlossen und hochgeladen worden ist, bekommt der Vorgesetzte des Einsatz-Teams automatisch via E-Mail eine entsprechende Nachricht, um der Angelegenheit nachzugehen.

Dieses neue System hat die Genauigkeit in den Berichten von 60 auf etwa 90 Prozent ansteigen lassen. Acadian beabsichtigt, seine Informationssysteme so weit zu integrieren, dass schon die ersten eingegebenen Daten der Rettungssanitäter direkt an die Buchhaltung weitergegeben werden können und dass die eingetragenen Arbeitsstunden der Einsatzkräfte nahtlos für die Gehaltsabrechnung genutzt werden. Die gleiche Infrastruktur wird automatisch die Ausbildung und Lizensierung der Sanitäter koordinieren und die Einsatzpläne für die Fahrzeuge und die Wartung der Rettungswagen sicherstellen.

Diese betrieblichen Verbesserungen machen jedoch nur einen Teil aus. Die von Acadian zusammengetragenen Daten ermöglichen dem Unternehmen auch eine intelligentere Versorgung der Patienten. Die Rettungssanitäter sind mit dem Problem konfrontiert, entweder schon am Unfallort eine intravenöse Behandlung durchzuführen und damit die Einlieferung in das Krankenhaus zu verzögern oder sofort ins Krankenhaus zu fahren, obwohl die Erschütterungen des Fahrzeugs eine intravenöse Behandlung erschweren könnten. Durch die Analyse der mit dem neuen System gesammelten Daten stellte Acadian fest, dass die Erfolgsrate bei beiden Methoden identisch war. So machte das Unternehmen die intravenöse Behandlung während der Fahrt zum Standardverfahren und reduzierte damit die Zeit bis zur Einlieferung im Krankenhaus.

Die Auswertung eingegebener Daten führte auch dazu, jene Rettungssanitäter besser auszubilden, die bei der intravenösen Injektion oder bei der Intubation (die Einfügung einer Röhre in die Kehle eines Patienten zur Erleichterung der Atmung) Probleme hatten. Mit Hilfe dieser Informationen erfuhr Acadian auch, dass sie zwei verschiedene Medikamente nicht mehr mit sich führen mussten, die so selten angewendet wurden, dass fast immer das Verfallsdatum überschritten war, bevor sie zum Einsatz kamen.

Mit den alten Papierberichten war die Analyse dieser und anderer Fragen im besten Falle schwierig zu gewährleisten. Selbst mit dem Einsatz der Schichtführer, welche die Krankenakten manuell überprüften, war es unmöglich, mehr als die allerdringlichsten Probleme zu entdecken. Die 500 bis 600 Akten eines Tages stapelten sich einfach, doch sie waren nur für die Verlaufsgeschichte der Einzelfälle, nicht aber für eine Analyse zu gebrauchen. In der Zukunft wird Acadian über genügend lokale Daten verfügen, um beinahe jede medizinische Entwicklung zu verstehen und darauf reagieren zu können, sodass das Unternehmen nicht auf langfristige nationale Studien warten muss.

Acadian und andere Ambulanzen unternehmen auch den nächsten Schritt: Die Übertragung der digitalen Daten zeitgleich mit der Einweisung des Patienten ins Krankenhaus. In Birmingham, Alabama, haben zehn lokale Krankenhäuser damit begonnen, TraumaNet, ein Anwendungsprogramm zu verwenden, das einem Sanitäter ermöglicht, grundlegende Patientendaten elektronisch vom Rettungswagen aus zu übertragen. Die Daten werden an das Trauma-Kommunikationszentrum übermittelt, das die Ambulanz zu jenem Krankenhaus führt, das für die erforderliche Notfallbehandlung am besten geeignet ist. Dorthin werden die Patientendaten übertragen, sodass man sich auf die Ankunft des Patienten entsprechend vorbereiten kann. Das Ziel besteht darin, digitale Systeme zu verwenden, um ein ganzheitliches Bild vom Zustand des Patienten bereitzustellen, wenn er in der Notaufnahme eintrifft.

Die vollständige digitale Aufzeichnung von Patientendaten

Sobald der Patient im Krankenhaus eintrifft, profitiert er von den Informationssystemen, die dem medizinischen Stab mehr Information über die Geschichte des Patienten und die Details der bis dahin erfolgten Betreuung liefern. Auf diese Weise werden die Ärzte und Krankenschwestern von unnötigen Schreibarbeiten befreit, sodass sie einen größeren Teil ihrer Zeit auf die Versorgung des Patienten verwenden können. Eine gutes Beispiel dafür, wie ein Krankenhaus alle diese Patienten-Informationen zusammenfassen kann, liefert das Children's Hospital and Regional Medical Center in Seattle. Das Children's Hospital ist ein gemeinnütziges Kinderkrankenhaus mit 208 Betten. Es ist an die Universität der Washington School of Medicine angegliedert. Im Krankenhaus arbeiten 180 Ärzte sowie 100 eigene Belegärzte und 240 Belegärzte, die aus anderen Einrichtungen kommen. Aus den angegliederten mehr als 50 ambulanten Spezialkliniken in den fünf Bundesstaaten Alaska, Idaho, Montana, Washington und Wyoming nimmt das Children's Hospital zudem Einweisungen auf.

Wird ein Patient aufgenommen, werden alle Informationen über ihn in einen PC eingegeben und in einer zentralen Datenbank gespeichert. Mehr als 1500 Personal Computer sind überall im Krankenhaus untergebracht, auf jeder Etage, in jeder Abteilung und in unmittelbarer Nähe jedes Krankenbettes. Wann immer jemand im Krankenhaus mit dem Patienten zu tun hat, wird der Vorgang in die gleiche Datenbank eingetragen. Jedes Mitglied des Krankenhaus-Personals, selbst eine Lehrkraft an einer der externen ambulanten Spezialkliniken, hat Zugang zu diesen Informationen. Wenn eine Krankenschwester einen Arzt über den Zustand eines Patienten benachrichtigen muss, kann sie ihn »anpiepsen«. Dieser stellt dann eine Verbindung zum PC der Klinik her.

Jede Behandlung, jeder Test, jede medizinische Maßnahme und alle im Children's Hospital durchgeführten Verfahren werden in Care-VISION eingetragen. Hierbei handelt es sich um ein von der Firma Health VISION Corporation entwickeltes Patienten-Informationssystem. Eine CareVISION-Akte gibt dem Krankenhaus eine vollständige digitale Aufzeichnung der Patienten-Daten und der durchgeführten medizinischen Behandlungen. Dieses System wurde in Zusammenarbeit mit den medizinischen Lehrkräften des Children's Hospital, die mit den Informatikern zusammen als Teil des Projekt-Teams arbeiteten, entwickelt. Damit können auch unbedeutende Daten gesammelt werden, wie beispielsweise Informationen darüber, wie oft eine Schwester eine Patientin aufsucht, sie im Bett dreht oder badet. Ein Arzt kann auf einen Patientennamen klicken, um die Aufzeichnungen zu überprüfen, und kann so viele Details erhalten, wie er für erforderlich hält. Alle Laborberichte und alle anderen Informationen, die früher Teil einer Papierflut waren, die 100 Seiten pro Woche und Patienten umfasste, werden heute digital in einer Datenbank gespeichert. Alles wird elektronisch erfasst, sodass das Krankenhaus ein vollständiges, sofort verfügbares Bild über jeden Zeitpunkt und jede Form der Behandlung des Patienten bekommt.

Schon bald wird die Klinik ein Modul für die Unterstützung von Entscheidungen hinzufügen, um den medizinischen Stab in Echtzeit vor Problemen bei der Behandlung und vor Wiederholungen zu warnen. So könnte zum Beispiel ein Arzt beim Eintragen einer bestimmten Dosierungsanweisung für ein Kind durch das System alarmiert werden, dass es in Verbindung mit einem anderen Medikament, welches das Kind bereits erhält, zu Nebenwirkungen kommen kann oder dass das Kind auf das Medikament allergisch reagiert. Oder der Arzt könnte eine Röntgenbestrahlung anweisen, und das System würde ihn fragen: »Wir haben gerade gestern eine Röntgenbestrahlung angeordnet. Möchten Sie wirklich noch eine weitere?«

Während Acadian seine Daten analysiert, um Tendenzen aufzuspüren und entsprechende Notfall-Behandlungen zu entwickeln, nutzt das Children's Hospital sein System, um zu den »besten Behandlungsmethoden« bei der Versorgung ihrer Patienten zu gelangen. Der Ausdruck für dieses Vorgehen lautet *clinical pathways* (medizinische Pfade) und bedeutet, den optimalen Verlauf der Behandlung bestimmter Leiden zu definieren. Die meisten Krankenhäuser haben schon immer medizinische Pfade für die Heilung spezieller Krankheiten verfolgt, aber sie waren papierbasiert und endeten oft auf einem Regal, wo nur wenige auf die Informationen zugreifen und sie verwenden konnten. Selbst wenn diese Daten genutzt wurden, erschwerten papiergebundene Abläufe das Sammeln und Überprüfen der vorliegenden Informationen im Hinblick auf Verbesserungen.

Im Children's Hospital werden Behandlungsdaten automatisch erfasst, sodass die Leitungsteams Tendenzen verfolgen und noch effektivere Vorgehensweisen entwickeln können. Von den Teams werden dann neue Standard-Methoden für das CareVISION-System programmiert und an die behandelnden Ärzte weitergeleitet. Wenn ein Arzt ein gewisses Medikament oder eine gewisse Behandlung verschreibt, prüft das System nach, ob die Verordnung mit dem üblichen Vorgehen des Krankenhauses bei dieser Indikation übereinstimmt. Das System macht Ärzte auf neue Verfahren aufmerksam, die sie sonst übersehen könnten.

Diese Fähigkeit, die Daten zu sichten, um bessere medizinische Behandlungsmethoden zu entwickeln, ist beim Children's Hospital besonders wichtig im Hinblick auf seine Funktion als Lehreinrichtung. Um den Belegärzten und den Studenten zu helfen, wird CareVISION vorab ausgewählte Methoden beinhalten, die sich an den Richtlinien des

Krankenhauses für die gegenwärtig beste Versorgung der Patienten orientieren. Wenn der Belegarzt nicht mit der Methodik vertraut ist, kann das System ihm via E-Mail Hintergrundinformationen für die spätere Lektüre schicken. Die Online-Referenzen werden die jüngsten Daten enthalten, die das Für und Wider der verschiedenen Behandlungsarten im Bezug auf Kosten und Wirksamkeit erklären. Wenn eine unangemessene Methode gewählt wird, kann das System die Durchführung dieser Behandlung verhindern und dem Benutzer zusätzliche Informationen über den Grund für den Abbruch der Behandlung schicken. Darüber hinaus kann es den anwesenden Arzt auf Bereiche hinweisen, in denen er noch weitere Schulungen benötigt.

Die Integration des neuen Systems in das Rechnungswesen des Children's Hospital schützt die Investitionen des Krankenhauses in vorhandene Technologien. Das neue System entspricht den strengen Vorschriften zur Vertraulichkeit der Patientendaten und der Einhaltung der vorgesehenen Sicherheitskriterien. Es erleichtert auch Rückerstattungen, da den Versicherungsunternehmen umfangreiche Dokumentationen zur Verfügung stehen. Weil alle Daten über die Versorgung der Patienten digital erfasst werden, kann das Krankenhaus Prüfprotokolle führen und ausführliche Management-Berichte anfertigen.

Da das System auf Standard-Technologien basiert, wird das Children's Hospital in der Lage sein, es zu modifizieren oder in jede gewünschte Richtung zu erweitern. Zu den Plänen des Krankenhauses gehört der Einbau von digitalen Bildern, sodass die Ärzte von überall her Abbildungen von den Krankheiten der Patienten einsehen können.

Die Verantwortlichen im Children's Hospital waren sich darüber im Klaren, dass die Einführung eines weltweit führenden Informationssystems, das sich auf die Versorgung der Patienten konzentriert, Zeit benötigen, Geld kosten und einige Überraschungen mit sich bringen würde. Doch sie erkannten, dass es höhere Kosten und ein größeres Risiko bedeuten würde, diesen Weg nicht zu gehen. Der IT-Vorstand des Children's Hospital, John Dwight, meint dazu: »Ja, es ist teuer. Nein, es ist nicht so leicht, wie es sein sollte. Und es brauchte seine Zeit, bis die Sache lief. Aber wir haben wirklich keine Wahl. Krankenhäuser werden in der heutigen Welt nicht überleben, wenn sie nicht in digitale Informationssysteme investieren, mit denen sie Daten erfassen und analysieren können. Entweder machen wir unsere Aufgaben besser oder aber wir verschwinden aus dem Geschäft.«

Die Bereitstellung einer Rundumversorgung

Der Personal Computer und die Internet-Technologie helfen nicht nur bei der Versorgung von Patienten in Krankenhäusern, sondern auch bei der täglichen medizinischen Arbeit. Das Sentara Gesundheitssystem von Norfolk, Virginia verwendet das Internet, um die Ärzte mit ihren Patienten in Verbindung zu bringen, egal ob die Kranken im Krankenhaus oder zu Hause in Behandlung sind.

Sentara hat eine intranetbasierte Anwendung mit der Bezeichnung SpinWeb eingerichtet, das ihrem Netzwerk von 2000 Ärzten und 5000 Büroangestellten einen unmittelbaren Zugang zu Patientendaten und anderen medizinischen Informationssystemen über das World Wide Web liefert. Die Ärzte wählen sich von zu Hause oder aus ihrer Praxis in die PC-Server von Sentara ein, um den gegenwärtigen medizinischen Zustand der Patienten zu überprüfen, Laborberichte, Patienten-Entlassungsberichte, medizinische Referenzmaterialien und Versicherungsinformationen zu studieren. Ein Chirurg kann sich in der Nacht vor einer Operation über den Zustand des Patienten informieren. Mit SpinWeb kann ein Arzt auch via Personal Computer und Remote Access die Patienten-Daten prüfen, bearbeiten und elektronisch abzeichnen. E-Mails ermöglichen die Kommunikation unter den Ärzten und zwischen Sentara und den Medizinern.

Diese Fähigkeiten befreien einen Arzt von der Notwendigkeit, jedes Mal zum Krankenhaus fahren zu müssen, wenn ein routinemäßiger Schritt bei der Behandlung eines Patienten durchgeführt werden soll. Es vermeidet auch die Verwaltungsarbeit beim Übermitteln all dieser Informationen in Papierform.

Für die große Gruppe der Patienten mit einem hohen Risiko, wie beispielsweise Personen mit Diabetes, liefert Sentara Informationen über den Umgang mit diesen Krankheiten und sorgt für die tägliche Überwachung. Heute werden mit diesen Patienten tägliche, zuweilen sogar mehrfach pro Tag, Präventiv-Untersuchungen zur Überprüfung ihres Blutzuckerwertes und anderer kritischer Indikatoren durchgeführt. Mit dem Einsatz von SpinWeb kann der Patient sich in naher Zukunft über das Internet einwählen und seine täglichen Werte eingeben, die sowohl an einen eventuellen Betreuer als auch an den Arzt übermittelt werden. Die SpinWeb-Anwendung wird den Patienten eigenständig Empfehlungen für die Behandlung geben. Wenn der Blutzuckerwert des Patienten unterhalb eine gewisse Grenze absinkt, könnte SpinWeb ihn anweisen, etwas Limonade zu trinken. Mit SpinWeb kann Sentara überdies Information über Entwicklungstendenzen sammeln. In einem Diabetesfall könnte sich herausstellen, dass der Blutzuckerwert des Patienten an jedem Tag um 16 Uhr zu hoch liegt, was den Arzt dazu veranlasst, ihm eine Veränderung seiner Ernährungsgewohnheiten zu empfehlen.

Internetbasierte Anwendungen wie SpinWeb ermöglichen den Informationszugang für die vielen Ärzte und Patienten, die auf dem Lande leben. Wenn ein Patient zu einem Spezialisten in einer nahe gelegenen Stadt überwiesen wird, kann der Hausarzt Berichte über den Zustand des Patienten auf der Internetseite von SpinWeb verfolgen. Wenn ein Patient verlegt werden muss, stellt SpinWeb schon bald die medizinischen Aufzeichnungen über den Patienten jedem medizinischen Team zur Verfügung, das dazu berechtigt ist. Eine Sentara-Notfall-Gesundheitskarte wird eine gebührenfreie Telefonnummer enthalten, die von einer anderen medizinischen Einrichtung angerufen werden kann, um Zugang zur Internetseite von Sentara zu bekommen. Innerhalb von Minuten weiß ein medizinisches Team genauso viel über die Krankengeschichte des Patienten wie der Hausarzt.

Das Aufspüren unbekannter Gefahren

Neben der Verbesserung der unmittelbaren Patientenversorgung und dem fortlaufenden Dialog zwischen Arzt und Patienten, kann die Informationstechnologie auch mit Hilfe langfristig gewonnener Daten und der Analyse von Symptomen die Behandlung verbessern. Die U.S. Air Force ist führend bei der Nutzung von Datensammlungen und Analysen, um ihre Streitkräfte in Übersee ärztlich zu überwachen und vor möglichen medizinischen Gefahren zu schützen.

Eine Reihe von Angehörigen der amerikanischen Streitkräfte, die aus dem Vietnamkrieg oder dem Golfkrieg zurückkehrten, klagte über Krankheiten, die die Ärzte vor Rätsel stellten. Die Vietnamveteranen glaubten, dass ihre Leiden durch den Einsatz von Agent Orange verursacht wurden. Hierbei handelt es sich um ein Insektenvernichtungsmittel, das die amerikanischen Streitkräfte zur Zerstörung der Vegetation einsetzten. Die Spekulationen über die Ursache des »Golfkrieg-Syndroms« reichten von Öldampfinhalation über verzögerte Reaktionen auf verschiedene Impfstoffe bis zu Folgen eines möglichen Einsatzes von chemischen Waffen durch den Irak. Die Verwirrung wurde noch gesteigert, als mindestens eine Studie behauptete, dass die Anzahl der von den Golfkriegsveteranen berichteten ungewöhnlichen Krankheiten nicht höher liegt als die der Soldaten, die nicht im Kampfgebiet dienten. Ohne die konsequente Analyse der Symptome, die im Einsatz oder später auftraten, kann niemand mit Gewissheit sagen, ob diese Krankheiten kriegsbedingt waren oder nicht.

Nachdem die Besorgnisse über eine mögliche Krankheit, die auf den Golfkrieg zurückzuführen sei, Mitte der 90er Jahre immer häufiger geäußert wurden, traf General Klaus Schafer, der leitende medizinische Offizier für das Air Combat Command der U.S. Air Force eine Entscheidung: »Ich bin nicht bereit, meine Leute Agent Orange oder dem Golfkrieg-Syndrom auszusetzen. Ich will wissen, in welcher Umgebung ich sie einsetze und was mit ihnen geschieht.« General Schafer wandte sich an die medizinische Abteilung im Pentagon, den Military Health Service (MHS), und bat um Unterstützung zur Entwicklung eines digitalen, im Einsatz verwendbaren Systems, mit dem gesundheitsrelevante Daten über die jeweilige Umgebung, in der die Soldaten zum Einsatz kamen, ermittelt werden können. Obwohl der Military Health Service der Ansicht war, dass ein solches System eine großartige Idee sei, dachten sie dennoch, dass es zwei bis drei Jahre dauern würde, um ein derartiges System zu entwickeln.

Das war jedoch nicht schnell genug. General Schafer und sein oberster Offizier, Lieutenant Colonel Edward Kline, sowie eine Gruppe von technischen Experten bedienten sich im Handel erhältlicher PC-Software, mobiler Computer und kostengünstiger Server. Das Ziel ihrer Bemühungen lag im Aufspüren und Analysieren der von den Militärangehörigen bezeichneten »Erkrankungen, die nicht durch Verwundungen auf dem Schlachtfeld bedingt waren«. Dies war eine sehr breitgefasste Kategorie, die sich mit all jenen Gesundheitsproblemen befasste, die nicht auf direkte Kampfeinsätze zurückgeführt werden konnten. Das Ergebnis war eine Anwendung mit der Bezeichnung Desert Care, mit der die Air Force genau Krankheiten diagnostizieren und Gesundheitstrends in einem Bereich erkennen konnte. Bei der Sorge um das Wohl der eigenen Truppen kann Desert Care auch mögliche unerkannte, gesundheitsgefährdende Aktivitäten des Feindes aufdecken.

Die ganze Entwicklung dauerte etwa vier Monate und kostete lediglich 200 000 Dollar. Heute wird Desert Care im persischen Golf und im Nahen Osten eingesetzt und betreut die 28 000 Angehörigen der Luftstreitkräfte, die dort jährlich rotieren. Innerhalb von einem Jahr konnte Desert Care auf allen Stützpunkten der Air Force »institutionalisiert« werden und lieferte medizinische Informationen über Tausende weiterer Personen und Dutzende weiterer Regionen. Auch die amerikanischen Heeres- und Marinestreitkräfte sind bereits an einer Übernahme des Programmes interessiert.

Der Schutz des Einzelnen und der gesamten Streitkräfte

Vor dem Einsatz von Desert Care war die Erkrankung eines Angehörigen der Streitkräfte nur als ein isoliertes Symptom betrachtet worden. Das Leiden wurde mit medizinischen Methoden behandelt, in einem papierbasierten System registriert und dann vergessen. Heute werden nach der medizinischen Versorgung eines Soldaten durch einen Arzt der Air Force alle relevanten Daten in einen mobilen Computer eingegeben und per E-Mail in die Vereinigten Staaten geschickt, wo sie zusammen mit anderen Berichten von dem Schauplatz verarbeitet werden. Mehrere Teams von Universitäts- und Militärstatistikern in den USA analysieren die Daten, um sich ein Bild von den gesundheitlichen Verhältnissen zu machen und um auf jedes Muster ausbrechender Erkrankungen zu achten. Wenn andere Personen auf demselben Stützpunkt oder innerhalb eines Umkreises von z. B. 500 Kilometern über ähnliche Symptome berichten, erfährt die Air Force sofort von diesen Fällen und kann reagieren. Das Ziel liegt im »Schutz der Streitkräfte« – um die Militärs in die Lage zu versetzen, rasch auf einen chemischen oder biologischen Angriff zu reagieren.

Desert Care bewährte sich schon schnell in einem ganz banalen Fall, als ein Muster von Erkrankungen auf ein Problem bei den hygienischen Standards in einer bestimmten Küche des Stützpunktes hinwies. Ohne die digitale Unterstützung hätte die Air Force vielleicht Wochen gebraucht, um festzustellen, dass es dort ein Problem gab und striktere Hygiene-Bestimmungen eingeführt werden mussten.

Das Programm Desert Care produziert auch viele Ausgangsdaten, die bei der Behandlung der Soldaten nach ihrer Rückkehr hilfreich sein werden. Nehmen Sie den Fall eines Militärangehörigen an, der ein oder zwei Jahre nach seiner Rückkehr aus Kuwait das Sanitätszentrum der Luftwaffenbasis Andrews in Maryland aufsucht und über immer wieder auftretende Anfälle von Schwindelgefühlen und Depressionen berichtet. In diesem Falle können die Ärzte die vorliegenden Daten studieren und herausfinden, was in dieser Region während seines Dienstes vor sich ging. Hatte jemand während dieser Zeit in Kuwait die gleichen Symptome? Leiden andere Veteranen heute an ähnlichen Beschwerden? Erhielt der Militärangehörige eine Anthrax-Impfung, bevor er nach Kuwait geschickt wurde? Wenn irgendein Ereignis mit diesen oder ähnlichen Symptomen zu einem gewissen Zeitpunkt oder einem bestimmten Ort in Verbindung gebracht werden kann, gibt Desert Care den Ärzten die beste Möglichkeit, das herauszufinden.

General Schafer beabsichtigt, das System noch effektiver zu gestalten, um allgemeine medizinische Probleme entdecken zu können. Sobald sie im Handel erhältlich sind, will er Kleinstgeräte für die Untersuchung der DNA einführen, mit der das medizinische Personal an Ort und Stelle Blut- und Urinproben auf Bakterien oder Viren untersuchen kann. Desert Care soll dann sowohl ein Werkzeug für die Behandlung im Einsatz als auch ein diagnostisches Hilfsmittel sein. Die Feldärzte und Mediziner werden auch mit digitalen Kameras ausgerüstet, um Fotos von Hautverletzungen oder anderen Symptomen aufzunehmen. Diese Fotos werden dann in die gesamte elektronische Gesundheitsaufzeichnung oder die retrospektive Überprüfung des Falles eingebaut.

Diese Analyse langfristiger medizinischer Entwicklungen für häufig an vielen Orten der Welt eingesetzes militärisches Personal liefert auch ein gutes Beispiel für zivile Anwendungsmöglichkeiten. Mit digitalen Aufzeichnungen werden wir in der Lage sein, Krankheiten in einer Vielzahl von Bevölkerungsgruppen zu studieren, um langfristige Korrelationen im Hinblick auf Umgebung, genetische Prädisposition, Alter und Geschlecht zu entdecken, ohne dabei spezialisierte Studien durchführen zu müssen. Mindestens ein Krankenhaus im amerikanischen Mittelwesten experimentiert mit langfristigen Untersuchungen über Patientengruppen, um zu bestimmen, welche Behandlungen am wirksamsten bei der Vorbeugung ernsthafter Erkrankungen sind.

Die Entwicklung eines umfassenden Gesundheitswesens

Stellen Sie sich vor, es gäbe in Ihrer näheren Umgebung ein Gesundheitssystem, das auf den Komponenten beruht, die ich in diesem Kapitel beschrieben habe. Ein intelligentes, anpassungsfähiges Notfallsystem bringt Sie schnell ins Krankenhaus und alle wichtigen Informationen einschließlich der Krankengeschichte und der gegenwärtigen medizinische Situation werden sofort in die Computer der Klinik eingegeben. Ein Arzt benutzt einen Touch Screen, eine Tastatur, einen Stift oder (schon bald) ein Stimmen-Erkennungssystem, um Ihre Behandlung anzuordnen. In digitaler Form werden Anweisungen an das Labor und die Krankenhaus-Apotheke übermittelt. PC-basierte Instrumente zeigen die Laborergebnisse elektronisch an. Diese und andere Berichte sind mühelos online für jeden Arzt dort oder an einem anderen Ort einsehbar. Bei jedem potenziellen Behandlungskonflikt oder einer Abweichung von der vorgesehenen Behandlungsmethode wird automatisch ein Alarm ausgelöst. Das Bestands- und das Rechnungswesen werden automatisch geregelt. Systeme für die Verarbeitung der in Anspruch genommenen Leistungen entdecken Betrügereien oder ungewöhnliche Formen der Anwendungen und lernen mit der Zeit entsprechende Gegenmaßnahmen einzuleiten. Statt die Hälfte ihrer Zeit am Schreibtisch zu vergeuden, nutzen die Ärzte und Schwestern praktisch ihre gesamte Zeit, um Sie und ihre anderen Patienten zu behandeln. Die Testergebnisse und Rechnungen erreichen Sie in einfacher, verständlicher Form. Alle Informationen über Ihre Behandlung und die gesamten medizinischen Daten werden automatisch über einen längeren Zeitraum untersucht, um alle Ihrer Gesundheit abträglichen Reaktionen zu verhindern.

Ihre Nachbehandlung erfolgt nach einem vorgesehenen Plan. Sie erforschen medizinische Informationen über das Internet und führen fundiertere und umfassendere Gespräche mit den Personen, die Sie pflegen, ob Sie nun per E-Mail mit ihnen kommunizieren oder persönlich mit ihnen sprechen. Sie nutzen E-Mails für Routineanfragen und um Informationen über fortlaufende Gesundheitsprogramme zu erhalten. Ebenso werden Sie über Medikamente informiert, die kurz vor dem Verfallsdatum stehen. Wenn Sie Ihre Gesundheitsvorsorge verändern wollen, nehmen Sie Ihre gesamte Krankengeschichte mit sich, anstatt dass alle Daten verlorengehen oder erst einige Monate später wieder auftauchen. Diese Daten begleiten Sie Ihr ganzes Leben. Die Ärzte nutzen sie, um Veränderungen des Blutdrucks oder der Cholesterinwerte zu identifizieren, um Muster zu erkennen, die auf ein ernstes Gesundheitsproblem hinweisen könnten. Die systematische medizinische Analyse einer ganzen Gemeinde warnt die Verwaltungsbehörden vor beunruhigenden Gesundheitsproblemen viel früher und weitaus genauer als es zuvor möglich gewesen ist.

Wenn Institutionen einen auf Personal Computer und Webtechnologien basierenden Ansatz verfolgen, dann müssen solche neuen Fähigkeiten nicht fürchterlich teuer sein. Die Schätzungen der Kosten für die Einrichtung eines integrierten Patienten-Datensystems mit der Beteiligung von Ärzten, Krankenhäusern und Pflegediensten, variieren in erheblichem Maß. Das Magazin *Medicine & Health* rechnet für die Anlaufphase mit Kosten in Höhe von 5 bis 50 Millionen Dollar für ein großes Krankenhaus. Diese hohen Schätzungen beruhen auf der Weiterverwendung inkompatibler Systeme, der Nutzung einer hochspezialisierten diagnostischen Ausrüstung und der kontinuierlichen Entwicklung von medizinischen Systemen als riesige, monolithische Projekte.

Personal Computer ermöglichen dagegen ein schrittweises Vorgehen durch die Verwendung bereits entwickelter Software. Die Beispiele für Patienten-Datensysteme in diesem Kapitel wurden alle unabhängig voneinander entwickelt und umfassen die meisten Aspekte der akuten und langfristigen ärztlichen Behandlung. Da sie alle auf der Basis von Personal Computern konstruiert wurden, wäre eine einfache Verbindung ohne teure System-Integration möglich. PCs werden heute als Ausgabeeinheit für spezialisierte Geräte wie Ultraschall, Computer-Tomographen, sowie Blut- und Gewebeanalyse-Apparaturen verwendet, um die Kosten zu reduzieren und die Integration ihrer Daten zu vereinfachen. Personal Computer sind mittlerweile leistungsfähig genug, um Hunderttausende von Aufgaben pro Stunde zu meistern. Überdies können sie mit den Servern verbunden werden, wenn es notwendig erscheint. Alles in allem würden die in diesem Kapitel beschriebenen Anwendungen, wenn sie als eine einzelne Lösung durchgeführt werden, weniger als die von *Medicine & Health* angeführten 5 Millionen Dollar kosten.

Dies ist keine unerhebliche Summe, aber sie ist gering, verglichen mit dem Betrag, den die meisten Institutionen für papierbasierte Transaktionen und isolierte Computeranwendungen heute ausgeben. Da die Kosten für Schreibarbeiten 20 bis 40 Prozent der Gesamtkosten in Höhe

Telemedizin zur Verbesserung von Behandlung und Ausbildung

Auch Video-Technologien auf der Basis von Personal Computern verändern das Gesicht der Medizin. Das Unternehmen Acadian Ambulance beabsichtigt, Ärzte an der Küste durch PC-basiertes Fernsehen mit den mehr als 100 Sanitätern auf den Öl-Plattformen im Golf von Mexiko zu verbinden. Die Telemedizin könnte sowohl die Diagnose als auch die Behandlung vor Ort verbessern und viele der Notfalleinsätze der Rettungshubschrauber vermeiden, die die Öl-Unternehmen jedes Mal zwischen 4000 und 12 000 Dollar kosten.

Die Regierungen der australischen Bundesstaaten verwenden die Telemedizin, um die medizinische Versorgung abgelegener Bereiche des Landes sicherzustellen. Malaysia beabsichtigt, die PC-basierte Fernseh-Technologie als Grundlage eines »Telegesundheits«-Programmes im ganzen Land einzusetzen. Neben der akuten Versorgung liegt die Zielsetzung in lebenslangen Vorbeugungsprogrammen, um die Menschen vor Herzerkrankungen und anderen Krankheiten zu bewahren, die mit dem heutigen Lebensstil in Verbindung stehen und im Westen bereits weit verbreitet sind.

Columbia/HCA in den Vereinigten Staaten nutzt Video-Technologien des Internets, um den Ärzten medizinische Schulungen zu bieten. Sie waren auch das erste Krankenhaus, das live über das Internet eine Herzoperation ausstrahlte. Die Operation wurde per Video übertragen, und begleitende grafische Darstellungen lieferten technische Details. Das Video kann jederzeit erneut abgespielt werden, sodass die Chirurgen in allen Kliniken und Krankenhäusern in Columbia Informationen über diese fortschrittlichen Methoden erhalten können, die ihnen sonst nicht zur Verfügung stünden.

Mit dem Internet ist es auch möglich geworden, wichtige medizinische Tagungen für jene zu übertragen, die persönlich nicht anwesend sein können. Die ersten Sendungen im Frühjahr 1998 betrafen zwei Johns-Hopkins-Tagungen über die klinische Versorgung von HIV-Patienten. Tausende von Online-Teilnehmern sandten positive Rückmeldungen, die Johns Hopkins ermutigten, auch für mehrere der bevorstehenden Aids-Konferenzen – eine von ihnen wird in drei Sprachen gesendet werden – und für andere Kongresse Videoübertragungen vorzusehen.

von mehr als einer Billion Dollar ausmachen, belaufen sich die gegenwärtigen Kosten pro Jahr auf 200 bis 400 Milliarden Dollar – eine Summe, die größer ist als das Bruttosozialprodukt vieler Länder.

Heute stellt der Mangel an Informationssystemen in den Arztpraxen das größte Hindernis für eine Verbesserung der Patientenversorgung dar. Nur etwa 5 Prozent der Ärzte in den Vereinigten Staaten nutzen Computer-Systeme bei ihrer medizinischen Arbeit. Die Praxis eines

Arztes auf Computer umzustellen, kostet eine Summe von 10 000 bis 50 000 Dollar, aber die Mediziner können diese Kosten schnell wieder hereinholen. Eine gemeinsame Praxis von fünf Ärzten in Hammond, Louisiana, investierte etwa 50 000 Dollar in PC-Patientensysteme, die eine komfortable Datenerfassung für die Ärzte ermöglichte: alleine an Abrechnungskosten sparten sie im ersten Jahr 60 000 Dollar.[23]

Es wird eine große Aufgabe, das Gesundheitswesen durch die digitale Information umzugestalten. Die Technologie steht heute zur Verfügung. Eine Investition in eine gemeinsame Infrastruktur ermöglicht nicht nur eine enorme Kostenersparnis, sondern verbessert auch die medizinische Versorgung für jedermann. Die Veränderung wird durch zwei Gruppen vorangetrieben: sachkundigen Patienten, die auf umfangreicheren Informationen und einer größeren Beteiligung an ihrer eigenen Gesundheit beharren; und Angehörige des Gesundheitswesens mit Internet-Erfahrungen, welche diese neuen Werkzeuge benutzen, um eine bessere Versorgung bereitzustellen. Zusammen werden sie ein digitales Nervensystem einrichten, um die Inseln des Gesundheitswesens zu einem einzigen Kontinent der integrierten Gesundheitsversorgung zu machen.

Schlüsselinformationen

▲ Der Web Lifestyle ermöglicht den Patienten, mehr über ihre Gesundheit zu erfahren und mehr Verantwortung dafür zu übernehmen. Er liefert damit einen neuen Weg für die Kommunikation zwischen Patienten und Ärzten.

▲ Die verwaltete Krankenversorgung hat den ökonomischen Impuls geliefert, um Informationssysteme in der klinischen Praxis zu erweitern, aber der wirkliche Nutzen der digitalen Systeme liegt in einer verbesserten Patientenversorgung.

▲ Digitale Systeme ermöglichen es, ein ganzheitliches Bild vom Gesundheitszustand und den Bedürfnissen eines Patienten zu erhalten.

Prüfen Sie Ihr digitales Nervensystem

▲ Gestalten Sie Ihre medizinischen Systeme auf der Basis von Patienten-Daten, die nahtlos von der Notfallmedizin über das Krankenhaus bis zum Arzt fließen?

▲ Ermöglichen es Ihre digitalen Systeme, dass die bei Ihnen tätigen Personen weniger Zeit am Schreibtisch und mehr Zeit mit den Patienten verbringen? Unterstützen Ihre digitalen Systeme die Ärzte bei ihren medizinischen Entscheidungen?

▲ Können Sie ohne Probleme Patienten-Daten an eine andere medizinische Einrichtung übermitteln, wenn Ihr Patient eine Versorgung außerhalb seines Wohnortes benötigt?

▲ Sind Sie darauf vorbereitet, wenn die Patienten in Zukunft über das Internet kommunizieren wollen?

▲ 20

Neue Technologien ermöglichen mehr Bürgernähe

Wir müssen die Bürger dazu befähigen, selber zu handeln, ohne auf die Bürokratie angewiesen zu sein. Dies ist zuweilen für die Bürokratie schwer zu verstehen. Die Regierungsbehörden müssen sich als Ressourcen der Bürger betrachten und nicht als ein Büro zu ihrer Reglementierung. Aber wissen Sie, was? Es macht Spaß, den Bürgern bei ihren Problemen zu helfen.

Bill Lindner,
DEPARTMENT OF MANAGEMENT SERVICES, FLORIDA

Die öffentliche Verwaltung kann wahrscheinlich mehr als jede andere Organisation von der Effizienz und dem verbesserten Service profitieren, der durch den Gebrauch digitaler Prozesse entsteht. Die entwickelten Nationen werden als erste versuchen, papierlose Vorgänge zu schaffen, um die Bürokratie zu reduzieren. Entwicklungsländer können neue Dienstleistungen anbieten, ohne jemals hinderliche Schreibvorgänge eingeführt zu haben. Dennoch liegen die meisten Regierungen noch deutlich hinter der Wirtschaftswelt bei der Nutzung der digitalen Technologie zurück. Unternehmen, die sich digitalisiert haben, müssen sich noch immer mit vielen Papierformularen auseinander setzen, weil die öffentlichen Verwaltungsbehörden bisher nicht online arbeiten.

Der Grund für diesen Rückstand liegt nicht so sehr an fehlenden Geldmitteln, sondern vielmehr an einer unzureichenden organisatorischen Zielsetzung. Da die Vorgänge der öffentlichen Behörden papier- und arbeitsintensiv sind, bedeutete »Rationalisierung« in der Vergangenheit einen Abbau der angebotenen Dienste. Für den Gesetzgeber ist es nicht unüblich, dass er Behörden untersagte, Büros zu schließen, was in der Konsequenz dann dazu führt, dass sie mehr Aufgaben mit weniger Personal erledigen müssen. Gleichzeitig gibt es nur wenige

Anreize, um bessere Dienstleistungen zu schaffen. Die Bürger können nicht einfach auf eine andere Steuerbehörde oder eine andere Registrierungsstelle zurückgreifen. Daher waren Regierungsbehörden mehr auf ihren eigenen internen organisatorischen Bedarf und die eng gefassten gesetzlichen Bestimmungen als auf die allgemeinen Bedürfnisse der Bürger und Unternehmen ausgerichtet. Ein Beispiel dafür ist die Schreibarbeit, die damit verbunden ist, in den Vereinigten Staaten eine Haushaltshilfe einzustellen. Der Arbeitgeber muss wissen, dass hierbei fünf Behörden beteiligt sind, und jede von ihnen besitzt ihre eigenen Formulare. Diese Bürokratie erklärt vielleicht, weshalb nicht immer alle steuerlichen Vorschriften berücksichtigt werden. In diesen und vielen anderen Fällen bleibt die Regierung für den einfachen Bürger oder für ein Unternehmen ein einschüchterndes Sammelsurium unkoordinierter Behörden und Bestimmungen.

Dennoch geben digitale Prozesse und der Web Lifestyle der Regierung die Möglichkeit, sich auf ihre eigentlichen Aufgaben und nicht auf die Bürokratie zu konzentrieren. Die öffentliche Verwaltung kann fünf wichtige Maßnahmen ergreifen, um mitzuhelfen, das digitale Zeitalter in den einzelnen Ländern zur Realität werden zu lassen. Die ersten beiden erfordern eine Verbesserung der Verwaltungs-Dienstleistungen; die letzten drei betreffen die Schaffung einer Infrastruktur, damit die Unternehmen eines Landes im digitalen Zeitalter konkurrenzfähig bleiben können.

1. Verpflichten Sie die Regierungsangestellten, E-Mails zu benutzen, und beseitigen Sie die Papierablage. Vergewissern Sie sich, dass alle innerhalb der öffentlichen Behörden ausgetauschten Informationen in digitaler Form vorliegen.

2. Bringen Sie die Dienstleistungen der Regierung online und benutzen Sie eine für den Anwender gestaltete Schnittstelle. Veröffentlichen Sie alle Dokumente im Internet.

3. Fördern Sie Investitionen durch Technologie-Unternehmen und ermutigen Sie mit finanziellen Anreizen oder mit Hilfe gemeinsamer Projekte zum elektronischen Handel. Schaffen Sie einen Rahmen für die elektronische Bestätigung von Geschäften.

4. Deregulieren Sie den Markt der Telekommunikation und ermutigen Sie zu größeren Investitionen in die dafür erforderliche Infrastruktur.

5. Erweitern Sie die Fähigkeiten der Staatsbürger durch den Einsatz von Technologie als Bestandteil von Bildungs- und Schulungssystemen auf allen Ebenen (näheres siehe Kapitel 22).

Ersetzen Sie das Papier durch digitale Publikationen

Genau wie Unternehmen einen höheren Nutzen durch Produktivitätswerkzeuge und E-Mail erzielen können, um einen größeren Profit aus den Technologie-Investitionen zu erhalten, ist dies auch für die Regierung möglich. In den entwickelten Ländern stehen Personal Computer bereits auf den Schreibtischen vieler Regierungsangestellter. Die Entwicklungsländer können für geringe Kosten eine PC-Infrastruktur einführen. Schon die Verwendung von E-Mail fördert die Kooperation der verschiedenen Behörden und ermöglicht den Mitarbeitern, aufgeschlossener zu sein. Einige gesetzgebende Körperschaften in den Vereinigten Staaten beginnen beispielsweise damit, durch E-Mails mit ihren Wählern in Verbindung zu bleiben, und das nationale Parlament in Australien nutzt den digitalen Arbeitsablauf, um auf diese Weise die Anfragen der Wähler beantworten zu können.

Die öffentliche Verwaltung muss Verfahrensweisen einführen, um die Papierberge abzubauen und stattdessen den digitalen Informationsfluss zu nutzen. Das Publizieren über das Internet sollte zur Regel werden, gedruckte Dokumente sollten die Ausnahme bleiben. Die Einsparungen wären immens. Allein die Regierung der Vereinigten Staaten gibt jährlich eine Milliarde Dollar für den Druck von Dokumenten aus, die schon im World Wide Web verfügbar sind. Die meisten Kopien dieser Dokumente – 30 Millionen Kopien des Bundesregisters, eine Million Kopien von Berichten über Anhörungen und 65 000 Kopien des Präsidentenbudgets – sind für Angestellte des öffentlichen Dienstes bestimmt, deren Dienststellen bereits online sind. Der größte Teil der gedruckten Kopien landet daher auch in den Papierkörben.

Ein weiteres Beispiel: Durch die Online-Veröffentlichung der Telefonnummern von Verwaltungsmitarbeitern, Postanschriften und Gebäudestandorten spart Florida jährlich 295 000 Dollar für Druck- und Verteilungskosten. Zugleich wird damit eine Fehlerquote von 30 Prozent beseitigt, da in einem gedruckten und nur einmal im Jahr erscheinenden Telefonverzeichnis nicht alle personellen Veränderungen berücksichtigt werden können. Multiplizieren Sie diesen einfachen Vorgang mit allen Bundesstaaten der Vereinigten Staaten und der Bundesregierung, und Sie erzielen riesige zusätzliche Ersparnisse.

Die amerikanischen Regierungsbestimmungen für die Einstellung und Entlassung der Angestellten wiegen in gedruckter Form 500 Kilo. Für die gezuckerten Kekse der Armee gibt es eine fünfzehnseitige Beschreibung. Die Veröffentlichung aller Handbücher im World Wide Web kann die Kosten verringern und die Informationen zugänglicher machen. Digitale Systeme eignen sich außerdem eher für komplexe Spezifikationen. Die Ausschreibungs-Konditionen der Regierung für ein neues Frachtflugzeug wiegen ausgedruckt 3,5 Tonnen. Dabei passen die ganzen Daten mühelos auf ein paar CD-ROMs.

Machen Sie die Regierung für jeden erreichbar

Ein Online-Ansatz vermag mehr als nur die Kosten für das unnötige Ausdrucken öffentlicher Dokumente zu reduzieren. Mit der Internet-Technologie können die Regierungsstellen für einen einzigen Kontaktpunkt sorgen, ein einziges Online-»Gesicht« bereitstellen und die Informationen nach ihrer Bedeutung für den Staatsbürger strukturieren.

In mehreren schwedischen Städten organisieren zum Beispiel Internetseiten eine Vielzahl von ähnlichen Dienstleistungen verschiedener öffentlicher Behörden. Die Staatsbürger können auf diese Weise schnell Finanzbehörden, Versicherungen und Meldeämter ausfindig machen und auf Protokolle von Anhörungen oder andere öffentliche Dokumente zugreifen. Darüber hinaus können sie sogar in Echtzeit Fahrpläne, die durch Sensoren in den Fahrzeugen aktualisiert werden, einsehen. Sie werden ihnen entweder über das Internet oder über Kioske zur Verfügung gestellt. Ein Kiosk ist im Grunde ein für den öffentlichem Gebrauch entworfener Personal Computer. In den Vereinigten Staaten publiziert der Bundesstaat Ohio eine Seite im World Wide Web, damit die Menschen alle neu zu besetzenden Stellen finden können.

Der australische Bundesstaat Victoria verfolgt einen ähnlichen »one-stop-shopping«-Ansatz mit seinem MAXI-Online-System. MAXI ist um »Lebensereignisse« herum organisiert, die eine Veränderung der Rechtssituation eines Bürgers nach sich ziehen oder zu einer Protokollierung zwingen, wie beispielsweise Hochzeit, Volljährigkeit und Umzug. Wenn

Sie Ihren Wohnort wechseln, tragen Sie die entsprechenden Veränderungen auf einem Formular am Personal Computer oder an einem öffentlichen Kiosk ein. Die Web-Anwendung aktualisiert automatisch die Unterlagen der vier staatlichen Behörden, die darüber informiert werden müssen. Die Bürger brauchen nur zu wissen, was sie tun möchten, nicht aber die Standorte und Verfahren der verschiedenen Amtsstellen kennen. Monatlich regelt MAXI 20 000 Vorgänge dieser Art, und diese Zahl nimmt ständig zu.

Um die ökonomische Entwicklung durch Unternehmen zu fördern, die nach einem neuen Standort suchen, präsentiert der Stadtrat von Hampshire County in Großbritannien alle relevanten Bereiche seines Bezirkes wie Bürohäuser, Bildungsinstitutionen und Freizeitaktivitäten auf einer einzigen Internetseite. Wenn Sie eine solche Seite im World Wide Web einrichten wollen, um die Menschen dazu zu bringen, sich nach Ihrer Region zu erkundigen, sollten Sie indes darauf achten, dass die Interessenten weitere Fragen in Form von E-Mails stellen können.

Ermöglichen Sie jedem Staatsbürger einen einfachen Zugang

Da das Internet den besten Weg für die Kommunikation mit den Regierungsbehörden darstellt, brauchen alle Staatsbürger den Zugang zum World Wide Web, selbst wenn sie selber keinen Personal Computer besitzen. Elektronische Kioske, die wie Bankautomaten funktionieren, werden dafür Sorge tragen, dass jeder Bürger mühelos eine Verbindung zur öffentlichen Verwaltung herstellen kann. Durch den Einsatz in Postämtern, Bibliotheken, Schulen und anderen öffentlichen Gebäuden können Kioske dazu beitragen, die Dienstleistungen der öffentlichen Verwaltung zu verbessern, während sie zugleich die Kosten der Bereitstellung verringern. Die nationale Regierung von Australien hat zum Beispiel ihr System von Hinweisen auf Anzeigentafeln durch digitale Kioske ersetzt, die zu besetzende Stellen anzeigen. Neben der Bereitstellung von umfassenden und aktualisierten Informationen kann die Regierung mit diesen Kiosken Angebote für Arbeitslose schnell in einer Gegend präsentieren, wo es beispielsweise durch die Schließung einer Fabrik zu einem plötzlichen Verlust an Arbeitsplätzen gekommen ist –

ohne dass dafür Zeit vergeudet wird, die für die Einrichtung eines richtigen Büros erforderlich wäre.

Online-Systeme, die über einen Kiosk oder von einem Personal Computer aus erreichbar sind, sind dann am nützlichsten für die Bürger und am kosteneffektivsten für die Regierung, wenn man sie in vielfältiger Form verwenden kann. Die Verwaltung sollte alle Vorgänge überprüfen, bei denen sich die Bürger anstellen oder Formulare (mit Name, Adresse, Passnummer, usw.) ausfüllen müssen. Die Aufgabe der öffentlichen Stellen sollte darin bestehen, alle beteiligten Behörden zusammenzubringen, um ein einziges System für die Regelung aller Vorgänge zu entwickeln. Besonders gut hat dies die irische Regierung getan. Sie benutzt dabei An Post, den irischen Postdienst. Die Kioske von An Post bearbeiten Zahlungen für öffentliche Dienstleistungen, regeln die Herausgabe von Pässen und Führerscheinen, die Auszahlung von Ansprüchen, bieten Spar- und Investmentpläne, verkaufen Lotterielose – und sogar Briefmarken. Jeder Kiosk ist eine Art Stadtverwaltung im Kleinen und deckt die Arbeit von einem halben Dutzend Büros ab. Mit ihren mehr als 1000 Standorten in abgelegenen Städten mit weniger als 2000 Einwohnern dienen die Kioske jede Woche 1,26 Millionen Menschen, der Hälfte der irischen Gesamtbevölkerung. Auf diesem Weg werden im Jahr Transaktionen im Wert von mehr als neun Milliarden Dollar vorgenommen. Darüber hinaus ist es auch ohne große Mühe möglich, die Anwendungen zu aktualisieren oder neue hinzuzufügen.

Für öffentliche Angelegenheiten wie die hier vorgestellten ist genau wie für alle kommerziellen Transaktionen der Aspekt der Sicherheit von grundlegender Bedeutung. Sicherheit hat zwei Dimensionen: den Schutz persönlicher Daten bei der Übermittlung über das Netzwerk und die Identifizierung der Person, die die Transaktion vornimmt. Es existiert bereits eine Verschlüsselungstechnologie, die so effektiv ist, dass sie die Vertraulichkeit jedes elektronischen Geschäftes über ein Netzwerk garantiert. Aber die Export-Bestimmungen der Vereinigten Staaten im Hinblick auf Codier-Methoden schränken die amerikanischen Firmen bei der Integration dieser Eigenschaften in ihre Produkte ein, da sie die aufrichtigen Benutzer behindern. Ohne dass damit vermieden wird, dass die Verschlüsselungstechnologie in die Hände von Kriminellen gerät, bemüht sich die Software-Industrie, die Haltung der amerikanischen Regierung zu verändern. In der Praxis ist die integrierte Codierung so effektiv, dass in den meisten Fällen der Datenschutz bei der

Übertragung nicht gefährdet wird. Elektronische Daten sind genauso sicher wie Daten in einer anderen Form.

Die Identifizierung des Benutzers ist ebenso wichtig. Niemand will, dass ein Betrüger Einblick in seine Unterlagen bei der Verwaltung erhält, oder dass eine unbefugte Person Zugang zu seinem Bank-Konto hat. Die Notwendigkeit der Identifizierung ist der Grund dafür, dass die Regierungen heute Online-Transaktionen in der Regel auf Vorgänge beschränken, bei denen man sich nicht persönlich ausweisen muss, wie bei der Erneuerung von Lizenzen, der Registrierung eines Fahrzeuges oder der Zahlung von Steuern und Geldbußen. Denn ich glaube nicht, dass die Menschen etwas dagegen einwenden werden, wenn jemand anderes ihre Bußgelder bezahlt.

Wenn jedoch eine fremde Person Ihre Identität annehmen, Einblick in Ihre Steuererklärung bekommen oder für Sie wählen würde, dann wären Sie sicherlich sehr beunruhigt. Smart Cards, die man an einem Personal Computer oder einem Kiosk benutzen kann, lösen diese Probleme auf ähnliche Weise wie eine ATM-Karte für einen Geldautomaten. Durch diese Smart Cards, in Verbindung mit einer persönlichen Kennnummer (PIN) oder einem Passwort – und in einigen Fällen mit Fingerabdrücken oder Stimmerkennung – werden Benutzer eindeutig identifiziert, die versuchen, den Zugriff auf persönliche Informationen wie Sozialleistungen, Steuern oder Zahlungsvorgänge zu erhalten oder eine Transaktion vorzunehmen. In Spanien kann man mit einem neuen Kiosk-System über ein Touch-Screen-Menü allgemeine Informationen über Sozialleistungen bekommen, aber der Benutzer benötigt eine Smart Card, um auf persönliche Daten zuzugreifen.

Obwohl solche Karten das Äquivalent zu den weltweit verwendeten Bankkarten darstellen, befürchten immer noch einige Menschen, dass die Regierung zu viele Informationen über ihre Staatsbürger sammeln könnte. In einigen Nationen gibt es Gesetze zur Wahrung der Privatsphäre, die verhindern, dass eine einzelne Karte oder Datenbank alle Informationen über einen Bürger enthält, und es ist zu vermuten, dass es in manchen Ländern zwei Arten von Smart Cards geben wird: Eine für finanzielle Transaktionen mit Unternehmen und staatlichen Behörden und eine weitere für das Gesundheitssystem.

Der allgemeine Zugang zu Informationen und die Fähigkeit, eine ganze Menge von Daten auf Smart Cards zu speichern, werden die Gesellschaft dazu veranlassen, sich erneut mit der Frage der Nutzung von

Informationen zu befassen. Sollte jeder zukünftige Arbeitgeber Einblick in die Vorstrafen eines Bewerbers bekommen können? Oder sollte dies zum Beispiel nur auf Schulen beschränkt werden, um dadurch die Kinder zu schützen? Wie kann man eine berechtigte Anfrage von der eines neugierigen Nachbarn unterscheiden, der sich nur Informationen beschaffen will? Letztlich sind dies aber in erster Linie politische Fragen und weniger technologische Probleme.

Jedes Land muss eine Entscheidung darüber treffen, welche Arten von persönlichen Informationen auf den Smart Cards erlaubt sein sollen. Selbst wenn ihre Verwendung nur auf die Identifikation beschränkt ist, rechfertigen die Effekte der Rationalisierung und die Ausschaltung von Betrügereien die Investitionskosten. In Kombination mit nachgeschalteten Systemen, die Leistungen im Rahmen der Sozialhilfe und andere Überweisungen sofort an eine zentrale Datenbank für das Rechnungswesen übermitteln, wird es durch Smart Cards sehr schwierig, betrügerische oder doppelte Zahlungsansprüche zu stellen. In London hat ein System mit 200 Versuchskiosken, das dem von An Post ähnelt, allein im ersten Jahr die Summe der Betrügereien bei den Fürsorgeleistungen um 750 000 britische Pfund verringert. Wenn das System in allen 1500 Postämtern eingeführt worden ist, wird mit Ersparnissen in Höhe von 150 Millionen pro Jahr gerechnet.

Die Regierungsarbeit rationalisieren

Wenn die öffentliche Verwaltung digitale Systeme einsetzt, wird die Software die einzelnen Vorgänge durch eine spezielle Arbeitsablauf-Logik für Schlüsselfunktionen rationalisieren. In jüngster Zeit sind Software-Lösungen für die gesetzgebenden, juristischen und exekutiven Bereiche der Regierung entwickelt worden.

Die gesetzgebenden Körperschaften in mehreren Bundesstaaten der Vereinigten Staaten nutzen elektronische Systeme, um den Vorgang für die Einreichung von Gesetzesvorschlägen zu verwalten. Solche Systeme können drei bis fünf Millionen Dollar einsparen, denn Gelder in dieser Größenordnung investieren die meisten Bundesstaaten alle zwei Jahre für den Druck von Gesetzesvorschlägen und deren Überprüfung. Mit Systemen auf der Basis von PCs kann dieser Prozess elektronisch geführt werden. Probleme innerhalb eines Gesetzentwurfes, zwischen verschiedenen Gesetzesvorhaben oder im Hinblick auf existierende Gesetze und der jeweiligen Abschnitte der Verfassung des Bundesstaates oder der Nation lassen sich leichter aufspüren. Für eine Protokollierung jeder Änderung ist gesorgt. Auf diese Weise wird sichergestellt, dass das letztendlich verabschiedete Gesetz Wort für Wort mit den Absichten der Legislative übereinstimmt. Diese Systeme ermöglichen es, Internetseiten zu aktualisieren, die mehrere Bundesstaaten verwenden, um die Öffentlichkeit über den Status von Gesetzesvorhaben und Ausschusssitzungen zu informieren.

Im Hinblick auf das Justizwesen werden in den Vereinigten Staaten und in Kanada PC-Arbeitsablaufsysteme eingesetzt, um mit dem elektronischen Abspeichern von Prozess-Akten zu starten. Ein typisches Bezirksgericht muss im Jahr etwa eine Million Dokumente im Urteilsregister ablegen. Dies wird heute in der Regel noch mit Hilfe von Angestellten erledigt, die grundlegende Informationen zu dem jeweiligen Rechtsfall in die Systeme eingeben. Im Bezirk Leon in Florida wurde ein System entwickelt, das es Rechtsanwälten ermöglicht, ihre Rechtsfälle direkt via E-Mail abzuspeichern und alle Informationen elektronisch in das Verwaltungssystem übertragen zu lassen und dann per E-Mail ein Aktenzeichen zu erhalten. Als nächsten Schritt plant der Bezirk, da die Aufzeichnungen des Gerichtes und die meisten begleitenden Unterlagen öffentlich zugänglich sein müssen, die Publizierung über das World Wide Web.

Die Software kann auch bei der Terminierung von Gerichtsverhandlungen helfen. Einige Bundesstaaten und einige Bundesbehörden in den Vereinigten Staaten nutzen den digitalen Arbeitsablauf, um die Zeitpläne für Rechtsanwälte und für das Gericht zu verwalten. Da auf diese Weise die Zeit verringert wird, die die Angehörigen der Polizei im Gericht verbringen müssen, um auf die Aufrufung ihres Falles zu warten, bleibt ihnen durch diese Anwendung mehr Zeit für ihren Streifendienst.

Die Exekutive der Regierung kann ebenso von Software profitieren, die besondere Probleme der öffentlichen Verwaltung löst. So verlangt Florida, dass die offiziellen Stellen Räumlichkeiten vom Bundesstaat mieten, wenn es verfügbare Liegenschaften im staatlichen Besitz gibt. Die Behörden in Florida können online den benötigten Raum und den gewünschten Ort angeben und sich erkundigen, was zur Verfügung steht. Das Gesundheitsministerium in Florida setzt Personal Computer für die Regelung der Kosten für Gebäude-Mietverträge und besonderer

Tätigkeiten ein, wobei auch spezielle Programme Berücksichtigung finden, die durch verschiedene Subventionen oder Steuerzuweisungen finanziert werden. Das System verrechnet elektronische Rechnungen mit Programmkonten und markiert etwaige Diskrepanzen. Das Ministerium kann seine monatlichen Ausgaben in wenigen Stunden berechnen und benötigt dafür nicht mehr drei bis vier Wochen. Zudem erhalten verschiedene Bezirke und interne Abteilungen eine einzige Aufstellung, die mehrere Aufgaben abdeckt.

Die Regierung des Bundesstaates South Australia pflegte in der Woche 5000 Kopien ihrer 50-seitigen Aufstellung von unbesetzten Arbeitsstellen herauszugeben. Deren Veröffentlichung wurde stets soweit hinausgezögert, bis die Broschüren gedruckt waren und an mehrere hundert entfernte staatliche Einrichtungen verteilt werden konnten. Bewerbungsfristen wurden verlängert, um sicherzustellen, dass entfernte Bewerber genügend Zeit hatten, um in schriftlicher Form darauf zu reagieren.

Heute verwaltet eine Arbeitsablauf-Anwendung auf Basis von Microsoft Exchange den ganzen Prozess. Arbeitsangebote werden zunächst via E-Mail an die gesetzlichen Vertreter und mehrere Dutzend Personalleiter von verschiedenen Behörden geschickt, die ein Vorrecht zur Besetzung dieser offenen Stellen haben. Wenn ein Personalchef eine Stelle für einen staatlichen Angestellten, der versetzt werden will, blockiert, wird die für die Einstellungen verantwortliche Person automatisch mit einer E-Mail benachrichtigt. Ferne Standorte bekommen die Liste in elektronischer Form. Wenn die Stelle nicht intern neu besetzt, sondern öffentlich ausgeschrieben wird, erhält der zuständige Personalchef eine E-Mail, die ihn über die Zeitungen informiert, in denen dieser offene Posten angeboten wird. Obwohl der Bundesstaat damit rechnet, mit dem neuen System zwischen 50 bis 80 Prozent der bisher jährlich aufgewendeten 350 000 australischen Dollar einzusparen, liegt der Hauptnutzen in der Geschwindigkeit, mit der die Stelllen neu besetzt werden können, während gleichzeitig die Chancen für Menschen in entfernter gelegenen Orten gewahrt bleiben.

Mit neuen digitalen Systemen können Regierungen ihre Wissens- und Verwaltungssyteme für die Öffentlichkeit zugänglich machen. Das deutsche Bundesministerium für Finanzen entwickelt eine Dokumenten-Verwaltung und ein elektronisches Archivierungssystem für öffentliche Unterlagen. Das Projekt wird eine automatische Dokumentenführung und -abspeicherung beinhalten. Die Dokumente werden klassifiziert und auf internen und öffentlichen Internetseiten veröffentlicht.

Ein weiteres Beispiel in den Vereinigten Staaten ist das Online-Ausschreibungsverfahren in Massachusetts. Der Bundesstaat publiziert alle öffentlichen Ausschreibungen mit allen für die Erstellung eines Angebotes nötigen Informationen sowie den Ergebnissen der öffentlichen Bekanntmachung. Das online geführte Beschaffungssystem von Massachusetts regelt das gesamte Angebotsverfahren nicht nur wesentlich preisgünstiger, sondern hilft auch anderen staatlichen Einrichtungen, Waren billiger zu erwerben. In den meisten Bundesstaaten können die Städte und Schulbezirke nach dem Gesetz dieselben niedrigen Preise von den Anbietern bekommen wie der Staat. In einer Papierwelt ist es jedoch praktisch unmöglich, den staatlichen Preis der meisten Waren herauszufinden. Heute kann ein Stadt- oder Schulbezirk auf der Internetseite des Bundesstaates Massachusetts den besten Preis rasch in Erfahrung bringen.

Digitale Verwaltungssysteme entwickeln

Im Falle der weniger entwickelten Länder könnte man vermuten, dass für die öffentliche Verwaltung in diesen Regionen ein digitaler Ansatz außerhalb der Möglichkeiten liegt. Doch gerade Nationen ohne vorhandene Systeme können mit neuen Technologien beginnen, denn diese sind nur wenig teurer als manuelle Ansätze. Entwickelte Länder haben ältere Systeme, die häufig integriert werden müssen, um den Übergang in die digitale Welt zu gewährleisten. Beispiele aus der ganzen Welt zeigen deutlich, dass viele Innovationen in kleineren Verwaltungsebenen erfolgen. Regierungsbehörden, die weniger zerstückelt und weniger komplex sind, können Lösungen in einem kleineren Rahmen entwickeln und einsetzen.

Für größere Verwaltungsorganisationen liegt die Aufgabe darin, kleinere Projekte in Pilotverfahren einzuführen, um Erfahrungen zu gewinnen und die Reaktion der Bürger zu beurteilen. Richten Sie die anfängliche Zielsetzung auf Vorhaben, die einen direkten Nutzen für die Bürger bringen und die für die Öffentlichkeit die organisatorische Komplexität beseitigen. Der Bezirk King County in meiner Heimat Washington liegt wahrscheinlich weit vor vielen Regierungen im Hinblick auf die von ihnen online herausgegebenen Informationen, obwohl er die Informationen und Transaktionen noch nicht in einer einfachen Form präsentiert. Um eine Baugenehmigung im King County zu bekommen, muss ein Interessent Informationen aus vielen Quellen zusammentragen: dem Telefonbuch, Telefongesprächen mit dem Bezirksbüro, zwei oder drei gedruckten Broschüren und der Internetseite der zuständigen Abteilung – einer Webseite, die aber keine Angaben über die einzelnen Anforderungen für eine Baugenehmigung macht. Eine einzige, gut strukturierte Internetseite mit allen Informationen über die für den Erhalt einer Baugenehmigung nötigen Schritte würde die meisten Schwierigkeiten beseitigen und könnte einige der Maßnahmen automatisieren. Eine Besprechung mit einem Baufachmann wäre vermutlich immer noch notwendig, aber bei diesem Gespräch wäre der Interessent besser informiert und könnte sich auf die wichtigen Fragen und nicht auf die einzelnen, möglicherweise von ihm übersehenen, Schritte des Verfahrens konzentrieren.

Die Regierungen sollten investieren, um die Verantwortlichen in der Umstrukturierung der Arbeitsabläufe zu schulen. Dies haben einige Regierungen getan, um gemeinsame Online-Projekte durchzuführen. Subventionen zur Steigerung der Wettbewerbsfähigkeit können Projekte vorantreiben, um interne Prozesse zu rationalisieren und Dienstlieferungen zu verbessern. Der Bundesstaat Florida hat verschiedene Behörden um eine beschränkte Anzahl von innovativen Technologie-Projekten kämpfen lassen, was zu einem unternehmerischen Geist bei Budget-Anfragen führte. Florida gleicht solche Investitionen aus, indem einige Dienstleistungen der Informatik-Abteilung nur jenen Behörden zur Verfügung gestellt werden, die sie mit Gebühren oder monatlichen Abonnements finanzieren. Diese Strategie stellt sicher, dass der Bundestaat sein Budget für die Informationstechnologie nur für Projekte verwendet, die andere Behörden wirklich benötigen und die über eine solide Kosteneffizienz verfügen.

Die Gesamtersparnisse durch die neuen digitalen Systeme könnten einen wesentlichen Teil des Budgets jeder Regierung ausmachen. Das Pentagon entdeckte vor Kurzem, dass mehr Geld für die Verwaltung und Genehmigung von Reisebelegen, insgesamt 2,3 Milliarden Dollar, ausgegeben wurde, als für die Reisen selber, die lediglich einen Betrag von zwei Milliarden Dollar ausmachten. Für eine vernünftige und im Wesentlichen einmalige Investition würde ein Online-Kostensystem

Milliarden von Dollar jedes Jahr ersparen. »Eine Milliarde hier, eine Milliarde da, und schon bald haben Sie eine Menge Geld zusammengetragen«, wie es Senator Everett Dirkson aus Illinois im Hinblick auf die Bundesausgaben formulierte. Im Budget der Vereinigten Staaten werden jährlich 27 Milliarden für Essensmarken, 25 Milliarden für Wohlfahrtsmaßnahmen und 13 Milliarden für soziales Wohnen ausgegeben. Bei allen diesen Programmen exisiteren enorm teure papierbasierte Verwaltungssysteme, die 30 Prozent der Geldmittel verzehren. Richtig eingesetzte digitale Systeme könnten die Verwaltungskosten auf eine Rate von weniger als zehn Prozent absenken.

Die Bürger, die immer mehr die Möglichkeiten des Internets entdecken, sind nicht länger bereit, die Vorstellung zu akzeptieren, dass staatliche Dienstleistungen langsam und verwirrend sein müssen. Warum sollte ein Installateur zwei Stunden in der Schlange einer Regierungsbehörde stehen und zwei Stunden bezahlte Arbeitszeit verlieren, wenn er durch das Internet innerhalb von wenigen Minuten die Lizenz bekommen oder seine Gebühren bezahlen und wieder rechtzeitig bei seiner Arbeit sein kann?

Die öffentliche Verwaltung wird durch die Bereitstellung wichtiger Dienstleistungen, die über das Internet erhältlich sind, einen entschiedenen Impuls dazu liefern, dass sich die Bürger dem Web Lifestyle zuwenden. Wenn die Regierung, normalerweise das größte »Unternehmen« in jedem Land, führend bei der Verwendung neuer Technologien ist, wird sie automatisch die technischen Fertigkeiten des Landes anheben und sich auf einen Informationsmarkt zubewegen. Mit Erlässen oder durch zusätzliche Anreize kann sie alle Unternehmen, die mit der Regierung Geschäfte machen, an dieser Entwicklung beteiligen.

Die Deregulierung der Telekommunikation ist wahrscheinlich der wichtigste Schritt, den ein Land unternehmen kann, um eine digitale Wirtschaft zu schaffen. Das Ersetzen der Monopole in diesem Bereich durch einen weltweiten offenen Wettbewerb wird die Innovationen bei den über das Internet angebotenen Dienstleistungen stimulieren und die Gebühren verringern, die heute noch die Nutzung des Internets in vielen Ländern beeinträchtigen.

Wenn eine Regierung Verfahren einsetzt, die internet-freundlich sind, und in eine Hightech-Kultur investiert, kann der Nutzen beträchtlich sein. Costa Rica folgte solch einem Kurs und gewann eine regionale Ausschreibung um eine Intel-Prozessorfabrik. Im ersten Jahr ihres

Bestehens erzielte das neue Unternehmen 700 Millionen Dollar an Export-Erlösen und damit eine höhere Summe als die Gesamteinnahmen für Bananen oder Kaffee, die wichtigsten landwirtschaftlichen Produkte des Landes.

Der Aufbau einer Informationswirtschaft wird alle Unternehmen eines Landes konkurrenzfähiger machen. Je mehr Länder sich engagieren, desto schneller wird der Welthandel digital abgewickelt werden.

Keine Regierung kann einen vollständig digitalen Ansatz sofort einführen, aber jede kann schon jetzt mit den ersten wichtigen Schritten beginnen, die den Bürgern nützen, und ihnen das Gefühl vermitteln, dass die öffentliche Verwaltung für sie arbeitet. Das praktische Leitprinzip sollte dabei sein, dass die Bürger nie wieder mehrere Formulare ausfüllen oder zu verschiedenen Behörden gehen müssen, um Informationen zu bekommen. Als er eine von ihm eingerichtete Webseite vorstellte, mit der die Bürger auf Bezirksunterlagen zugreifen können, die einen Zeitraum von hundert Jahren umfassen, sagte ein Regierungsbeamter dazu: »Die Menschen spüren, wenn man versucht, ihnen zu helfen. Sie kennen den Unterschied zwischen einer Verwaltung, die sie unterstützt, und einer, die ihnen nur Hindernisse in den Weg legt.«

Schlüsselinformationen

▲ Die Regierungen können das Internet nutzen, um der Öffentlichkeit einheitlich gegenüberzutreten, die Komplexität interner Organisationsbereiche zu verbergen und die Dienstleistungen dramatisch zu verbessern.

▲ Die Bürger, die ein immer größeres Bewusstsein für die Möglichkeiten des Internets entwickeln, werden die mittelmäßigen Dienstleistungen staatlicher Stellen nicht länger akzeptieren. Öffentliche Kioske werden Dienste für jene Personen bereitstellen, die über keinen eigenen Internet-Zugang verfügen.

▲ Die Regierung sollte in der Regel alle Informationen über das World Wide Web veröffentlichen und die Publizierung gedruckter Dokumente nur als eine Ausnahme ansehen.

Prüfen Sie Ihr digitales Nervensystem

▲ Verfügen Sie in allen Regierungsbehörden über ein E-Mail-System, um die Kommunikation zu rationalisieren und die Koordination innerhalb der Dienststellen zu verbessern?

▲ Nutzen Sie das World Wide Web, um Regierungsinformationen zu veröffentlichen und liefern Sie auf elektronischem Wege öffentliche Dienstleistungen an die Bürger und die Wirtschaft?

▲ Haben Sie mit Technologie-Projekten begonnen, die den Bürgern direkt zugute kommen?

▲ 21

Wenn die schnelle Reaktion eine Frage von Leben und Tod ist

Im Krieg bedeuten Gedanken Geschwindigkeit.

Sun Tsu, WAHRHAFT SIEGT, WER NICHT KÄMPFT

Ein Sieg der Technologie. Daran denken die meisten Menschen, wenn sie sich an den Golfkrieg von 1991 erinnern. Über Hunderte von Meilen flogen Cruise Missiles, um schwerbefestigte Ziele zu treffen und Stealth Tarnkappenbomber griffen mit intelligenten Bomben Kommunikationszentren und Brücken an. Während der 38 Tage dauernden Operation »Wüstensturm« kontrollierten die amerikanischen Streitkräfte und ihre Verbündeten den Luftraum. Die alliierten Luftstreitkräfte flogen täglich 2500 Einsätze. Dabei verzeichneten sie nur minimale Verluste und schufen so die Voraussetzungen für den Angriff der Bodentruppen, die die irakische Armee aus Kuwait vertrieb und den Krieg nach den Boden-Operationen, die lediglich 100 Stunden dauerten, beendeten.

Doch das Hochtechnologie-Kampfflugzeug des Golfkrieges verfügte am Boden nicht über eine ebenso moderne Unterstützung. Im persischen Golf wurden die Befehle für die einzelnen Einsätze auf eine altmodische Tafel notiert, genauso wie es bei den Luftkriegen in der Vergangenheit der Fall gewesen war. Die Kommandeure der Geschwader mussten manuell verfolgen, welche Piloten welche Einsätze geflogen hatten und wer für den nächsten Flug zur Verfügung stand. Die Kampfpiloten erhielten in persönlichen Gesprächen Instruktionen über die Zielpunkte, die besten Flugrouten für den Angriff und die Rückkehr zum Stützpunkt, die Standorte feindlicher Truppen und die Bedrohung durch Boden-Luft-Raketen und Flakfeuer. Dann zogen sie sich zurück, um die Durchführung des Einsatzes zu planen. Dies dauerte mindestens drei Stunden, oft waren aber auch sieben bis acht Stunden dafür erforderlich. Aus einem Aktenschrank nahmen sie wichtige Landkarten, fotokopierten sie und notierten die Daten für ihren Einsatz. Danach stellten sie mit einem Winkelmesser die Entfernung fest, zeichneten mit farbigen Stiften Flugroute und Gefahrenpunkte ein, prägten sich Fotos ein, übertrugen Informationen des Geheimdienstes in ihre Landkarten und berechneten die Höhenlage von Hindernissen.

Erst nach dem Abschluss dieser Schreibarbeiten starteten die Piloten dann, um ihre gefährlichen Aufträge auszuführen.

Die manuelle Flugplanung konnte zu Navigationsfehlern von zwei bis drei Kilometern führen. Dies ist eine recht große Fehlerquote, wenn Sie versuchen, ein einzelnes Ziel ohne eindeutige Bodenmerkmale ausfindig zu machen. Zudem musste der ganze Flugplan, wenn neue nachrichtendienstliche Informationen eintrafen, überarbeitet werden. Dann begann der ganze Prozess wieder von neuem. Pro Einheit (etwa 24 Flugzeuge) stand ein Computersystem zur Verfügung, um den Piloten dabei zu helfen, einige Aspekte der Flugplanung zu automatisieren, aber nur jeweils ein Benutzer konnte diese Rechner verwenden. Überdies waren sie recht schwierig zu benutzen und »stürzten häufig ab«, was zu Problemen bei der Flugvorbereitung führte.

Nach dem Golfkrieg veranstaltete die U.S. Air Force, wie auch alle anderen Teilstreitkräfte, eine Tagung, um aus den gewonnenen Erfahrungen zu lernen. Auf der Liste der Forderungen der Air Force für die Durchführung eines zukünftigen Luftkrieges hatte der Wunsch nach einer besseren Flugplanung für den Kampfeinsatz der Piloten einen besonders hohen Stellenwert. Während einige aktive Angehörige der Air Force dieses Problem mit den vorhandenen traditionellen Computersystemen der Streitkräfte lösen wollten, waren Mitglieder der U.S. Air Force Reserve und der Nationalgarde, die über zivile Erfahrungen verfügten, der Ansicht: »Wir müssen dies mit Personal Computern erledigen.«

Die Reservisten wandten sich an eine Reihe kommerzieller Software-Entwickler und an das Georgia Institut of Technology, dessen Forscher bereits mit mathematischen Modellen und geographischen Informationsquellen experimentierten, die für ein hochentwickeltes Kartographierungssystem erforderlich sind. Das Ergebnis war FalconView, ein PC-basiertes Auftragsplanungssystem, das in 18 Monaten für etwa 2,5 Millionen Dollar entwickelt wurde. FalconView reduziert den alten manuellen Planungsprozess für einen Standardeinsatz von etwa sieben Stunden auf weniger als 20 Minuten. Durch die Verwendung von präzisen digitalen Daten und aeronautischen Kartographierungsmitteln wird die Planungsgenauigkeit verbessert. Zudem ist das System preisgünstig und so einfach zu bedienen, dass es die Air Force mittlerweile weltweit einsetzt.

FalconView wurde bei den Piloten sehr beliebt, und sie drängten deshalb auf die Integration zusätzlicher Fähigkeiten. Ihre Wünsche führten dazu, dass die Air Force ein Programm mit dem Namen Cyber Warrior initiierte, um die Informationstechnologie in allen Phasen des Piloten- und Flugzeugeinsatzes, von der Planung über die Berücksichtigung geheimdienstlicher Informationen bis zur Besprechung nach dem erfolgten Einsatz, zu verwenden. Die Streitkräfte entwickelten schnell ein intelligentes Planungssystem, das Pilotenaufgaben, Trainingslevel, Einsatzbereitschaft und spezielle Informationen zusammenträgt. Ein Kommandeur erhält Suchmöglichkeiten für das schnelle Auffinden von Kandidaten für bevorstehende Einsätze, und die Piloten können sich über Laptops einwählen, um festzustellen, wann ihre nächsten Einsätze geplant sind. Ein Berichterstattungssystem auf der Basis von Personal Computern hilft den Geschwadern, die Einsätze zu rekonstruieren, um damit die Planung der nächsten Aktionen verbessern.

Moderne Technologie im Kampfeinsatz

Statt sich mit einer Landkarte und einer Reihe farbiger Stifte hinzusetzen, arbeitet ein Pilot heute mit einem Laptop, in dem digitale Landkarten der ganzen Welt, digitalisierte Abbildungen, aktualisierte Daten des militärischen Geheimdienstes und ein für Militärflieger entwickeltes elektronisches Zeichnenprogramm abgespeichert sind. Der Pilot kann sofort Bodenmerkmale wie Brücken oder Flüsse ausfindig machen, seine Flugstrecke aufzeichnen, Sicherheitsparameter überprüfen, Waffensystem-Informationen und Bombenzuladungen prüfen, Wetterdaten im Internet abrufen und dann Flugpläne und Landkarten vorbereiten. Bevor er in sein Flugzeug klettert, um den Einsatz zu fliegen, kann er gebirgige Bereiche oder Städte studieren, um schon vorab einen Eindruck davon zu bekommen, was er während des Einsatzes sehen wird. So erhält er auch eine genaue Vorstellung von der Verteilung der feindlichen Truppen. Wenn der Pilot die genaue Höhe eines Berges wissen will, klickt er einfach auf seine digitale Landkarte und erhält genaue Daten über den Breiten- und Längengrad und die Höhe über dem Meeresspiegel – Informationen, die sich ein Pilot bisher mühsam aus schriftlichen Unterlagen heraussuchen musste.

Kampfpiloten laden die mit Hilfe von FalconView vor dem Einsatz erstellten Planungsdaten in die Computer des Flugzeuges, um sie während des Fluges nutzen zu können. Neben den routinemäßigen Flugdaten wie dem Treibstoffverbrauch und Start- und Landeinformationen enthält FalconView eine Reihe zusätzlicher spezieller Eigenschaften für die militärischen Einsätze. Die Daten werden für die internen Waffensysteme benutzt. So können mit Hilfe des Computers Ziele ausgemacht und bekämpft werden. Es ist auch möglich, spezielle Daten abzurufen, beispielsweise für die Aktivierung der Bomben – ob eine Bombe so eingestellt ist, dass sie auf dem Boden oder in der Luft explodiert. FalconView nimmt Abwurf-Berechnungen vor, die die Höhe und Geschwindigkeit des Flugzeugs, Stärke und Richtung des Windes, und sogar die Veränderung von Gewicht und Balance des Flugzeuges vor und nach dem Bombenabwurf berücksichtigen.

Der Einsatz von FalconView kann den Unterschied zwischen einem erfolgreichen und einem vergeblichen Einsatz ausmachen. Während eines Einsatzes auf dem Schauplatz Bosnien nahm ein Pilot seine Version von FalconView mit auf den Stützpunkt in Italien, wo diese Software noch nicht eingesetzt wurde. Die Streitkräfte der NATO hatten drei Tage lang nach einer bestimmten Brücke in Bosnien gesucht und konnten sie weder auf ihren Landkarten entdecken, noch aus der Luft ausfindig machen. Der Pilot benutzte FalconView und war damit in der Lage, die Brücke sofort zu lokalisieren. Noch am gleichen Nachmittag wurde sie daraufhin in die Luft gesprengt. FalconView zeigt Satellitenbilder mit einer Genauigkeit von bis zu fünf Metern an. Mit der maximal zehn Meter betragenden Auflösung des älteren Systems war die Brücke nicht zu orten.

Während des Golfkrieges musste die Air Force manchmal zehn bis zwölf Kampfflugzeuge des Typs F-16 losschicken, um ein einzelnes Ziel zu treffen. Durch die weitaus höhere Genauigkeit von FalconView benötigen die Luftstreitkräfte jetzt weniger Flugzeuge für einen solchen Einsatz. Die Vorgabe lautet, dass pro Ziel nur noch ein Flugzeug erforderlich ist. Mit dem größeren Grad an Präzision können neue Flugzeugtypen wie der B-2 Bomber mit FalconView sogar 16 Ziele bei einem einzigen Einsatz angreifen, und diese Fähigkeit rettet gleichermaßen Menschenleben und spart Geld. »Das amerikanische Volk ist nicht bereit, auch nur einen einzigen Gefallenen zu akzeptieren,« sagt der für das FalconView-Projekt verantwortliche Lieutenant Colonel, »sodass jede zusätzliche Genauigkeit und Sicherheit, die wir erzielen können, von großer Bedeutung ist«.

So nützlich sich FalconView auch erweist, ein Kampfpilot kann während des Fluges keinen Laptop benutzen. Bei waghalsigen Flugmanövern könnte er es unmöglich festhalten. Im Zuge der Nachrüstung der Computer für die Bord-Elektronik der alten Kampfflugzeuge und im Rahmen der Einführung von Flugzeugtypen der nächsten Generation wird FalconView vollständig in die Cockpit-Systeme und visuellen Anzeigen integriert. Neuere Flugzeuge werden mit Echtzeit-Kartographierungssystemen ausgestattet sein, die in Verbindung mit GPS-Systemen den genauen Standort eines Flugzeugs und seine Position in Relation zu eigenen Luft- und Bodenstreitkräften anzeigen können. Mit Echtzeit-Daten über Satellitenverbindungen werden die neuesten Informationen der Geheimdienste in das FalconView-System eingespeist. Durch aktuelle Aufnahmen, Landkarten und andere wichtige Daten kann der Pilot kurzfristige Korrekturen vornehmen. Wenn sich während des Fluges feindliche Bodentruppen von einer Seite eines Berges auf die andere bewegen, erhält der Pilot durch aktuelle Informationen die Möglichkeit, seine Flugroute zu ändern, um entweder diese Truppen anzugreifen oder den Bodenbeschuss auf seinem Weg zu einem anderen Ziel zu vermeiden.

Die Besatzungen von Airlifts (Großraumtransportern für Luftbrücken) nutzen die Fluginformationen von FalconView ebenso. Die Crew schließt einfach einen Laptop an die Bordsysteme des Transportflugzeuges an und verbindet ihre Personal Computer durch direkte Datenübertragung mit den Systemen auf dem Boden und in anderen Flugzeugen. Während des Fluges kann die Besatzung Aufträge neu planen, Abwurf-Zonen und Rendezvous-Punkte festlegen und taktische Information wie Radar-Daten von anderen Piloten erhalten. Rettungsflugzeuge bekommen präzise Daten über abgeschossene Maschinen. Für Frachtflugzeuge, die beispielsweise Nahrungsmittel und Versorgungsgüter für die Zivilbevölkerung von Ländern wie Haiti, Somalia, Bosnien oder den nördlichen Irak transportieren, liefert FalconView Daten über geeignete Abwurfzonen und die Windrichtung, damit der Lademeister die Frachtpaletten im richtigen Moment aus der Maschine abwirft.

Aus jedem Einsatz lernen

Ein weiterer interessanter Aspekt eines digitalisierten Militärwesens ist seine Fähigkeit, das Lerntempo dramatisch zu steigern. Die Air Force muss nicht mehr drei Kriege führen, Hunderte von Flugzeugen und Tausende von Soldaten opfern, um zu erfahren, welche Methoden und Taktiken erfolgreich sind. Heute können sie die Aufzeichnungen einiger Einsätze untersuchen und viel schneller daraus lernen. In früheren Luftkriegen, den Golfkrieg eingeschlossen, blieben Besprechungen nach einem Einsatz oft ohne ein klares Ergebnis. Die befragten Soldaten tendierten dazu, sich nur aus ihrem eingeschränkten Blickwinkel an den Einsatz zu erinnern, und ihre Berichte waren in der Regel durch den »Nebel der Schlacht« getrübt. Er war recht schwierig für die Kommandeure, die Kampfsituation zu rekonstruieren, um es beim nächsten Mal besser machen zu können.

Mittlerweile studieren Piloten und Kommandeure bei Besprechungen nach der Durchführung des Einsatzes sorgfältig die digitalen Daten von FalconView und vergleichen sie mit dem aufgenommenem Video-Material, das von jedem Flugzeug während eines Einsatzes erstellt wird. Bei einer solchen Besprechung könnten auch die Flugpläne, die Video-Aufzeichnungen und ein Befragungssystem auf PC-Basis hinzugezogen werden. Die Crew kann einen ganzen Auftrag noch einmal durchspielen und sich mit einzelnen Fragen beschäftigen. Wer schoss zu welchem Zeitpunkt? Wurde eine Bombe zu früh oder zu spät abgeworfen? Wessen Flugzeug war zur falschen Zeit am falschen Ort? Wessen unorthodoxes, aber glänzendes Manöver rettete den Einsatz?

Die Fähigkeit von FalconView, Einsatzdaten zu verfolgen, aufzuzeichnen und zu wiederholen, hilft der Air Force bei der Entwicklung besserer Flugpläne und Einsatztaktiken. Zudem tragen all diese Daten zu einer größeren Sicherheit der Piloten und einer gesteigerten militärischen Schlagkraft bei. Eine bewährte Regel in der Militärfliegerei lautet: »Wer die ersten zehn Missionen erfolgreich beenden kann, wird auch die nächsten 100 zu einem guten Ende bringen.« In Vietnam wurde eine große Anzahl von Piloten während ihrer ersten zehn Einsätze abgeschossen. Durch die Fähigkeit, Missionen aufzunehmen und erneut durchzuspielen, können Piloten ungestraft ihre Fehler machen, da sie diese zehn Einsätze auf dem Boden an einem Personal Computer »fliegen«, statt im realen Kampfeinsatz, wo die Folgen von Fehlern tödlich sind. Mit FalconView erreichte die Flugsimulation ein ganz neues Level.

Der nächste wichtige Schritt wird die digitale Verbindung der Piloten mit den Befehls- und Kommandostrukturen der U.S. Air Force in den höheren Entscheidungsebenen sein. Geschwindigkeit ist von entscheidender Bedeutung in der Befehlskette. Rechtzeitig erteilte Befehle können viele Leben retten. Stellen Sie sich einen Einsatz vor, bei dem ein Jagdflugzeug oder ein Bomber an einem Ort geschickt wird, der nur mit einem achtstündigen Flug erreichbar ist. Dank der neu gewonnenen Fähigkeiten können Sie das Flugzeug starten lassen und ihm unterwegs nachrichtendienstliche Erkenntnisse und neue Zieldaten übermitteln. Der Pilot erhält aktuelle Informationen auf dem Display seines Kampfflugzeuges, während er sich dem Ziel nähert. Auf diese Weise bekommen Sie zumindest einen Zeitvorteil von acht Stunden für die Ausführung des Einsatzes. Wie der Golfkrieg zeigte, kann ein rechtzeitig erfolgter Lufteinsatz einen entscheidenden Unterschied für die Truppen auf dem Boden bedeuten. Die Air Force nennt diese Art der Luftunterstützung »das Geschenk der Zeit«, die es den Kommandeuren der Bodentruppen erlaubt, zu entscheiden, wann und wo ein Angriff mit Bodentruppen die größte Aussicht auf Erfolg verspricht.

Das Schlachtfeld-Intranet

Wenn das Wissen über die Positionen eigener und feindlicher Flugzeuge für die eingesetzten Luftstreitkräfte von einer derartigen Bedeutung ist, dann stellen Sie sich den Wert eines solchen Systems für Bodentruppen vor, die ihren Weg durch den Dschungel suchen oder sich einen Hügel hinaufkämpfen. Das U.S. Marine-Corps experimentiert mit dem Einsatz von FalconView auf Laptops und Handheld-PCs auf dem Schlachtfeld.

Wahrscheinlich denken Sie jetzt, dass ein Laptop oder Handheld-PC einen Soldaten behindern könnte. Dabei müssen Sie aber berücksichtigen, dass die meisten U.S. Marines bislang in der Regel zwei Kilo Papier mit sich führten. Ein normales Bataillon zog in der Regel mit 20 bis

30 Aktenschränken voller Papier in den Krieg. Befehle, Landkarten und andere nachrichtendienstliche Informationen wurden in Form von Matrizen durch die Befehlskette verteilt.

Mit dem Ziel, dem Soldaten zeitrelevante Einsatz-Information rechtzeitig zur Verfügung zu stellen, wandte sich Major James Cummiskey an Georgia Tech, um einen Weg zu entwickeln, automatisierte Daten in einen Schlachtfeld-Computer einzugeben. Zufällig sprach Major Cummiskey mit denselben Forschern, die auch die FalconView-Kartographierungssoftware für die Air Force entwickelt hatten. FalconView erwies sich als genau das, wonach er gesucht hatte – und führte darüber hinaus zu beträchtlichen Einsparungen an Steuergeldern.

Major Cummiskey und die Forscher von Georgia Tech entwickelten zunächst eine situationsbezogene Anwendung, die auf FalconView und dem Betriebssystem Windows CE für tragbare Computer beruhte. Das taktische System berücksichtigt die drahtlosen Datennetzwerke der U.S. Marines, registriert Positionsberichte und schafft Symbole für die verschiedenen Einheiten auf den taktischen Landkarten von FalconView. Wenn irgendeine Einheit der U.S. Marines ihren Standort im Feld verändert, bewegt sich ihr Symbol auf allen Landkarten. Die Soldaten im Schlachtfeld nutzen die Anwendung mit handelsüblichen PCs, die besonders langlebige Akkus haben und in speziellen stoßfesten und wasserdichten Behältern verwahrt werden. Mit diesen »digitalen Informationsstationen« wissen die U.S. Marines genau, wo sie sich befinden, wo die verbündeten Kräfte stehen und wo der Feind ist. Ich sah diese Anwendung des U.S. Marine Corps zum ersten Mal im Herbst 1997 bei der Computermesse COMDEX, als sie Major Cummiskey auf der Bühne präsentierte. Er warf seinen Handheld-PC auf den Boden und trampelte eine ganze Zeitlang auf ihm herum. Nachdem er auf diese Weise die Wiederstandsfähigkeit des Computers demonstriert hatte, hob er ihn auf, schaltete ihn ein und zeigte die Anwendung in ihren einzelnen Schritten.

Das U.S. Marine Corps entwickelt das System derzeit noch weiter. Im Grunde handelt es sich um ein Schlachtfeld-Intranet. Es verbindet alle entscheidenden Mitwirkenden – die U.S. Marines auf dem Schlachtfeld, die Kommandokräfte und die eigenen Luftstreitkräfte – mit präzisen Informationen und Nachrichten in Echtzeit. Die Kommandeure auf dem Schlachtfeld erhalten genaue Darstellungen des Truppeneinsatzes und die einzelnen Führer der Einheiten des U.S. Marine Corps können genau sehen, wo sie selbst und die anderen eigenen Truppen stehen und wo sie auf den Feind stoßen werden. Amerikanische Flugzeuge können zwischen eigenen Kräften und feindlichen Verbänden auf dem Boden unterscheiden. Mehrere Sicherheitsmerkmale schützen die Daten vor der Beeinflussung durch den Gegner, wozu auch ein Schalter für die »Selbstzerstörung« gehört, der im Notfall sofort die Festplatte löscht – was wesentlich leichter ist, als wenn man versuchen würde, in aller Eile ganze Aktenschränke voller Papier zu vernichten.

Informationen auf das Schlachtfeld übermitteln

Nachdem man mehr als 15 Jahre auf kostspieligere Computersysteme vertraut hat, herrscht heute in den amerikanischen Streitkräften die Auffassung vor, die gesamte Hard- und Software auf der Basis des Personal Computers zu standardisieren. Die rasche, kostengünstige Entwicklung und der schnelle Einsatz von Anwendungen liefern überzeugende Gründe für diesen Meinungsumschwung. Die Kosten der Air Force in Höhe von 2,5 Millionen Dollar für die Entwicklung der FalconView-Software betrugen gerade einmal ein Prozent der Entwicklungskosten von 250 Millionen Dollar für die früheren Einsatzplanungssysteme, die auf Workstations liefen, die nicht auf dem PC-Standard basierten. Die laufenden Kosten für Verbesserungen und Ergänzungen von FalconView liegen im Jahr bei weniger als einer Million Dollar. Demgegenüber stehen Ausgaben über viele Millionen Dollar für Systeme, die nicht kompatibel mit gängigen PCs sind. Bei den bisher verwendeten Computersystemen war für jedes Geschwader eine 50 000 Dollar teure Workstation erforderlich. FalconView läuft dagegen auf Computern, die Teil der bereits existierenden Büro-Infrastruktur sind und keine zusätzlichen Kosten verursachen. Die Air Force hat FalconView bei allen im Einsatz stehenden Verbänden und allen Reserve-Geschwadern eingeführt. Das neue System wird von mehr als 13 000 Piloten, Navigatoren und Flugingenieuren eingesetzt. Zudem ist Falcon View auch für Flieger der U.S. Army und der U.S. Navy von zunehmendem Interesse und wurde von Piloten der U.S. Marines erprobt.

Die U.S. Marines haben das Handheld-Schlachtfeldsystem bei groß angelegten Übungen und Kampfszenarien erprobt. Wenn es schließlich genehmigt wird, könnte das System zur Standard-Ausrüstung für jeden

Kommandeur einer Einheit der U.S. Marines im Kampfeinsatz werden. Nach jahrelangen vergeblichen Versuchen, eine Schlachtfeld-Lösung zu entwickeln, erreichten die U.S. Marines innerhalb von drei Monaten das gewünschte Ziel. Die gesamten Entwicklungskosten einschließlich der Integration von FalconView und der Kommunikationssoftware lagen bei etwa 110 000 Dollar. Für die Zukunft planen die U.S. Marines auch die Einführung von noch kleineren, tragbaren Systemen auf der Basis von Windows CE, die für den einfachen Soldaten gedacht sind.

Da die Hardware preisgünstig ist, können die U.S. Marines mit dem Schlachtfeld-Handheld wie mit jedem anderen Bestandteil der Standard-Ausrüstung umgehen. Es wird genauso wie ein Paar Kampfstiefel seine Aufgaben erfüllen und ausgemustert, wenn bessere Lösungen zur Verfügung stehen. Nach Aussage von Major Cummiskey ist es auch für die U.S. Marines unmöglich, Moores Gesetz außer Acht zu lassen. Nach diesem Grundsatz verdoppelt sich die Leistungsfähigkeit eines Personal Computer in regelmäßigen Abständen, sodass dann ein Austausch der Hardware nötig wird. Moore sagt dazu: »Da wir wissen, dass wir alle paar Jahre unsere gesamte Hardware wegwerfen müssen, macht es einfach keinen Sinn, Millionen von Dollar für die Entwicklung spezieller Computersysteme zu vergeuden«.

Die Verbindung von Intelligenz und Zeit

Vor mehr als 2200 Jahren schrieb der chinesische Militärstratege Sun Tsu, dass »Intelligenz der entscheidende Schlüssel bei der Kriegsführung ist – bei jedem Schritt müssen die Armeen daran denken«. Nach der Auffassung von Sun Tsu wird derjenige Kommandeur den Sieg erringen, der die richtigen Informationen zum rechten Zeitpunkt erhält. »Komplexe Situationen wie die Bedingungen auf dem Schlachtfeld sind reich an Informationen – Informationen, die unmittelbar gewonnen werden müssen. Das Wissen des Kommandeurs muss auf dem direkten Kontakt zu Personen beruhen, die ihm als Quelle für die spezifischen Bedingungen auf dem Schlachtfeld dienen, und mit deren Hilfe er das Ergebnis vorausahnen kann. Damit Informationen zuverlässig sind, müssen sie aus erster Hand stammen. Es existiert eine wichtige Beziehung zwischen der Intelligenz und dem Zeitfaktor.«[24]

In Anbetracht sinkender Militärbudgets, der Wahrscheinlichkeit weiterer Konfliktherde auf der ganzen Welt und des Unwillens der amerikanischen Öffentlichkeit, hohe Verluste zu akzeptieren, setzen die Vereinigten Staaten auf Technologie, um kriegerische Auseinandersetzungen zu ihren Gunsten zu entscheiden. Technologie bedeutet nicht nur intelligente Waffen. Es bedarf auch intelligenter Soldaten. Die Regeln des Krieges haben sich nicht verändert. Den Sieg wird diejenige Seite erzielen, die am schnellsten mit der höchsten Intelligenz zuschlagen kann. Diese Intelligenz kann von Spionage-Satelliten, unbemannten Aufklärungsdrohnen oder durch Boden-Operationen kommen, doch alle gewonnenen Informationen müssen die eingesetzten Soldaten auch erreichen. Zudem ist es erforderlich, dass spezifische, unmittelbar erhaltene Erkenntnisse über das Schlachtfeld noch während der Schlacht zurück zu den Strategen gelangen.

Wie die Wirtschaft ist auch das Militär auf Organisation, Versorgung, Logistik und Taktik angewiesen. Im Amerikanischen Bürgerkrieg ergab sich der Südstaatengeneral Lee seinem Gegner General Grant nicht aus dem Grund, weil seine Truppen den Kampfwillen verloren hatten, sondern weil die Versorgung zusammengebrochen war. Napoleon sagte einmal, dass eine Armee auf ihrem Magen marschiert. Churchills Bericht über die britische Besetzung des Sudans im Jahre 1899 beinhaltet weitgehend die Geschichte vom Bau einer Eisenbahn für die logistische Unterstützung.[25] Sun Tsu meint, dass der Feldherr das Denken der Soldaten in Übereinstimmung mit dem ihrer Vorgesetzten bringen muss. Er muss sich auf den strategischen Vorteil und nicht auf einzelne heldenhafte Anstrengungen verlassen. Und er muss als erster Angriffsstrategien entwickeln. Jeder Geschäftsmann kann diese Grundsätze für seine Organisation und die Wettbewerbssituation nachvollziehen. Auch die Wirtschaft und besonders die Informationstechnologie können für das Militär von Nutzen sein. Das Entwerfen von Informationsprozessen, um organisatorische Ziele zu unterstützen sowie die Nutzung des Informationsflusses, um einzelnen Personen zu neuen Fähigkeiten zu verhelfen, sind effektive Ziele im Hinblick auf den operativen Kontext und die Situation auf dem Schlachtfeld.

So verfolgt das U.S.-Navy-Programm der »intelligenten Schiffe« zum größten Teil das gleiche Ziel wie jeder arbeitsintensive Wirtschaftszweig: Die Verbesserung der operativen Kontrolle bei gleichzeitiger Verringerung der Arbeitsanforderungen. Mehr als die Hälfte der gesamten Unterhaltskosten eines Schiffes entfallen auf die Arbeitskraft der Besatzung. Bei dem ersten »intelligenten Schiff« – ausgestattet mit einem schiffseigenen Netzwerk und PCs – war es möglich, das technische Überwachungspersonal während der Fahrt von elf auf vier Personen zu reduzieren.

Das neue Schiff entstand durch einen Umstrukturierungsprozess, den auch jedes Unternehmen durchführen könnte. Vertreter der Marine meinten, dass die Reduzierung der menschlichen Arbeitskraft zu 40 Prozent auf die Technologie und zu 60 Prozent auf die Umstrukturierung der Prozesse zurückzuführen war.

Natürlich ist die Vorstellung von schnellen organisatorischen Reflexen für alle Bereiche des Militärs von grundlegender Bedeutung. Das neue »intelligente Schiff« der Marine automatisiert nicht nur die Navigation und die Maschinerie, sondern Sensoren können auch sofort Schäden entdecken, ohne dass ein Besatzungsmitglied an den entsprechenden Ort geschickt werden muss. Das Schiff kann sogar vom Maschinenraum aus geführt werden, wenn die Kommandobrücke während einer Schlacht ausfallen sollte.

Darüber hinaus werden derzeit eine Reihe von Projekten für die Rationalisierung militärischer Operationssysteme erprobt. Im Pentagon wurden jene 240 Büros herausgesucht, die 80 Prozent der Verträge des Pentagons bearbeiten. Die Hälfte von ihnen ist bereits auf die digitale Verarbeitung der Vorgänge umgestellt worden. Ein Admiral beschrieb es mit den folgenden Worten: »Wenn die Vereinigten Staaten die moderne Technologie nutzen können, um mit einer Cruise Missile ein Ziel in einer Entfernung von über 1500 Kilometern zu treffen, dann ist es an der Zeit, dass sie auch die Technologie dazu verwenden, um den Lieferanten auf der anderen Straßenseite zu bezahlen.«

Die von den verschiedenen Teilstreitkräften eingesetzten neuen digitalen Systeme sind keine isolierten Projekte, sondern Bestandteil einer allgemeinen Strategie. Das Pentagon will sicherstellen, dass die militärischen Streitkräfte der Vereinigten Staaten einen schnellen und kostengünstigen Zugriff auf die bestmögliche Technologie haben, sodass auch die Gelder der Steuerzahler besser verwendet werden. Seit mehr als 30 Jahren waren die Bemühungen um Forschung und Entwicklung im kommerziellen Sektor effizienter als vergleichbare Anstrengungen im Militär. Mitte der 90er Jahre begannen sich die Streitkräfte umzuorientieren. Statt länger auf ihre eigenen, speziell entwickelten Systeme zu vertrauen, fingen sie an, die Vorteile der industriellen Welt auszunutzen. Das Pentagon startete eine Strategie der »zweifachen Verwendung«, um den militärischen und zivilen Nutzen der gleichen technologischen Basis auszunutzen. Die Strategie der »zweifachen Verwendung« steht auf drei Säulen: Investitionen in zivile Technologien, die für militärische Anwendungen entscheidend sind; die Herstellung kommerziell und militärisch verwendbarer Geräte mit denselben kostengünstigen Produktionskapazitäten; und die Einführung kommerzieller Komponenten in militärische Systeme.

Die traditionellen, zehnjährigen Beschaffungszyklen bei den Produkten für die Streitkräfte stehen im Widerspruch zu Moores Gesetz der sich alle zwei Jahre verdoppelnden Rechenleistung der Computer. Doch nachdem man die Wirksamkeit von High-Tech-Waffen im Golfkrieg gesehen hat, wer will da noch mit einer Technologie in die Schlacht gehen, die schon seit mehreren Generationen veraltet ist? Die besten Waffen resultieren aus den kürzesten Einsatz-Zyklen. Dieselbe Lektion gilt in gleichem Maß für die Verwendung der Technologie in Unternehmen.

Die Lokalisierungstechnik, die GPS nutzt, ist heute noch ziemlich spezialisiert, doch sie wird sich allgemein durchsetzen. Häfen und Transport-Unternehmen müssen wissen, wo sich ihre Ausrüstung und ihr Personal befinden, genau wie das auch beim Militär der Fall ist. Heute sind die meisten Logistik-Lösungen hochspezialisiert und kosten einige Millionen Dollar. Nur die größten Unternehmen können mit diesen digitalen Systemen ihren Materialfluss verwalten. Doch der PC wird die dafür nötigen Ausgaben in kurzer Zeit erheblich verringern. So wird es ohne hohe Kosten möglich sein, ein GPS-Anzeigegerät auf einem Container oder jedem anderen Ausrüstungsgegenstand anzubringen, um immer genau zu wissen, wo er sich befindet.

Der nicht-industrielle Einsatz von Sensoren ist noch ziemlich innovativ. Bewässerungsanlagen auf Farmen werden jetzt mit Wahrnehmungsgeräten ausgerüstet, die Ihren Pager alarmieren oder Ihnen eine E-Mail schicken, wenn das System stehenbleibt. Landwirte in der ganzen Welt verwenden PC-basierte GPS-Systeme und Satellitensensoren, um Unterschiede bei der Erdfeuchtigkeit, Fruchtbarkeit, Bewässerung und anderen Variablen festzustellen. Wenn ihnen diese Daten direkt zur Verfügung stehen, können die Landwirte die Menge an Saatgut oder Dünger verändern, um einen maximalen Ernte-Ertrag zu erzielen. Oder aber sie können diese Daten über mehrere Jahre analysieren, um Muster zu finden, mit deren Hilfe sich bessere Entscheidungen treffen lassen.

Mit winzigen Chips, die unter der Haut von Rindern angebracht werden, wird man bald nicht nur den Standort des Viehs verfolgen, sondern auch seine Gesundheit überwachen können. Die Sensoren werden für die individuelle Fütterung sorgen, sodass jedes Tier die für sein Alter und seinen Zustand angemessene Futtermenge erhält.

Für mich ist es immer wieder erstaunlich festzustellen, wie flexibel und robust PCs mittlerweile sind, dass sie geradezu allgegenwärtig werden. Ob sie den Interessen ökonomischer Konkurrenz in einem geschäftlichen Umfeld oder militärischen Zielen in einer Schlacht dienen, stets ermöglichen es die Informationsanwendungen auf dem PC einer Organisation, ihre Arbeitskräfte mit gesteigerten Fähigkeiten zu versehen. Im Falle der Streitkräfte sind diese verbesserten Fähigkeiten eine Frage von Leben oder Tod.

Schlüsselinformationen

▲ In Unternehmen genau wie auf dem Schlachtfeld wird derjenige gewinnen, der den kürzesten Beschaffungs- und Einsatz-Zyklus hat.

▲ Prüfen Sie, ob Ortungsysteme Vorteile für Ihre geschäftlichen Bedürfnisse bringen können.

Prüfen Sie Ihr digitales Nervensystem

▲ Basieren Ihre Systeme auf der Forschung und Entwicklung der Software-Industrie oder verwenden Sie eigene Systeme, die oft nicht übertragbar sind?

▲ Nutzen Sie die Kostenvorteile des kommerziellen Computermarktes?

▲ 22

Schaffen Sie Lerngemeinschaften

Unsere Bemühungen um die Verbindung jedes Klassenzimmers in allen Schulen des Landes mit dem Internet werden zu dem größten Fortschritt hinsichtlich Bildungsstandard und Bildungsqualität in diesem Jahrhundert führen.

Reed Hundt,
VORSITZENDER DER
U.S. FEDERAL COMMUNICATIONS COMMISSION

Der PC kann Lehrern und Schülern mehr als jeder anderen Gruppe von Wissensarbeitern zu neuen Fähigkeiten verhelfen. Wie ich bei der Beschreibung des Web Lifestyles erwähnte, sind Schüler und Studenten die ultimativen »Wissensarbeiter«, denn Lernen heißt Wissen zu erwerben. Die Lehrer können mit Hilfe des Internets Erfahrungen und Wissen miteinander austauschen, und die Schüler können ein Thema auf ganze neue Weise erforschen. Personal Computer können ein Katalysator für das Erreichen jener Bildungsziele sein, die Eltern, Pädagogen und die Regierung seit langem fordern: das gemeinsame und lebenslange Lernen und die Entwicklung des kritischen Denkens. Aufgrund der bereits vorhandenen Infrastruktur profitieren schon jetzt einige Schulen von der Integration der Personal Computer in die Klassenzimmer. Dort, wo Schulen sich eifrig darum bemühen, die finanziellen Mittel für diese neuen Werkzeuge zusammenzubekommen, haben innovative Programme bewiesen, dass sich diese Anstrengungen lohnen.

Der erfolgreiche Einsatz von PCs als Lehrmittel erfordert die Einbindung der Pädagogen. Ohne die Lehrerschulung und die Integration in den Lehrplan wird der Computer keine große Wirkung haben. Viele Rechner wurden in Computer-«Laboratorien« untergebracht, wo sie nur herumstehen und selten benutzt werden. Die Schulen müssen davon abkommen, den PC selbst zum Thema zu machen und den Computer stattdessen in den gesamten Lehrplan einbauen. Sie müssen mit der Technologie lernen. Immer mehr Schulbehörden zeigen heute, dass mit der Beteiligung von Lehrern die als Lernwerkzeuge verwendeten PCs zu weit reichenden Erfolgen führen können.

Im Schulbezirk Western Heights westlich von Oklahoma City überraschten die Lehrer die Aufsichtsbehörde mit ihrem Enthusiasmus, als der Bezirk vor der Auslieferung der Computer an die Schulen spezielle Weiterbildungsangebote vorstellte. Mehr als 200 der 230 Lehrer meldeten sich an und zwangen die Behörde zu großen Anstrengungen, um mit den vielen Anfragen zurechtzukommen. Die meisten Lehrer zeigten großes Interesse, Neues zu erlernen, und sind begeistert von allen Möglichkeiten, die den Kindern beim Lernen helfen. Doch möchten sie nicht mit etwas konfrontiert werden, wenn sie nicht zuvor die Gelegenheit hatten, sich mit der Materie vertraut zu machen.

Western Heights ist ein kleiner Bezirk mit sieben Schulen in einer industriell nur wenig entwickelten Region: die Schüler sind weißer, farbiger, indianischer, lateinamerikanischer und asiatischer Abstammung. Etwa 65 Prozent der Kinder erhalten ein kostenloses oder verbilligtes Mittagessen im Rahmen eines speziellen Schul-Programmes. Kein Schulbezirk also, von dem Sie erwarten würden, dass er eine Vorreiterrolle im Informationszeitalter spielt. Dennoch hat der Bezirk in den letzten drei Jahren dreimal mit großer Mehrheit dafür votiert, eine Summe von insgesamt mehr als 6,8 Millionen Dollar an Fördermitteln für einen Lehrplan zu investieren, der vielleicht landesweit am weitesten durch die Technologie vorangetrieben worden ist. Die Gemeinde betrachtet die Investitionen als einzige Möglichkeit, den Zyklus der Armut zu durchbrechen, der sich bei ihren Kindern wiederholen könnte, wenn sie unvorbereitet die digitale Welt betreten.

Ein PC kann ein mächtiges neues Lehrmittel für die Pädogogen sein, die noch an Tafel und Kreide gewöhnt sind. Bei der Nutzung von PowerPoint entdecken die Lehrer beispielsweise, dass sie das Interesse der Kinder an einem Thema durch die Einbindung von Fotos, Videoclips und Verbindungen zu Internetseiten aufrechterhalten und verstärken können. Ein Sozialkunde-Lehrer in Western Heights beginnt den Unterricht jeden Tag mit aktuellen Nachrichten aus dem Internet. Zunächst wird ein aktuelles Foto von der Wissenschaftsseite der NASA gezeigt, anschließend Nachrichten-Clips von abcnews.com und danach folgt eine Geschichte, die in das Unterrichtsthema einführt, wie beispielsweise die Reform der Finanzierung von Wahlkampagnen oder der Staatshaushalt der Regierung.

Die Personal Computer sind fester Bestandteil des Unterrichts aller Lehrer in Western Heights. Sie verwenden E-Mails, um mit anderen Lehrern zu kommunizieren und müssen nicht auf die Besprechungen warten, die nur einige Male im Jahr stattfinden. Sie können einem Kollegen eine Frage schicken und erhalten schnell die Antwort. Auf diese Weise arbeiten sowohl die Lehrer einzelner Klassenstufen als auch die Fachlehrer zusammen. Die Computer erlauben den Lehrern, leichter die vier Wände ihrer Klassenzimmer zu verlassen und mit Kollegen in Kontakt zu treten.

»Die Leute begreifen wahrscheinlich nicht, wie isoliert Lehrer im Klassenzimmer sind«, meint Joe Kitchens, der Schulrat des Bezirks Western Heights. »Die meisten Lehrer bleiben den ganzen Tag hinter geschlossenen Türen. Sie haben nur wenig Zeit für den Austausch von Erfahrungen oder den Kontakt mit anderen Lehrern. Nur ein paar Mal im Jahr treffen sie sich mit ihren Kollegen. Die E-Mail beseitigt diese Isolierung.« Lachend fügte er noch hinzu, dass die Lehrer ihn jetzt auch mehr »nerven« können als zuvor. Früher war der Dialog des Schulrats mit Lehrern begrenzt, doch heute erwarten sie, dass er ihre Fragen sofort per E-Mail beantwortet.

Das Netzwerk von Western Heights läuft über ein 17 Meilen langes Glasfasernetz, mit dem die Verbindung zwischen den Schulen untereinander und der Verwaltung garantiert wird. Jedes der 230 Klassenzimmer hat mindestens zwei PCs im Netzwerk – einen für den Lehrer, die restlichen für die Schüler. Jeder Unterrichtsraum bietet drei weiteren Computern den Anschluss zum Netzwerk, außerdem verfügt jede Schule über ein Computerlabor. Ein riesiger Monitor in jedem Klassenzimmer ermöglicht den Lehrern, Material aus dem Internet, Filme von einem zentralen Video-Server oder Vorführungen aus einem anderen Unterrichtsraum darzustellen.

Die Lehrkräfte der Universität von Oklahoma unterrichteten Schulklassen über das Netzwerk. Der Meteorologe von der lokalen Fernsehstation informierte Schüler über Tornados und andere Wetterthemen und die Schüler schickten Wettervorhersagen für die öffentliche Sendung zurück. Dayton Tire, der größte Arbeitgeber in der Region, nahm an Videokonferenzen teil. Die Fernsehstation und die lokale Reifenfabrik wurden für die Bildungspläne der Gemeinde in das Glasfasernetz integriert. Die Universität verfügt über eine Verbindung zu Oklahomas Hochgeschwindigkeits-Bildungsnetzwerk.

Die Schüler benutzten das Videokonferenz-System, um virtuelle Reisen an die Ostküste, nach England und an Orte in Europa zu unternehmen. Sie besuchten Museen und lernten zusammen mit Partnerschulen. Überall im Bezirk verfolgten die Schüler Ende 1998 live über ihre PCs den Start der Space Shuttle mit John Glenn. Mehrere Klassenzimmer werden speziell für das so genannte Distance Learning mit auf PC basierenden Fernsehtechniken eingerichtet. Mit dieser Infrastruktur konnte der Bezirk Western Heights einen zusätzlichen Mathematik-Unterricht in der Middle School einrichten, der von der High School bereitgestellt und mittels Fernsehtechnik in die Klassenzimmer übertragen wurde. Dies ist sicherlich keine perfekte Lösung, aber besser als gar kein zusätzlicher Unterricht in Mathematik. Die Lehrer haben von einem Videokonferenz-Kurs der Universität von Kansas profitiert, der ihnen dabei half, den Unterrichtsplan mit Hilfe der neuen Technologien zu erweitern.

Mit Hilfe von Distance Learning können auch verletzte oder erkrankte Schüler von zu Hause aus lernen und so mit ihren Klassen Schritt halten. Ein Teenager musste über Monate zu Hause bleiben, um die Verletzungen auszukurieren, die er sich zuzog, als er seine Mutter vor einem bewaffneten Räuber beschützt hatte. Zuvor hätte die Schule dreimal pro Woche für eine Stunde einen »Hauslehrer« geschickt. Normalerweise würde diese Lehrkraft die Hausaufgaben entgegennehmen, neue Aufgaben verteilen und einige Fragen beantworten. Doch jetzt installierte die Schulbehörde des Bezirks Western Heights einen PC, eine Videokamera und einen Monitor im Zimmer des Schülers und richtete eine Hochgeschwindigkeitsverbindung zu seinem Haus ein.

Ohne zu wissen, wie gut die interaktive Verbindung funktionieren würde, begann die Schule damit, ihn zunächst nur mit seiner Klasse in einem Fach zu verbinden, aber seine Klassenkameraden beklagten sich lautstark, als er in der nächsten Unterrichtsstunde »nicht mehr dabei war«. Deshalb erweiterte die Schule die Anzahl der Stunden sofort, um für die Übertragung des Unterrichtes in allen Fächern zu sorgen. Dabei war das Fach Biologie wahrscheinlich für ihn am interessantesten, da die anderen Kinder immer darauf achteten, die wirklich abstoßenden Sezierungen dicht vor der Kamera durchzuführen. Sie spielten ihm noch manch anderen Streich, doch auf diese Weise war er weiterhin Teil der Gruppe. Diese Verbindung mit einem PC zu seinem Zuhause war billiger als ein Hauslehrer, und der Schüler lernte auf diese Weise weitaus mehr. Er blieb mit seiner Arbeit und seinen Kursen auf dem gleichen Stand wie die anderen Kinder, doch viel wichtiger war dabei, dass er auch weiterhin ein Mitglied seiner Klasse blieb.

Eine Verbindung zwischen Eltern und Gemeinde herstellen

Eine andere Schule, die ähnliche Investitionen in die Zukunft tätigt, ist die Reading's Highdown School, eine staatliche Lehranstalt in einer Stadt mit 140 000 Einwohnern westlich von London. Highdown liegt im Herzen des britischen Silicon Valley. Innerhalb eines Umkreises von über 30 Kilometern befindet sich eine große Anzahl der High-Tech-Firmen des Landes. Der Vorschlag der Vertreter von Highdown, eine miteinander verbundene Lerngemeinschaft zu bilden, war eines der 23 Projekte im Rahmen der Superhighway-Initiative der Regierung Großbritanniens.

Highdown beschloss, die Technologie zu einem zentralen Bestandteil der Bildungserfahrung zu machen. Sie schufen eine Verbindung zwischen der Schule und anderen Einrichtungen der Gemeinde, wozu Museen, Bibliotheken und staatliche Behörden gehörten. Die Pädagogen wollten ein tragfähiges Modell einrichten, so dass der Ansatz nicht versickern würde, wenn der anfängliche Enthusiasmus einmal verebbte. Ziel war die Anhebung des Bildungsstandards und die Motivation für ein lebenslanges Lernen.

Highdowns Netzwerk verbindet mehr als 100 Personal Computer in der Schule mit interaktiven CD-ROMs und gefiltertem Inhalt aus dem Internet. Im Zuge der Umstellung von der Versuchsphase des Projekts auf ein langfristig angelegtes Programm engagierte sich der Stadtrat von Highdown und dehnte das Netzwerk auf alle 46 Schulen im städtischen Bezirk aus. Die Schüler verfügen über individuelle Netzwerkzugänge, sodass sie von zu Hause aus auf bestimme Anwendungen, E-Mails und das Internet zugreifen können.

Die Mitwirkung der Eltern ist ein wichtiger Bestandteil des Programms gewesen und trug erheblich zu dessen Erfolg bei. Anfangs nahmen 30 Eltern teil, die sich von zu Hause aus einwählen konnten, um das Intranet der Schule zu überprüfen und Informationen über die Aktivitäten ihrer Kinder zu erhalten. Weitere 30 Lehrer sind in ihren Häusern mit dem Netzwerk verbunden. Die Schule bemüht sich darum, die Verbindung in alle Privathäuser zu ermöglichen und gestaltet den Lehrstoff so um, dass das Lernen der Schüler zu Hause unterstützt werden kann. Die Intranetseite von Highdown vermittelt Informationen über die Schule und den Lehrstoff. Sie zeigt den Eltern, was die Schüler in jeder Woche lernen sollten und wie ihnen der Stoff vermittelt wird. Die Eltern können eine Verbindung zu dem von den Schülern benutzten Unterrichtsmaterialien herstellen. Das Internet behebt dabei auch das uralte Problem von Eltern, die ihre Kinder fragen, ob sie Hausaufgaben haben und die bisher keine Möglichkeit zur Überprüfung hatten, wenn die Antwort der Kinder auf diese Frage stets »nein« lautete. Via E-Mail findet ein direkter Austausch mit den Lehrkräften statt, neben persönlichen Gesprächen mehrmals im Jahr.

Genau wie Western Heights hat auch Highdown die Technologie in das Klassenzimmer integriert. Ihre Webseite liefert spezielle Features für den Lehrplan, die sonst nicht möglich wären, wie beispielsweise eine virtuelle Kunsttour, die eine Verbindung zu den wichtigsten Museen in der ganzen Welt herstellt. Mit Hilfe der Technologie können die Lehrer den Unterricht entsprechend des Alters und der Fähigkeiten der Schüler gestalten und das Lernen personalisieren. Ein elfjähriger Kunstschüler kann zum Beispiel online Zugriff auf Materialien erhalten, die auf sein Alter zugeschnitten und vom Lehrer individuell für ihn vorbereitet worden sind, um die im Unterricht vorgestellte Farbenlehre zu unterstützen. Ein Online-Test prüft die Kenntnisse über die komplementären Farben, und der Schüler kann sich die Bilder von Seurat ansehen, um zu lernen, wie dieser Künstler Farben mischte.

Eine unabhängige Überprüfung von Experten der Regierung führte sechs wichtige Vorteile des technologieunterstützten Lernens auf: das verbesserte Lernen einzelner Themen; eine gesteigerte »Netzwerk«-Fähigkeit, womit die Fertigkeiten bei der Nutzung von Personal Computern und des Internets beim Lernen gemeint ist; eine verbesserte berufsorientiere Ausbildung; eine erhöhte Motivation und eine größere Lernbereitschaft; gesteigerte Fähigkeiten beim unabhängigen Lernen; und positive Auswirkungen auf die soziale Entwicklung.

Erweiterte Bildungsmöglichkeiten für alle Bürger

Die Verwendung der Schulinfrastruktur, um digitale Lernmöglichkeiten für die ganze Gemeinde zu schaffen, ist von großer Bedeutung, da dadurch die Investitionen in die Technologie zusätzlich gerechtfertigt werden. Ein Aspekt der Bildung betrifft grundlegende Fähigkeiten beim Gebrauch von Computern, die in jedem Beruf genutzt werden können. Ein anderer Bereich, der wichtig für Arbeitsuchende ist, betrifft die Informationstechnologie. In den meisten Ländern bleibt jeder zehnte Arbeitsplatz in dieser Branche unbesetzt und die Vereinigten Staaten und Europa benötigen in den nächsten Jahren jeweils mehr als eine halbe Million Arbeitskräfte mit Erfahrungen in den neuen Technologien. Länder und Regionen wie Indien und Lateinamerika, die sich derzeit gewaltig weiterentwickeln, haben einen noch größeren Bedarf.

Weil der Wohlstand der Region Reading auf Technologie beruht und weil traditionelle Finanzquellen für Schulen aller Wahrscheinlichkeit nach nicht für die Realisierung der Pläne ausreichen werden, strebt die Highdown School eine Partnerschaft zwischen öffentlichen und privaten Trägern an, um die erforderliche Infrastruktur zu bezahlen – eine so genannte »Investitionsschleife«, weil die lokalen Unternehmen heute in die Schulen investieren, um in der Zukunft qualifiziertere Arbeitskräfte zu erhalten.

Außerdem erwarten die Pädagogen von Highdown, dass sich auch die Gemeinde finanziell engagieren wird, da sie das Netzwerk für langfristige Bildungsmaßnahmen benutzen kann. Erwachsene können zu Hause oder an den Schulen von Reading, die für diesen Zweck abends und am Wochenende geöffnet sind, an Technik-Schulungen online teilnehmen. Die dafür eingenommenen Gebühren werden für den laufenden Betrieb und die Erweiterung des Netzwerkes verwendet.

Viele Schulen auf der ganzen Welt unternehmen große Anstrengungen, um sich auf das digitale Zeitalter vorzubereiten. Israel richtete ein nationales Bildungsnetzwerk ein, mit dem die Schüler ihr Wissen online erwerben und mit dem sie E-Mails zu Hause oder in der Schule versenden und empfangen können. Das Netzwerk verbessert die Interaktion zwischen Eltern und Lehrern. Costa Rica stellt jedem Schüler an einer staatlichen High School den Zugang zum Internet und eine E-Mail-Adresse zur Verfügung. Schüler der High School in Issaquah, Wisconsin, entwickelten und verwalten ein Netzwerk mit 2000 PCs zur Unterstützung ihrer akademischen Ausbildung. Studenten in Kentucky werden dafür ausgebildet, das Netzwerk, das den ganzen Bundesstaat mit seinen 176 Bezirken umspannt, zu betreuen. Dazu gehören auch die Verbindung zu Regierungsstellen, regionalen Unternehmen und höheren Bildungseinrichtungen.

Bereiten Sie jeden Schüler auf den Erfolg vor

Die meisten Geistesarbeiter in den Vereinigten Staaten haben ihren eigenen PC, doch selbst in den besten Bildungseinrichtungen kommt auf sieben Schüler oftmals nur ein PC. Es ist für die Schulen sehr kostspielig, jedem Kind einen Computer zu kaufen, insbesondere wenn die Rechner etwa alle drei Jahre veraltet sind. Daher fürchten manche Menschen, dass die Lücke zwischen den »Wohlhabenden«, jenen Familien, die sich einen PC zu Hause leisten können, – und den »Nichtwohlhabenden« – die sich diese Ausgabe nicht leisten können – zu unterschiedlichen Bildungsmöglichkeiten führen wird.

Der Eins-zu-Eins-Zugang – ein PC pro Schüler – begann in den frühen 90er Jahren in Melbourne, Australien, wo Bruce Dixon, ein technologie-interessierter Lehrer bedeutsame Unterschiede bei den Lernergebnissen erzielte, als er für seine Klassen ein halbes Dutzend Computer statt nur eines einzigen organisieren konnte. Damit PCs ihr volles Potenzial erreichen können, mussten die Schüler sie als ein Werkzeug bei ihrer gesamten Arbeit nutzen – in all ihren Fächern und sowohl zu Hause als auch in der Schule. Aus vielen Diskussionen, Tagungen und Brainstorming-Sitzungen mit Lehrerkollegen entstand die radikale Idee, dass alle Schüler ihre eigenen Rechner finanzieren sollten. Dixon, der damals auch als Technologie-Berater für die Schulen tätig war, entwickelte ein spezielles Finanzierungsmodell. Für eine monatliche Gebühr leasen Schüler einen Laptop und die dazugehörige Software. Der Verkäufer sorgt für die Instandhaltung und die Anpassung an die technische Entwicklung, und wenn der Schüler seinen Abschluss gemacht hat, behält die Familie den PC.

Die Finanzierbarkeit stellt indes auch bei diesem Vorgehen eine große Herausforderung dar. Wohlhabende Familien können sich die Monatsgebühr von 40 Dollar über einen Zeitraum von drei Jahren leisten. Viele andere können einen etwas bescheideneren Betrag zahlen. Unternehmen, die Gemeinde und Stipendien können bei übrigen Kindern helfen. Ungeachtet, wie hoch der Betrag liegen mag, ist das Engagement der Familien für dieses Programm von grundlegender Bedeutung, weil es den Schülern und ihren Eltern ein Gefühl für den Besitz und die Verantwortung für den Laptop und dessen Anteil am Lernprozess des Kindes vermittelt. In den ersten Jahren der Laptop-Programme sind die zusätzlichen Kosten aufgrund von Schäden, Verlust oder Diebstahl der Laptops minimal gewesen. Die Erzieher sehen den Grund dafür darin, dass die Schüler ein persönliches Interesse daran haben, auf ihre Computer aufzupassen. Interessanterweise gibt es bei den Kindern aus unterprivilegierteren Gebieten im Allgemeinen weniger Meldungen über einen Verlust oder einen Schaden als bei Schülern aus reichen Bildungseinrichtungen. Die einzigen häufig wiederkehrenden Probleme werden durch Schüler verursacht, die ihre Laptops schließen und dabei einen Füller oder Bleistift einklemmen, wodurch der Bildschirm beschädigt werden kann.

Die Laptop-Programme werden weltweit in vielen Schulen durchgeführt. Mehr als 60 000 Schüler und Lehrer an 500 staatlichen und privaten Schulen in den Vereinigten Staaten haben sich an dem so genannten »Anytime Anywhere Learning«-Laptop-Projekt beteiligt. Der erste Sponsor war das Unternehmen Toshiba America Information Systems, und bis heute sind viele andere Hardware-Hersteller hinzugekommen. Dieses Programm stellt den Schülern Laptops zur Verfügung, trainiert die Pädagogen in ihrem Gebrauch und integriert die Technologie im Lehrplan. Durch die Zusammenarbeit mit lokalen Unternehmen und Gemeinden waren diese Schulen in der Lage, die Notebooks für alle Schüler zu finanzieren. Sowohl Kanada als auch Großbritannien haben mit ersten Laptop-Programmen begonnen. Bildungsdelegationen aus der ganzen Welt haben Schulen besucht, an denen das »Anytime Anywhere Learning«-Laptop-Projekt läuft, um die dort gemachten Erfahrungen zu studieren.

Wenn man den Schülern die Laptops rund um die Uhr zur Verfügung stellt, kommt man oft zu beeindruckenden Ergebnissen. Eine jüngere Studie des Bildungsexperten Saul Rockman gelangt zu der Schlussfolgerung, dass Schüler, die regelmäßig Laptops verwenden, viele neue Fertigkeiten erwerben. Sie schreiben häufiger und besser, verfügen über gesteigerte Recherche- und Analysefertigkeit, drücken sich kreativer aus, arbeiten unabhängiger und häufiger gemeinsam, beschäftigen sich vermehrt mit aktivem Lernen und Lernstrategien, befassen sich eher mit Fragen der Problemlösung und dem kritischen Denken und entwickeln gesteigerte Denkfähigkeiten. Die objektiven Zahlen in der Studie werden von den subjektiven Einschätzungen der Pädagogen bestätigt: 66 Prozent von ihnen meinen, dass die Laptops zu gesteigerten intellektuellen Fähigkeiten bei ihren Schülern geführt haben, und ein Anteil von 71 Prozent vertritt die Auffassung, dass Laptops die Motivation der Schüler verbessern und zu einer höheren Bereitschaft unter den Kindern führen, sich auf die vermittelten Lehrinhalte zu konzentrieren.

Die meisten Schulsysteme in der Welt fangen erst allmählich damit an, den Personal Computer in das Klassenzimmer zu integrieren. Um derartige Projekte durchzuführen, ist die Leitung durch den Verwaltungsrat der Schule und die entsprechenden Aufsichtsbehörden erforderlich. Darüber hinaus ist ein Technologieplan nötig, der ein Konzept für die Entwicklung und Verwaltung der technischen Infrastruktur und für die Abstimmung der Technologie auf den Lehrplan und die Schulung der Lehrer liefert. Schließlich ist die Unterstützung durch die lokalen Behörden von ausschlaggebender Bedeutung. Es hat sich gezeigt, dass die Wähler bereit sind, Maßnahmen für die Finanzierung konkreter, sorgsam durchdachter Pläne zu unterstützen. Die Gemeinden sollten die Vernetzung der Schulen als Anfang einer umfassenderen Anstrengung begreifen, um eine miteinander verbundene Lerngemeinschaft aller öffentlichen Organisationen zu schaffen. Die durch Technologie verbesserte Bildung muss als eine lebenslange Aktivität verstanden werden, die sich nicht auf ein bestimmtes Alter oder auf den Einsatz in den Schulen beschränkt.

Die Technologie kann auch die Verwaltungskosten in den Schulen reduzieren und für einen Vergleich des Bildungsstandes sorgen. Der Staat Victoria in Australien hat eine Infrastruktur eingesetzt, die am Ende 100 000 Personal Computer miteinander verbinden und für ein Verhältnis von 5:1 Schülern pro Personal Computer sorgen wird. Zudem wird jeder Rektor und jeder Lehrer der 1750 Schulen über die Integration der Technologie in das Schulwesen unterrichtet. Der Staat Victoria nutzt die Personal Computer auch zur Handhabung organisatorischer Aufgaben. So verwenden sie beispielsweise E-Mails, um Schuldokumente und Mitteilungen, Jahresabschlüsse und Grafiken in ihre vielen oft weit entfernt liegenden Schulen zu schicken. In Zukunft werden die Verwaltungsbeamten Software einsetzen, um Trends beim Fehlen der Schüler aufzuspüren, die auf Erziehungsprobleme hindeuten könnten. In gleicher Form kann auch die häufige Abwesenheit von Lehrkräften, die möglicherweise auf Motivationsprobleme zurückzuführen ist, festgestellt werden. Die Verwaltung beabsichtigt, digitale Werkzeuge zu verwenden, um auf einfache Weise die verschiedensten Faktoren miteinander vergleichen zu können. Dazu gehören Testergebnisse, die nach Region, Schulklasse oder der Größe der Schule aufgeschlüsselt werden. Zudem planen sie, weitere unterstützende Software einzusetzen, um den Lehrern bei administrativen Aufgaben zu helfen (wie dem Erstellen von Standardbriefen an die Eltern) oder auf professionelle Weise Leistungsbeurteilung zu ermöglichen. In Western Heights benutzen die Lehrer eine Anwendung, die Testaufgaben einscannt, benotet und automatisch den Notendurchschnitt der Kinder feststellt. Die dadurch eingesparte Zeit kann stattdessen für den Unterricht genutzt werden.

Jeder Schüler sollte einen eigenen PC haben

Michaels Wechsel von der Grundschule an die Middle School, die New Yorker Mott Hall School, bereitete ihm einige Mühen. Der komplizierte Unterrichtsstoff und die Konkurrenz durch die anderen Kinder führten dazu, dass er sich zurückzog. Michaels Lehrerin, Janice Gordon, glaubte, dass das »Anytime Anywhere Learning«-Programm der Schule, das jedem Schüler einen Laptop zur Verfügung stellte, ihm helfen würde, seine Probleme zu überwinden und mehr Zutrauen in seine eigenen Fähigkeiten zu gewinnen.

Damit hatte sie Recht. Zwei Monate nachdem er seinen eigenen Laptop erhalten hatte, beteiligte sich Michael an Diskussionen und führte seine Ergebnisse vor der ganzen Klasse vor. Er machte zusätzliche Hausaufgaben und umfangreiche Recherchen für spezielle Projekte. Sein Papa nennt ihn seitdem »den Michael Jordan der Computerwelt«.

Ich besuchte die Klasse von Frau Gordon im Frühjahr 1998 und erlebte direkt, wie der ständige Gebrauch eines Laptops das Lernen für Michael und seine Klassenkameraden verändert hat. Sein Erfolg ist kein isoliertes Ergebnis. In mehr als 500 öffentlichen und privaten Schulen verwenden die Schüler Laptops, um ihre Neugier und Kreativität in Formen, wie es wahrscheinlich nur Kinder tun können, auszuleben.

In Geschichte verwendete ein Schüler eine online erreichbare Enzyklopädie und verschiedene Webseiten, um eine Darstellung des Amerikanischen Bürgerkrieges zu erstellen, in der er über berühmte Generäle und bedeutende Schlachten referierte, die er dann noch mit Hilfe von Statistiken und Landkarten ausschmückte. In Physik nutze ein Schüler das Internet, um sich mit speziellen Fragen zu beschäftigen: Wie erhöht Wachs die Geschwindigkeit bei gleichzeitiger Reduzierung des Reibungswiderstandes bei Snowboards? Wie sorgen Skistiefel und Bindungen für die nötige Stabilität? Wer Fremdsprachen erlernt, kann spanische Webseiten aufrufen und besser verstehen, wie die Sprache im Alltag verwendet wird.

Personal Computer ermöglichen neue Vorgehensweisen. Schüler der fünften und sechsten Klasse richteten ihre eigene Datenbank über die Planeten ein. Sie sammelten Daten aus verschiedenen Quellen, verwendeten eine online zugängliche Enzyklopädie und schrieben dann einen Bericht über das, was sie gelernt haben. Schüler einer High School recherchierten Daten über die Bewegung eines Fahrzeugs unter der Wirkung verschiedener Kräfte und Massen. Anschließend erstellten sie eine Grafik, sodass sie auf diese Weise die mathematische Beziehung zwischen physikalischen Kräften, wie der Masse und Beschleunigung anschaulich darstellen konnten.

Mit Hilfe von Laptops haben auch die Lehrer Möglichkeiten zu größeren Projekten. Im Geschichtsunterricht einer Schule in Ohio wurde ein Projekt mit der Bezeichnung »Destination Ohio« durchgeführt, bei dem Schüler das Internet verwendeten, um auf Webseiten Informationen über Ohio zu sammeln. Sie nutzten eine Textverarbeitung für die Planung der Reiseroute und ein Formular zur Berechnung ihrer Kosten. Danach griffen sie zu einer Publishing Software, um eine Broschüre für einen ihrer Zielorte zu erstellen. Sie verwendeten eine Präsentations-Software, um diese Reise anderen Schülern »zu verkaufen«.

Die weit reichenden und umfassenden Informationen, die durch den Zugang zur Technologie und durch die Leichtigkeit der Datenanalyse entstehen, verbessern grundlegende Fertigkeiten wie das Verfassen von Texten und die Erstellung von Analysen. Da sie mehr Informationen aus verschiedenen Perspektiven betrachten und untersuchen können, erhalten die Schüler ein besseres Verständnis von den Möglichkeiten, Quellen kritisch zu prüfen und zu unabhängigen Beurteilungen zu kommen.

Neue Formen des Lernens

Es gibt noch einen weiteren wichtigen Aspekt, der in diesem Zusammenhang von großer Bedeutung ist. Durch den Computer ergeben sich neue Möglichkeiten des Lernens, die nie zuvor so einfach zu realisieren waren. Es gibt etwa 50 verschiedene bedeutende Theorien, mit denen versucht wird, individuelle Lernmethoden zu charakterisieren.

Die meisten dieser Auffassungen verweisen auf ähnliche Merkmale. Um es ganz einfach auszudrücken: Manche Leute lernen besser beim Lesen, andere durch Zuhören, wieder andere, indem sie andere beobachten oder eine Aufgabe selber durchführen. Die meisten von uns lernen durch eine Kombination all dieser Methoden. Wir haben unterschiedlich ausgeprägte Begabungen, Persönlichkeiten und Lebenserfahrungen, die uns zum Lernen motivieren oder auch demotivieren können. Ein hoch motivierter Schüler kann aus schwierigen schriftlichen Materialien lernen. Ein nur wenig motivierter Schüler benötigt dagegen eher einfache Lernmittel wie Videos.

Neue Software hilft dem Schüler beim Lernen ohne Rücksicht auf die verwendete Unterrichtsmethode und den eigenen Kenntnisstand. Software kann Informationen in unterschiedlichen Formen zeigen, die leichter als papiergebundene Methoden eine individuelle Gestaltung ermöglichen. Beim Geographie-Unterricht für zwölf- und dreizehnjährige Schüler verließ sich beispielsweise die Highdown School früher auf Videomaterialen und einen großen Stapel gedruckter Texte. Einige Kinder kamen gut mit diesem Material zurecht, andere, weniger motivierte, hatten Schwierigkeiten mit den umfangreichen Unterlagen.

Mit Hilfe der Webtechnologie strukturiert die Schule jetzt eine Reihe von Lernaufgaben nach der jeweiligen Komplexität. Es wird verlangt, dass Schüler eine bestimmtes Maß an Aufgaben abschließen, um damit sicherzustellen, dass sie das Konzept verstanden haben. In der ersten Geologie-Aufgabe wird eine Multimedia-Animation über die Bewegung des Magmas gezeigt, damit jeder Schüler die Grundlagen der Entstehung von Vulkanen versteht. Die umfangreichste Aufgabe ist eine eingehende Untersuchung über Vulkane, die auch Verbindungen zur Webseite der U.S. Geologic Survey beinhaltet. Schüler, die weitere Informationen erhalten wollen – und viele möchten das –, können zusätzliche Details über eine Reihe aktiver Vulkane und ihre Auswirkungen auf nahe gelegene Städte und die Umwelt bekommen.

Personal Computer können die Lernerfahrung vom traditionellen Ansatz – ein Lehrer spricht vor einer Klasse und benutzt dabei verschiedene Lesestoffe – zu einem mehr experimentellen Ansatz, der die natürliche Neugier von Schülern jedes Alters ausnutzt, hin verändern. Mit Personal Computern sind die Schüler in der Lage, Informationen in ihrem eigenen Tempo zu erkunden. Sie können Video- und Audioquellen genauso gut wie Texte nutzen. Zudem ist es mit der modernen Tech-

Maßnahmen zur Integration von PCs in den Unterricht

Schritt 3
Nutzen Sie Personal Computer, um Lehr- und Lernmodelle umzugestalten

Schritt 2
Verwenden Sie Computer, um bereits bestehende Lehr- und Lernmodelle zu verbessern

Schritt 1
Entwickeln Sie eine Infrastruktur und schulen Sie Lehrer und Schüler im Umgang mit Personal Computern

Ausgangspunkt

Die Schulbehörden müssen ein Konzept für den sinnvollen Einsatz der Personal Computer zur Verbesserung des Unterrichts haben. Der erste Schritt besteht in der Mobilisierung der Unterstützung in den Gemeinden, dem Aufbau der technischen Infrastruktur und der Ausbildung der Lehrer. Als nächstes sollten Personal Computer und das Internet in den Lehrplan integriert werden, wobei Laptops als Lernmittel der Schüler fungieren sollen. Schließlich können digitale Methoden die Lernprozesse umgestalten, indem sie es leichter machen, grundlegendes Wissen zu schaffen und zur Verfügung zu stellen, wodurch die Pädagogen Möglichkeiten für einen intensiveren und individuelleren Unterricht erhalten.

nologie leichter möglich, Versuchsanordnungen durchzuspielen und dabei gemeinsam Aufgaben zu lösen.

Dieser Lösungsansatz ist nicht neu. John Dewey und andere Bildungsexperten schlugen bereits im Jahre 1899 einen Wechsel vom didaktischen zum experimentellen Lernen vor. Doch während der Aufbau einer Einrichtung, die den Schülern einen weiten Spielraum von Erfahrungen gibt, eine komplexe Aufgabe darstellt, ist die virtuelle Welt der Erfahrungen mit Hilfe der Computer und der weltweiten Vernetzung für alle Schüler erreichbar.

Das World Wide Web ermöglicht es ihnen, andere Menschen zu finden, die sich mit denselben Themen beschäftigen oder auch Methoden für die Behandlung eines Themas zu entdecken, die für sie hilfreicher oder interessanter sind als die im Klassenzimmer verwendeten. Sie erhalten Zugang zu wertvollen Informationen, die sie der ganzen Klasse präsentieren können, oder sie stoßen auf verwirrende Sachverhalte, die der Lehrer zum Nutzen aller Schüler aufgreifen kann. In der Zukunft werden sich die Schüler oft aufmachen und ein Thema im Internet erforschen und dann zusammen in Gruppen über das Gelernte diskutieren.

Die grundlegenden Informationen über alle wichtigen Themen werden überall im Internet erhältlich sein. Die Schulen können sie als Basis-Darstellungen nutzen und dann Studien- oder Diskussionsgruppen um die einzelnen Themen herum bilden. In der Zukunft werden sich die Bildungseinrichtungen dadurch unterscheiden, inwieweit sie diese durch die moderne Technologie geschaffenen Möglichkeiten für den täglichen Unterricht nutzen. Anstatt nur das Basiswissen zu vermitteln, wie es heute oft der Fall ist, bekommen die Lehrer auf diese Weise einen größeren Freiraum, um didaktische Formen zu entwickeln, die völlig neue Dimensionen eröffnen.

Sobald es genügend Lehrer gibt, die ihre Ideen und Erfahrungen elektronisch austauschen, und ein immer höherer Prozentsatz von Schülern Zugang zu Personal Computern erhält, werden sich auch die Schulbuch-Verlage grundlegend verändern und sich auf die elektronische Lieferung von Produkten konzentrieren. Wenn Lehrbücher elektronisch zu niedrigeren Kosten vorliegen, können Schulen mit beschränktem Budget die ursprünglich für gedruckte Unterrichtsmaterialen vorgesehenen Gelder für andere Zwecke investieren. 1997 gaben die Grundschulen in den Vereinigten Staaten drei Milliarden Dollar für gedruckte Bücher aus. Die Colleges kauften für weitere 2,7 Milliarden Dollar. Doch eine normale CD-ROM kann alle Textmaterialien enthalten, die ein Schüler in einem Lehrjahr benötigt. Zudem können auf ihr Online-Verknüpfungen mit zusätzlichen Informationen bereitgestellt werden. Doch die Verwendung der Personal Computer als Lesewerkzeug erfordert den Durchbruch der in Kapitel 3 und 7 besprochenen Verbesserung der Bildschirmtechnologie.

Zehn wichtige Lektionen für den Einsatz von Computern in Schulen

Ein Zeitraum von mehr als einem Jahrzehnt beweist, dass die Computer einen wichtigen Beitrag bei der Ausbildung der Schüler leisten können, aber die Gesellschaft hat auf diesem Weg zehn wichtige Lektionen gelernt. Ich stimme hierbei mit den Schlussfolgerungen eines Berichtes des *Wall Street Journal* vom November 1997 überein:

1. Computerlabors sind ein ungeeigneter Platz für Computer. Sie müssen in den Klassenzimmern stehen.

2. Schüler mit Lernproblemen profitieren häufig mehr von Computern als bessere Schüler.

3. Die meisten Lehrer sind noch nicht ausreichend geschult worden, wie man Computer im Unterricht verwenden kann.

4. Die Schulbehörden müssen den Einsatz von Computern sorgfältig planen.

5. Computer sind Unterrichtswerkzeuge und kein Teil des Lehrplans. Sie müssen in den Unterricht über andere Themen integriert werden.

6. Die Schüler profitieren dann am meisten, wenn jeder von ihnen einen Computer besitzt.

7. Veraltete Technik taugt nicht für den Gebrauch in Schulen.

8. Computer beeinträchtigen keineswegs die traditionellen Fertigkeiten.

9. Das Internet und E-Mails animieren die Kinder zusätzlich.

10. Kinder lieben Computer.

Personal Computer sind die wichtigsten Instrumente für Kommunikation und Produktivität im digitalen Zeitalter. Der Personal Computer und das Internet werden für eine fundamentale Neuorientierung sorgen: Sie bieten jedem Schüler in jeder Schule und in allen Gemeinden den Zugang zu Informationen und ermöglichen Formen der gemeinsamen Arbeit, die bis heute nicht einmal in den teuersten Bildungseinrichtungen realisierbar waren. Diejenigen Pädagögen, die den Personal Computer als neues Lehr- und Lernmittel nutzen, werden die tiefgreifenden Veränderungen auch befürworten.

Schlüsselinformationen

▲ Personal Computer und die Vernetzung ermöglichen neue Bildungsansätze.

▲ Verwenden Sie die Infrastruktur der Schule, um Bildungsmaßnahmen für die ganze Gemeinde zu unterstützen.

▲ Die erfolgreiche Nutzung der Technologie im Klassenzimmer erfordert den Einsatz der Gemeinde und der Schulbehörde.

▲ Die Schulen müssen neue Möglichkeiten durch den Zugang zum Internet schaffen, um die Lücke zwischen den »Wohlhabenden« und den »Nichtwohlhabenden« zu füllen.

Prüfen Sie Ihr digitales Nervensystem

▲ Verfügen Sie über einen Technologie-Plan, der ein Konzept für die Entwicklung der technologischen Infrastruktur, der Abstimmung auf den Lehrplan und die Schulung der Lehrer liefert?

▲ Ermöglichen die Personal Computer im Klassenzimmer einen experimentelleren Ansatz, der die Schüler forschen, Versuchsanordnungen durchspielen und miteinander arbeiten lässt? Macht das computerunterstützte Lernen im Klassenzimmer Spaß?

▲ Verwenden Sie Personal Computer, um den besten Lehransatz für einzelne Schüler zu finden und können Sie die Darstellung der Materialien speziell auf diese Schüler abstimmen?

▲ Verwenden die Lehrer E-Mails, um Ideen auszutauschen und den Lehrplan zu koordinieren?

▲ Nutzen Sie die Technologie, um Routineaufgaben der Schulverwaltung und der Lehrer zu rationalisieren?

▲ Verfügt Ihre Schule über eine Webseite und werden E-Mails benutzt, um die Eltern in einem größeren Ausmaß an der Ausbildung ihrer Kinder zu beteiligen?

Teil VI

Erwarten Sie das Unerwartete

▲ 23

Bereiten Sie sich auf die digitale Zukunft vor

Aus jeder Veränderung ergeben sich neue Chancen. Daher ist es ganz wichtig, dass eine Organisation ständig vorwärts drängt, statt wie paralysiert zu verharren.

Jack Welch,
VORSTANDSVORSITZENDER VON GENERAL ELECTRIC

Je mehr sich die Wirtschaft digitalisiert, desto größer werden die Vorteile für die Verbraucher sein. Auf der anderen Seite sind vor allem jene Unternehmen Nutznießer an Informationstechnologie, die frühzeitig digitale Methoden verwenden und fortschrittliche Anwendungen schneller als ihre Konkurrenten entwickeln. Die in diesem Buch herausgestellten Lösungen sind das Ergebnis der Visionen und Führungsstärke von Unternehmensführern, die die Informationstechnologie in Einklang mit bestimmten Kundenszenarien brachten. Da die Technologie nicht nur die Datenverarbeitung, sondern auch den Umgang mit den Kunden verändern wird, sollte der Vorstandsvorsitzende eines Unternehmens in erheblichem Umfang an der Entwicklung beteiligt sein.

Erfolgreiche Unternehmer werden neue Wege nutzen, um Geschäfte zu machen. Diese Wege beruhen auf der wachsenden Geschwindigkeit der Informationen. Die neuen Methoden bedeuten, dass die Technologie nicht um ihrer selbst Willen verwendet wird, sondern um das Handeln der Firmen umzugestalten. Um den vollen Nutzen der Informationstechnologie zu gewinnen, werden die Verantwortlichen ihre betrieblichen Abläufe und ihre Organisation rationalisieren und modernisieren. Das Ziel besteht darin, die Reaktionsfähigkeit zu erhöhen und das strategische Denken zu einem fortlaufenden, sich ständig wiederholenden Prozess zu machen, der alle täglichen Arbeitsabläufe

begleitet und nicht abgetrennt von ihnen nur einmal im Jahr statt-
findet.

Investitionen in die Technologie sollten jedem Mitarbeiter bessere Informationen liefern. Die Wissensarbeiter sind das Gehirn des Unternehmens. Wenn sie keine Verbindung zu den wichtigen Informationen der
Firma haben, wie können sie dann funktionieren, wie sollen sie dann
neue Fähigkeiten entwickeln? Sie können Ihren Angestellten Verantwortung und Autorität geben, aber ohne Informationen sind sie hilflos.
Wissen bedeutet Macht.

Wenn wichtige Daten über Herstellungssysteme, Produktprobleme,
Kundenkrisen, Marktchancen, Verkaufsrückgänge und andere wichtige
Nachrichten in Zeiträumen von wenigen Minuten statt Tagen durch die
Organisation fließen und wenn die richtigen Personen sich innerhalb
von Stunden damit befassen können, erhält das Unternehmen einen rie-
sigen Vorteil. Diese Umstrukturierung von innerbetrieblichen Arbeits-
abläufen ist weitaus grundlegender als jede andere Veränderung seit der
Einführung der Massenproduktion.

Jedes Unternehmen kann wählen, ob es sich im Hinblick auf diese
neuen digitalen Möglichkeiten an der Spitze befindet oder ob es den
Entwicklungen hinterherläuft. Die Unternehmen, die ich in diesem Buch
beschrieben habe, wollen eine führende Stellung einnehmen. Sie vertreten bedeutende Wirtschaftsbereiche und kämpfen gegen starke Mitbewerber. Das Internet definiert ihre Branchen in Echtzeit um. Wenn sie
die Nase vorn haben, dann ist dies harter Arbeit zu verdanken. Sie haben die Entscheidung getroffen, dass der digitale Informationsfluss und
die Befähigung ihrer Mitarbeiter zu neuen Aufgaben dazu dienen, einen
Wettbewerbsvorteil zu erzielen und zu bewahren.

Halten Sie die Tür offen

Obwohl der Ausdruck vielleicht kalt klingen mag, geht es bei den »digitalen Prozessen« um den Ausbau individueller Fähigkeiten. Menschen
zu motivieren, Verantwortung zu übernehmen, ist nicht so sehr eine
Frage der organisatorischen Struktur als vielmehr eine Frage der organisatorischen Einstellung. Obwohl wir versuchen, die Anzahl der organisatorischen Ebenen klein zu halten und Kommunikationsstränge eng
miteinander zu verbinden, verfügt Microsoft über einen ziemlich tradi-

tionellen organisatorischen Aufbau. Ich glaube, dass eine »Politik der offenen Tür« viel wichtiger als eine nichthierarchische Struktur ist. Digitale Werkzeuge bieten die beste Möglichkeit, die Tür zu öffnen und Flexibilität zu schaffen. Abhängig vom Bedarf oder der Dringlichkeit können Informationen durch die Hierarchie befördert werden. Es ist möglich, sie direkt an die Spitze zu einer einzelnen Person oder einem Team an jeden beliebigen Ort zu übermitteln.

Der Glaube an die Kraft zur Umgestaltung ist der Schlüssel, um den größten Nutzen aus einem digitalen Nervensystem herauszuholen. Es sind die Experten und Manager, die von umfassenderen und besseren Informationen profitieren, nicht nur die Unternehmensführung. Wenn die Mitarbeiter gute Werkzeuge erhalten, die zu besseren Ergebnissen führen, wollen sie immer mehr davon haben. Das ist ein positiver Kreislauf.

Wie immer Sie Ihr Unternehmen organisieren oder Ihre Angestellten motivieren, eine Sache bleibt eindeutig: Es ist unmöglich, ein Unternehmen allein vom Zentrum aus zu verwalten. Es ist unmöglich, dass nur eine einzelne Person oder ein Komitee über den aktuellen Stand jeder Angelegenheit in einer geschäftlichen Einheit Bescheid weiß. Die Verantwortlichen müssen die Strategie und die Richtung vorgeben und den Mitarbeitern Werkzeuge geben, mit denen sie Informationen und notwendiges Wissen aus der ganzen Welt beschaffen können. Die Unternehmensspitze sollte nicht versuchen, jede Entscheidung selber zu treffen. Unternehmen, die den Versuch anstellen, »von oben zu führen«, um jede Handlung direkt vom Zentrum aus zu leiten, werden sich nicht schnell genug bewegen, um mit dem Tempo der neuen Wirtschaft zurechtzukommen.

In der Arbeitswelt beruht die Auseinandersetzung zwischen der zentralen Autorität und dem einzelnen Individuum auf dem Unterschied zwischen der altgewohnten Theorie X, nach der die Mitarbeiter faul sind und angetrieben werden müssen, und der Theorie Y, derzufolge sie kreativ sind und mehr Verantwortung erhalten sollten. Digitale Prozesse unterstützen die Ansicht, dass Mitarbeiter mehr tun können und mehr tun werden, wenn ihnen die Möglichkeiten gegeben wird und man sie dazu ermutigt selbstständig zu denken und zu handeln.

Dieser Streit zwischen Zentrum und Individuum ist kein abstraktes Modell. Die jeweilige Entscheidung beeinflusst die Entwicklung von

Unternehmen und Systemen. Vor Jahren wurden die Astronauten von dem Modell der ersten bemannten Kapsel der Vereinigten Staaten in Schrecken versetzt. Es gab keine manuellen Lenksysteme. Sie bräuchten sich keine Sorge zu machen, erklärten die Wissenschaftler der NASA. Das System würde das Raumfahrzeug fliegen. Die amerikanischen Weltraumfahrer waren, wie die Affen zuvor, nur als Passagiere vorgesehen. Die Astronauten lehnten ab. Erfahrene Kampf- und Testpiloten wussten nur zu gut, dass »moderne« Bordsysteme oft bei ungünstigen Bedingungen ausfielen. Die Astronauten gewannen die Kraftprobe schließlich und erhielten die Kontrollmöglichkeiten, die nötig waren, um diese Raumfahrzeuge auch manuell zu steuern. Bei mehreren Flügen – wozu Missionen in der Erdumlaufbahn und die erste Landung auf dem Mond gehörten – war es dem vorhandenen System und den Fähigkeiten der Astronauten zu verdanken, dass sie wieder nach Hause kamen, nachdem das zentrale, vorprogrammierte System ausgefallen war.

Die Frage lautet nicht, ob die primitiven, heute gebräuchlichen Computersysteme menschliche Piloten ersetzen könnten. Heute verwenden Hochleistungsflugzeuge und Raumfahrzeuge Computertechnologie in einem großen Umfang, um menschliche Fähigkeiten unter extremen Bedingungen zu erweitern. Die Frage heißt, ob jemand »im Zentrum«, weit enfernt von den tatsächlichen Bedingungen, in der Lage ist, alle Dinge vorherzusagen, die geschehen können – ob im Weltall oder innerhalb eines Unternehmens.

Für eine große und mobile Anzahl von Mitarbeitern ist ein System, das auf dem Konzept eines »zentralen« im Gegensatz zu einem »persönlichen« Computerwesen aufbaut, ungeeignet. Ein derartiges System ist zudem Ausdruck einer negativen Auffassung über den Mitarbeiter, denn damit wird ausgedrückt, dass die Angestellten eines Unternehmens noch immer die Zahnräder des Industrie-Zeitalters sind und dass sie nur sich ständig wiederholende Routinearbeiten erledigen sollten. Es bedeutet, dass die Beschäftigten keine Aufgaben außerhalb des ihnen zugewiesenen Bereiches verrichten sollen – in der Tat hindert sie das Werkzeug, diesen Bereich zu verlassen.

Es ist von großem Nutzen, wenn man über die Mittel verfügt, um ein dezentralisiertes System zu verwalten, aber es ist kontraproduktiv, die Tätigkeiten der Wissensarbeiter vom Zentrum her und im voraus zu definieren. Digitale Werkzeuge sollten die Kreativität und die Produktivität der Angestellten stimulieren. Ungeachtet der Vorgaben durch die Unternehmensleitung, benötigen Experten Werkzeuge, um zu forschen, gemeinsam zu arbeiten und um in Echtzeit während eines Vorganges Korrekturen im Hinblick auf wirtschaftliche Veränderungen vornehmen zu können. Mit Hilfe von Mitarbeitern, die durch digitale Mittel neue Fähigkeiten erlangen, werden sich einige Unternehmen in jeder Branche von der Masse abheben können.

Das »unterbrochene Chaos«

So viele Bereiche der Wirtschaft können durch digitale Systeme verbessert werden, dass es eine Reihe von Jahren dauern wird, um jeden einzelnen zu optimieren. Alle Informationen in einem Unternehmen sollten in digitaler Form vorliegen und einfach abgerufen werden können. Dazu gehören Akten, Berichte, E-Mails und Internetseiten. Jeder interne Prozess sollte digitalisiert und in alle anderen integriert werden. Jede Transaktion mit Partnern und Kunden muss in digitaler Form erfolgen. Sie sollten den Verbrauchern und Partnern Zugang zu allen Daten geben, die für sie nützlich sind, genau wie das umgekehrt der Fall sein sollte.

Die wirtschaftliche Entwicklung war früher von langen Perioden der Stabilität gekennzeichnet, denen kurze Phasen tiefgreifender Änderungen folgten. Evolutionisten würden dieses Phänomen als »unterbrochenes Gleichgewicht« bezeichnen. Heute schaffen die Kräfte der digitalen Informationen eine geschäftliche Umgebung des ständigen Wandels. Man könnte dies als »unterbrochenes Chaos« bezeichnen, ein ständiges durch kurze Aufschübe charakterisiertes Durcheinander. Das Tempo der Veränderungen ist manchmal geradezu beängstigend.

Die Finanzkrise in Asien von 1998 ist ein Beispiel dafür, wie der digitale Informationsfluss die Welt umgestaltet. Noch vor einer Generation hätte ein Aufschwung oder ein Zusammenbruch auf den Finanzmärkten Wochen oder Monate benötigt, um sich weltweit zu verbreiten. Heute sind die Protagonisten dieser Handelsplätze alle digital miteinander verbunden. Jeder Rückgang oder Aufschwung in einem wichtigen Markt sorgt über Nacht für Auswirkungen auf die anderen Märkte. Die Unternehmen müssen schnell auf Währungsschwankungen, neue Kreditrisiken und Prognosen reagieren. Die geschäftlichen Entscheidungen müssen sich an das Tempo der elektronischen Handelsplätze anpassen. Einige Unternehmen zeigten sich bei der Reaktion auf diese Veränderungen sehr flexibel und andere haben nur zugeschaut. Am Ende werden die Firmen, die rasch gehandelt haben – zum Beispiel, indem sie sorgfältig ausgewählte Vermögenswerte kauften, als die Preise in den Keller fielen –, am besten dastehen. Sie mussten schnell agieren, nicht nur um ihre Geschäfte auf die veränderten Bedingungen einzustellen, sondern auch um in der Lage zu sein, die sich bietenden günstigen Gelegenheiten zu nutzen.

Ähnliche digitale Verbindungen werden schon bald für alle Handelsplätze existieren. Die digitale Welt zwingt die Unternehmen, auf die Veränderungen zu reagieren, und gibt ihnen gleichzeitig die Mittel, mit denen sie sich an der Spitze behaupten können. Die Informationstechnologie ist der einzige Weg, ausreichend schnelle Reflexe zu erhalten, mit der die geschäftliche Strategie und die organisatorische Reaktion miteinander verbunden werden.

Heute liegen die Unternehmen in den Vereinigten Staaten bei der Anpassung an die digitale Technologie vor den Firmen in anderen Ländern. Die Gründe dafür liegen unter anderem in einer größeren Bereitschaft, Risiken einzugehen und Verantwortung an Mitarbeiter zu delegieren und in der Flexibilität des Arbeitsmarktes. Auch die geringeren Telekommunikationskosten und ein weitgehend einheitlicher Markt sind dafür verantwortlich. Doch es ist immer möglich aufzuholen, sodass amerikanische Unternehmen nicht unbedingt immer in führender Position liegen müssen. Jedes Land muss die besten Anwendungsmöglichkeiten in der ganzen Welt studieren. Viele der Unternehmer und Geschäftsführer, die ich auf meinen Auslandsreisen kennen lernte, wissen, dass sie einen digitalen Ansatz übernehmen müssen. In einigen Fällen werden sie durch die fehlenden Hochgeschwindigkeitsverbindungen in ihrem Land aufgehalten. In anderen werden sie gebremst, weil es in ihren Ländern an der Integration der digitalen Technologie in das Bildungssystem mangelt. Sie bekommen nicht jedes Jahr neue Mitarbeiter, die Erfahrungen mit dem Internet gemacht haben. Wieder andere wurden daran gehindert, weil Partner und Kunden nicht bereit sind, sich ebenfalls der Digitalisierung zu unterziehen. Investitionen in die digitale Infrastruktur und Bildung sind von entscheidender Bedeutung für die zukünftige konkurrenzfähige Position jedes Landes.

Die Bereiche, in denen die Vereinigten Staaten ins Hintertreffen gerieten, betreffen die Verwendung des Internets durch die öffentliche Verwaltung, die Regierungsbestimmungen im Hinblick auf die Verschlüsselungstechniken und die Einführung der Smart Cards.

Die Nutzung der »kognitiven Nische«

Menschen sind nicht die größten Tiere. Wir sind nicht die stärksten oder die schnellsten Geschöpfe. Wir haben weder die besten Augen, noch die empfindlichsten Geruchsorgane. Wir überlebten und behaupteten uns dank unserer intellektuellen Fähigkeiten. Wir entwickelten uns und füllten die kognitive Nische aus. Wir lernten Werkzeuge zu verwenden, Unterkünfte zu bauen, Landwirtschaft zu betreiben, Haustiere zu halten, Zivilisation und Kultur zu entwickeln, Krankheiten zu heilen und zu verhindern. Unsere Werkzeuge und Technologien haben uns geholfen, unsere Umwelt zu formen.

Ich bin ein Optimist. Ich glaube an den Fortschritt. Ich lebe lieber heute als zu jeder anderen Zeit in der Geschichte – und nicht nur, weil in einem früheren Zeitalter meine Fertigkeiten nicht so wertvoll gewesen wären. Ich vermute sogar, dass ich wahrscheinlich das Abendessen irgendeines Raubtieres geworden wäre. Die Werkzeuge des industriellen Zeitalters stärken unsere Muskelkraft. Die Werkzeuge des digitalen Zeitalters erweitern unsere intellektuellen Fähigkeiten. Ich freue mich besonders für meine Tochter, die in diese neue Welt hineinwachsen wird.

Mit Hilfe der Möglichkeiten des digitalen Zeitalters können wir die positiven Effekte beschleunigen und Aufgaben wie die Forderung nach einer individuellen Privatsphäre und die Überwindung des Gegensatzes zwischen Arm und Reich meistern. Wenn wir uns zurücklehnen und darauf warten, dass das digitale Zeitalter uns in einer von anderen bestimmten Form erreicht, werden wir dazu nicht in der Lage sein. Der Web Lifestyle kann das politische Engagement der Bürger erhöhen. Viele der Entscheidungen, die getroffen werden müssen, sind politischer und sozialer Natur, keine technischen Angelegenheiten. Dazu gehört auch, wie wir den Zugang für alle ermöglichen und wie wir die Kinder schützen. Die Bürger müssen sich mit der sozialen und politischen Bedeutung der digitalen Technologie beschäftigen, um dafür Sorge zu tragen, dass das Informationszeitalter die Gesellschaft reflektiert, in der sie leben wollen.

Wenn wir zögern und uns durch die Veränderung überwältigen oder sie an uns vorbeistreichen lassen, dann betrachten wir diesen Wandel unter einem negativen Blickwinkel. Wenn wir dagegen aktiv sind und die neue Entwicklung verstehen und akzeptieren, kann die Vorstellung von dem Unerwarteten positiv und erhebend sein. Der Astronom Carl Sagan schrieb in seinem letzten Buch, *Billions and Billions*: »Die Voraussage, die ich ganz sicher machen kann, lautet, dass es noch die erstaunlichsten Entdeckungen gibt, für die wir aber heute noch nicht klug genug sind, um sie vorauszusehen«.

So hart und unsicher die digitale Welt auch für das Geschäftsleben sein wird – alles dreht sich um die Frage, sich rasch zu entwickeln oder von der Bühne zu verschwinden –, so werden wir doch alle davon profitieren. Wir erhalten verbesserte Produkte und Dienstleistungen, bessere Lösungen bei auftretenden Problemen, niedrigere Kosten und größere Wahlmöglichkeiten.

Ein digitales Nervensystem kann dabei helfen, dass die Arbeitswelt sich und ihre Rolle in der Zukunft neu definiert, aber Energie oder Stillstand, Erfolg oder Versagen hängt von den Verantwortung tragenden Personen in der Wirtschaft ab. Nur sie können die Unternehmen auf diese Veränderung vorbereiten und die notwendigen Investitonen tätigen, um vom digitalen Zeitalter zu profitieren.

Die Informationstechnologie erweitert die Fähigkeiten, die uns Menschen in der Welt einzigartig machen – die Fähigkeit zu denken, unsere Gedanken zu artikulieren, zusammenzuarbeiten, um auf der Grundlage jener Gedanken zu handeln. Ich bin zutiefst davon überzeugt: Wenn Unternehmen ihre Mitarbeiter dazu ermutigen, Probleme zu lösen und ihnen die richtigen Werkzeuge dafür zur Verfügung stellen, dann werden sie sich wundern, wieviel Kreativität und Initiative auf einmal entsteht.

▲ Anhang
Standardisieren Sie Ihre digitalen Prozesse

Digitales Business beschreibt den Nutzen eines digitalen Nervensystems. Dieser Anhang erklärt, wie ein derartiges System aufzubauen ist und welche Wahl man hinsichtlich der System-Architektur und der Durchführbarkeit hat. Sie entwickeln ein digitales Nervensystem mit den neuen digitalen Technologien: PC-Hardware, kostengünstige, handelsübliche Software und Internet-Protokolle. Weil die neuen Systeme auf Standards beruhen, sind alle diese Bestandteile – Hardware, Software und Kommunikationsmittel – einfach zusammenzufügen. Die folgenden Seiten erläutern die Methoden, auf der Grundlage von Personal Computern und des Betriebssystems Microsoft Windows ein digitales Nervensystem zu entwickeln. Es wird darüber hinaus die Technologie von Microsoft erklärt, um einen solchen effektiven Informationsfluss zu schaffen. Der Anhang ist deshalb etwas technischer als das übrige Buch.

Die einfache Bedienbarkeit in sich abgeschlossener Unternehmenslösungen hat für deutliche Veränderungen in der Computer-Industrie gesorgt. Die Neuorientierung der Anbieter von vertikal ausgerichteten zu horizontalen, kundenorientierten Lösungen ließ die Preise dramatisch sinken und bietet dem Benutzer größere Wahlmöglichkeiten. In der alten vertikal ausgerichteten Computer-Industrie kaufte ein Kunde beinahe alle Elemente für eine Systemlösung bei einem einzelnen Unternehmen – die Mikroprozessoren, die Computersysteme auf der Grundlage dieser Prozessoren, das Betriebssystem, die Hardware für das Netzwerk und die Service-Leistungen. Jeder Anbieter – IBM, Fujitsu, Hewlett Packard, Digital Equipment, NCR und andere – verfügte über eine eigene vertikale Lösung. Die Verkaufszahlen waren gering und die Preise lagen hoch. Die Integration zwischen den verschiedenen Herstellern gestaltete sich schwierig und teuer. Die Kosten, wenn ein Kunde zu einem anderen Anbieter wechseln wollte, waren sehr hoch, da jedes Einzelteil der Lösung ausgetauscht werden musste.

Diese vertikal ausgerichteten Anbieter-Lösungen werden durch den Ansatz des Personal Computers ersetzt, bei dem spezialisierte Unternehmen den Kunden Wahlmöglichkeiten für jede Ebene der Infrastruktur offerieren: Mikroprozessoren, Computersysteme, System-Software, Unternehmensanwendungen, Netzwerk-Lösungen, System-Integration und Support. Obwohl viele Unternehmen auf mehr als einer Ebene tätig sind, kann ein Kunde jeden Hersteller in jeder Sparte wählen. Diese neue horizontale Struktur verleiht den Kunden maximale Flexibilität.

Die Entstehung der neuen Computer-Industrie

Die horizontale Ausrichtung sorgt für hohe Verkaufszahlen und niedrige Preise. Die Unabhängigkeit jeder Ebene bedeutet, dass die Konkurrenz jeden Bereich dazu antreibt, sich mit maximaler Geschwindigkeit weiter zu entwickeln. Intel und Advanced Micro Devices liefern sich einen harten Wettbewerb bei der Entwicklung neuer Mikroprozessoren. Dutzende von Unternehmen kämpfen auf dem Markt der Komponenten wie Speicherbausteine, Festplatten und CD-ROM-Laufwerke. Größere Computer-Hersteller wetteifern miteinander bei der Verwendung dieser Komponenten, um die schnellsten und leistungsfähigsten Computer zu entwickeln. Apple, Hewlett Packard, IBM, Microsoft, Sun Microsystems und neue Unternehmen wie Be and Red Hat Software konkurrieren miteinander, um System-Software, einschließlich Middleware, zu verbessern. IBM, Microsoft, Oracle und andere stehen in einem harten Wettbewerb im Markt der Datenbanken. BAAN, J. D. Edwards, PeopleSoft, Oracle und SAP konkurrieren bei der Finanzsoftware. Cisco, Lucent Technologies, Nortel und 3Com sind konkurrierende Unternehmen für die Infrastruktur von Netzwerken. Zu den Netzwerk-Anbietern gehören auch Entex, INS, regionale Firmen von Bell, Vanstar und Wang. Bei den System-Anbietern sind zum Beispiel Andersen Consulting, Cap Gemini, Compaq, CTP, Fujitsu, Hewlett Packard, ICL, SNI und Unisys zu nennen.

Obwohl ich hier die großen Unternehmen aufgeführt habe, sind in einigen Bereichen auch eine Vielzahl von kleineren Unternehmen sehr bedeutend. Bei der Anwendungssoftware zum Beispiel wird der unterschiedliche Bedarf jeder Industrie von kleineren Unternehmen gedeckt, die spezialisierte Lösungen liefern. Diese Tausende von kleineren Fir-

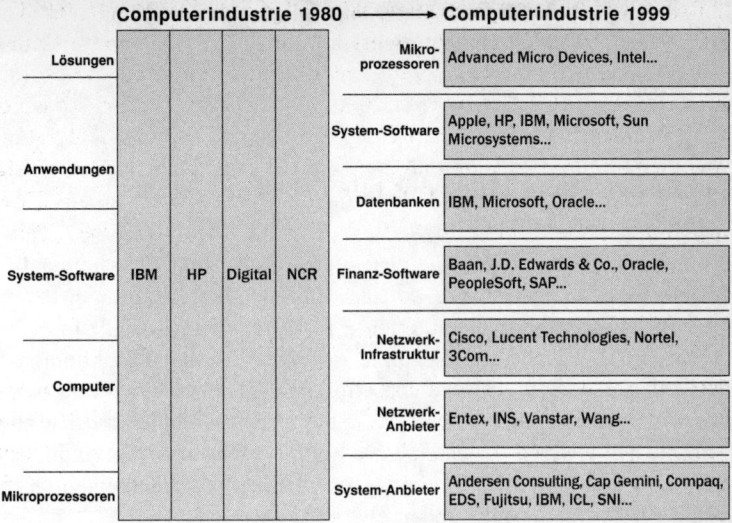

	Computerindustrie 1980 ⟶ Computerindustrie 1999					
Lösungen					Mikro-prozessoren	Advanced Micro Devices, Intel...
Anwendungen					System-Software	Apple, HP, IBM, Microsoft, Sun Microsystems...
					Datenbanken	IBM, Microsoft, Oracle...
System-Software	IBM	HP	Digital	NCR	Finanz-Software	Baan, J.D. Edwards & Co., Oracle, PeopleSoft, SAP...
					Netzwerk-Infrastruktur	Cisco, Lucent Technologies, Nortel, 3Com...
Computer					Netzwerk-Anbieter	Entex, INS, Vanstar, Wang...
Mikroprozessoren					System-Anbieter	Andersen Consulting, Cap Gemini, Compaq, EDS, Fujitsu, IBM, ICL, SNI...

Das Modell, das in den ersten drei Jahrzehnten die Computerbranche dominierte, war vertikal ausgerichtet. Ein einzelner Anbieter lieferte den größten Teil der Hardware und Software. Die Lösung jedes Herstellers war eigenständig und schwierig in die Lösungen anderer Anbieter zu integrieren. Die Kosten, zu einem anderen Produzenten umzuschwenken, waren beträchtlich, weil jede einzelne Komponente geändert werden musste. Das neue um die PC-Technologie herum errichtete Modell ist horizontal orientiert. In jedem Bereich führt eine Reihe von Anbietern einen heftigen Wettbewerb und treibt damit die Innovation unabhängig von jedem anderen voran. Jedes Mal, wenn sich ein Unternehmen dazu entschließt, seine Systeme zu aktualisieren, können es die Hersteller – von Hardware, Software, System-Integration usw. – auf der Basis der gegenwärtigen Leistungsfähigkeit und der Marktpreise einer erneuten Prüfung unterziehen.

men sind von der Existenz eines horizontal ausgerichteten Marktes abhängig. Ihre Geschäfte wären ohne hohe Verkaufszahlen einfach nicht möglich.

Eine Verschiebung von einer vertikalen zu einer horizontalen Ausrichtung geschieht auch in der Telekommunikationsindustrie, da die traditionellen Anbieter jetzt in der Lage sind, neue Anwendungen auf standardisierten PC-Hard- und Software-Lösungen und auf die Internet-IP-Protokolle aufzubauen, statt wie bisher auf der Basis ihrer selbst entwickelten Systeme. Dieses Öffnen der verschiedenen Ebenen wird die

Konkurrenz und damit auch die Wahlmöglichkeiten der Kunden in diesem Bereich genauso erhöhen, wie dies auf dem Computer-Markt der Fall gewesen ist.

Die Entwicklung eines digitalen Nervensystems erfordert ein Konzept

Die Integration der vielen Anbieter in einer horizontalen Computer-Industrie verlangt nach einem Konzept. In lebenden Organismen liefert die DNA einen solchen detaillierten Plan, durch den jede Zelle Instruktionen erhält, wie sie im Gleichklang mit all den anderen funktionieren muss. In der Wirtschaft verfolgen erfolgreiche Unternehmen ihre eigenen Pläne für technologische Veränderungen. Bis heute sind sie alle verschieden gewesen. In einem Zeitalter wechselseitiger Verbindungsmöglichkeiten brauchen Unternehmen aber eine Architektur, die sich bis zu den Partnern und Kunden erstreckt.

Die Produkte von Microsoft sind nach einem Konzept entwickelt worden, das ein einziges Programmierungsmodell für die Zukunft einführt, die so genannte Windows Distributed InterNet Architecture. Die DNA von Windows hat vier Bestandteile. Der erste ist ein Formular-Ansatz für die Benutzerschnittstelle, die nahtlos Internetseiten in HTML-Standard mit den mächtigeren Features der traditonellen Desktop-Anwendungen verbindet. Die Windows-Programme nutzen HTML – einen Standard, um einfache Grafiken darzustellen – für Personal Computer, kioskartige Einrichtungen, fernsehähnliche Geräte und die neuen tragbaren Endgeräte mit einem jeweils auf die Leistungsfähigkeit jedes Systems abgestimmten Inhalt. Windows stellt auch weitere leistungsstärkere Dienste für die Darstellung und für andere Betriebssystem-Dienste zur Verfügung, die für die Unterstützung vielfältiger Peripheriegeräte, rasche Reaktionen und für Offline-Anwendungen nötig sind. Windows kann zum Beispiel einen multidimensionalen Datensatz anzeigen, ohne dass jedesmal die Verbindung zum Server notwendig wird, wenn der Benutzer die Ansicht verändern will. Zudem vermag es die Handlungen des Benutzers zu verfolgen und berechnet, welche Befehle er als Nächstes eingeben wird. Darüber hinaus befähigt es die Personal Computer, Spracherkennung und die Verarbeitung der natürlichen Sprache zu unterstützen.

Der zweite Bestandteil ist das so genannte Component Object Model, genannt COM, das vor allem dafür entwickelt wurde, Geschäftslogik in einem Netzwerk zu verwalten. COM ist eine Spezifikation zur Aufteilung eines Programmes in viele verschiedene Teile, die als Objekte bezeichnet werden, mit dem diese einfach miteinander verbunden werden können, sodass sie zuverlässig und sicher auf einer Vielzahl von Internetseiten interagieren können. Das fundamentale Konzept der Komponenten besteht darin, dass ein Programmierer sie benutzen kann, ohne ihre interne Funktionsweise verstehen zu müssen. Er muss lediglich wissen, wie sie verwendet werden können. Muss eine Anwendung aktualisiert werden, braucht der Programmierer nur die Teile auszutauschen, die funktionieren müssen, und Komponenten über das Netzwerk herunterzuladen, um das Upgrade an den Benutzer liefern zu können. Die Komponenten sind auch deshalb wertvoll, weil kein Unternehmen alle seine Anwendungen neu programmieren wird, wenn neue Technologien oder andere Computersprachen auftauchen. Die Komponenten sorgen für den Zugang zu den vorhandenen Befehlscodes. Die DNA von Windows legt auch fest, wie all diese Objekte – besonders die von verschiedenen Anbietern – miteinander kommunizieren und zuverlässig zusammen funktionieren. Schlüsselelemente ermöglichen jedem dieser Objekte, auf verschiedenen Netzwerk-Systemen zu laufen und sorgen dafür, dass Systeme, die auf Windows basieren, mit Systemen verbunden werden können, die unter einem anderen Betriebssystem laufen.

Der dritte Teil betrifft einen universellen Ansatz für die Datenspeicherung, sodass jedes Programm auf Daten in jeder Form und an jedem Ort zugreifen kann, ob sie nun auf einer Festplatte, in einer Datenbank, einer E-Mail-Mappe oder irgendwo anders abgespeichert sind. Das vierte Element ist ein Mechanismus, der die Verarbeitung mit dem Computer dort ermöglicht, wo immer es am sinnvollsten ist – auf dem Client, dem Server, einer Kombination von beiden – oder ob die Daten vom Server an den Client übermittelt werden, etwa bei der Verwendung durch mobile Benutzer.

Der einzigartige Aspekt bei der DNA von Windows ist der Umstand, dass sie entworfen wurde, um die vorhandenen Anwendungen zu verbreiten, indem die besten Bestandteile des World Wide Web mit traditionellen Unternehmenslösungen verschmolzen werden. Die meisten der anderen Ansätze erfordern, dass eine komplett neue Basis von Anwendungen programmiert wird und beschränken die Entwickler auf eine einzige Computersprache. Mit der Windows-DNA können die Kunden ihre existierenden, vertikal ausgerichteten Lösungen mit einem zusätzlichen Nutzen versehen, während ihnen gleichzeitig die Vorteile der horizontalen PC-Plattform zugute kommen.

Sobald ein Unternehmen über ein detailliertes Konzept verfügt, lautet der nächste architektonische Imperativ, Programme mit einer »Dreistufen-Architektur« zu konstruieren, um die Logik eines Programmes in drei Klassen aufzuteilen: die Darstellungsstufe, mit der die Daten dem Benutzer angezeigt werden; die mittlere Stufe, um die unternehmerischen Bedingungen der Anwendung zu verkapseln (wie zum Beispiel die Frage, ob eine Preisreduzierung auch für einen speziellen Auftrag gelten soll); und die nachgeschaltete Stufe, die geschäftliche Daten abspeichert und den Zugang dazu bereitstellt. Die Dreistufen-Architektur ermöglicht es, logische Anwendungsfunktionalität auf so viele Systeme wie nötig aufzuteilen und verschiedene Stufen zu wechseln, ohne die anderen dabei zu beeinflussen.

Mit Hilfe dieses Ansatzes integrierte das Unternehmen Merrill Lynch mehr als 50 gesonderte Anwendungen in das von mir in Kapitel 5 beschriebene Trusted Global Advisor System für die Finanzberater. Durch die Verwendung von Microsoft Office, Outlook, Windows Media Player und anderer Anwendungen, die auf die Vorteile von COM zurückgreifen, hat Merrill Lynch eine Schnittstelle geschaffen, die den Benutzern als eine einzelne integrierte, speziell angefertigte Anwendung auf der Präsentationsstufe des Arbeitsplatzes erscheint.

Die Daten für viele der 50 Anwendungen kommen von einer existierenden nachgeschalteten Datenstufe mit Datenbanken, die vom Microsoft SQL Server und IBM's DB2 auf Windows bis zu CICS und DB2 auf Großrechnern reichen. Anwendungsserver, auf denen der Microsoft Transaction Server und Message Queue in der mittleren Stufe laufen, verwenden Komponenten von COM, um die Unternehmenslogik zu beschreiben und den Datenfluss zu koordinieren. Solche Software-Systeme können 40 bis 50 Prozent des Programmier-Codes vermeiden, den Entwickler sonst für einzelne Anwendungen schreiben müssten, wenn sie die komplexen Koordinierungs- und Sicherheitsfragen berücksichtigen wollten. Die verschiedenen Bestandteile sind in einer Vielzahl von Programmiersprachen einschließlich Visual Basic, Visual C++ und Java geschrieben worden.

Durch COM ist eine Anwendung eines Großrechners vom Typ 3270, wie zum Beispiel der Auftragseintrag, nur ein weiterer Aktenordner auf dem Bildschirm, und alle auf dem Internet beruhenden Anwendungen, die heutigen und die zukünftigen, arbeiten einfach mit der Benutzeroberfläche zusammen. Die Benutzer müssen nicht die Quelle der zugrunde liegenden Anwendung kennen – World Wide Web, lokaler Rechner, Client-Server oder Großrechner – und müssen auch nicht wissen, wann die Anwendung aktualisiert wird. Neue Funktionen oder neue Anwendungen erscheinen einfach auf dem Bildschirm.

Die Entwicklung eines digitalen Nervensystems: Ein Lösungsrahmen

Um ein digitales Nervensystem aufzubauen, ist ein sorgfältig definierter Rahmen nötig, der sich mit den Fragen befasst, wie man die Computer-Hardware und das Netzwerk organisieren und in Betrieb nehmen, wie man Anwendungen entwickeln oder kaufen und wie man das System täglich verwenden kann. Die besten Vorgehensweisen für jeden dieser Schritte werden in Microsoft Solutions Framework erläutert, einer Reihe von Richtlinien, die auf der Erfahrung der Microsoft Consulting Services mit einem großen Kreis von Unternehmenskunden beruhen.

Die erste Hardware-Entscheidung betrifft die Art der Arbeitsplatz-Computer. In der Vergangenheit hat Kunden-Hardware zwei gesonderte Formen von Computern erfordert. Die erste ist das »dumme« Endgerät, das normalerweise Mitarbeiter verwenden, die Eingaben und Abfragen vornehmen. Der Arbeitsplatz-Computer ist passiv und zeigt vorwiegend an, welche Arbeit auf dem Hauptrechner oder dem Server verrichtet worden ist. Dieser Ansatz gestattet die zentrale Kontrolle, aber die Datenübertragung im Netzwerk oder auf dem Server kann zu einem Engpass führen, und dieses Vorgehen wird nicht funktionieren, wenn die Anwender unterwegs sind. Bei der zweiten Methode steht der Personal Computer, ein von Fachleuten verwendetes flexibles Werkzeug, im Mittelpunkt. Aufgaben für den Computer werden mit dem Personal Computer oder dem Server nach den jeweiligen Anforderungen erledigt. Dieser Ansatz ist flexibel, aber er kann zu Problemen bei der Verwaltung der Komplexität führen.

Organisationen müssen nicht länger für einen Ausgleich zwischen

427

diesen beiden methodischen Ansätzen sorgen. Die PC-Technologie verbindet heute ein hohes Maß zentraler Kontrolle mit der für die neue digitale Infrastruktur erforderlichen Flexibilität. Ein Programm kann vollständig auf dem Server laufen, und nur die grafischen Elemente erscheinen auf dem Computer des Endbenutzers, oder die gleiche Anwendung kann komplett auf dem Personal Computer laufen. Da es sehr lange dauern wird, bevor jedes Gerät ständig an das Netzwerk angeschlossen ist, sind solche eigenständigen Fähigkeiten sehr wichtig für die Anwender.

Innerhalb eines Unternehmens können Angestellte den PC verwenden, um im »Terminal-Modus« nach Daten zu suchen, ohne dabei die Funktionalität des Personal Computers für ihre Tätigkeiten zu beeinträchtigen. So kann zum Beispiel die Produktions- und Lieferantenplanung ein mehr oder weniger automatisierter Prozess sein, der auf einem großen Server läuft, wobei der Experte gelegentlich nach auftretenden Problemen für den Produktionsplan sieht. Doch wenn der gleiche Mitarbeiter über einen großen Auftrag mit einem Kunden verhandelt, muss er über ein Instrument verfügen, mit dem er »Was-wäre-wenn«-Szenarien durchgespielen kann, um festzustellen, ob die Bestellung fristgemäß durchgeführt werden könnte.

Denken Sie auch daran, dass sich viele auf eine einzelne Aufgabe beschränkte Tätigkeiten erübrigen werden, da das World Wide Web die Selbsthilfe der Kunden in Fragen des Supports ermöglicht. Wenn ein Verbraucher sich mit der Kundendienst-Abteilung einer Bank in Verbindung setzt, wird es um Investitionspläne und die Diversifikation der Vermögenswerte und andere komplexe Geschäfte gehen. Die Kommunikation wird wahrscheinlich interaktive Audio- und Videomöglichkeiten beinhalten. Der Kunde und der Mitarbeiter der Bank beschäftigen sich gemeinsam mit den anstehenden Fragen. Sowohl der Verbraucher als auch der Angestellte benötigen dazu leistungsfähige Personal Computer.

Aber die Personal Computer müssen in der Zukunft leichter bedienbar sein. Mit den neuesten Versionen von Microsoft Office und Windows 2000 können Sie die Computer für den Endbenutzer flexibel von einem zentralen Standort aus konfigurieren. Die Benutzer verfügen auf ihrem lokalen Rechner über die Anwendungen oder sie erhalten den Zugriff über einen Server, wobei nur die mindest erforderliche Menge des Programmier-Codes, die für den Start der Anwendung nötig ist, heruntergeladen wird. Funktionen, die selten benötigt werden, kann man bei Bedarf automatisch nachladen. Wenn ein Teil einer Anwendung nicht mehr ordnungsgemäß läuft, wird er automatisch repariert. Zudem werden sich Personal Computer auch selbst konfigurieren können, wobei sie sich nach den Vorgaben des jeweiligen Benutzers richten. Die Mitarbeiter werden in der Lage sein, jeden Computer im Unternehmen zu verwenden, als ob es ihr eigener PC wäre. Wenn ein Benutzer irgendetwas offline verändert, oder wenn sich die Daten auf dem Server ändern, während der Benutzer offline ist, wird das System alles aufeinander anpassen, sobald sich der Benutzer wieder mit dem Netzwerk verbindet. Die Verwaltung all dieser Tätigkeiten erfolgt durch ein zentrales Verzeichnis, das Daten über den Benutzer, Anwendungen und andere Informationen für das ganze Unternehmen abspeichert.

Die Entwicklung eines digitalen Nervensystems: Server

Die nächste wichtige Entscheidung betrifft die Frage, welche Server im Herzen Ihres Netzwerkes einzusetzen sind. Diese Server verrichten alle Aufgaben, von der Ausführung der Arbeitsprozesse bis zur Speicherung der riesigen Informationsmengen in einem digitalen Nervensystem. Die alte vertikale Ausrichtung der Computer-Industrie schuf eine gewaltige Anzahl von inkompatiblen Computern und Architekturen in der Welt der Server. Eine neue Software mit der Bezeichnung »Middleware« ist entstanden, die sich darum bemüht, dass alle Server zusammenarbeiten können.

Die Middleware führte jedoch auch zu neuen Problemen im Hinblick auf Kosten und Komplexität. Boeing besaß für die Überwachung jeder einzelnen der 13 Phasen bei der Herstellung von Flugzeugteilen ein anderes Computer-System. Im Laufe der Zeit nutzte das Unternehmen eine Middleware, um die Zusammenarbeit der 13 Systeme sicherzustellen und eine weitere, um für die Einheitlichkeit der Daten in all diesen Systemen zu sorgen. Neben den erheblichen Kosten, damit alles reibungslos funktionierte, führten 13 verschiedene Systeme zu 13 verschiedenen Stücklisten. Die Koordinierung dieser Schreibarbeiten verlangsamte die Produktion. Boeings neues Produktionssystem ersetzt die 13 Systeme durch eine einzige Quelle für die Produktdaten im gesamten Herstellungsprozess.

Intelligentere Software
reduziert die Anschaffungkosten

Im Jahre 1997 kritisierte die Gartner Group die Hersteller von Personal Computern und die Produkte von Microsoft wegen der sehr hohen Anschaffungskosten. Die meisten dieser Ausgaben betrafen den Support und die Aktualisierung der Programm-Versionen. Scott Winkler, in der Gartner Group verantwortlich für die Recherchen über mein Unternehmen, meinte: »Microsoft hat es in den letzten zehn Jahren immer schwieriger und teurer gemacht, diese Systeme zu erwerben, weil sie sich zu sehr auf die Funktionalität konzentrierten und weniger auf die Kosten.« Mitte des Jahres 1998 sagte Gartner, dass die Anschaffungskosten für Personal Computer, die auf Windows 2000-Netzwerken laufen, um 25 Prozent niedriger liegen würden als bei früheren PC-Systemen. Durch diese Kostenverringerung lagen PC-Lösungen bei der Reduzierung der TCO »Kopf an Kopf oder vielleicht sogar etwas vor« Nicht-PC-Lösungen (David F. Carr, von der »Gartner Group, erwiderte, dass PC-Netzwerke preiswerter als andere Lösungen sein können.« *Internet World*, 6. April 1998).

Weitere Verbesserungen betreffen die leichtere Ferninstallation und das Management der Personal Computer und Software auf einem Netzwerk; die Fähigkeit, zentral Standard-PC-Konfigurationen einzurichten und Benutzereinstellungen wieder herzustellen, wenn ein Computer abstürzt; und Hilfsmittel, die automatisch grundlegende Informationen über den Rechner eines Benutzers auf einen Telefonarbeitsplatz oder auf die Support leistende Internetseite des Unternehmens hochladen. Diese letztgenannte Software reduziert die Zeit für einen üblichen Anruf um 30 Prozent, und die Benutzerdaten können in einer Datenbank für Trendanalysen abgelegt werden.

Wir arbeiten noch an anderen Verbesserungen. Wenn ein Kunde seinem System eine neue Anwendung hinzufügt, wird das System eines Tages intelligent genug sein, um jeden Konflikt zwischen der neuen Software und den bereits auf dem Rechner installierten Anwendungen zu bereinigen. Wenn das System einen Grund erkennt, um eine Einstellung in einer Datei zu verändern, wird es die Änderung durchführen, ohne den Benutzer mit dieser Information zu belasten, es sei denn, es ist unbedingt notwendig. Wenn eine Datei beschädigt wird, oder die Einstellungen aus Versehen geändert worden sind, wird das Produkt eine korrekte Version der Datei lokalisieren und installieren, vor Ort oder per Ferninstallation, um sich selbst zu reparieren. Wenn der Benutzer handeln muss, werden seine Änderungen für den Support registriert, damit sie später, wenn es Probleme gibt, ohne Benachrichtigung des Supports überprüft werden können. Wir beabsichtigen, den Hilfsmitteln für Netzwerk-Administratoren eine ähnliche Intelligenz hinzuzufügen, sodass sie alle Netzwerk-Ressourcen und Benutzer, die es bei einem Unternehmen in weit verstreuten Büros gibt, einfacher verwalten können.

Benutzer

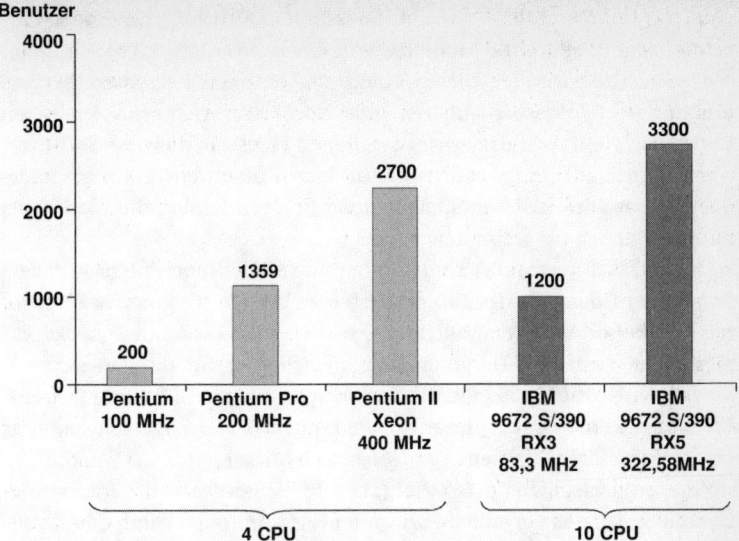

Quelle: SAP, Intel

Der PC-Markt sorgt für Kostenersparnisse, die massive Ausgaben für Forschung ermöglichen. Ein Resultat davon ist, dass Personal Computer ältere Systeme in ihrer Leistungsfähigkeit übertreffen. Vierprozessor-Systeme, die aus unterschiedlichen Mikroprozessoren von Intel aufgebaut sind, lassen sich ohne weiteres mit Großrechnern vergleichen, die zehn Prozessoren haben und erheblich mehr kosten. Dieser Leistungsmaßstab zeigt die Anzahl der Benutzer, die bei der in vielen Unternehmen verwendeten Software von SAP unterstützt werden können. Obwohl beide ständig weiterentwickelt werden, überflügeln die in hoher Zahl hergestellten Personal Computer jene Systeme, die nur in geringer Menge produziert werden, im gleichen Tempo, wie ihre Leistungsfähigkeit weiter zunimmt.

Die rasante Entwicklung der Leistungsfähigkeit moderner Personal Computer hat dafür gesorgt, dass inkompatible Mittelstufen-Systeme nicht mehr nötig sind. Heute unterstützen Server auf PC-Basis Tausende von Benutzern, dennoch stimmt die Hardware nur zu 90 Prozent überein, bei einer gleichzeitigen Software-Kompatibilität von 100 Prozent. Diese homogene Plattform ist ein Grund für die zunehmende Verwendung von PC-Systemen als Server. Die Nutzung desselben Betriebssystems auf dem Schreibtisch und auf dem Server vereinfacht die Entwicklung und Schulung und richtet eine gleichförmige Architektur für einzelne Computeraufgaben ein. So können Anwendungen oder einzelne Bestandteile ohne Probleme von einem Rechner auf einen anderen übermittelt werden. Diese Gemeinsamkeit erleichtert auch die Verbindung von Wissensarbeitern mit vorhandenen nachgeschalteten Datensystemen. Anstatt der Notwendigkeit einer Middleware-Software-Komponente auf jedem von 10 000 Desktop-Computern, kann die Interoperabilitätsstufe auf wenigen Dutzend Servern laufen, die die Clients mit der Datenstufe verbinden.

Obwohl das horizontal ausgerichtete PC-Modell noch nicht in jedem Aspekt der Computer-Technologie ein ebenbürtiger Gegner für die älteren vertikal orientierten Modelle ist, schließt sich heute diese Lücke immer mehr. Nur eine Handvoll geschäftlicher Anwendungen verlangt noch mehr Leistung, als die PC-Server liefern können. Innerhalb weniger Jahre werden sogar diese Anwendungen in der Lage sein, auf der PC-Architektur zu laufen. Der Austausch dieser alten Anwendungen stellt eine der schwierigsten Aufgaben für Unternehmen dar, aber der Übergang ist unvermeidlich. Die alten Anwendungen auf den Großrechnern waren weder für den Zugang von Zehntausenden Personen zum Internet, noch für die Übermittlung von Echtzeit-Informationen konzipiert worden.

Die Entwicklung eines digitalen Nervensystems: Die Phasen der Entwicklung

Die Durchführung eines digitalen Nervensystems erfolgt in drei Phasen. Normalerweise laufen sie in einer bestimmten Reihenfolge ab, aber sie können auch parallel durchgeführt werden. Im ersten Stadium erhalten die Benutzer PCs; lokale Netze werden installiert, um den Dokumentenaustausch auf Daten- und Internet-Servern zu ermöglichen; für die Verbesserung der Zusammenarbeit wird ein einziges nachgeschaltetes E-Mail-System eingerichtet. In der zweiten Phase werden die Investitionen getätigt, um vorhandene Geschäftsoperationen mit Wissensmanagement-Systemen zu verbinden. Üblicherweise wird hierzu ein Data Warehouse eingerichtet, das betriebliche Daten in einer Form konvertiert, die komfortable Suchfunktionen und Befragungen erlaubt.

Der abschließende und wichtigste Schritt besteht in der Integration der neuen Anwendungen, die mit den vorhandenen Systemen verbunden werden, aber die neue gemeinsame Architektur verwenden. Das Ziel liegt in der Auswahl von Projekten, mit denen der größte Ertrag in der kürzesten Zeit zu erzielen ist. Der elektronische Handel ist ein gemeinsamer Handel. Dies bedeutet, dass Sie eine neue Architektur einrichten können, ohne Ihre vorhandenen Investitionen wegwerfen zu müssen.

McDonald's, Marktführer im Bereich Fastfood mit einem Umsatz von 35 Milliarden Dollar, hat sein digitales Nervensystem auf eine Weise entwickelt, die vielen Unternehmen vertraut sein wird. Seine ersten Systeme waren Großrechner im Hauptsitz in Oakbrook, Illinois, mit denen sie ihre Verkaufsaktivitäten verwalteten und Finanzberichte erstellten. Mitte der 80er Jahre installierten viele McDonald's-Filialen Unix-Systeme, um handelsübliche Software in den Bereichen Buchhaltung, Inventar und Gehaltswesen zu verwenden. Die Verkaufszahlen wurden zweimal pro Woche in die Zentrale gefaxt und dann manuell in den Großrechner eingegeben. In der ersten Phase der Einrichtung eines digitalen Nervensystems installierte McDonald's Personal Computer und Netzwerke für die Abteilungen in seiner Zentrale, um Produktivitätsaufgaben und den Datenaustausch zu regeln. Doch jedes größere Geschäftsoperationssystem war individuell angefertigt, und die Systeme erforderten die entsprechende Integration, um zusammenarbeiten zu können.

Im Jahre 1997 beschloss McDonald's, einen größeren Nutzen aus seinen Technologie-Investitionen zu erzielen. Nach 18 Monaten der Forschung und ersten Pilotprojekten mit der Unterstützung durch die Gartner Group und die Computer Sciences Corporation kam die Unternehmensführung von McDonald's zu dem Schluss, dass die alten Systeme zu komplex waren und immer ein Fass ohne Boden bleiben würden. McDonald's hat sich schließlich entschieden, einen bedeutenden Sprung von eigenen zentralen Großrechnern und Minicomputern zu einer einzigen Architektur mit nur einem Desktop-Standard, mit Netzwerkdiensten und dem Informationsaustausch auf Basis des Internets zu wagen. Dieses neue System verwendet dieselbe Architektur für die Geschäftsoperationssysteme in jeder Filiale und in der Hauptzentrale. Die neue Infrastruktur, die Ende 1998 eingerichtet wurde, wird McDonald's die gleichen Verkaufsrückmeldungen in Echtzeit ermöglichen, die schon heute Marks & Spencer bekommen. Außerdem erhalten sie dann detaillierte und aktuelle Informationen über Trends, so wie die Manager von Jiffy Lube.

McDonald's nutzte die beste derzeit erhältliche Technologie, um geschäftliche Probleme zu jedem Zeitpunkt lösen zu können. Das Problem dabei ist, dass die ursprünglichen Technologien Eigentum des Unternehmens waren. Computer-Paradigmen veränderten sich etwa alle zehn Jahre, vom Großrechner zum Minicomputer und Client-Server bis zum webbasierten Server. Auch die Komplexität wuchs immer mehr. Die wenigen Unternehmen, die den größten Nutzen aus den Fähigkeiten eines integrierten Systems erzielten, mussten ein Vermögen ausgeben, um das System zu entwickeln und noch mehr, um es am Laufen zu halten. Es spricht für die Fähigkeiten der Informationsabteilungen, dass es ihnen in der Vergangenheit gelang, dass alle diese Systeme miteinander funktionierten.

Die Entwicklung eines digitalen Nervensystems: Die Kaufentscheidung

Die Verwendung handelsüblicher Software, die auf der gleichen Architektur beruht, ist ein Weg, mit dem Unternehmen die Kosten und die Komplexität beim Aufbau eines digitalen Netzwerkes reduzieren können. Die erfolgreichen Unternehmen wählen einige wenige Standards und setzen sie durch. Die Elemente der Infrastruktur eines Unternehmens, die am meisten von der Standardisierung profitieren, sind Desktop-Systeme, Produktivitätsanwendungen für den Endanwender, E-Mail-Systeme, Datenbanksysteme und Netzwerkdienste.

Die meisten Unternehmen haben ihre Desktop-Systeme auf der Basis von Microsoft Windows standardisiert und viele verwenden standardisierte Programme im Bereich der Produktivitätsanwendungen für den Desktop-Rechner. Coca-Cola, Jiffy Lube, Glaxo Wellcome und viele andere benutzen den Standard von Microsoft Office. Der Einsatz eines firmenbezogenen Standard-PCs mit entsprechenden Standard-Anwendungen – Tabellenkalkulation, Präsentationsprogrammen, Textverarbeitung, Datenbanken – liefert die grundlegenden Werkzeuge, welche die Anwender benötigen. Der Wert von Standard-Produktivitätsanwendungen zeigt sich nicht nur innerhalb eines Unternehmens, sondern auch außerhalb. Ich kann mir nicht vorstellen, wie wir mit unseren Entwicklungs- und Geschäftspartnern, unseren Buchhaltern, unseren Beratern für Public Relations oder unserer Rechtsberatung zusammenarbeiten könnten, ohne Dokumente einfach auszutauschen, zu bearbeiten und zu kommentieren. Desktop-Anwendungen sind mehr als Produktivitätswerkzeuge. Sie sind ebenso der Zugangspunkt für die wichtigsten Daten Ihres Unternehmens als auch Bestandteil für Ihre speziell angefertigten geschäftlichen Anwendungen.

Der Austausch von Dokumenten erfordert eine leistungsfähige E-Mail-Infrastruktur. Durch unabhängige Entscheidungen von Abteilungen, durch Ankauf und andere Faktoren können Unternehmen am Ende über vielfältig verwendbare Nachrichten-Systeme verfügen, von denen einige für E-Mail und andere für Groupware verwendet werden. Der Versuch, diese Systeme miteinander zu kombinieren, verursacht hohe Verwaltungskosten und macht es schwierig, die entscheidenden Vorteile der E-Mail zu nutzen: die Fähigkeit, schnell und einfach Dokumente auszutauschen, und die Fähigkeit, Arbeitsablauf-Anwendungen überall im Unternehmen zu integrieren. Einige hostgestützte und Internet-E-Mail-Systeme arbeiten nicht reibungslos mit den Desktop-Anwendungen und dem Internet zusammen, sodass Sie Sorge dafür tragen müssen, dass Ihr E-Mail-System auf der PC-Plattform und den Nachrichten-Protokollen und Standards des Internets beruht. Nutzen Sie die E-Mails richtig. Installieren Sie ein einziges E-Mail-System für Ihr Unternehmen, das darauf abgestimmt ist, die Arbeit Ihrer Angestellten zu unterstützen.

Die Entscheidungen für eine bestimmte Datenbank sind in hohem Maße von der Wahl des zugrunde liegenden Betriebssystems abhängig, sodass Sie damit beginnen könnten, eine kleine Anzahl von Betriebssystemen auszuwählen. Zudem machen Komponenten auch die geschäftliche und Anwendungslogik weitaus unabhängiger von jedem nachgeschalteten Datenbank-System. Sie sorgen für die nötige Flexibilität bei der Integration verschiedener Datenbank-Systeme und bewahren auf diese Weise die in die Anwendungen getätigten Investitionen.

Ein einzelnes Netzwerk-Betriebssystem braucht seine Zeit, um komplexe Systeme zu vereinfachen. Ein Benutzer kann sich einmal beim System anmelden und auf jede Anwendung zugreifen, für die er eine Zugangsberechtigung hat – ob es sich nun um eine Datenbank, um E-Mail oder eine Internetseite handelt. Ein Administrator kann einen einzigen Satz von Werkzeugen verwenden, um Benutzer, Anwendungen und Netzwerk-Ressourcen, wie beispielsweise Drucker, zu verwalten. Die Fähigkeit, Daten im gesamten Netzwerk und in verschiedenen

Formaten zu suchen – Datenbank-Formate, E-Mails und Dokumente jeder Art – ist dadurch beträchtlich einfacher geworden.

Die Standardisierung von wichtigen Bestandteilen der Infrastruktur bedeutet nicht, dass jede Abteilung oder jeder Benutzer gezwungen werden sollte, nur jene Anwendungen zu verwenden, die von der »zentralen Planung« festgelegt werden. Im Allgemeinen sollten Firmen unternehmensweit Software-Pakete standardisieren, sofern diese die interne Kommunikation und Integration betreffen. Ansonsten sollten einzelne Abteilungen und Einheiten aber über die Freiheit verfügen, die für ihre speziellen Erfordernisse am besten geeigneten Anwendungen auszuwählen – für Aufgaben wie Projektleitung, Broschürenentwurf, Marktanalyse, Produkt-Entwicklung usw. Solange die Geschäftsanwendungen auf der Hauptplattform laufen, muss die zentrale Informationsabteilung nicht unbedingt am Entscheidungsprozess einzelner Abteilungen beteiligt werden.

Die Entwicklung eines digitalen Nervensystems: Die Entscheidung über den Aufbau

Wenn handelsübliche Software nicht Ihre geschäftlichen Bedürfnisse erfüllt, dann sollten Sie sich nach leicht anzupassenden Software-Produkten umsehen. Es ist besser, mit kommerzieller Software zu beginnen und das Paket anzupassen, als eine speziell programmierte Anwendung von Grund auf zu entwickeln. Ein dreistufiges Konzept für die Architektur, verbunden mit kommerzieller Software, die einem Komponentenansatz folgt, erleichtert die Abstimmung erheblich.

Die Interaktion mit Partnern jeder Größe verlangt nach einer Komponenten-Technologie, die auch bei Unternehmen jeder Größe funktioniert. Sie werden keine Großrechner-Technologie in kleinen und mittleren Unternehmen finden. Sie ist einfach zu teuer. Aber Unternehmen egal welcher Größe haben eine Gemeinsamkeit: PC-Technologie. Der Umstand, dass die Windows-DNA durchgehend in allen Windows-Systemen erscheint, macht sie sehr attraktiv für Software-Entwickler.

Die DNA von Windows gestattet die Integration aller Datenformen in Computer-Anwendungen einschließlich Audio- und Videodateien. Dann muss die Entscheidung getroffen werden, ob ein Unternehmen seine physischen Stimmen- und Daten-Netzwerke zusammenbringen sollte. Das heutige Telefon-Netzwerk besteht aus unterschiedlichen Leitungen, deren Standards sich von denen der Daten-Netzwerke unterscheiden. Größere Lieferanten von Telefongesellschaften wie Lucent und Nortel passen sich an Computer-Netzwerke an, und wichtige Lieferanten von Daten-Netzwerken wie Cisco versuchen die Voice-Kommunikation zu integrieren. Die Standards für den Einbau von Daten und Stimmen werden auf dem Internet basieren, und es wird zu einem heftigen Wettbewerb kommen. Für Organisationen ist die Einrichtung eines einzelnen Netzwerks für die Stimmendaten eine bedeutende Investition in die Infrastruktur. Jeder Vorstandsvorsitzende sollte einen derartigen Wechsel während einer umfangreichen Neustrukturierung oder eines Neuaufbaus erwägen, aber einen sorgfältigen Blick auf die Kosten im Hinblick auf den zu erwartenden Nutzen beim Ersetzen der gesamten Struktur werfen.

Einsparungen bei der Infrastruktur

Die finanziellen Ersparnisse, die sich durch die Entscheidung für eine einzige Infrastruktur ergeben, können sehr hoch liegen. Die Fastfood-Kette McDonald's schätzt, dass sie durch ihre neue Infrastruktur jährlich 18 Prozent der Ausgaben einsparen können. Die Einzelhandelskette Dayton Hudson investierte 100 Millionen Dollar für die Entwicklung einer neuen System-Architektur und sparte schon im ersten Jahr einen Betrag in gleicher Höhe wieder ein. Doch die höchste Kostenreduzierung durch die Neuausrichtung der Infrastruktur hatte wohl Lockheed Martin, das größte Rüstungsunternehmen in den Vereinigten Staaten.

Als 1995 Lockheed und Martin Marietta beim größten Geschäft in der Luftfahrtgeschichte fusionierten, stand dem neuen Konzern ein Budget von einer Milliarde Dollar für die Informationstechnologie zur Verfügung. Martin Marietta war bereits seit 16 Monaten mit der Konsolidierung seiner Informationsabteilung beschäftigt, was auf die Fusion mit GE Aerospace zurückzuführen war. Lockheed hatte noch zwölf voneinander getrennte IT-Abteilungen, und eine Reihe von Versuchen, die Informationsabteilungen der vielen Abteilungen beider Unternehmen zu konsolidieren, schlugen fehl.

Joe Cleveland, der damals als Vorstandsmitglied bei Martin Marietta für die internen Informationssysteme verantwortlich war, versprach, die Ausgaben für die Informationstechnologie in dem fusionierten Unternehmen in den nächsten fünf Jahren um eine Gesamtsumme von 700 Millionen Dollar zu reduzieren, das Personal der Informationsabteilung um 25 Prozent zu verringern und die Service-Leistungen für die Abteilungen zu verbessern. Er bekam die Gesamtverantwortung für die Informationstechnologie im neuen Konzern und erreichte schon nach zwei Jahren eine Gesamtreduzierung des Budgets um 700 Millionen Dollar – drei Jahre vor dem vorgesehenen Zeitpunkt. Das gelang ihm durch die Standardisierung der Infrastruktur und den Einsatz einer virtuellen Organisation, um die Ressourcen und Dienstleistungen der Informationsabteilung zu erweitern.

Cleveland, der heute der Präsident der Enterprise Information Systems (EIS) bei Lockheed Martin ist, ersetzte die 24 vorhandenen E-Mail-Systeme, die auf 900 Servern liefen, durch ein einziges Nachrichten-System, für das nur noch 117 Server nötig waren. Damit verringerte er die Kosten um 87 Prozent. Die Übertragungszeit für Nachrichten wurde von einem Tag auf weniger als drei Minuten für interne und weniger als zehn Minuten für Nachrichten aus dem Internet reduziert. Er konsolidierte Umfang und Größenordnungen, um die Kosten für Voice-, Video- und Daten-Netzwerke zu verringern, machte aus einer Reihe von Datenzentren zwei wichtige Daten-Zentralen, integrierte zahlreiche Server-Zentren in Server-Abteilungen, legte Wartungsverträge zusammen und entwickelte strategische Partnerschaften, um die Beschaffungskosten herunterzufahren.

Für die Optimierung der Ressourcen der Informationsabteilung führte Cleveland eine virtuelle Organisation anstelle der traditionell geographisch orientierten Einrichtung ein, welche den Zugriff des Unternehmens auf seine Fähigkeiten an einen bestimmten Standort eingeschränkt hatte. Lockheed Martin schuf vier vereinigte Funktionen der Informationsabteilung und setzte einen IT-Vorstand für jeden dieser Bereiche ein, um die geschäftlichen Bedürfnisse auf die informationstechnischen Lösungen abzustimmen. Wenn eine Abteilung ein Problem an die Informationsabteilung meldet, wird ein virtuelles Team gebildet, das aus einem Programm-Manager und Vertretern aller funktionellen Bereiche der Informationstechnologie besteht. Dieses Team zieht weitere Fachleute aus einem Pool von 4000 Experten der Informationstechnologie hinzu, wobei der jeweilige Bedarf und nicht der individuelle Arbeitsort entscheidend ist. Das Team nutzt Hilfsmittel für die gemeinsame Arbeit wie E-Mails, Internet-Foren, Tele- und Videokonfererenzen und NetMeeting, um virtuell gemeinsam an einem Problem zu arbeiten. Wenn persönliche Besprechungen erforderlich sind, werden die betreffenden Personen auf Reisen geschickt, aber durch die technischen Mittel für die gemeinsame Arbeit sind Reisen auf ein Minimum beschränkt.

Diese virtuelle Organisation half Lockheed Martin dabei, 100 000 Mitarbeiter in kaum mehr als einem Jahr zu Benutzern von Microsoft Exchange zu machen, denn alle Mitarbeiter der Informationsabteilung, die irgendetwas mit Netzwerken und Nachrichten zu tun hatten, saßen im selben Team. Die Angestellten in der Informatik-Abteilung, die an Projekten in verschiedenen Bereichen arbeiten, entdecken darüber hinaus auch frühzeitig allgemeine Probleme in den innerbetrieblichen Abläufen und helfen den Abteilungen, vorhandene Lösungen zu nutzen, um Zeit und Geld zu sparen. Weil sie direkt mit ihren Partnern in den anderen Bereichen des Unternehmens zusammenarbeiten, werden die Mitarbeiter der Informationsabteilung ermuntert, aktiv neue Ideen beizusteuern.

Nachdem das ursprüngliche Ziel der Konsolidierung der Technologie-Ausgaben realisiert wurde, ist die Unternehmensführung von Lockheed Martin heute dazu bereit, weitere Investitionen in die technologische Infrastruktur zur Unterstützung der Geschäfte zu stecken. Die Mitarbeiter der Technologie-Abteilung denken heute viel mehr wie Geschäftsleute, und so sollte es auch sein.

Die Planung des Informationsflusses

Die Unternehmen McDonald's, Dayton Hudson, Lockheed Martin und andere haben die Erfahrung gemacht, dass bereits die ersten Schritte bei der Einrichtung der richtigen Architektur soviel Komplexität beseitigen kann, dass sich die neue Vorgehensweise schnell bezahlt macht. Die digitale Revolution führt dazu, dass große Firmen den größten Teil der umfangreichen Software im Handel kaufen können, statt sie selbst zu entwickeln. Kleine oder mittelständische Unternehmen können sich zum ersten Mal eine reiche Software-Infrastruktur leisten. Sie sind aufgrund der niedrigeren Kosten nicht länger ausgegrenzt.

Die neue horizontal ausgerichtete Computer-Industrie liefert das beste geschäftliche und technische Modell für die Zukunft. Die erbarmungslose Konkurrenz in jedem Bereich der Industrie – bei den Mikroprozessoren, den Betriebssystemen, der Software, den Anwendungen und Dienstleistungen – treibt jeden dieser Bereiche unabhängig von den anderen immer weiter voran. Dieses Massengeschäft zieht immer mehr Software-Programmierer an, die Komplett-Lösungen entwickeln, durch deren Gebrauch die Unternehmen Kosten sparen. Immer mehr Software-Entwickler bedeutet gleichzeitig, dass ein immer größerer Teil der innovativen Arbeit erstmals oder sogar ausschließlich auf der neuen Plattform zum Vorschein kommt. Diese positive Rückmelde-Schleife hat praktisch alle traditionellen Unternehmensanbieter als wichtige Unterstützer der Plattform angezogen und zur größten Dienstleistungserweiterung in der Computer-Industrie geführt. Ein wichtiger Erfolg beim horizontal orientierten Ansatz ist die Computer-Arbeit mit Windows, denn diese Standardisierung des Betriebssystems erlaubt den Einsatz einer Vielzahl unterschiedlicher Hardware-Systeme und Software-Lösungen.

Die Einsparungen im Bereich der Forschung und Entwicklung in der PC-Industrie lassen das, was jedes Unternehmen bei dem alten vertikalen Ansatz tun konnte, winzig erscheinen. Die Computerbranche gibt insgesamt mehr als 15 Milliarden Dollar im Jahr für die Forschung aus, während »Sun«, der einzige verbliebene rein vertikal ausgerichtete Computer-Anbieter alleine mehr als 2 Milliarden Dollar in ihre Forschungsabteilung investiert. (Apple, die auch ein Gesamtsystem mit eigener Hard- und Software verkaufen, sind in erster Linie immer schon ein Desktop-Unternehmen und weniger ein Anbieter von Geschäftslösungen gewesen.)

Durch die Anpassung an die Hauptströmung können Firmen die erheblichen Forschungsinvestitionen und die Innovationen, die sich in dem neuen waagerecht ausgerichteten Modell konzentrieren, leicht in den Griff bekommen. Es ist ganz einfach so, dass das Massengeschäft hinsichtlich der Geschwindigkeit des technologischen Fortschritts die Anbieter spezialisierter Lösungen schlagen wird. Im Laufe der Jahre haben sich immer mehr traditionelle Anbieter auf den Markt der Personal Computer konzentriert, so zum Beispiel Fujitsu, Hewlett Packard, ICL, NEC, Unisys. IBM ist nicht nur in einem der beiden Lager, denn sie setzen ihre vertikal orientierte Strategie mit Großrechnern und Minicomputern fort, während sie gleichzeitig auch ein Geschäft um das waagerechte PC-Modell herum aufbauen.

Wenn Sie Personal Computer für die Entwicklung von Geschäftssystemen einsetzen, sichern Sie sich die Möglichkeit, aus einem reichen Hardeware-Angebot auszuwählen, ohne dass dabei Ihre Software-Investitionen leiden. Sie können heute zu jedem Hardware-Anbieter gehen, der den besten Service bietet oder die schnellsten oder billigsten Computer verkauft. Alle paar Jahre, wenn Sie Ihre Hardware-Systeme erneuern, können Sie die Kriterien Ihrer Auswahl überprüfen und neue Einkäufe tätigen, ohne Ihre Software-Anwendungen oder Ihre Schulung zu verändern. Die gegenwärtigen Software-Investitionen werden sich auch dann weiter tragen, wenn sich die Personal Computer zu tragbaren Kleinrechnern weiterentwickeln oder wenn Geräte mit der Fähigkeit zur Spracherkennung auftauchen.

Die Computer-Architektur in Ihrer Organisation sollte einen einheitlichen Entwurf haben, der für die allgemeine Integration sorgt, während er schrittweise zusätzliche Veränderungen ermöglicht, insbesondere auf der Ebene der Abteilungen. Flexibilität bleibt wichtig, weil es unmöglich ist, im Voraus einen einzigen Computeransatz für die ganze Firma zu definieren. In großen Unternehmen würden solche Pläne zwangsläufig zu starr aussehen und könnten bei dem Versuch, mit dem Tempo der geschäftlichen Veränderungen Schritt zu halten, scheitern. Die mangelnde Flexibilität führte dazu, dass sich die Manager gezwungen sahen, sich mit der Informationstechnologie zu beschäftigen, um ihre eigenen Lösungen zu schaffen. Auf diese Weise gelangten Personal Computer und PC-Netzwerke überhaupt erst in viele Unternehmen hinein.

Die Standards der digitalen Revolution – der Personal Computer, der Mikroprozessor, der andere neue digitale Geräte möglich machen wird, und das Internet – liefern den Unternehmen eine Möglichkeit, um eine einheitliche Architektur einzurichten, »ohne die Bank ausrauben zu müssen«. Unternehmen können sich dieser neuen Architektur Schritt für Schritt annähern. Viele führen die erste Phase schon durch und verbinden ihre Mitarbeiter bereits mit einer Standard-Plattform, einem Netzwerk-Betriebssystem und einem E-Mail-System. Die nächsten Schritte, die nach und nach durchgeführt werden können, verfolgen das Ziel, diese Wissenssysteme mit vorhandenen Geschäftsoperationssystemen zu verbinden, neue Geschäftssysteme aus der Architektur zu entwickeln, und im Laufe der Zeit die älteren Systeme des Unternehmens ganz zu ersetzen.

Prüfen Sie Ihr digitales Nervensystem

▲ Reduzieren Sie Kosten und Komplexität durch Verwendung kommerzieller, handelsüblicher Software-Pakete, wo immer dies möglich ist?

▲ Verwenden Sie ein einziges E-Mail-System im ganzen Unternehmen?

▲ Liefert Ihre Architektur einen guten Rahmen für unternehmensweite Anwendungen, während sie gleichzeitig die Entwicklung von speziellen Anwendungen für einzelne Abteilungen ermöglicht?

▲ Praktizieren Sie die dreistufige Anwendungsentwicklung, sodass Sie Anwendungen in so viele Computer aufgliedern können, wie Sie benötigen und verschiedene Elemente des Befehlscodes verändern können, ohne die anderen zu beeinflussen?

▲ Verwenden Sie Komponenten-Technologie für die Integration der Software?

▲ Verwenden Sie standardisierte Internet-Technologien?

▲ Sorgen Ihre digitalen Systeme für eine Vereinheitlichung der unternehmensweiten Anwendungen, während sie zugleich die Entwicklung von Anwendungen für einzelne Abteilungen erleichtert?

▲ Glossar

Auto-PC. Ein Kommunikations- und Navigationssystem für Kraftfahrzeuge, das den Empfang von E-Mails, Telefonanrufen, Navigationsanweisungen und ähnlichen Funktionen liefert. Die Eingabe- und Steuermöglichkeit basiert überwiegend auf Spracherkennung, sodass ein Fahrer seine Hände am Lenkrad halten und die Aufmerksamkeit weiter auf den Verkehr richten kann.

Bandbreite. Die Datenmenge, die ein Kommunikationssystem übermitteln kann.

Batch, Batch Files, Batch-System. Die Möglichkeit, sich ständig wiederholende Arbeitsabläufe in einer allein laufenden Befehlssequenz (Makro) abzuspeichern, die dann bei der automatischen Bearbeitung von Datenverzeichnissen angewendet werden kann.

Beta-Testing. Das Testen von Software außerhalb des Unternehmens vor der formellen Einführung eines Produktes.
Absicht ist dabei, Probleme aufzudecken, die bei der tatsächlichen geschäftlichen Verwendung der Software auftreten, aber nicht durch interne Tests gefunden werden können.
Wenn Beta-Tester ernste Probleme finden, reparieren die Software-Entwickler die Programmfehler und führen weitere Tests vor der Markteinführung der Software durch.

Browser. Programm zur textuellen, grafischen und audiovisuellen Darstellung von Inhalten aus dem Internet (FFP, WWW, SMTP ...)

CAD, Computer-Aided-Design. Der digitale Entwurf von Modellen, die sich von einfachen Werkzeugen bis zu Gebäuden, Flugzeugen, integrierten Schaltkreisen und Molekülen erstrecken.

Chatroom. Virtuelles Forum, in dem sich mehrere Teilnehmer gleichzeitig schriftlich und in Echtzeit über ein Thema äußern können, wobei jeder Teilnehmer die Textbeiträge der anderen auf seinem Monitor sieht.

Client. Ein netzwerkfähiger Rechner, der über ein Netzprotokoll Zugang zu einem Server (Host) hat. Im Gegensatz zu einem »dummen« Terminal, das über keine eigene Rechenleistung verfügt, ist ein smarter (intelligenter) Client ein eigenständiger Rechner, der Server nur beim Datentransfer belastet und Datenverarbeitung selbst durchführt. Als Client werden auch Programme mit speziellen Internet-Funktionen bezeichnet, mit denen man etwa E-Mail-, FTP- oder News-Funktionen durchführen kann.

COM, Component Object Model. Eine Spezifikation für die Entwicklung von Software-Komponenten, die in neue Programme integriert wird oder vorhandenen Programmen weitere Funktionalität verleiht. COM-Komponenten können in vielen verschiedenen Computersprachen programmiert, aktualisiert und neu installiert werden, ohne dass Änderungen an anderen Teilen des Programmes erforderlich sind.

Data Base Marketing. Das Beschaffen spezieller Angebote für eine Auswahl von Kunden, das auf Informationen einer Datenbank beruht. Einfaches Datenbank-Marketing könnte zum Beispiel ein allgemeines Angebot für Einwohner in einem bestimmten Ort umfassen. Hochentwickeltes Datenbank-Marketing basiert auf demographischen Daten wie den Einkommens- oder Kaufprofilen der Zielpersonen.

Data Marts. Ein spezifiziertes Warenangebot auf der Basis einer Datenbank-Selektion, zugeschnitten auf Informationen, die aller Wahrscheinlichkeit nach nur von der Zielgruppe verwendet werden. Siehe auch *Data Warehouse*.

Data Mining. Betriebswirtschaftlich ausgerichtete Datenbank-Analyse.

Data Warehouse. Eine Datenbank, die den Zugang zu allen Informationen eines Unternehmens bereitstellt. Da das Data Warehouse über mehrere Computer verteilt wird und mehrere Datenbanken und Informationen aus zahlreichen Quellen in einer Vielfalt von Formaten enthalten kann, sollte der Zugang für den Benutzer durch einfache Befehle möglich sein.

Datendurchsatz. Maß für die übertragende Datenmenge pro Zeiteinheit.

Desktop. Die grafische Benutzeroberfläche eines Betriebssystems, die einem Schreibtisch nachempfunden ist.

Digitales Nervensystem. Die digitalen Prozesse, die einem Unternehmen ermöglichen, seine Umgebung wahrzunehmen und darauf zu reagieren, Marktchancen und Kundenbedürfnisse zu erkennen und rechtzeitige Reaktionen zu organisieren. Ein digitales Nervensystem unterscheidet sich von einem normalen Netzwerk durch die Genauigkeit, Unmittelbarkeit und Reichhaltigkeit der Informationen, die es den Mitarbeitern zur Verfügung stellt, sowie durch den Einblick und die Fähigkeit zur Zusammenarbeit.

Distance Learning. Ein Bildungssystem, bei dem der Lehrer und die Schüler zeitlich oder örtlich voneinander getrennt sind und Technologien wie Fernseh-Übertragungen oder das Internet für die Kommunikation verwenden.

Docking-Station. Eine Geräte-Kombination, um einen tragbaren Computer mit stationären Peripheriegeräten wie z. B. einem Drucker zu verbinden.

DSL, Digital Subscriber Line. Eine normale, paarweise verdrahtete Telefonleitung, die digitale statt analoge Signale überträgt, was zu einer Erhöhung der Bandbreite führt.

E-Commerce, Electronic Commerce. Kommerzielle Aktivität, die durch digitale Prozesse über ein Netzwerk vonstatten geht. Die meisten neuen Transaktionen zwischen Unternehmen oder zwischen Unternehmen und Konsumenten werden über das Internet durchgeführt.

EDI, Electronic Data Interchange, (Elektronischer Datenaustausch). Eine Reihe von Standards, welche die Übertragung von Geschäftsdokumenten wie Bestellungen und Rechnungen zwischen Unternehmen regelt. EDI hat die Schreibarbeiten in vielen großen Firmen abgeschafft, aber ist im Allgemeinen zu komplex für kleine und mittlere Unternehmen. Neue auf dem Internet basierende Transaktionen werden wahrscheinlich eher mit XML statt mit EDI entwickelt werden. Siehe *XML*.

EIS, Executive Information System (Management-Informationssystem). Eine Reihe von Hilfsmitteln, um Informationen in Kategorien und Berichten für leitende Angestellte zu organisicren. Viele EIS bereiteten Schwierigkeiten bei der Abstimmung auf andere Informationssysteme der Unternehmen. Heute steht EIS in der Regel für »Enterprise Information System« (Unternehmensinformationssystem) und soll Informationen an einen größeren Kreis von Personen in einer Organisation liefern.

ERP, Enterprise Resource Planning. Die in vielen Branchen verwendete Software zur Koordinierung der Verkaufs- und Bestellinformationen mit dem Herstellungssystem, um die Produktion genau festzulegen, die vorhandenen Kapazitäten zu nutzen und die Lagerhaltung zu reduzieren.

Extranet. Eine Erweiterung des unternehmenseigenen Intranets, die Technologien des World Wide Webs verwendet, um die Kommunikation mit den Lieferanten und Kunden des Unternehmens zu erleichtern und die Geschwindigkeit und Effizienz der Geschäftsbeziehung zu verbessern. Siehe auch *Intranet*.

FAQs, Frequently Asked Questions, ausgesprochen wie »facts« (engl. für Fakten). Zusammenstellungen häufig gestellter Fragen zu gängigen Problemen, die in Netzwerken, Mail-Boxen oder im Internet häufig bereitgestellt werden, um Anwendern eine Hilfestellung zu geben. In den FAQs finden sich Fragen und zumeist ausführliche Antworten zu Hardware-Komponenten, Programmen, Methoden usw.

Gantt Chart. Ein Balken-Diagramm, das einzelne Teile eines Projektes als Balken in Verbindung mit einer waagerechten Zeit-Skala darstellt. Gantt-Diagramme werden als Projektplanungswerkzeuge für Entwicklungspläne verwendet.

Glasfaserkabel. Ein Kabel, das Dutzende oder Hunderte von Strängen aus Glas oder einem anderen durchsichtigen Material enthält, die als Glasfasern bezeichnet werden. Jeder Strang überträgt Lichtstrahlen, die für die Datenübertragung moduliert werden. Glasfaserkabel können weit mehr Daten als die meisten anderen Übermittlungsmethoden senden und empfangen.

GPS, Global Positioning System. Ein Satelliten-Navigationssystem, mit dem Benutzer ihren Standort mit einer sehr hohen Genauigkeit bestimmen können. Zur Ortsbestimmung verwendet GPS Peilsender, die z. T. stationär am Boden, z. T. aber als Satelliten in der Erdumlaufbahn arbeiten. GPS wurde ursprünglich für militärische Zwecke vom US-Verteidigungsministerium entwickelt; für die private Nutzung sollten daher die Ortsbestimmungen auch auf wenige hundert Meter beschränkt bleiben. Derzeit wird jedoch mit verschiedenen Zusatzsystemen (z. B. DGPS, D für Differential) an einer genaueren Positionierung gearbeitet. Als Korrekturdaten für die exakte Ortsbestimmung könnten z. B. digitale Radiosignale von DAB verwendet werden.

Groupware. Software, mit der eine Gruppe von Benutzern auf einem Netzwerk gemeinsam an einem Projekt arbeiten kann. Groupware ist ein nicht ganz klar umrissener Sammelbegriff für alle Programme, die die Zusammenarbeit von Arbeitsgruppen in einem Netzwerk ermöglichen oder erleichtern. Hierfür werden auch oft die Begriffe computer aided teamwork (computergestützte Gruppenarbeit) oder workgroup computing (Computerarbeit in Arbeitsgruppen) verwendet. Groupware-Programme erlauben es, Daten innerhalb einer Arbeitsgruppe auszutauschen und gemeinsam zu bearbeiten. Groupware integriert E-Mail, gemeinsame Dokumenten-Entwicklung, Planung und Ablage.

Handheld. Ein leichter, kleiner Computer mit speziellen Funktionen wie Kalender, Notizen und E-Mails. Handheld-PCs werden überall dort eingesetzt, wo die Dateneingabe nicht über eine Tastatur erfolgen kann bzw. die Arbeitsumstände die Nutzung eines normalen Personal Computers unmöglich machen. Handheld-PCs sind so klein, dass sie in einer Hand gehalten werden können, während die andere Hand Daten eingibt. Die Dateneingabe erfolgt zumeist durch einen berührungsempfindlichen LCD-Bildschirm mit Menüstruktur, sodass sich Handheld-PCs vor allem in der Industrie durchgesetzt haben, wo Kontroll-aufgaben wahrgenommen werden. Handhelds sind die erste Genera-tion von Geräten, die als persönliche digitale Begleiter bezeichnet werden.

HDTV, High-Definition Television. Eine Methode zur Übertragung und zum Empfang von Fernsehsignalen, die ein Bild mit weitaus größerer Auflösung und Klarheit wiedergibt, als es mit der bisher verwendeten Fernseh-Technologie möglich ist.

Horizontale Integration. Ein Geschäftsmodell für die Computer-Indus-trie, bei dem jeder Bereich der Technologie – Mikroprozessoren, Be-triebssysteme, Software und Service-Leistungen – von einer unter-schiedlichen Reihe von Unternehmen geliefert wird. Die heftige Konkurrenz in jedem Bereich treibt die technologische Entwicklung voran und führt zu einem Massenmarkt mit niedrigen Preisen. Siehe dazu im Vergleich *Vertikale Integration.*

Host. Der Hauptcomputer in einem System von Computern oder Termi-nals, normalerweise ein Großrechner.

HTML, Hypertext Markup Language. Eine so genannte Seitenbeschrei-bungssprache, um Dokumente für die Ansicht mit einem Browser auf dem Rechner eines Benutzers oder auf dem Netzwerk, einschließlich des World Wide Webs, zu formatieren. HTML weist die Browser an, wie Schriftzeichen und Bilder für den Benutzer darzustellen sind, und defi-niert die Reaktionen auf Benutzeraktivitäten wie die Aktivierung einer Verknüpfung durch einen Mausklick.

Hyperlink, Hypertext, Hypermedia. Eine Verknüpfung zwischen ei-nem Element in einem Dokument wie zum Beispiel einem Wort, einem Satz, einem Symbol oder einer Abbildung und einem anderen Element im selben Dokument oder in einem anderen Dokument. Der Benutzer aktiviert die Verknüpfung durch Anklicken des Elements, das norma-lerweise unterstrichen oder mit einer speziellen Farbe hervorgehoben ist. Es wird auch als *Hot Link* oder *Hypertext Link* bezeichnet. Der Be-griff *Hypertext* beschreibt ein digitales Textdokument, das über direkte Verbindungen zu anderen Texten und Textstellen verfügt. Mit dem

Ausdruck *Hypermedia* ist Animation, Sound und Video gemeint. Siehe auch *HTML*.

IT, Informationsystem, Informationsdienste, Informationstechnologie. Der formelle Name für die Informationsabteilung eines Unternehmens. Dieses Buch verwendet die Abkürzung IT für alle Aspekte der zentralen Computer-Abteilung und -systeme eines Unternehmens.

Interface. Eine genormte Schnittstelle für Hardware- oder Software-Komponenten zum Austausch von Funktionen oder Daten. Diese Übergangsstelle zwischen zwei Bereichen des Systems oder zwischen unterschiedlichen Systemen stellt sicher, dass die jeweiligen Daten oder Impulse verstanden und ausgetauscht werden können.

Intranet. Ein Netzwerk für die Organisation und den Austausch von Informationen und die Durchführung digitalisierter Geschäftstransaktionen innerhalb eines Unternehmens. Ein Intranet nutzt mit dem Internet verwandte Anwendungen, wie Internetseiten, Browser, E-Mails, Newsgroups und Mailing-Listen, die aber nur für die Personen innerhalb der Organisation zugänglich sind.

IP, Internet-Protokoll. Die technische Spezifikation, welche die Übertragung der Daten über das Internet regelt. Die Standardisierung der meisten Netzwerke auf IP in den letzten Jahren hat zum ersten Mal ein effizientes weltweites Netzwerk für den Datenaustausch ermöglicht. Durch die Digitalisierung der Telefonsysteme werden IP-Verbindungen sowohl für die Stimmen- als auch zur Datenübertragung verwendet.

Just-in-time. Ein System zur Inventar-Kontrolle, basierend auf dem japanischen *Kanban*-System, wodurch Materialien genau zum Zeitpunkt der Produktion geliefert werden. Je besser das Informationssystem zwischen einem Unternehmen und seinen Lieferanten ist, desto weniger Vorräte muss das Unternehmen anlegen und desto niedriger liegen seine Kosten.

Kabelmodem. Ein Modem, das Daten mit hoher Geschwindigkeit durch ein koaxiales Fernsehkabel anstatt durch Telefonleitungen, wie bei einem langsameren konventionellen Modem, sendet und empfängt.

Kiosk. Ein freistehender PC, der für die Öffentlichkeit Informationen liefert, was in der Regel mit einem Multimedia-Display geschieht. Über Kioske wird die öffentliche Verwaltung Bürgern, die keinen PC und Internet-Zugang haben, Dienstleistungen zur Verfügung stellen.

LAN, Local Aera Network. Eine Gruppe von Personal Computern, Servern, Druckern und ähnlichen Geräten, die über ein Netzwerk in einem örtlich begrenzten Bereich miteinander verbunden sind.

Legacy Application oder System. Ein Computersystem, das weiter verwendet wird, nachdem eine Organisation modernere Technologie installiert. Die Kompatibilität mit bereits existierenden Systemen ist von Bedeutung bei der Installation neuer Software. Derartige Systeme, die auf Großrechnern beruhen, sind in vielen Organisationen durch eine PC-basierte Architektur ersetzt worden.

Memex. Ein von dem Wissenschaftler Vannevar Bush im Jahre 1945 beschriebenes Gerät, mit dem die Menschen in die Lage versetzt werden sollten, alle Bücher, Aufzeichnungen und Nachrichten zu speichern, darzustellen und diese Daten durch *Hyperlinks* miteinander zu verbinden. Dies bezeichnete er auch als *assoziatives Indexieren*. Obwohl diese Idee auf den mechanischen Begriffen der damaligen Zeit beruhte, antizipierte die Memex dennoch das Konzept eines mit dem Internet verbundenen Personal Computers.

Metadaten. Daten über Daten. So sind beispielsweise Titel, Thema, Autor und die Dokumentengröße Metadaten eines Dokumentes.

Middleware. Eine spezielle Software, die zwischen zwei oder mehr Typen von Software für die Übersetzung und Übermittlung der Information angeordnet ist.

Moores Gesetz. Die im Jahre 1986 aufgestellte These des Mitbegründers von Intel, Gordon Moore, derzufolge sich die Rechengeschwindigkeit von Mikroprozessoren alle 18 bis 24 Monate verdoppelt.

Natural Language Processing (Spracherkennungssystem). Ein Bereich, in dem Computerwissenschaft und Linguistik kombiniert werden, um Computersysteme zu schaffen, die menschliche Sprache in gesprochener oder schriftlicher Form erkennen und darauf reagieren können.

Newsgroup. Bestandteil des Internets für den Nachrichtenaustausch der Benutzer. Gemeint sind damit Themenbereiche an virtuellen »Schwarzen Brettern«.

OLAP, OnLine Analytical Processing. Eine Datenbank, die komplexere Anfragen als andere relationale Datenbanken verarbeiten kann. Dies beruht auf ihrer Fähigkeit, Daten anhand verschiedener Kriterien, umfangreicher Berechnungsmöglichkeiten und spezialisierter Indexier-Methoden zu betrachten.

Pentium Pro. Von Intel entwickelter Mikroprozessor für 32-Bit-Betriebssyteme.

Perfekter Preis. Das Konzept von Adam Smith, demzufolge ein freier und offener Markt dafür sorgen wird, dass sich Käufer und Verkäufer finden und auf den theoretisch angemessenen Preis für jede Ware oder Dienstleistung einigen können. Der durch das Internet möglich gewordene Reichtum an Informationen und die Leichtigkeit der Verbindung setzen Käufer und Verkäufer in die Lage, sich dem perfekten Preis zu nähern.

Plug and Play. Die Fähigkeit von Hardware-Geräten, wie zum Beispiel einem zusätzlichen Disketten-Laufwerk, direkt an den Personal Computer angeschlossen zu werden, ohne dass der Benutzer das System manuell erneut konfigurieren muss. Gemeint ist damit auch, dass Software-Bestandteile in der Lage sein müssen, zusammenarbeiten zu können, ohne dass andere Software-Elemente für den Austausch der Daten oder die Abstimmung der Prozesse nötig sind.

Point-Of-Sale. Der Ort in einem Geschäft, wo die Waren bezahlt werden. Dabei werden computerisierte Scanner zum Lesen der Schilder und Barcodes, elektronische Registrierkassen und andere spezielle Geräte für die Protokollierung der Verkäufe eingesetzt. POS-Systeme, die mit digitalen Analyse-Hilfsmitteln verbunden sind, ermöglichen die

Verkaufsanalyse in Echtzeit und damit eine schnellere Reaktion auf wechselnde Kundenbedürfnisse.

Portal. Eine Internetseite, die zum Hauptausgangspunkt eines Benutzers für den Zugang zum Internet wird. AOL, MSN und Yahoo! sind Beispiele für Portalseiten.

Reengineering (Umstrukturierung). Die Entwicklung neuer geschäftlicher Abläufe, normalerweise in Verbindung mit digitalen Systemen, um die Reaktionsfähigkeit eines Unternehmens auf veränderte geschäftliche Bedingungen zu verbessern.

Rückmeldeschleife. Ein System für das Sammeln von Reaktionen der Kunden auf ein Produkt oder eine Service-Leistung, um einen fortlaufenden Zyklus von Verbesserungen, weiteren Rückmeldungen und erneuten Verbesserungen zu schaffen.

Server. Ein Computersystem, das den Zugang zu einem Netzwerk und den Netzwerk-Ressourcen wie beispielsweise Drucker und Dateiaustausch kontrolliert. Einige Server ermöglichen den Zugang zu Informationen in Datenbanken oder auf Internetseiten, während andere den Fluss der Daten- und Computerprozesse zwischen anderen Servern koordinieren.

Smart Card. Eine Kreditkarte mit einem integrierten Schaltkreis, der ihr ein gewisses Maß an »Intelligenz« und ein Gedächtnis gibt. Smart Cards werden zur Identifikation und für die Codierung von Informationen verwendet, wie zum Beispiel über die medizinische Vorgeschichte einer Person.

Software Fixes/Bug Fixes. Darunter werden Reparaturen an der oft bereits ausgelieferten Software verstanden, die durch Programmierfehler, die so genannten Bugs, entstehen können.

TCO, Total Cost of Ownership. Die Kosten für die Anschaffung, Bedienung und den Betrieb eines Computersystems. TCO beinhaltet alle Kosten von Hardware und Software, sowie die Kosten für Installation, Schulung, Support, Aktualisierung und Reparatur. Geplante Initiativen der Industrie für die Reduzierung der TCO umfassen das zentralisierte Netzwerk-Management von Personal Computern, automatischen Upgrades und »sich selbstreparierenden« PCs.

TGA, Trusted Global Advisor. Bezeichnung für die bei Merrill Lynch verwendete intelligente Schnittstelle zu Software-Systemen, mit denen Anlageberater mehr Zeit für die Analyse und weniger Zeit mit dem Sammeln von Daten verbringen können.

Tool. Die Bezeichnung für ein Hilfsprogramm für die Arbeit am Computer, besonders für die Entwicklung von Software.

Versorgungskette. Ein Begriff für alle an der Herstellung und Auslieferung eines Produktes beteiligten Unternehmen. Papierbasierte Systeme oder alte digitale Systeme machen die Kommunikation schwierig und führen zu langsamen, komplizierten Geschäftsprozessen. Siehe im Vergleich dazu *Werte-Netzwerk*.

Vertikale Integration. Ein älteres Geschäftsmodell für die Computer-Industrie, bei dem die meisten Ebenen der Technologie – Mikroprozessoren, Betriebssysteme, Software, Lösungen, und Dienstleistungen – von einem einzigen Anbieter geliefert wurden. Die Verkaufszahlen waren niedrig und die Kosten für die Kunden bei einem Systemwechsel lagen hoch, da jedes Bestandteil der Lösung ausgetauscht werden musste. Siehe dazu im Vergleich *Horizontale Integration*.

Videokonferenzen. Telefonkonferenzen, bei denen Videobilder zusammen mit den Tönen übertragen werden.

Video-on-demand. Die Möglichkeit, Filme oder andere aufgenommene Ereignisse abzuspielen, wenn der Benutzer es möchte, statt zu den von den Sendeanstalten festgelegten Zeiten.

Voicemail. Die Übermittlung von mündlichen Nachrichten als Datei über ein Netzwerk an andere Benutzer.

Web Lifestyle, Web Workstyle. Die neue Art, zu leben und zu arbeiten, die sich allgemein durchsetzen wird, wenn die Verbraucher und

Mitarbeiter den Vorteil der digitalen Geräte und digitalen Verbindungen nutzen, um ihre Arbeits- und Lebensweise zu verändern. Sobald die Infrastruktur eingerichtet ist, werden neue, heute noch nicht vorstellbare, Anwendungsmöglichkeiten auftauchen, genau wie Telefon, Radio, Fernseher und Computer erst dann Wirklichkeit wurden, als der allgemeine Gebrauch der Elektrizität zum Alltag gehörte.

Werte-Netzwerk (Value Network, Value Chain Inititiative). Ein durch den digitalen Informationsfluss möglich gewordenes Netz von Partnerschaften, das dafür verantwortlich ist, dass ein Unternehmen und alle seine Lieferanten einfach miteinander kommunizieren und handeln können. In einem Werte-Netzwerk muss jeder, der mit dem Produkt zu tun hat – Einzelhändler, Vertrieb, Logistik, Produktion – Werte hinzufügen und die Kommunikation erfolgt in beiden Richtungen wie auch zwischen allen beteiligten Unternehmen. Siehe dazu im Vergleich *Versorgungskette*.

Windows 32 bit. Die Programm-Schnittstelle für Anwendungen, die von Entwicklern benutzt wird, um Software zu programmieren, die auf der Microsoft Windows-Familie der Betriebssysteme läuft.

Windows CE. Eine abgespeckte Version von Microsoft Windows für die Verwendung in Handheld-PCs, anderen digitalen Begleitern und ähnlichen Geräten.

Windows NT, Windows 2000. Das vorwiegend für die Verwendung in Unternehmen konzipierte Betriebssystem von Microsoft. Ursprünglich trug es den Namen Windows NT und heißt heute Windows 2000.

Wizard. Ein Hilfssystem für Software, das den Benutzer Schritt für Schritt durch eine besondere Aufgabe führt, wie zum Beispiel das Öffnen eines Dokumentes in einer Textverarbeitung im richtigen Format für einen Geschäftsbrief.

Workstation. Leistungsstarke Computer in einem Netzwerk, die nicht als Server dienen, sondern für spezielle Dienste wie zum Beispiel rechenintensive Aufgaben von Anwendern eingesetzt werden.

XML, eXtended Markup Language. Eine aktualisierte Version von HTML, die nicht nur die Form der Darstellung oder des Inhaltes einer Internetseite beschreibt, wie es bei HTML der Fall ist, sondern auch die Art des Inhaltes definiert. XML liefert Möglichkeiten für die Indexierung von Daten, und bietet einen einfachen Weg zum Datenaustausch über das Internet.

▲ Anmerkungen

1 Alfred P. Sloan, Jr., *My Years With General Motors*. Sloans Buch erschien zum ersten Mal 1941. Die aktuelle Fassung enthält eine Einführung von Peter F. Drucker, New York, Viking, 1991.

2 Sloan, S. 288.

3 Sloan, S. 286f.

4 Michael Dertouzos, *What Will Be: How the New World of Information Will Change Our Lives*, San Francisco, HarperCollins, HarperEdge, 1977.

5 Dertouzos, S. 230f.

6 Dertouzos, S. 231.

7 James E. LaLonde, »Gates: Computers Still Too Hard to Use«, *Seattle Times*, 1. Juni 1988.

8 Die Menschen schicken ihre Bewerbungen an *resume@microsoft.com*. Die Verknüpfung zur Bewerbungsseite ist unter *www.microsoft.com/jobs* zu finden.

9 Zu den Quellen für diesen Abschnitt gehören *The Emerging Digital Economy*, U.S. Department of Commerce, April 1998; sowie *www.ecommerce.gov/danc3.htm* und die J. D. Power and Associates Initial Quality Studies 1987–1997.

10 Mike Elgan, »The Day That Windows 95 Ships Is Sure to Be V-Day for Microsoft«, *Windows 6*, Nr. 1, Januar 1995; Elizabeth Valk Long, »To Our Readers«, *Time 45*, Nr. 23, 5. Juni 1995, S. 44.

11 Bericht des Dow Jones News Service vom 16. November 1995. Dieser Beitrag wurde in einer Reihe von Zeitungen zitiert.

12 Bill Gates, internes Microsoft-Memo, »The Internet Tidal Wave«, 26. Mai 1995. Das Memo wurde elektronisch an alle leitenden Angestellten verteilt und enthielt Hypertext-Verknüpfungen zu Artikeln und Forschungsberichten über das Internet sowie zu mehr als zwei Dutzend der besten Webseiten.

13 Andrew S. Grove, *Only the Paranoid Survive*, New York, Doubleday Dell, 1996, S. 21–23
(Deutsche Ausgabe: *Nur die Paranoiden überleben*, München, Heyne 1999).

14 Tom Peters und Robert Waterman, *In Search of Excellence*, New York, Warner Books, 1982 (Deutsche Ausgabe: *Auf der Suche nach Spitzenleistungen,* Landsberg/Lech, mvg, 1997).

15 Gordon Prange, *At Dawn We Slept*, New York, McGraw Hill, 1981. Prange erwähnt den Begriff »psychologisches Unvorbereitetsein« auf S. 641. Siehe dazu auch die Kapitel 54 bis 59, S. 439 ff., für die lange Reihe der Kommunikationsprobleme und den »fundamentalen Unglauben«, der sich auf amerikanischer Seite am Wochenende des 6./7. Dezembers 1941 zeigte.

16 James L. Heskett, W. Earl Sasser and Christopher W. L. Hart, *Service Breakthroughs: Changing The Rules of the Game*, New York, Free Press, 1990, S. 94 f. (Deutsche Ausgabe: *Bahnbrechender Service,* Frankfurt/Main, Campus, 1991).

17 Luisa Kroll, »Annual Report on American Industry: Retailing«, *Forbes*, 161, Nr. 1 (12. Januar 1998): S. 198 f.

18 Der Begriff »Werte-Netzwerk« ist für eine Reihe von verschiedenen Ideen benutzt worden. Die Bedeutung im Sinne eines Computer-Netzwerkes von Partnern geht zurück auf Don Tapscott und sein Buch *Paradigm Shift: The New Dimensions of Information Technology*, New York, McGraw Hill, 1993.

19 Michael Hammer and James Champy, *Reengineering the Corporation: A Manifesto for Business Revolution*, überarbeitete Ausgabe, New York, HarperBusiness, 1997 (Deutsche Ausgabe: *Business Reengineering,* München, Heyne, 1998).

20 Eine Suche im Internet nach dem Begriff »Reengineering« führte im Oktober 1998 zu insgesamt 189 940 Dokumenten, die von einem Artikel über das Problem der Umstellung auf das Jahr 2000 bis zu einem Seminar mit dem Titel »Die ernsthafte Seite des Vergnügens« reichte. Die Anzahl der gefundenen Textstellen war weitaus größer als bei anderen wichtigen geschäftlichen Begriffen – so zum Beispiel sieben Mal größer als für den Begriff Wissensmanagement.

21 Bernard Wysocki Jr., »Pulling the Plug: Some Firms, Let Down by Costly Computers, Opt to ›De-Engineer‹«, *Wall Street Journal*, 30. April 1998.

22 Kambiz Foroohar, »Rx: software«, *Forbes*, 7. März 1997, S. 114.

23 Fred Bazzoli, »Automating Patient Records«, *Windows in Healthcare,* Sommer 1998, S. 20 ff.

24 Sun Tsu, *The Art of Warfare (Die Kunst des Krieges)*, Übersetzung von Roger Ames mit einer Einführung und einem Kommentar, New York, Ballantine Books, 1993, S. 90.

25 Winston S. Churchill, *The River War: An Account of the Re-Conquest of the Soudan*, 1899, London, Medea Books, Nachdruck von 1998.

▲ Mein Dank an unsere Kunden

Ich bin vielen Mitarbeitern aus anderen Unternehmen, die sich die Zeit nahmen, mit mir oder meinen Rechercheuren zu sprechen, zu tiefem Dank verpflichtet. Bei diesem Buch haben mir so viele Personen geholfen, dass es wohl unvermeidlich sein wird, den einen oder anderen zu übersehen. Wenn Sie davon betroffen sein sollten, dann versichere ich Ihnen, dass es nur ein Versehen ist, wofür ich mich aufrichtig entschuldige.

Kunden sind in alphabetischer Reihenfolge der Unternehmen aufgelistet:

Clay Henry, Bob Richardson, John R. Zuschlag, Acadian Ambulance & Air Med Services; Tracy Maxwell, Advanced Research System; Cary Auderer, American Medical Response; Stephen M. Shapiro, Andersen Consulting; Martin McAdam, An Post; Juan Andres Hall, Argentine Security and Exchange Commission; Jim Payne, The Associates; Australische Beamte von verschiedenen Organisationen: Bronte Adams, Mike Allen, Tracy Anders, Hon. Dr. Michael Armitage MP, Evan Arthur, Peter Bailey, Robert Ceramidas, Paul A. Doherty, Ray Dundon, Graham Foreman, Peter Fowler, Anthony Hudson, John Maunder, Anthony O'Shea, Rosie Simpson, Randall Straw, Roseanne Toohey, Phil Turner, Peter Wilson.

Weiter sind zu nennen David Greenberg, Avio Corporation; Jay Evans, Azron; Alcino Rodrigues de Assunção, Aluizio Borges, Douglas Tevis Francisco, Odecio Gregio, Banco Bradesco; Michael Ippoliti, Bethlehem Steel Corporation; Phil Condit, Scott Griffin, Pearl Martin, Kathy Martinson, Richard Metz, Larry Olson, Patricia Paolucci, John Warner, Ronald Woodard, The Boeing Company; Myrtle Hudson, Pauline Pillow, Autumn Wagner, California State Automobile Association; Merilyn Dunn, Adina Levin, CAP Ventures; Jack Bergstrand, Bill Hensel, Bill Herald, Tom Long, Ira Tolmich, The Coca-Cola Company; Rick Engum, Coca-Cola Enterprises; John White, Compaq Computer Corporation; Bruce Dixon, Computelec; Reiner Schaaf, Computer2000; Doug Hockstad, Comshare; Tripp Johnson, Crestar Bank.

Mein Dank gilt auch Dennis Breck, Rochelle Chase, Sandy Draves, Susan Eich, Shelley Hyytinen, Michael Peterson, Mark Sauceman, Paul

Singer, Vivian Stephenson, Robert Ulrich, Dayton Hudson Corporation; Michael Dell, Debra Dudgeon, Scott Eckert, Bill Morris, Lora Canney Zarbock, Dell Computer Corporation; Thomas McDermott, Gary S. Schmidt, Delta Control Systems; John Heim, Jeff Viehmeyer, Distribution Architects International; Janet Johnson, eFusion; Lynn Ochman, Ronald E. Phillips, Jeff Richardson, James Rider, Entergy Corporation; Kevin Huntley, Environmental Systems Research Institute; Pam Hoodes, Bruce Jones, Michael Murphy, Escher Group; Personen aus Florida von verschiedenen Organisationen: Randall C. Baker, George C. Banks, Pete Butler, Henry Cummings Jr, C. Derick Daniel, John A. Del Vecchio, Mary Dozier, Doug Duncan, Jerome Gary, Marsha Koppe, Lynn Larson, Bill Lindner, William C. Manley, Linda Nelson, Paul Rowell, Jacqui Rudd, Rick Swaine, Linda Willis;Tony Albers, Dennis Schneider, Ford Motor Company; Glenn Phillips, Forté; Brian Fink, Randal A. Simonetti, Frontier Corporation.

Außerdem Gary Hare, Paul Johnson, Randy Rowe, General Electric Company; A.J. Romanelli, GIS Solutions; Malcolm Mitchell, Glaxo Wellcome; Michael Hammer, Hammer and Company; Stuart Mowat, HarperCollins; Lisa Paul, Healthcare Informatics; Chris Poole, Highdown School; Michael Cicirelli, Jodi Couch, Kerry W. Fowler, Michael Gallatin, Jeff Gardine, Jeff Hesselberg, Merl F. Hoekstra, Joy Jarvis, Dina Leviten, Kate Loughney, Howard Mendelsohn, ICOS Corporation; Howard High, Dean Isherwood, Shannon Johnson, Jason Rawlins, Tom Waldrop, Albert Yu, Intel Corporation.

Und Michael Scholl, Jiffy Lube International; Ann Heller, Jackson Tung, Michael Wang, John Deere Healthcare; Stephen Piron, Johnson & Johnson; Sharon McAvinue, Johns Hopkins University; Hamilton Jordan; Don Deshler, University of Kansas; Jim Knight, University of Kansas Learning Resource Center; David Couch, State of Kentucky; Bernadette Cafferty, Kurt Salmon Associates; James H. Mann, Lawson Products; Pat Anderson, Bill Buonanni, Joe Cleveland, Charlie Hargraves, Ralph Sandridge, Lockheed Martin Corporation; Richard H. Ferrans, Louisiana State University; Vertreter aus Malaysia von verschiedenen Organisationen: Muhammad bin Ibrahim, Dato' Dr. Muhammad Rais Bin Abdul Karim, Janet Kong Meow-San, Dato' Dr. A. Jai Mohan, Rosma Osman, Ramli Saad, Lim Poh Sim; Robert Harris, Philip Osprey, Cathy Ryan, Marks & Spencer; Jill Jenkins, Thomas Marder, Michael Pusateri, Carl Wilson, Marriott International; Kathy Bezek, Arthur

Kingfield, Joseph F. Norton, McDonald's Corporation; Lang Davison, Bill Meehan, McKinsey & Company; Erik Iversen, MediaServ.

Zudem Deb Brennan, Bobbie Collins, Steve Eubanks, Philip Gilligan, Paul Kanevsky, Debbie Kone, Sandy Kurinsky, Blaise Masone, Anthony Pizi, Peter Sargent, Howard P. Sorgen, Andrew Williams, Merrill Lynch & Company; Sen. Terry C. Burton, Don Flowers, Amy Tuck, Bundesstaat Mississippi; Michael Schrage, MIT Media Lab; Peter Krey, Morgan Stanley Dean Witter & Company; Joseph Farrelly, Larry Fisher, David Klein, Eileen Murphy, Jeanette Oliveira, Pamela Summers, Frank Wiggins, Nabisco; Donald P. Jacobs, Dekan, Anthony J. Paoni, Professor, J. L. Kellogg Graduate School of Management, Northwestern University.

Und Vivian Adler, Diane Skelly Bernhardt, Jann Davenport, Dale George, Terri Griffith, Danita Hundley, Jo Ann Hunt, Joe Kitchens, Laurie McCracken, Michael K. Roberts, Linda Yarbrough, Western Heights Public Schools, Oklahoma; Thomas Ficho, Orchard Medical Group; Kelly Wong, Orient Overseas Container Line; Sharon Bishop, Parents Reaching Out to Oklahoma; R. Britton Mayo, Pennzoil Company; James Champy, Perot Systems Corporation; Tom Shaver, J.D. Power and Associates; Charles C. Fry, The Prometheus Group; Julie Baughman, James T. Harvey, Mary Stone, Promus Hotel Corporation; Chris Dayton, Vasilis Koulolias, Matthew Wilson, Pythia Corporation; Don Awalt, RDA Consultants; Daniel Bosch, Robert Mondavi Winery; Wayne Robertson, Robertson Associates; Becky Argenti, Bruce Bemisderfer, C. Randy Fowler, Alan Hale, Roger Kash, Scott Pendleton, Stuart Smith, Anthony Wall, Saturn Corporation; Mark A. Del Beccaro, John B. Dwight, Seattle Children's Hospital and Regional Medical Center; Carla J. Bryant, Sentara Health System; Sergio Otero de Oliveira, Serpro; Jeff Mason, Sequoia Software.

Weiterhin Ioannis Charalambous, Wes Smith, Shell Services International; Michael Kaye, Kurt Keiser, Chris Muench, Ed Rebello, Arnold Testa, Siemens AG; Personen aus Singapur von verschiedenen Organisationen: Tay Yong Chin, Chin Li Fen, Cheong Wai Harn, Tan Chiam Huat, Jimmy Seah Cheng Hwee, Khoo Mui Kheng, Ang Puay Koon, Chng Eng Leok, Lim Poh Sim, Robert Chin Him Soon, Yong Chin Tay, Eric Lui Chew Wah, Ng Kin Yee, Leong Chin Yew.

Und Karyn Beckley, Roy Hayes, SpaceLabs Medical; Robert Fine, Joseph Harms, Rick Lindquist, Gregory Warner, Stepan Company; Snorri Ogata, Taco Bell Corporation; Rick Diaz, Chris Lowde, Lyle Meier, Ed

McDonald, Ken Morris, Clara Woo, James Wright, Texaco; Chris Maloney, Tritech Software Systems; Lt. Col. Robert D. Coffman, Lt. Col. Edward H. Kline, Brig. Gen. Klaus O. Schafer, U.S. Air Force; Lt. Col. Edward H. Kline, Lt. Col. Joe Webster, U.S. Air Force Reserve; Major James Cummiskey, U.S. Marine Corps; Anthony M. Cieri, Captain Grey Glover, Commander Craig Madsen, Captain Michael O'Leary, Tom Warring, U.S. Navy; Robin Berman, Joseph Grant, Maurice Holmes, Janice Malaszenko, Patricia Wallington, Xerox Corporation; und Norio Sasaki, Yamanouchi Pharmaceuticals Company.

▲ Register

M

477

X

Xerox Corporation 57, 70
XML (eXtended Mark-up
   Language) 267 f.

Y

Yahoo! 87
Yamanouchi Pharmaceuticals Co.
   253 f.
Yu, Albert 158 f.

Z

Zahlungssystem, rechnungsloses
   315
Zahlungsverkehr 29
Zentralisierung 313 ff.
Zwischenhändler 89 f., 94, 107

HEYNE BÜCHER

Ulrich Wickert

»Wir gehen jetzt erst mal um
die Ecke ins Café de Flore,
den ehemaligen Literaten-
treff, einen Café Crème und
ein paar Croissants bestellen.
Doch das ist eigentlich eine
andere Geschichte.«

19/336

HEYNE-TASCHENBÜCHER

FAKTEN MACHEN GELD.